青岛市双百调研工程资助项目
青岛农业大学人文社会科学研究基金资助项目
青岛农业大学高层次人才科研基金资助项目

中国法定担保的
类型配置研究

蔡　斌/著

人民出版社

目　录

1

自 序

法定担保是以保障特种债权优先受偿为目的、依法直接设立的物的担保权利，具有法定性、政策性、秘密性和优先性的特征。

本书将法定担保作为上位概念，以其法律构成、基本特征、正当性基础、配置意义、演变轨迹等为铺垫，结合相关理论原理和司法实践经验，提出法定担保类型配置的内外标准和法政策的评价基准与立法框架，作为相关法定担保类型配置的参考，为中国各类权利的配置、整合等研究和探讨提供一个基本的框架，以解决实践中存在的难题。

本书从法定担保体系的整体构建出发，以相关跨学科基本理论作为铺垫，从中提炼出其共性和统一的配置标准，对法定担保类型进行立体化配置，以期构建多角度、多层次的法定担保体系。为了使立法体系更具协调性、司法续造更具规范性，本书还将以立法规范与相关领域的联动性为视角，对法定担保的相关理论进行深入剖析，结合相关司法实践，运用利益衡量的方法，对学术理论进行检视，同时超越现有的研究范围，对中国金融实践中出现的法定担保类型加以剖析，以确定是否可对现有的法定担保类型进行法定扩张，最终达到法定担保类型化配置的目的。

依据类型化思维界定，法定担保可形成开放式的权利体系。法定担保遵循矫正正义的价值理念，保障了特种债权的实现，体现了民法的人文关怀。法定担保是有别于约定的破除债权平等性的法定方法之一，立法中有必要对之加以特别调整。

从国外法定担保的历史流变、现有状况以及未来趋势中，可以提炼出其中法定担保类型配置的基本标准，为中国对相关权利的取舍提供参考。在古罗马时期，法定质权（法定抵押权）和以恶意抗辩权形式存在的留置机制并未形成独立的法定担保体系。在近代大陆法系中，法定担保形成了法国统一的立法模式与德国非统一的立法模式。英美法系法定担保的立法模式与德国法类似。其中，"lien""preference or priority""hypothecs or hypothecation""tacking"及"charge"等发挥了与大陆法系中法定担保类似的功能。在现代，为顺应担保制度的发展和立法政策的调整，依担保功能优化、公示规则完善、动产担保发展和担保结构形态转换等要求，各国通过立法改革或司法续造，将原有的法定担保类型进行了扩张与调整。为解决司法适用中的困惑、平衡当事人的利益以及支持特殊行业的发展，两大法系的法定担保类型出现了立法扩张趋势。在经济发展、立法改革和理论革新的推动下，原有分立的两类规范模式出现了明显的融合趋势。这种融合主要表现在公示规则的立法模式、特种债权保护方式、国家金融干预规则、动产担保国际化的规范及留置权效力等领域。

通过分析法定担保类型配置的本源理论及追踪其历史发展、立法改革与司法续造轨迹，可以发现法定担保类型配置中遵循了一定的标准，影响着各国法定担保的类型配置选择。这些标准构成了由外而内的双层结构。外在标准是指法定担保的立法逻辑与立法框架。依担保的法律构成与特种债权保护模式不同，法定担保被划分为各种类型；依发挥担保功能媒介的不同选择和权利体系和谐的需要，法定担保被分别纳入物权或债权体系；依体系内固有理论的引导和体系外制度功能的协调，可选择不同的法定担保规范模式。内在标准是指法定担保类型配置内在因素的构成体系。具体包括法定担保的主体身份选择及依"实质认定"原则的主体范围界定；法定担保客体的类型、范围及一般法定担保客体的划分依据；作为担保范围的特种债权选择的理由、理由的衡量标准和决定因素以及限定担保具体范围的标准和界限。

法定担保类型配置中存在着"正义"与"效率"法政策价值衡量。"父爱主义"观念和"身份连带"关系中的正义价值导向，要求法定担保类型配置应避免过多的国家干预，进行类型限制或功能分担。市场经济发展对效率价值的追逐，要求法定担保类型配置就担保功能和担保客体的变化做出应对。无法适应这一趋势的法定担保应被限制或调整。从效率评价基准看，移转占有型担保向非移转占有型担保再至权利移转型担保演进，呈现了效率价值的正向提升趋势。在法定担保类型配置的立法框架选择上，为实现法政策的正义与效率价值双赢，应当融合商法化民法和商法立法的理论，兼采修正的市场性决定，并与各种替代功能制度共同发挥作用。

本书依立法论和解释论两条线路对中国现行立法的法定担保类型加以剖析，分类总结各种法定担保类型及现象，分析其中存在的问题及成因，作为对中国法定担保进行类型配置的必要性前提，继而对学者提出的法定担保配置方案进行对比分析，总结出适应中国国情的法定担保配置标准。

在中国，法定担保的立法存在类型缺失与规则冲突的问题。这些问题，给司法实践的适用造成了诸多难题，或是规范不足，或是无法可依。为此，学界设计出优先权配置与法定抵押权配置两种方案，对中国法定担保进行类型配置。在权衡各种方案的利弊之后，本书以法定担保类型配置的外在标准与法政策价值评价基准为依据，提出了多元的法定担保类型配置调整方案。该方案中法定担保类型分别由债务人一般财产之上的一般优先权、特定不动产之上的法定抵押权、特定动产之上的特别优先权和民事与商事留置权组成。从客体和客体范围的角度看，该方案融合了学界两种方案的优点，维护了物债二分的权利体系，提高了非移转占有型法定担保规范的实用性和效率性，并顺应了两大法系规范模式融合的趋势。从法定担保的内外标准出发，结合司法实践问题和参考国外立法例，本书分别提出可增设、调整与需斟酌的法定担保类型。依法定担保类型配置的内在标准和法政策基准，应在中国法律体系内分别增设、调整相关类型。其中应增设的一般优先权类型包括共益费用一般优先权、丧葬费用一般优先权和存款保险机构一般优先权；应增设的特别优先权包括买卖价金优先权、贷与资金优先权；应增设的留置权包括代理商、行纪人、运输承揽人留置权和民用航空器留置权；此外，应斟酌劳动报酬债权优先权内容的调整、税收债权优先权的客体区分与功能替代以及建设工程价款优先受偿权的法定抵押权改造。最终通过对法定担保类型的增设、调整与斟酌考量，在修正的商法化民法框架中构建多元的法定担保类型配置体系。

绪　论

一、问题的提出

　　法定担保是相对于约定担保而言，基于法律的规定而非当事人约定直接成立并发生效力的担保方式。各国立法中或因应社会公平正义、国家政策，或基于客观事实需要，为强化保障某些特定权利或利益的实现，多采取设定法定担保破除债权平等性，使该特定权利或利益只需符合法律规定的条件或原因，即当然产生一定的优先效力。早在罗马法时期，以法定质权面目出现的法定担保，即以破除债权平等性方式实现保护弱势群体和社会公益、维护公平正义的目的。其中法定担保所蕴含的理念和宗旨被后世各国或沿袭，或扩充，或演绎，制度内容、性质、效力不断变化，逐渐表现为形态各异的规范模式，不仅具体类型繁多，名称各异，而且类型组合和立法架构也是纷繁复杂，令人眼花缭乱。

　　从立法模式看，法国法虽形式上表现为优先权与法定抵押权二元的法定担保模式，但与德国法中法定质权与法定抵押权并存的模式不同，其实质应为统一的优先权法定担保模式；意大利法虽表现为统一优先权法定担保模式，但具体优先权内容与安排和同样模式下的法国法不同；日本、瑞士、中国台湾地区除规定了对特殊债权优先保护的优先权外，还规定了法

1

定抵押权、留置权，构成了三元的法定担保模式。但在此三元模式中，日本法更多模仿了法国法上优先权制度、瑞士法则更青睐于德国法中的法定抵押权，不仅各自法定担保的具体安排不同，且同一类型法定担保所涵盖的范围也有别。但是，从形式上来看，法定担保类型模式可分为以法国法为首的统一立法例和以德国法为首的非统一立法例。

从立法角度看，有的国家从物权的角度出发，或在民法典中明确规定了作为法定担保制度，如日本、比利时、荷兰等；有的国家在民法典中将优先权进行了分散规定，如瑞士；有的国家在债法或破产法中将之作为债权的特殊效力或者特别债权的优先受偿顺序予以规定，如德国、美国、英国等；有的国家则将法定担保作为权利保护方法，不明确其权利属性，而予以统一规范，如意大利。

从立法名称看，在不同立法中，出现了名称不同但含义相同或类似的法定担保，或对相同名称的法定担保做出不同解释的复杂现象。法国法上的优先权在其他国家被作为不同的权利加以对待，如德国法、瑞士法中的法定质权，中国台湾地区和英美法国家的留置权或衡平法、成文法中的"lien"，瑞士法和中国台湾地区的法定抵押权等。而同称为留置权，在德国指拒绝给付的抗辩权，瑞士、日本和中国台湾地区分别指民事留置权、商事留置权与特殊留置权，英美法中的"lien"含义更为广泛，难以被大陆法中的留置权所涵盖。

从立法改革趋势看，以上各国在立法的改革过程中，对原有法定担保类型的革新态度也不一致。有的国家锐意改革，大胆扩展法定担保涵盖的范围，或增加新类型；有的国家声讨不断，不得不对法定担保进行调整，甚至缩减其范围；有的国家谨慎万分，即便实践中呼声颇高，仍按兵不动；有的国家小心求证，仅做小范围的补缀修葺。

由于立法模式的千差万别，学界对法定担保中各类型的性质与内容规定的差异性及其产生缘由进行了广泛的研究，产生了各种学理论争，诸子百家，众说纷纭。令人们困惑的是，为达到破除债权平等性目的，发挥保护特定权利或利益实现，维护社会公平、正义，保护弱者权益的相同或类似功能，以上各国、各地区设置不同类型法定担保的基准是什么？为何在同一法系不同地区采取了不同的发挥类似功能的制度？这些不同制度之间的共性与差异何在？为何有的地区在对法定担保体系构建时要改弦易辙、另辟蹊径，有的地区则保守成见、一成不变？不同的立法态度其背后的根由是什么？

在中国民法典即将形成之际，由于立法中尚未构建成熟完善的法定担保体系，学界各方就中国现有及应有的法定担保类型及各类型应如何取舍、配置，争论旷日持久，意见不一。中国在法定担保中对特种债权保护方面，是采用法国法的优先权一元模式，还是德国法中的二元模式？尤其是如何设置非移转占有型法定担保，关系到中国现有法律中各类冠以"优先权""优先受偿权"规定的定性和定位等在他国名称各异、功能雷同的权利规定，也关系到此类非移转占有型法定担保子类型的取舍。而动产担保中各类非典型担保的发展，也对立法提出了能否进行法定扩张适用的需求。

此外，就移转占有型法定担保而言，尽管中国立法已规定了留置权，但对中国《物权法》第二百三十一条中的商事留置权与民事留置权应如何进行安排，以及中国是否还需规定国外立法中的相关特别留置权等类型尚无定论。学界对法定担保的探讨尽管已有时日，但多数仅针对其中的某个理论问题进行，较为凌乱、分散。从系统构建法定担保体系的角度进行的研究，缺少对制度构成中的内在和外在原因的综合探讨，而从现代担保发展的角度进行的论证，则少之又少。对中国司法实践中暴露出的诸多法律适用难题，亟待提出全新的解决方案。中国立法中法定担保应具体包括的类型，各个类型在立法中如何进行的具体安排和组合，是通过法定担保破除债权平等性，进而实现对特定权利或利益的保护目的的前提条件。此外，法定担保的类型构成及其配置模式，对构建中国法定担保体系，完善民法典中的民事权利体系，也具有重要意义。

二、国内外研究现状

（一）国内研究现状

关于法定担保，中国学界的研究兴趣一直高热不断，尤其在物权法起草与制定过程中，更是达到了白热化的程度。相关研究主要围绕着优先权与留置权两种权利展开。

首先，学者就优先权的性质，形成了特种债权优先受偿说、特殊效力说、清偿顺序说、担保物权说和准担保物权说等不同的观点。此中分析的路径也是多种多样，如以立法中某类优先权为对象进行研究，如围绕着中国《合同法》第二百八十六条所规定的权利性质的研究，形成了优先权、法定抵押权、法定留置权等多种不同观点。

关于如何对待优先权立法模式，中国学者主要探讨了立法中是否应当引入优先权制度。若设立，是采纳法国法的一元优先模式还是德国法的二元模式或其他模式？若不设立，如何在现有立法中进行调整或完善等方面展开？与优先权相关的替代制度研究，学界多从法定抵押权、法定质权的角度分析其对优先权的功能替代。有学者介绍了法定抵押权制度的源起及其发展演化，设立的基础及类型和公示方法，但并未详细说明何以法定抵押权可替代优先权之功能，其与优先权的区分点何在。[①] 也有学者直接将现行立法的建设工程优先权认定为法定抵押权，法定质权被认为是动产特别优先权的代替。[②] 此外，关于优先权，学界还就其具体种类取舍、优先权的基本功能、优先权的概念辨析、优先权的名称界定等问题展开了研讨。

[①] 参见李建华、董彪：《我国法定抵押权制度的若干立法构想》，《当代法学》2006 年第 2 期。

[②] 参见梁慧星：《合同法第二百八十六条的权利性质及其适用》，《山西大学学报（哲学社会科学版）》2001 年第 3 期。

其次，就留置权的性质分析与概念界定，学界将留置权或者与同时履行抗辩权、抵销权等类似权利进行对比，或者将留置权分为债权性留置权和物权性留置权，再对其具体性质详加分析，并进行了不同的名称界定。而就留置权的适用范围，在《物权法》颁布后，多有学者认为该法扩大了留置权的适用范围，使其及于合同之债、侵权之债、无因管理之债和不当得利之债，突破了以往中国民法将留置权限制在某些特定合同之债的做法①。学者普遍赞同，在担保法中严格控制留置权的适用范围的做法不再适应市场经济体制已经初步建立的今天，应当扩大留置权的范围。但对具体适用范围仍存争议。如有学者提出留置权的适用范围应采扩张性的法律制度设计，提出"留置的权利"概念②。也有学者认为留置权适应范围不仅应包括法定之债和约定之债，还应扩展至基于营业关系所生的同一法律关系之债甚或同一生活关系之债等。③ 关于留置权的成立要件，学界主要对留置权是否可善意取得、牵连关系的解释等问题进行了探讨。有学者认为，债权人对债务人的动产占有，不限定为债务人所有，而在非债务人所有动产上可成立无须债权人"善意"的留置权④；有学者进一步提出，留置权能否善意取得与对留置财产的解释直接相关，这属于伪命题。⑤ 多数学者赞同设立留置权善意取得制度，但也有人提出应区分不同情况，将不适用善意取得作为原则，而将适用作为例外。⑥ 关于留置权适用中的"牵

---

① 参见王彦斌：《留置权的优先受偿效力对其适用范围的影响》，《黑龙江政法管理干部学院学报》2009 年第 3 期。

② 参见董学立：《论我国留置权的适用范围》，《山东大学学报（哲学社会科学版）》2004年第 4 期。

③ 参见李国际：《物权法原论》，法律出版社 2007 年版，第 253—254 页。

④ 参见刘保玉：《留置权成立要件规定中的三个争议问题解析》，《法学》2009 年第 5 期。

⑤ 参见李迪昕：《留置权善意取得之否证》，《学术交流》2011 年第 11 期。

⑥ 参见刘佳：《论我国留置权善意取得问题》，《东南大学学报（哲学社会科学版）》2009年第 S1 期。

连关系"，多数学者认为中国学理和司法解释一直坚持的"同一合同关系"的判断标准，存在一定的问题，应将之解释为"同一法律关系""同一生活关系"或其他范围。学者们认为，《物权法》第二百三十一条的但书以对一般留置权成立要件中，"同一法律关系"做出例外规定的形式创制了中国法上的商事留置权制度。① 但对商事留置权的态度，学界观点阵营分立，针锋相对。对于商事留置权的成立要件和具体适用规则尚待进一步探讨和明确。

（二）国外研究现状

国外学界对法定担保的研究主要围绕着各类法定担保的起源、性质、种类构成等方面展开。

德国学者 K.茨威格特和 H.克茨、意大利学者彼德罗·彭梵得、法国学者巴里·尼古拉斯、日本学者近江幸治和漱川信久等对罗马法上对后世优先权制度影响较大的嫁资制度和监护制度进行了考证，同时研究了罗马法中形成的一般与特定法定抵押制度。

各国学者对法定担保的性质看法不一，其分歧聚焦于优先权的性质。有的认为优先权应具备统一的性质，有的则认为应区分具体的优先权类型分别予以界定。优先权的不同的性质被大致分为债权性与物权性优先权。但鉴于各国立法与各国学者对发挥同样或类似功能权利的称谓不同，对优先权的研究常不属于同一语境，其研究成果也较难进行有效对比。如三潴信三认为，虽然表面上赋予优先权是源于其债权的性质，但法律提供这种特别的保护最终是出于特定产业的成长或特定领域的安全的考虑②，由是，日本法中的优先权仿照了法国法的优先权，不同于罗

---

① 参见郑强：《论我国〈物权法〉上的商事留置权》，《政治与法律》2008 年第 10 期。
② 参见［日］三潴信三：《物权法提要》，孙芳译，中国政法大学出版社 2005 年版，第 243—244 页。

马法，应属物权。但梅谦次郎博士明确指出，物权中所涉及的物，只限于"有体物"，一般先取特权和特定的债权质不是物权。① 更有日本学者提出，优先权仅是某些债权的特殊效力，有别于物权，也不同于债权，应属于"技术性权利"的范畴。② 法国学者提出，罗马法上的"优先权"只是使某些债权优先于其他债权获得清偿，并非属于物的担保③。只是当法国旧法上逐渐出现了把财产拨归清偿某些债权的概念时，才出现的将优先权从债权人间的分类规则转变为物的担保而已④，而不动产特别优先权属于事实上的优先抵押权，但立法中所列举的质权人动产特别优先权是假的，不属于优先权范畴。⑤ 德国学者认为，由于物权公示和物权特定原则的限定，不能将优先权作为一项独立的权利加以规定，只能赋予了个别特种债权以优先受偿效力，而且仅限于动产优先权。优先受偿权作为法定质权，则仅在立法中进行零星规定，只在商法典中规定了多数类似于优先权内容的法定质权和在破产法中以法定质权为名的相关规定而已⑥。而瑞士学者认为，其民法中的法定抵押权大体相当于法国民法中的"不动产优先权"制度。中国台湾学者从立法用语出发认为，优先权是债权优先权的一种，但存在可比物权所担保债权优先受偿的情形。⑦ 还有学者认为优先权是债权的物权化，本质应为债权，但基于法律规定使其具有类似物权的效力⑧。英美法系学者认为各国普遍设立的船舶优先权是以船舶为客体的

① 参见 ［日］加藤雅信：《财产法理论的展开——物权债权区分论的基本构造》，渠涛译，载渠涛主编：《中日民商法研究》（第二卷），法律出版社 2004 年版，第 111—112 页。

② 参见梅夏英、方春晖：《优先权制度的理论和立法问题》，《法商研究》2004 年第 3 期。

③ 参见沈达明编著：《法国／德国担保法》，中国法制出版社 2000 年版，第 91 页。

④ 参见沈达明编著：《法国／德国担保法》，中国法制出版社 2000 年版，第 91 页。

⑤ 参见沈达明编著：《法国／德国担保法》，中国法制出版社 2000 年版，第 125 页。

⑥ 参见鲍轶欣：《民事优先权性质研究》，博士学位论文，中国政法大学，2008 年，第 26—27 页。

⑦ 参见刘宗荣：《论海事优先权之法律性质及其优先顺位——兼论海商法修正刍议》，《台湾大学法学论丛》1994 年第 2 期。

⑧ 参见宋宗宇：《优先权制度研究》，博士学位论文，西南政法大学，2006 年，第 64 页。

特殊财产权（a special property right in a ship），是一种特殊的财产权或"他物权"（a jus in real ie na）。也有法官判定船舶优先权仅为一种程序性权利（a procedural remedy）。① 但此观点并未获得学界一致认同。

就留置权而言，日本学者多认为其属于担保物权，但仅有留置效力，无优先受偿功能。而德国学者认为留置权仅是一种延期抗辩权，其本质在于它并不保护占有和用益物权，而只是确保请求权履行的同时性。② 留置权的实质作用在于延期抗辩，即暂时阻止了权利的实现。包括了双务合同中的同时履行抗辩权，为对所占有的应交付的物支付了费用者的拒绝交付权和为对给自己造成损害的物的拒绝交付权③ 三种情况。法国法院回避对留置权性质进行表态，但学界对此仍有探讨，认为法国法上的留置权是以债务关系进行处理的，只是授予持有债务人的一项财产的债权人，直至完全得到清偿为止而拒绝交付的权利。因此，为一种自卫性的权利，与同时履行抗辩权有着密切的联系。瑞士法中的留置权性质上与动产质权无异，为担保物权。④ 中国台湾地区的留置权被规定在物权编中，且在债编中规定了同时履行抗辩权，学者认为这采日本立法体例，但与瑞士的留置权理论相通。英美法系有学者考证"lien"是由拉丁词"ligare"经法语发展而来的，其本意为"约束"，与"liable"一词同源。⑤ 有美国学者将"lien"定义为以占有为前提成立的担保权益，即仅为普通法上的占有"lien"，与大陆法中的物权性留

---

① 参见宋宗宇：《优先权制度研究》，博士学位论文，西南政法大学，2006年，第62—63页。
② 参见［德］曼弗雷德·沃尔夫：《物权法》，吴越、李大雪译，法律出版社2002年版，第108页。
③ 参见［德］迪特尔·梅迪库斯：《德国民法总论》，邵建东译，法律出版社2000年版，第93页。
④ 参见《瑞士民法典》，殷生根译，法律出版社1987年版，第895、898条。
⑤ See Brian A. Blum, *Bankruptcy and Debtor/Creditor: Examples and Explanations*, Illinois: Aspen Publishers, 2006, p.11.

置权类似。① 也有学者认为"lien"是存在于他人财产上的担保债务履行
的权利，将之定位为一类权利。而对衡平法上的非占有型"lien"则没有
体系化的研究。②

对于法定质权、法定抵押权等法定担保，国外学界也有所涉及，但成
果较少，较为凌乱，缺乏体系。

三、研究内容

中国现行法定担保的规定主要为留置权，而其他法定担保及相关现
象，如优先权、优先受偿权、程序优先顺位等则散见于特别法、程序法
内，体系凌乱，频发争议。引发诸多争议的现行立法规定逻辑线路的明
晰，有赖于对中国法定担保类型进行科学的梳理。这有利于对中国现行担
保制度进行更科学性、深层次地设计，以平衡中国社会日益增多的各方利
益博弈，构建和谐的社会运行体系。同时，在民法典体系日臻成熟之际，
对担保体系构成的子系统予以完善，也是必不可少的一环。

从具体的研究内容来看，本书共分为六章，即法定担保类型配置之本
源理论、法定担保类型配置之历史嬗变、法定担保类型配置之现代发展、
法定担保类型配置之标准选取、法定担保类型配置之法政策考量和中国法
定担保类型配置之完善。其基本内容概述如下：

第一，无论是国外学者还是国内学者，对法定担保的研究重点几乎一
致聚焦于对其性质的分析。尤其是对优先权的性质分析，几乎成为所有研
究法定担保学者的必选项。而从国内外研究的现状来看，似乎存在一个不

---

① 参见孙新强：《大陆法对英美法上 LIEN 制度的误解及 LIEN 的本意探源》，《比较法研究》2009 年第 1 期。

② See Lawrence. P. King, Michael. L. Cook, *Creditors' Rights, Detors' Protection and Bankruptcy,* New York: Matthew Bender & Co., 1997, p.3.

同语境沟通的困境，即各学者借以研究的立法和理论背景不同，因此使得这种自说自话的性质分析意义有限。与其陷入无穷尽的性质分析怪圈中，莫若在统一研究背景基石之上，先明确究竟何谓法定担保，依何种标准划分得出的法定担保这一概念分类。进而分析法定担保的法律构成和基本特征。依此类型化思维将使人们关注某种权利是否为法定担保，而非该权利属于物权或债权，从而跳出对法定担保性质研究的悖论循环中。解决权利冲突需确定权利的顺位，而在崇尚权利平等的债权领域，人们提出了质疑。由是，法定担保作为破除债权平等的法定方法被各国立法所采纳。其与意定方法在制度价值、功能和伦理关注方面的区别，使法定担保需与意定的破除债权平等方法加以区分，从而获得独立的存在空间。法定担保类型多样，性质迥异。立法如何对之加以配置，是关系到法律制度立法目的能否实现，功能能否发挥以及现有制度中相关立法规范是否合理的重大问题。这一资源的组合过程，也涉及国家政策实现、社会秩序和谐和相关理论体系协调等问题。对此，应从立法、司法和理论角度加以全面地检视和反思。

第二，从法定担保类型配置之历史嬗变中，可以发现罗马法中的法定质权、留置机制及中世纪意大利商事留置权被后世立法所承继、发扬或革新。但基于对制度本质的不同理解，近代各国形成了两种不同外观的法定担保类型设计路径，即法国法统一立法例与德国法非统一立法例，从而法定担保以不同的类型构成和模式架构呈现。通过两大法系相似功能制度的对比，英美法系并无与大陆法系一一对应的法定担保类型。但从功能主义路径出发，在普通法、衡平法和制定法中出现的分散制度，从形式上也采纳了德国的立法例。

第三，随着现代担保制度的发展，不动产利用的重视和动产担保的繁荣，各国对担保等制度进行了改革。法定担保类型在担保功能优化的指引下，突破物债二分局限，进行了扩张；公示规则的完善使各国对无需公示的法定担保类型进行了限定和调整，以保障交易安全；在动产担保发展趋势下，各国对新型非典型担保，从立法、司法、学理和实践不同角度加以了关注，对其能否进行法定扩张适用，形成了不同的态度；担保结构形态的转变，使法定担保中公示因素和客体特定因素被重视，从而相应类型随之进行了调整。为解决立法适用中的困惑、平衡当事人之间的利益以及支持特定行业的发展，各国法定担保类型出现了间接的扩张或缩减、直接的扩张或缩减等不同的应对。在现代担保制度发展、担保立法改革和学理研究革新的多重驱动下，各国法定担保类型规范模式在公示规则、程序性保护、金融发展国家干预的相互借鉴、非典型动产担保发展的应对以及民事留置权与商事留置权的效力趋同方面出现了融合的趋势。

为实现相同的制度目的，可发现各国法定担保在发展趋向中，既蕴含了对历史渊源的一脉相承，也穿插了对实践的务实考量，亦折射出了其中相关理论的变迁。

第四，除去立法对法定担保类型配置的工具性外观后，其实质配置中涵盖了更深层次的类型配置影响因子。从法定担保历史形成、近代变迁到现代发展中，从法定担保类型和模式的萌芽、形成与发展中可提取出相应的共同标准。但立法的类型配置不应局限于立法原有与现有的样态，而应将目光投至对未来的科学预测。由此，法定担保类型配置从外而内形成了立体化的两个层级标准。外在标准论证了法定担保类型划分的决定因素、类型体系的定位依据和类型模式的选择标尺。具体分为：担保的法律构成与特种债权的保护、发挥功能的媒介选择和权利体系的和谐要求，体系内固有理论引导和体系外制度功能的协调。内在标准详析了法定担保各类型的具体内容，包括主体、客体和担保范围。具体包括：法定担保的主体身份限定和主体范围的实质认定标准；法定担保客体的类型与客体范围的划定；法定担保的特种债权基本范围划定、基本范围限定与扩张的标准与边界等问题。

第五，各国对法定担保的规范中存在着各种基于社会、政治、经济的法政策评价基准和决定类型的考量，而非某种纯粹逻辑推演的结果。因此，以法政策方法研究法定担保类型配置的衡量基准和相应的立法框架，极具现实意义。近代民法从身份到契约再到身份的理念变迁中，存在着"父爱主义"和"身份连带"的政策视角。从正义评价基准来看，应对这种变化的法定担保类型应限定在一定范围内，以防国家过多干预意思自治，同时与其他类似权利制度和替代功能制度形成友好的合作。从简单商品经济到市场经济的发展中，担保投资功能转变，使难以适应这一变化的以附随性理论为依托的法定担保被限定在较小范围内或进行相应改造；社会财富结构的变化使担保客体可及于无形财产等，其中非移转占有担保向移转占有型担保发展，再至权利移转型担保，呈现出效率价值的正向提升趋势。法定担保类型立法框架，在不动产领域一直是由较为重要的民法加以规范，但动产领域则呈现出多种规范形态。在正义与效率基准衡量下，对现代动产担保的立法规范，应综合商法化民法立法框架和商法立法框架的优势，摒弃其中的缺陷，采多元化的修正市场性决定。

第六，中国现行立法中法定担保主要存在于物权法、合同法和其他特别法中，但各类法定担保称谓不一，性质不明，分散凌乱，规范冲突，类型欠缺等缺陷明显。实践中出现的各类法定担保现象或通过司法实践加以调整，或处于无法可依的状态。从中国法定担保体系完善、制度衔接、层次提升、功能发挥和类型查漏补缺等角度看，亟须对中国现行立法中法定担保进行类型配置。从外在标准看，中国立法中法定担保应在学者建议的优先权模式与法定抵押权模式下，进行模式借鉴和调整。具体表现为在债务人一般财产之上形成的一般优先权，在不动产之上形成的法定抵押权，在动产之上形成的特别优先权和留置权，以及民事留置权与商事留置权的并立。在此框架内，依法定担保内在标准和法政策的正义与效率评价基准，增设共益费用、丧葬费用、存款保险机构一般优先权，增设买卖价金优先权、贷与资金优先权特别优先权，增设代理商、行纪人和运输承揽人特别留置权和民用航空留置权。对立法中已有的劳动报酬债权法定担保、税收债权优先权和建设工程价款优先受偿权从主体、客体和担保范围方面进行调整。但对立法中是否引入最后一次生病、事故医疗费用、日用品供给、人身损害赔偿、受托人费用补偿等一般优先权和不动产出租人、旅店主人特别留置权，应予以斟酌。由此，中国在物权体系中形成由留置权与法定抵押权构成的二元法定担保物权体系；在民法总则和特别法框架内形成由一般优先权、特别优先权、特别民事留置权的法定担保体系。该类型配置方案以法定担保的客体和客体范围为基本标准，参照了移转占有型担保与非移转占有型担保的划分依据，反映了权利限制型与权利移转型担保的担保构成，从各个角度进行了立法化的设计。通过如上借鉴与调整，使法定担保类型配置模式突破商法化民法立法框架内封闭式藩篱，降低商法立法框架功能化对安全价值的影响。在考虑现代经济发展和正义与效率价值衡量基础上，以上修正的市场决定类型配置模式，通过对现有制度内法定担保类型的调整和漏洞填补，与其他类似或替代功能制度协调一致，充分发挥了对特种债权的保护，为适宜之选。

四、研究方法

本书采历史学方法、比较法学方法、法理学方法、法经济学、法社会学、法政策学等数种流派不同的研究方法，并在文中交叉贯穿使用，运用相应原理解释有关法律现象，并注重从中提炼出普遍性、代表性的法律问题。

通过对法定担保类型配置之历史嬗变进行梳理，对该制度在罗马法、日耳曼法和中国古代立法中的表现进行考察，对其制度根源进行梳理，并作为与法定担保现代发展进行对比的一面镜子。透过比较法视角，对各国法定担保制度的有关现象进行讨论和分析，梳理出各地区法定担保物权类型设置的各种因素合力，并对相应类型进行逻辑归纳。

运用法理学或法律哲学的原理，界定法定担保的概念、法律构成和特征，将法定担保的含义明确化、稳定化，为随后的研究建立一致性的法律概念和法律范畴的基础，建立同一的话题语境。

依托法政策学方法，研究法定担保中蕴含的基于正义与效率的价值考量和立法框架选择。为法定担保类型限制与扩张调整提供价值评价基准和立法决定类型模式。

借鉴法经济学的定理，对法定担保制度中蕴含的经济因素进行分析，从市场交易的角度出发，探索立法如何合理选择法规、配置资源，产生更高效率，同时避免低效率。依此作为配置法定担保类型的经济学原理。

采纳法社会学方法，对立法中有关法定担保在实务操作中运行功能和实效进行归纳，从中提炼出各类法定担保存在的基石和运行问题，尤其是法定担保类型扩张在实务中的表现及其功能替代的实效性，为中国相关法定担保类型的取舍设计提供实践依据。

第一章　法定担保类型配置之本源理论

法定担保从字面含义来看，包含了两层内容：其一，一种担保方式；其二，一种法定而非约定的担保方式。但仅依字面，难以揭示该概念背后所隐藏的法律本质、制度正当性或合理性基础以及对其进行类型配置的动因。事实上，"法定担保"是为本书研究目的而特意选择的术语，用以概括其下各类具有相同法律特性的担保类型。因此，在迈入对研究对象进行法律配置探讨的大门之前，明确对象的概念、构成和特征是必经之路。

第一节　法定担保的法律本质分析

一、法定担保的概念解析

法学概念中的语言反映的是变化的生活，无法强加固定，但为了在统一语境下研究某一法学现象，消除自说自话式的学术分歧，对研究对象进行适当的界定是必需的。在对法定担保这一对象进行观察、认知和评价中，需要找到这样一个参照模式，帮助我们确定、选择、观察事物的结构和模式。具体进行界定时，存在诸多不同的角度和立场，不可能面面俱到。鉴于本书遵循对法定担保进行类型梳理的路径，提炼其类型配置的标准，最终实现对法定担保类型配置的目标，书内将倾向于依类型化思维路径对法定担保进行界定。

（一）界定方法取舍

学者对同一法律现象分别采取不同的界定方式，在法定担保研究中比比皆是，从而造成了对同一概念理解上的困难。在对法定担保含义进行界定时，本书倾向于选取类型化思维方式而非概念式思维方式。由于不同的思维方式不仅关系到具体法律规范的构成，关系到法律规范需要哪些事实、当由哪些法律来调整，关系到哪些法律规范需判断事实是否与规范相适应，更与概念的维度宽窄相关，下文将进行全面比较分析，以论证何种思维方式更为适宜。

1. 概念式思维与狭义界定维度

魏德士提出"法律概念是法律规范和法律制度的建筑材料"[1]，因此法律概念中所运用的思维当然地成为所有法律思维的基础。"概念既是法律的构成部分，亦是处理问题的思考工具"[2]，因此，法学研究离不开对概念的基本设定和逻辑分析。一般而言，概念运用"抽象掉个别属性从事物中概括出来"[3]的方法，可以"每时每刻都是固定的和结晶化的"[4]，可清晰明确地体现事物的含义，准确地把握事物并恰当实现人与物的联系。"生活现象的认识只是一种流动的过渡，但概念却强硬地要在这些过渡中划分

---

[1] [德] 伯恩·魏德士：《法理学》，丁晓春、吴越译，法律出版社2003年版，第94页。
[2] 王泽鉴：《法律思维与民法实例》，中国政法大学出版社2001年版，第14页。
[3] [德] M.石里克：《普通认识论》，李步楼译，商务印书馆2005年版，第44页。
[4] [法] 涂尔干：《宗教生活的基本形式》，渠东、汲喆译，上海人民出版社1999年版，第569页。

出一条明确的界限……"①"用概念进行思考，也不是把某些对象的共同特征简单地加以分解组合，而是要把可变性与永久性、个体与社会联系起来。"② 这种概念思维的"非此即彼"式判断和逻辑性的严苛要求，使得人们在采纳概念式研究方法时，可尽量避免学术探讨中的推理和结论的不可控性和恣意性。也即，最大限度减少对某一法学问题进行研究时，由于缺乏研究对象的确定意义和固定范围而导致对相关法学问题进行判断时依靠其各自假设的概念体系或理论情境得出不同的结论的情况。由于概念思维是在法律体系逻辑完满假设前提下，对法律进行形式逻辑化的解释形成纯粹的理论认识。因此，概念思维不能绝对化。否则，要么将忽视概念的本质属性，要么将陷入僵化的概念思维之中③。概念式思维的"非此即彼"的僵硬思维定势，忽略了在概念之外的，广存于生活中的鲜活，形态各异的其他形态，最终形成了封闭而狭窄的概念框架，是为某一法律现象的狭义界定维度。

2. 类型化思维与广义界定维度

类型是人类思维方式之一，也是最古老的思维方式，在民法上的适用至为广泛。"typogies"（类型学）则系指运用类型的要素去掌握某一特定对象的科学研究方法。卡尔·拉伦茨认为："类型，其指涉的事实上是一些以类似的——而非总是以相同的——方式出现之生活现象，对此现象予以适当规定，其与现象本身是不可分割的。"④ 正如康德所主张的"一个综合的源自于经验的概念是无法确定其界限的，因为经验概念是在某些感官的基础上赋予概念以特征，而我们总是可以在概念上附加另外一些特

---

① 杨日然教授纪念论文集编辑委员会：《法理学论丛——纪念杨日然教授》，台湾月旦出版社股份有限公司1997年版，第307页。

② ［法］涂尔干：《宗教生活的基本形式》，渠东、汲喆译，上海人民出版社1999年版，第576页。

③ 参见王利明：《论法律思维》，《中国法学教育研究》2012年第2期。

④ ［德］卡尔·拉伦茨：《法学方法论》，陈爱娥译，商务印书馆2003年版，第17页。

征"，① 这类源自于经验的概念，即"类型"之间具有高度的互通性，而不是完全被加以彻底地区隔。② 这种流动性特征的类型"能及时地、活泼地吸纳新生法律问题，并将拥有某一重要特征的相似者均组合在一个类型之下，由此成为沟通法律理念与生活事实的纽带"。③ 同时，也正因为流动性特质，使之对概念的界定不再拘泥于狭小的确定空间，而呈现为广义界定维度。

3. 两种思维方式的对比与取舍

概念思维是封闭的、明确的、非此即彼的分离式思维，彼此各个要素之间的关系是孤立的。与之不同，类型化思维不是"非此即彼式的"而是具有层级性的，即一个类型之内可能会有无数的层级依序排列。同时，类型化思维还具有开放性、意义性、直观性、整体性等特点，强调将具有类似或相同本质的事物进行归类描述，而不刻意对事物的本质特征或概念的内涵或外延进行十分明确的说明，仅对其给出最低限度的框架。④ 而具有"流动性"特质的类型化思维方式可以补助概念的滞后性特性。⑤ 类型不仅可以涵盖概念边缘地带的社会生活，对于社会生活的发展亦具有更好的适应能力。由于类型并非终局确定，可以包含许多"须填补"的评价标准，使用时需要被"具体化"。这种"填补"与"具体化"的任务是一种符合规范意旨的价值判断，也正是学者较之概念更为重视类型的考量因素。采

---

① ［德］伊曼努尔·康德：《纯粹理性批判》，李秋零译，中国人民大学出版社 2004 年版，第 547 页。

② 参见刘孔中：《委任与雇佣之区别》，载黄茂荣主编：《民法裁判百选》，中国政法大学出版社 2002 年版，第 62—63 页。

③ 宁红丽：《论合同类型的认定》，《法商研究》2011 年第 6 期。

④ Martijn W.Hesselink, "The Structure of the New European Private Law", *Kluwer Law Internation*, 2002, p.245.

⑤ 参见［德］亚图·考夫曼：《类推与"事物本质"——兼论类型理论》，吴从周译，台湾学林文化事业有限公司 1999 年版，第 115 页。

用类型化思维方式，可以依据法律的要求对各种纳入类型体系中需参考的各类要素进行或者接纳或者排斥的弹性处理。这因应了法律在司法过程中的开放性特质，摒弃了概念式思维所想象的公理体系，符合法律实践性的论题取向。本书最终采此思维方式对法定担保加以界定。

（二）学界观点梳理

各国立法上并未对何谓"法定担保"进行明文界定，"法定担保"这一称谓或说法多出现在学界相关研究中。

由于"法定担保"并非约定俗成之法学名词，与其中"法定""担保"两个核心词汇相关的概念或说法颇多，依此，"法定担保"可做不同的理解。详述如下：

法定物权（legal real right）："严格来说，所有的物权都是法定的，物权法定主义要求物权的产生必须符合法律规定的要件和公示要件，但绝大多数物权都要求当事人订立物权设立和移转的合同才能产生，只有在例外情况下，才规定符合一定情况便可直接产生物权。"[①]

担保的法定主义，即"担保的形式或者方式是法定的，当事人只能在法定的担保方式中选择所要使用的担保方式，不能在此之外另行创设新的担保方式，并要遵守担保法律对各类担保形式具体内容的相应规定"[②]。因此，凡是一国担保立法中规定的担保方式均为法定担保，而其他未经立法规定的非典型担保，如让与担保、所有权保留、回购担保等均不属于法定担保，应称之为约定担保。

担保优先权（priority of secured credits），即"指债权人基于与债务人之间的合意而享有的针对一定物优先于其他债权人受偿的权利"[③]，与英美

---

① 王利明：《物权法研究》，中国人民大学出版社 2004 年版，第 566 页。
② 杨国文：《保证若干法律问题研究》，硕士学位论文，吉林大学，2004 年，第 32 页。
③ 于霄：《担保优先权历史研究》，硕士学位论文，山东大学，2008 年，第 1 页。

法上的有担保债权的优先性含义类似，用于指代那些优先于无担保债权的担保权。

优先权（preemption/privilége），"又称优先受偿权，是指依照法律规定，特种债的债权人在债务人的全部财产或特定财产上享有的优先受偿的权利"[1]。其宗旨在于破除债权的平等性，使某些特殊债权人可获得优先于其他债权人清偿的权利，从而达到实质平等的目标。学者也将之称为先取特权，亦即，由法律直接规定的、特种债权的债权人所享有的、就债务人的一般或特定财产优先受偿的担保物权。[2] 还有学者从国外立法例出发，认为优先权是依据债权之性质依照法律之规定给予某一债权人优先于其他债权人，甚至抵押权人而受清偿之权利，[3] 并将之称为"特种债权优先权"或简称为"债权优先权"。

法定抵押权（legal mortgage/statutory mortgage/gesetzliche hypothek）是指"依照法律规定而直接设定的抵押权"[4]。法定抵押权与约定抵押权进行对比时，其本质特征主要表现为，主体间的关系是受法律的强行调整而直接取得抵押权，而非依主体间的设立抵押权的合意。也有学者强调指出，法定抵押权是依据法律的直接规定产生的，且是特殊情况下为保障债权人利益而设定的，与一般抵押权相对称的，无需登记即可生效的特殊抵押权。[5]

---

[1] 金世鼎：《民法上优先受偿权之研究》，载郑玉波主编：《民法物权论文选辑》，五南图书出版公司 1985 年版，第 90 页。

[2] 参见郭明瑞、仲相、司艳丽：《优先权制度研究》，北京大学出版社 2004 年版，第 1 页。

[3] 参见于海涌：《法国不动产优先权制度研究》，载梁慧星主编：《民商法论丛（第三十卷）》，法律出版社 2004 年版，第 415 页。

[4] 中国社会科学院法学研究所《法律辞典》编委会编：《法律辞典》，法律出版社 2003 年版，第 275 页。

[5] 参见佟柔主编：《中华法学大辞典》（民法学卷），中国检察出版社 1995 年版，第 141 页；徐开墅主编：《民商法辞典》（增订版），上海人民出版社 2004 年版，第 446 页；张国炎：《论建筑承揽商法定抵押权》，《社会科学》1998 年第 7 期。

法定质权（legal pledge/gesetzliches pfandrecht），是为特殊债权人利益而依法直接发生的占有质押权，[①] 即"排除了当事人的意思，直接由法律规定产生的质权……法定质权与约定质权的差异仅仅在于产生根据不同，而没有法律效力的差异"[②]。有学者考证认为，德国法定质权制度为履行合同先行付出劳务或支付费用的一方当事人以留置标的物并在法定条件下变价优先受偿的权利，这与中国留置权制度的调整范围恰好一致。[③]

（法定）留置权（possessory lien；zurückbehaltungsrecht oder retionsre-cht）"指债权人基于特定合同关系而占有属于他人的动产，在债权未受清偿前可以留置该动产，当债务人逾期不履行债务超过一定期限时，可依法变卖该动产并从中优先受偿的法定担保物权。法律设立留置权制度，在于谋求实现民法的公平正义观念与对等正义原则"[④]。或"一个人享有对属于他人的财产予以保留占有直至该占有人针对该他人的请求权得以清偿止的权利"[⑤]。

（三）近似概念

民法中还存在一些与法定担保近似的概念，包含了相似的功能或特性，需加以区分。

法定抵销权是指"依一方意思表示使双方债权按对等数额而消灭的权

[①] 参见北京大学法学百科全书编委会：《北京大学法学百科全书》（民法学、商法学），北京大学出版社 2004 年版，第 208 页。

[②] 中国社会科学院法学研究所《法律辞典》编委会编：《法律辞典》，法律出版社 2003 年版，第 275 页。

[③] 参见傅郁林：《海上货物留置权制度比较研究——功能主义比较法的一个注释》，载梁慧星主编：《民商法论丛（第十六卷）》，法律出版社 2000 年版，第 132—133 页。

[④] 北京大学法学百科全书编委会：《北京大学法学百科全书》（民法学、商法学），北京大学出版社 2004 年版，第 608 页。

[⑤] ［英］戴维·M.沃克：《牛津法律大辞典》，李双元等译，法律出版社 2003 年版，第 700 页。

利。其作为债权的从权利，不得与债权分离而为让与"①。该权利属于为当事人提供的自力救济的措施，依一方当事人的行为即可使权利消灭，为形成权。②

优先受偿权，是指为抵押权、质权、留置权等物权权能表现的优先受偿权。中国物权法规定的留置权、质权、抵押权，其中的优先受偿权在依附于债权的同时也具有物权性。

优先购买权，又称先买权、优先承买权、优先承购权。指特定人依法或依合同享有的当标的被出卖于第三人时，在同等条件下优先于他人而购买的权利。③法定优先购买权属于优先购买权的一种，指依法规定的特定法律关系主体就出卖人出卖的标的物享有优先购买的权利。其效力多由立法加以规定，在各国立法中存在物权或债权效力的差别。④

优先承租权是承租人的一项法定权利，由法律直接规定承租人在需续

---

① 逯词章、桑骊：《中国合同法的法定抵销权制度》，《产业与科技论坛》2012 年第 8 期。

② 中国立法中的法定抵销权主要包括：《合同法》第 99 条中法定抵销权一般规定，《企业破产法（试行）》第 33 条规定的破产法定抵销权；最高人民法院出台的司法解释《关于银行、信用社扣划贷款收贷应否退还问题的批复》（1994）赋予的银行、信用社强制扣款还贷法定抵销权；中国人民银行颁布的银办发〔2000〕170 号文《加强金融机构依法收贷、清收不良资产的法律指导意见》第 1 条第 6 款规定金融机构法定抵销权，2002 年最高人民法院《关于审理企业破产案件若干问题的规定》第 60 条规定的破产法定抵销权等。

③ 中国现行法律规定的优先购买权包括依《民法通则》《合同法》《公司法》《合伙企业法》等法律及有关的行政法规、司法解释中规定的按份共有人的优先购买权，承租人的优先购买权，合伙人、有限责任公司股东的优先购买权等等。参见曹楠楠：《论优先购买权》，硕士学位论文，中国政法大学，2006 年，第 22—23 页。

④ 如《德国民法典》第 2034 条规定的共同继承人的优先购买权，德国《建筑法》第 4 条规定的乡镇政府为公共利益的需要，对公共建设规划区域内的私有不动产的优先购买权为物权性质之优先购买权；德国《安居法》第 4 条规定的公共住宅建设企业对一定面积的农民私有土地的优先购买权，德国《房屋宅基地法》规定的房屋所有权人对房屋地基提供者的土地所有权人的地基优先购买权具有债权效力。参见曹楠楠：《论优先购买权》，硕士学位论文，中国政法大学，2006 年，第 22—23 页。

租时，对原租赁物在同等条件下享有的无需约定产生的优先续租权利。①
但学界对优先承租权是否属于法定权利，存在较大争议。从立法例来看，
各国规定也存在不同。②

（四）直接界定

与以上千姿百态的相关说法和形态各异的近似概念不同，学界对法定
担保的直接界定较为整齐划一，简单直白。大体来说，可分为"法定担保"
和"法定担保物权"两种界定角度，共同点均是与相应的约定担保方式进
行的比照界定，区别在于是否明确表明法定担保的统一性质。

第一，法定担保物权(real right for legal security)。近江幸治提出，"担
保关系……就债权关系中的特别种类而言，不论从公平的观点出发，还是
从公益的政策判断出发，都承认法律上当然的成立。"③这种依据法律而当
然成立的担保，称之为法定担保物权。约定担保物权与法定担保物权进行
对比，"在债权保全这一点上是一致的，但其意义、作用完全不同。前者
以'信用'(credit)为基础，在信用交易方面发挥其机能；后者，只不过
承认限于特别的债权关系的成立而已。"④即法定担保物权是"从保护特别
的债权的政策性判断出发"⑤，而依法直接发生的特殊关系。

---

① 该概念可参见徐国栋：《绿色民法典草案》，社会科学文献出版社 2004 年版，第 565—
　566 页；刘有东：《合同法精要与依据指引》，北京大学出版社 2011 年版，第 305—306
　页；朱家贤：《租赁合同·融资租赁合同》，中国法制出版社 1999 年版，第 27 页。

② 少数国家将之规定为法定权利，如俄罗斯和蒙古。分别参见《俄罗斯民法典》第 621
　条第 1 款第 1 项规定和《蒙古国民法典》第 234 条规定。而中国仅在一些地方性法规、
　地方政府规章对优先承租权进行了规定，但并未明确该权利的性质。例如，《上海市
　房屋租赁条例》第 44 条规定、《新疆维吾尔自治区城市房屋租赁管理规定》第 22 条规定。
　参见周琚：《优先承租权的立法定位及其法律规制》，《湖北社会科学》2012 年第 7 期。

③ ［日］近江幸治：《担保物权法》，祝娅等译，法律出版社 2000 年版，第 6—7 页。

④ ［日］近江幸治：《担保物权法》，祝娅等译，法律出版社 2000 年版，第 6—7 页。

⑤ ［日］近江幸治：《担保物权法》，祝娅等译，法律出版社 2000 年版，第 7 页。

国内学者，也多依据担保物权发生原因的不同，将之分为法定担保物权与约定担保物权。如认为法定担保物权是"依据法律规定的构成要件而当然发生的一种担保物权，例如留置权、法定抵押权、优先权等"①，或"指具备法律规定的条件或原因而当然发生的担保物权……又称之为'费用性担保物权'"。②

第二，法定担保（legal guarantee）。也有学者并不指明法定担保的统一性质，仅认为是"由法律直接规定而非当事人之间约定所产生的担保形式。如留置权和法定抵押权等"③，将之作为与约定担保（保证、抵押、质押和定金）相对应的担保方式加以界定。

（五）学界观点评析

认识和把握法律制度，对其进行建构性的分析，以探知其法律上的意义，需运用一定的法律思维方式。从法学方法论角度看，人们主要通过概念式思维与类型化思维获得对外部世界的认知。以上学界对法定担保的界定方式也不外乎这两种思维方式。如对优先权的界定，有学者将之定位为担保物权的一种类型，采用了类型化思维，而有学者则指出其是为"破除债权平等性"实现"实质性平等"而设立的优先受偿权，采用了概念式思维。就法定质权而言，学者有的将之界定为质权，有的将之归为变价优先受偿权，也是分别运用了不同的思维方式。

在采用类型化思维方式界定的优先权、法定抵押权、法定质权、留置权的概念中，学者们将其中所涵盖的特征加以描述，并将之定位为担保物权的一种。从相关的著作论证轨迹来看，学界多将以上一种或几种权利划归为法定担保物权的具体类型，或在担保物权分类中列为与约定担保物权

---

① 崔建远、申卫星、王洪亮、程啸编著：《物权法》，清华大学出版社2008年版，第275页。

② 陈祥健：《担保物权研究》，中国检察出版社2004年版，第10页。

③ 徐开墅主编：《民商法辞典》（增订版），上海人民出版社2004年版，第439页。

相对应的法定担保物权，或在具体的担保物权中进行详细论述。而采用概念式思维方式界定以上概念时，则多将之单独加以论证，作为具有优先受偿性的权利与其他民事权利或担保（物）权加以比对。显而易见，无论采取何种思维方式，以上权利的界定应属于学界对所认定的法定担保具体类型，即子类型的界定，而并非对法定担保本身的界定。但需注意其中优先权的特殊性。一般而言，优先权与法定抵押权、法定质权等均表现为法定性和优先性，都是对特种债权法定实现顺序的国家干预，但制度模式不同。学者认为法定抵押权（包括法定质权）是一种法律赋予债权人的担保物权，优先权则是法律直接赋予某些债权人优先受偿的权利，但其是否为物权或担保物权，并不确定。①

上文对法定物权、担保的法定主义、担保优先权的界定，采纳了概念式思维方式。如法定物权被认为是依物权发生的原因进行区分的物权类别，凡无需当事人合意仅因符合法定条件即产生的物权均为法定物权。②其概念界定中强调了"发生原因的法定性"和"物权性"两个本质特征；担保的法定主义的描述中表征了"法定性"这一本质特征；而担保优先权则强调"优先受偿性"这一本质特征。前两类概念与法定担保概念间的共同性仅在于"法定性"，从种属关系来看，应为法定担保的上位概念或说法，而担保优先权仅表明是当事人以约定方式用以保证债权实现为目的和前提产生的权利，与依法定方式发生的对特种债权保护的法定担保仅在具有"优先受偿性"上重合。

此外，近似概念与法定担保存在一定类似性，但差异更为明显。如法定抵销权虽依法发生，无需公示，可保障特定债权获得实现，但属于形成

---

① 参见梅夏英：《不动产优先权与法定抵押权的立法选择》，《法律适用》2005 年第 2 期。

② 学者多从独立的物权类型的角度对法定物权加以理解，并将之分为法定用益物权与法定担保物权。参见鲍轶欣：《民事优先权性质研究》，博士学位论文，中国政法大学，2008 年，第 70 页。

权的一类，不属于担保方式。其所保障的特种债权与法定担保的相比，仅为便利当事人自力救济的效率性考量，而无保障公共利益、实现人权保护等伦理性功能。且法定抵销权是通过互相抵销互负的债务来间接实现对特定债权的保护，不具有使特定债权获得除互抵债权外其他普通债权的优先受偿效力。优先受偿权虽具有使特定债权优先受偿的效力，但这仅表现为物权的权能之一，而非独立的权利。优先购买权既具备法定性和优先性特点，但其制度存在理由是为简化所有权主体，减少纠纷，稳定秩序，"发挥物的社会经济效益，做到物尽其用"①。而几乎不包括政策性因素。且优先购买权是为针对债务人的优先购买效力的法定性，而非为保障债权人优先受偿的权利发生的法定性，其法定性和优先性的含义和角度均不同。

（六）法定担保概念界定

与上述对法定担保子类型或上位概念界定的迂回态度不同，学界对法定担保物权的界定属于直接的界定。即若当事人之间的法律关系符合法定要件，即便当事人未通过法律行为来设立担保物权，担保物权即自动产生的情形。也即将法定担保物权作为和基于当事人的意思表示而设定，具有媒介融资的作用的意定担保物权相对应的担保方式加以界定。其概念界定中同样展现了"发生原因的法定性""担保物权性"两大基本特征。将法定担保限定于具备"发生原因的法定性""担保物权性"两大共同特征的担保物权，视域显然较窄，将使诸多不具备"担保物权性"的法定担保现象被剔除到此概念框架外。

将法定担保直接界定为依法发生的担保形式，定位为担保的一种类型，尽管同样采取了类型化思维方式，但视域较广，可容纳更多法定担保

---

① 王利明：《共有中的优先劝买权》，载杨立新主编：《民商法前沿》（第 1、2 辑），吉林人民出版社 2002 年版，第 72 页。

现象入内。当然不容忽视的是，此种界定方式将会遇到对其上位概念，即何谓"担保"的新一轮争议。

本书致力于对法定担保进行类型梳理并在合理的配置标准基础上进行类型配置，因而最终选择运用类型化思维来界定法定担保。法定担保为一种依法产生或依事实发生的，以保障特种债权优先受偿为目的的物的担保权利。这种作为物的担保权利的制度可纳入诸多突破债的平等性，具备法定性、政策性、秘密性和优先性的物的担保方式，保持法定担保体系在空间维度上的广泛性和时间维度上的前瞻性。

二、法定担保的法律构成

（一）法定担保法律构成的争议

学界对担保的法律实质是权利或非权利，各执一端。由此，也导致了具有担保方式外观的法定担保是否属于担保权的疑问。担保属于总括性的概念，内涵丰富，外延极广。若从法学的角度对担保下一个准确定义，并非易事。从法学角度来看，担保可分为广义与狭义两个不同视角。从广义角度看，担保指所有能保证债务履行的手段或"债权"保全法律制度。担保的目的在于当债务人不履行或不适当履行债务时，可使债权人避免或减少损失。从狭义角度看，担保仅指物的担保，与其法律词汇的含义重合。又可称为债的担保、债权担保、债务担保，即指债权人与债务人或与第三人根据法律规定或约定，以债务人或第三人的特定财产或一般财产担保债务履行、债权清偿的法律制度。担保权人可直接支配担保物的价值，并在债务人不履行时可以直接从担保物中获得清偿。以上担保不同的观察视角，也影响了法定担保具体的构成和范畴，即其是否属于物的担保。除担保权与物的担保构成外，法定担保最显著的"法定性"构成应当何解，也有争执。

（二）法定担保属于权利

法定担保属于担保中的一种，因而担保的基本属性对其法律构成具有决定性。学界对担保的性质争议，主要为非权利说与权利说两种。

否定担保为权利的观点，认为担保或担保权为债权优先受偿的特别效力或权能，而非独立的权利。有立法例为证，如法国立法中各类担保方式被统一规定，同化人的担保与物的担保功能的做法；①《苏俄民法典》中将违约金、抵押权、保证定金等规定于同一条款或《俄罗斯联邦民法典》将抵押权、质权和留置权的内容和保证、定金等其他担保方式置于"债法总则"第 23 章"债务履行的担保"一节之中的立法模式② 等，学者认为这均表明担保的本质为保证债权实现的债的担保方法，一种债权优先受偿的特别效力而已。此外，担保权不具备物权的根本属性和特征，③ 因此，担保虽被称为"担保权"，并不意味着其为一种"权利"。权利和权利的效力有着本质区别，后者无法独立行使或转让，而仅是权利的一部分作用或内容。"担保权"仅是一种法学特有修辞，而并非指其就是一种权利。④

多数学者将担保认定为一种权利，谓之"担保权"。据中国社会科学院法学研究所《法律辞典》解释，"担保权"为债权人所享有的担保权利总称。包括了债权人根据人保即保证取得的权利和债权人根据物保取得的优先受

① 参见巩姗姗：《论担保权性质》，硕士学位论文，广西大学，2005 年，第 20—22 页。

② 参见《俄罗斯联邦民法典》，黄道秀、李永军、鄢一美译，中国大百科全书出版社 1999 年版，第 149—168 页。

③ 如担保权附随具有特定性，其对象仅为债权；担保权独立也具有相对性，仅独立于某一特定的主债权。这并不符合物权独立的理念。担保权的设定只是使被担保债权表现为意定优先受偿的权能。持此观点的代表学者是德国的若姆（shom）和日本的加贺山茂。具体观点参见［日］加贺山茂：《担保物权法的定位》，载梁慧星主编：《民商法论丛》，于敏译，法律出版社 2000 年版，第 482 页；刘得宽：《民法诸问题与新展望》，中国政法大学出版社 2002 年版，第 381 页。

④ 参见冯弋艨：《论担保权的性质——一个重估担保物权性质的尝试》，中国政法大学出版社 2003 年版，第 15 页。

偿的权利。但担保权为何种权利，学界有不同的见解，大略可分为物权说、债权说、中间权利说等。德国、日本和中国台湾地区的通说认为担保权为物权，固又名担保物权，具备物权的支配性、排他性、优先受偿性和客体特定性，是与所有权和用益物权相区别的第三种物权。[①] 但也有学者提出，由于担保权不具对世性、排他性、直接支配性、追及性等物权所应有的本质特征，缺少物权的必要要件，就不能是物权，只能是债权，且为债权的优先受偿效力。[②] 中国学界通说肯定担保物权的物权性，但王利明、许明月等学者提出了反对担保物权物权性的两种观点。以孟勤国教授为代表的学者则完全否认担保物权的物权性，认为担保物权只能被称为"担保权"，此种担保权解决的是谁优先受偿的问题，对担保权的具体性质，则采取了回避态度。[③] 又有学者提出，不论将担保权界定为债权还是物权，都不能揭示担保权的本质特征。担保权是一种介于物权与债权之间的第三类权利的"中间权利"。[④] 但对此第三类权利为何，学者也存在不同的观点。如物权债权中间权说、未来所有权说、优先权说和形成权说。[⑤] 还有学者提出

[①]　持此观点的代表学者是德国的卧佛（wolff）和日本的我妻荣、伊藤进。具体观点参见刘得宽：《民法诸问题与新展望》，中国政法大学出版社 2002 年版，第 379 页；陈本寒：《担保物权法比较研究》，武汉大学出版社 2003 年版，第 112 页；邓曾甲：《中日担保法律制度比较》，法律出版社 1999 年版，第 111—112 页。

[②]　参见孟勤国：《物权二元结构论——中国物权制度的理论重构》，人民法院出版社 2004 年版，第 338—347 页。

[③]　参见孟勤国：《物权二元结构论——中国物权制度的理论重构》，人民法院出版社 2004 年版，第 222 页。

[④]　持此观点的代表学者是德国的基尔克（Gierke）和台湾学者刘得宽。具体观点参见刘得宽：《民法诸问题与新展望》，中国政法大学出版社 2002 年版，第 379—381 页。

[⑤]　以上学说具体论争分别参见沈达明主编：《法国／德国担保法》，中国法制出版社 2000 年版，第 1 页；陈本寒：《担保物权法比较研究》，武汉大学出版社 2003 年版，第 106—122 页；徐洁：《论担保物权——关于性质与立法的思考》，《广西社会科学》2007 年第 5 期；孟勤国：《物权二元结构论——中国物权制度的理论重构》，人民法院出版社 2004 年版，第 338—347 页；申勇兵：《担保权的性质另有看法》，《西安石油大学学报（社会科学版）》2011 年第 1 期。

担保权应为"复合权利",认为通说所谓担保权为担保物变价权和优先受偿权,其中优先受偿权,实际上不是单一的权利,也不是单一性质的权利,它包含次序权、标的物交付权和受偿权。而提出"实用主义"说的学者认为,担保权在实体上以确保债务履行为目的,其最根本的性质是优先受偿权,整个担保法制的设计都是围绕着担保权的确立与实现而向外延伸的。担保权在程序上是为了被担保债权获清偿,除了赋予担保权人优先权的利益外,还须有变价执行程序。①

从担保中所保护的债权人利益来看,担保具备权利的本质属性。法律对社会的控制是通过建立一定的秩序来完成的。秩序的建立需要权威性的规则来对社会生活加以调整。这一控制形式即"以权利义务为内容"的调整,法律调整的对象,即人的利益需求。由此,马克斯·韦伯将权利定义为"某人实现一定期望的可能性",而"法律所保障的某当事人的利益是某规则的反映"②,因此,权利是实现利益的可能性。这种可能性是从特定利益主体所处的外部环境来实现的。③ 哈特曾言:"某人之所以有某种权利,取决于法律承认该人关于某种标的物或某一种特定关系的选择或意志优越于他人的选择和意志。"④ 因而,认定担保为权利,也即认可其中所包含的权利主体地位的"优先"性。在担保中,担保权人的债权可就债务人的财产优先于其他债权人实现清偿,使其可能的、潜在的、间接的利益在一定条件下转化为可行性。以上包含了利益可能性的内容符合权利的本质。

以少数立法例的特殊立法安排作为否定担保为权利的理由欠妥,有以偏概全之嫌。而以担保不具备物权的某些特征否定担保的物权性似乎可

---

① 参见巩姗姗:《论担保权性质》,硕士学位论文,广西大学,2005 年,第 20—22 页。

② [德] 马克斯·韦伯:《论经济与社会中的法律》,埃德华·希尔斯、马克斯·莱因斯坦英译,张乃根译,中国大百科全书出版社 1998 年版,第 99 页。

③ 参见高鹏程:《政治利益分析》,社会科学文献出版社 2009 年版,第 301—302 页。

④ 张文显:《当代西方法哲学》,吉林大学出版社 1987 年版,第 125 页。

行，但依此推翻担保的权利属性，则过于草率。学界多认为担保是为保护特定利益而被赋予法律上之力的一种权利，而非仅为一种担保方式或一项权能表现。这种论证较为合理。

法定担保也可被称为法定担保权。那些具有保障某些特种债权优先受偿次序的仅为程序性的规定而无实体性权利依托的内容将不能被纳入法定担保制度内。此种特定利益附着在特定债权上，表现为对担保标的物的费用支出。该法律上之力表现为依法赋予债权人的一项权利，使之得以产生优于普通债权人债权受偿的效力。

（三）法定担保属于物的担保

无论是广义担保还是狭义担保，均表明担保属于一种为保障债务能够得以履行、增强所保障债权的受偿能力的方法或手段。从广义角度看，这些方法或手段涵盖了民事实体与程序中所有的相关制度，则担保的范畴将无限扩张，包括所有如强制履行、赔偿损失、违约金、定金、法定抵销权等均都可以算作担保，而责任财产、债的保全、债的担保、履行抗辩权、违约责任、侵权责任、抵销制度、程序机制等都是与达成此目的相关的制度。[①] 从狭义角度看，则仅为实体制度，且仅为以"物"担保债权履行，达到确实保全债权目的的制度。由此，狭义担保仅指物的担保而不包括人的担保在内，不仅是担保债权的制度，还是以物担保债权融资的制度，可逻辑合理地纳入那些与债权无关的担保类型，如转移权利自身用以担保的方式。这些方法或手段，使所担保的债权得以破除债的平等性而使之获得优先受偿的可能或扩大债权请求权能的范围。若从广义角度出发，依传统大陆法对权利性质的物债二分的标准来划分，种类繁多的担保类型很难统一地被归入物权或债权之中。无论是性质还是含义，其结论往往是针对

[①]　参见崔建远、韩世远：《债权保障法律制度研究》，清华大学出版社 2004 年版，第 17—28 页。

"担保权""担保物权"或者某一类债的担保而得出，并不具有统一性和代表性。因之，广义角度的担保并无统一的性质可言。从制度目的来看，充其量属于保证债务履行一种方法或手段，其容量颇大，因此可纳入所有具备此种目的的各类方式、方法、制度或权利。显然从广义角度评判担保的性质是不可能的任务。

所以主张广义担保的学者，在研究担保时，绝大部分都将研究范围进行限缩。如学者往往前文述及债权保障机制的各种类型，如债权担保、债的保全和违约责任等，后文话锋一转，就将物的担保（债权担保）定为债权保障制度的核心主导，并进而将二者等同视之。即便是主张狭义担保的学者，也多对担保加以各种限定词或修饰语，以缩小研究的范围。依所采纳的广义或狭义担保视角对法定担保进行界定时，也相应地形成广义法定担保或狭义法定担保两种不同维度。从学术研究的宗旨来看，若要对法定担保及其所包含的相关对象进行较为准确的性质界定，需将研究对象的范围予以明确，不能以偏概全，也不能"眉毛胡子一把抓"，而采取含义限缩的办法不失为一种较为明智的选择。

但法定担保为何种权利，尤其是法定担保是否为物权，进而是否为担保物权，学界争议不止。尽管从物权角度探讨法定担保似乎成为学者们的惯常思维，但仍有质疑：如认为法定担保是基于政策的介入，或事实原因，或一定债权关系中，被赋予某种对世的"物权效力"而非全部的物权效力。而论及法定担保一类之优先权的性质之争，更是达到了白热化程度，多年来学界争论不休，鲜有定论，也形成了不同的立法例。① 而对其

---

① 如日本三潴信三认为，罗马法上的先取特权，与今日的先取特权在性质上固不尽同。近世对于先取特权的性质，应否认为物权，与留置权相类，颇有争议。就主要立法例而言，则法、意、荷兰以之为物权。瑞士民法则把相当于先取特权之物权，用法定抵押权之名称加以规范。唯德国民法与奥民法同，认其为特别债权，在破产时，为一种债权效力，类似于物权之先取特权。日本民法则仿照法国法系民法，以先取特权为物权。参见［日］三潴信三：《物权法提要》，孙芳译，中国政法大学出版社 2005 年版，第 243—244 页。

他法定担保类型的性质，也多有分歧。有学者指出，对内容各异的担保物权的本质属性做出统一解释非常困难。而用一种理论来对各种担保物权做出统一说明也是不可能的。只能从动态的过程中去理解现代担保物权的属性。而统一的解释既不可能，也无必要。对法定担保进行定性亦同此理，且不论法定担保是否存在统一性质，姑且对法定担保贴上统一性质之标签，其结果，很可能陷入无穷尽之性质论证洪流之中，与本书之宗旨相去甚远。

为了统一研究的背景，避免陷入法定担保性质论争的研究悖论中，本书此处所论及的法定担保将剔除学界争议较大的法定担保的（担保）物权性或债权性争论，而仅从权利性角度出发，论证如何在立法中具体安排这种权利，以最大程度体现其价值，实现其功能。本书将法定担保限定于物的担保范畴加以探讨和分析。在此狭义担保的理解之上，采用类型化思维方式，法定担保将定位于依法发生的物的担保方式中。此种定位，既不拘泥于封闭的物权（或债权）体系，又能纳入多种具备保障债务履行、使特种债务得以优先受偿的各种担保方式。

（四）法定担保属于依法直接发生的担保

物的担保类型，可依不同的标准进行划分①。依发生的原因不同，可分为法定担保与约定担保。法定担保是排除了债权意定而由立法规定产生的担保。在大陆法系，这一担保类型通常是作为与约定担保相对应的概念出现。在英美法系，尽管不存在这种法定担保与约定担保的一一对应关系，但法定担保仍是以依法直接发生或非合意发生（by operation of law or non-consensual）的特质存在的担保类型。

---

① 如依是否交付标的物，分为移转占有型担保和非移转占有型担保；依主要法律效力不同，分为优先受偿型担保和留置型担保；依标的物类型不同，分为动产担保、不动产担保；依构造形态不同，分为权利限制型担保和权利移转型担保；等等。

在担保体系中，法定担保是作为物的担保分支存在的。法定担保与其他物的担保分界线，从物的担保分类标准来看，既不是标的物或标的物交付与否，也不是法律效力或构造形态，而是基于其特殊的发生原因。法定担保的特殊发生原因，作为这种物的担保类型最为直观、外在的显著特性，是与其他物的担保加以区分的标签。但这一标签该如何理解，存在争议：

一为依法规范的担保。较为直白地说，这是将法定担保等同于典型担保，即立法中明确予以规范的担保，与未经立法规范的非典型担保分野。依此理解"法定担保"，范围甚广，包括所有立法中规定的担保类型。这显然与学界所谈论的对法律需要特别保护的债权，以法律上当然发生的担保加以保障的制度相去甚远，判若云泥。

二为依法律规定发生的物权变动。这种解释直接源自对"物权法定主义"的严格遵守，其含义有二：首先，即物权的形式和内容需符合法律规定，否则不能产生物权效力，但物权的发生与否仍依交易者的意愿决定。依此，法定担保为所有符合抽象法定要件，即可依法发生得丧变动的担保。其次，法定担保的位次也采法定顺序主义或依法特别规定的位次。由此，法定担保可包括所有《物权法》《担保法》等中规定的物权性担保。此种理解显然是将法定担保理解为法定或当事人合意的动态取得的担保，涉及的是契约自由中契约内容的决定自由问题而非基于法定或自由创设的静态类型。

三为依法律规定条件直接产生的担保。此种解释中也蕴含了一定的"物权法定主义"对形式和内容法定要求满足的因素，但还包含了因政策考量使某些担保在符合法律规定的情形下当然发生的蕴意。依此，法定担保为符合法定要件即可取得或形成的担保，范围较窄，除了非依契约自由外，还包括如事实或事实行为的非交易关系在内。包括了除依当事人约定所产生的担保外的仅依法律规定或事实原因产生的担保。即狭义的"法定担保"。

本书将在狭义的"法定担保"范畴内探讨这种依法定条件直接产生的物的担保权利。

三、法定担保的基本特征

由于"类型无法被'定义',只能被'描述'"①,即类型难以用具体的语言来对其定义,而无法被"定义"的类型也无法如同概念般被精确地全部予以穷尽。本书对法定担保的类型描述不能涵摄所有与之相关的案件事实,但可借此判断某现象是否归属于某一类型,即以法定担保作为一种担保类型,然后再判断某一现象是否归属于这一类型。但在具体运用类型思维界定法定担保时,需注意到这种思维方式的流动性对法安定性的违背。为此,通过使用"诠释学的循环"的工具,对法的构造类型进行掌握,可"先探求——有多数法规范有意义之结合状况所显现之——类型的'主导形象'",② 然后将这些主导形象作为基准来解释个别规范。

从上文所列举的法定担保说法、近似概念或直接界定、各国立法条文或司法判例中,可或多或少地体现或提炼出某些特性:如优先权中凸显的"发生原因的法定性""优先受偿性"和"保障特种债权";法定抵押权中明确的"发生原因的法定性""保障特种债权""秘密性""非移转占有性";法定质权中指明的"发生原因的法定性""保障特种债权""秘密性""移转占有性"。留置权中标示的"发生原因的法定(事实)性""公平正义原则""移转占有性"。与近似概念对比中表现出的"目的政策性""保障特种债权人而非债务人""使债权人获得优先受偿"等特性。以上众多特性中,

---

① [德] 亚图·考夫曼:《类推与"事物本质"——兼论类型理论》,吴从周译,学林文化事业有限公司 1999 年版,第 117 页。

② [德] 卡尔·拉伦茨:《法学方法论》,陈爱娥译,商务印书馆 2003 年版,第 344 页。

存在着某些在法定担保中所具有的普遍性、主导性，或者更确切地说，建构性的因素，可以用以区别与之不同的类型。这些构成法定担保的重要因素，依次分为：

1. 法定性

如上文所述，法定担保是依法直接发生的担保。这一显著特性是指当某种特种债权存在，且满足法定构成条件时，即可破除债权平等性，当然依法在其上设立一定的担保。

2. 政策性

法律规定何种担保可在符合法定构成要件时直接成立存在选择性，这种选择的背后隐藏了一定的政策性因素的考量。如法定担保所担保的特种债权，"通常是因为债权人对担保标的物支出了一定的费用，为了保护债权人的利益，也为了鼓励人们积极实现创造担保标的物价值的行为"[1]，这其中包含了对特定债权人付出劳动或费用保护的特殊考量。而这种特殊的保护还可以基于其他客观且合理的理由依法产生，如公平正义、当事人意思的推测、某种社会政策的考虑等。无论何种理由，其获得优先保护的客观合理性，必然存在着某类作为法律政策的特权制度的成立基础。但具体需通过哪些政策因素考量，选择哪些特种债权作为设定法定担保的理由，尚无定论。

3. 秘密性

由于法定担保依法直接发生，其成立无须以占有或登记进行公示，具有发生的秘密性。各国立法在法定担保的成立上大多采取了无需公示而直接依法或依事实产生这一做法，在生效上则或多或少要遵循一定的公示要求，这与自始至终都需严守公示原则的约定担保显著不同。由于不遵守一

---

[1] 中国社会科学院法学研究所《法律辞典》编委会编：《法律辞典》，法律出版社2003年版，第275页。

般物权的公示性原则，法定担保不能被外界显著识别，而被学界广为诟病，并引发争议：法定担保的秘密性究竟是物权公示性要求之例外，还是根本并不违反物权公示？抑或法定担保是无需遵从物权公示的特殊物权？而抛开对法定担保为物权的概念式定势思维，以上争议从表面上看可以告一段落。

4. 优先性

与无担保债权相比，债的担保具有优先受偿性。依约定产生的债的担保也被称为担保优先权。而法定担保与担保优先权相比，可以具有超级优先地位，即其在同一物上设定的数个优先权利中，被依法赋予最优先清偿的序位。如罗马法上的国库之税收、妻之嫁资、监护购置财物、修缮费等法定担保即被明确了这种最高的优先性，不仅优于一般债权，而且优于其他担保优先权。[①] 在此需明确，这种超级优先性的存在，并非法定担保优先效力的常态。那些仅优先于普通债权或某些担保的法定担保，从数量上来看，是为多数。且也存在某些法定担保本身并无优先受偿效力的情况，如日本法中的留置权，但通过立法的设计，最终也可使债权人获得优先受偿。

第二节　法定担保的正当性分析

法定担保是破除债权平等原则的法定方法之一，为各国法律所采纳。但在以平等性为表征的债权领域，为何出现依国家强力干预的确定债权二次顺位的法定方法，或者这些方法存在的正当性基础是什么，是探讨对其

---

① 参见丘汉平：《罗马法》，中国方正出版社 2004 年版，第 256—257 页。

进行类型配置的前提。下文分别从法定担保存在的三个正当性基础加以论证，其一为法定担保的目的基础，即解决权利冲突的权利顺位规则；其二为法定担保的功能基础，即破除债权平等性原则的方法；其三为法定担保的定位基础，即法定的破除债权平等性原则的方法。

一、基础之一：权利冲突与权利顺位规则

（一）权利冲突的存在

权利冲突，是作为权利相互抵触的非正常状态而存在的。权利冲突具有不同的样态，如同种类型权利间的冲突与不同类型权利间的冲突。本书所探讨的是私法上的民事权利，因此权利冲突的范畴限定为平等主体间的私权冲突。这种权利冲突是指两个或两个以上权利指向同一客体，同一客体上并存的不同权利主体间存在对抗性，即若某一权利优先行使或同时行使对其他权利行使或实现造成限制或产生障碍，其后果或者是其他权利不能实现，或不能全部实现。① 权利在现实生活中的确存在这样或那样的冲突，但其为何发生，背后的原因值得研究。

1. 资源的有限性

资源无论如何开发，其数量的有限性或稀缺性终究无法满足无限的需求。资源配置从古至今都是国家和社会关注的重心。在一定资源数量的背景下，如何运用有效的规则将之在不同主体间进行优化配置，以获得最佳效果，是解决不同资源需求冲突的基本手段。资源在私法中获得确认和保护，成为私法权利，也必然面临着因其有限性而在不同主体之间分配的冲突问题。

---

① 参见陈洪：《不动产物权冲突研究》，载易继明主编：《私法》（第 1 辑·第 2 卷），北京大学出版社 2002 年版，第 3 页。

2.价值的多元性

权利，从广义上讲，也是一种资源，其背后所代表的是利益。随着社会发展，人们形成了不同的价值理念，对权利的配置和利益分配观念分散。对有限资源的分配，既要满足多数主体的利益诉求，又要照顾到少数主体的基本权利。在价值理念的碰撞下，权利冲突作为一种法律现象不可避免地成为常态。

3.权利分配机制的局限性

作为对权利分配制度存在的立法，依法规范了权利的类型、权利行使的条件、程序等内容，本意在于规范权利及其行使，消减权利的冲突。但鉴于立法本身的抽象化、稳定性和滞后性或者不周延性，难以应对复杂多变的现实社会和迎合不同个体的差异性需求。当既定的法律规则出现调整的缺陷、缺漏或者矛盾时，不仅新增冲突，且原有冲突也将因得不到合理调和而更加明显。

4.权利与义务的相对性

一定的权利总是与相应的义务对应的。对债权人来说，需要债务人的履行方能实现其债权，即债权与债务对应。对物权来说，物权人实现物权虽不需借助他人的协助，但物权的支配性要求他人履行不得干涉、妨碍等不作为义务。由于权利总是与一定义务相对，当权利主体行使其权利时，对义务主体的影响总是存在的。由于这种影响，反过来，当义务间存在冲突时，也就意味着相应的权利冲突不可避免。

5.权利边界的模糊性

权利存在边界性的塑形。如同其他任何事物一样，都是有其限度的，拥有权利的同时，也就意味着拥有了限度。① 权利的边界在于对其行使的规制性，超越这种限定，不仅权利行使无法达到预定效果，也可能构成对

---

① 参见刘作翔：《权利冲突的几个理论问题》，《中国法学》2002 年第 2 期。

他人权利的侵犯。但权利间的边界，仅赖于立法的划定，总有不清晰的状态。即便立法完善，权利交叠存在总无法完全消除权利相互间侵入的现象，仅能做有限的消减或协调。由此，权利冲突在这些模糊地带大量存在。

（二）权利顺位规则

权利冲突的存在是立法干预私人生活正当性理由之一。权利顺位规则是一种用于解决权利冲突的方法。这一方法，可通过重新确定和明晰权利的边界，寻找到解决权利冲突的平衡点。权利顺位规则的确定，要使平等的权利主体间，不论是使其优先，或与他人平等，或居次，都能得到妥当的安置。其合理性与否涉及立法者的利益衡量、价值选择以及权利配置标准确定等问题。目前，作为解决权利冲突手段的权利顺位规则可大体分为如下几类：

1. 排队规则

排队规则也即先来后到规则，根据权利成立先后顺序决定行使次序。这一规则主要适用于担保物权领域。如中国立法所规定的抵押权实现顺位即依登记的先后确定，先登记的优先于后登记的；若同时登记的，顺位相同。

2. 同时同序规则

同时同序规则即不按照权利成立时间先后决定行使次序，而是无论先后，一律同时行使。债权平等原则，即是从这一角度出发来适用的。债权的平等性是债权最为重要的特征，与债权的相容性、无需公示性都有关联。指数个债权人对于同一债务人存在不同时序的数个普通债权时，所有普通债权的效力一律平等，不因成立时间先后而存在效力优劣之分。①

---

① 参见魏振瀛:《民法》，北京大学出版社 2000 年版，第 304 页。

3. 倒序规则

倒序规则即成立在后，行使在先。这属于在《海商法》中普遍适用的特殊时间规则。如"Last On, First Off"[①] 或"Inverse Order Rule, or Inverse Priority Rule"[②]，可译为"后来居上原则"。此原则是关于船舶优先权人行使其优先权采与该优先权所担保的请求发生时间的倒序排列规则。其所适用的范围，仅包括那些对船舶作出过一定的贡献或可提出利益的请求之上，如船长、船员的劳务报酬、海难救助费用等[③]，以使海难救助报酬或共益费用优先得到赔偿。

4. 射幸规则

对在同一无法分割客体上的权利冲突，无法采用以上任何时间规则处理时，只能采取如抽签决定权利顺位的方式。在商标法中多采用此法来决定同一商标的同时申请人的申请登记顺位。

5. 优先规则

与上述规则不同，优先规则与权利成立时间无关，而与权利性质有关。如物权优于债权、抗辩权优于请求权等。这一规则是学理上对某些权利基于其性质，而作出的优先性顺位安排。如在制定《物权法》的过程中，由梁慧星先生主持起草的《中国物权法草案建议稿》第八条规定："一物之上既有物权又有债权时，物权优先。但法律另有规定的除外。"[④] 但这一规则仅为学理观点，尚未被任何国家立法所明文采纳。

6. 居次规则

居次规则指美国法上的"衡平居次原则"（equitable subordination），

---

① G. Gilmore and C. Jr. Black, *The Law of Admiralty*, New York: Brooklyn, The Foundation Press, 1975, pp.743–745.

② 陈显荣：《从比较法论我国船舶优先权》，联经出版事业公司1987年版，第120页。

③ 参见李东：《船舶优先权制度的法理解析——概念法学与现实法学主义法学进路的整合》，博士学位论文，大连海事大学，2012年，第105页。

④ 梁慧星主编：《中国物权法草案建议稿》，社会科学文献出版社2000年版，第6页。

又称为"深石原则""从属求偿原则",① 德国法上的后顺位破产债权规则。是基于对公司普通债权保护而设，以限制股东的恶意操控行为或不当行为。股东不当设定担保的，无论有无担保，在公司破产时，可被要求次于公司的其他债权而受清偿，以保护从属公司的债权人。②

二、基础之二：债权平等性原则的质疑与破除

（一）债权平等性原则的质疑

债权的平等性原则是处理债法领域权利冲突设定的顺位规则，其大致含义包括：基于民事主体地位的平等和债的相对性，同一债务人上可并存多个地位平等的债权；债权一律平等，任何债权均不能优先于其他财产性权利，也不因在先成立而具有优先性；债务人的数个到期债权，可就债务人一般责任财产平等受偿；当债务人无力全部清偿时，所有债权，无论是否到期，均按比例平等受偿；破产程序中，同类债权同等对待，但不同类债权区别对待。③

当债权平等原则作为债权顺位规则被普遍接受时，也遭到了学界的质疑。尤其是当人们在将之用于解释那些被赋予不同于此平等顺位安排的各类债权（如特种债权）时，该规则成了非议的标靶，即所谓的"债权平等性的破除"。

---

① 曲冬梅：《企业破产中关联债权的困境与衡平居次原则的引入》，《东岳论丛》2011 年第 7 期。

② 参见许德风：《论破产债权的顺序》，《当代法学》2013 年第 2 期。

③ 以上观点分别参见李开国：《物权与债权的比较研究》，《甘肃社会科学》2005 年第 2 期；金振朝：《略论债权平等原则》，《黑龙江省政法管理干部学院学报》2006 年第 6 期；宋宗宇：《优先权制度在中国的现实与理想》，《现代法学》2007 年第 1 期；孙新强：《破除债权平等原则的两种立法例之辨析——兼论优先权的性质》，《现代法学》2009 年第 6 期；罗思荣、马利峰：《论人身损害赔偿优先权》，《河南科技大学学报》2010 年第 4 期。

学界质疑的声音有以下几方面：

第一，债权平等性的假定基础不成立。这包括主体平等和缺乏公示。主体平等的假设，从未获得充分的论证。学者指出，无论是信息传递理论，还是博弈理论，同一债务人的不同债权人与其业务关系不同，因此能够实现债权的机会也不平等。[①] 而基于未公示的债权免去庞大的资讯探知交易成本的技术考虑，也脱离了真正交易的实际，同时各种获得优先债权地位的法律手段也削弱了该原则适用的空间，是一种立法资源的浪费。

第二，债权平等性违背了社会经济发展的规律。从大量的数据来看，历史上任何民主国家在权利实现中都存在着差序格局。权利实现的不平等虽与现代法治国家所追求的权利平等和权利的普遍性价值之间存在矛盾，但根本矛盾的根源在于现代法治和市场经济间存在着价值追求的对立统一关系。也即，"市场经济要求的是形式（机会）平等，并不要求实质（结果）平等……公平应当在效率的基础上实现……不能为了未来才能实现的权利普遍性、平等性价值目标，而牺牲现实的市场经济的特性。"[②]

第三，债权平等性并非绝对意义上的平等，而是特定意义的平等。这里债权平等是指债权人享有平等的请求权而非获得平等的受偿机会。这是因为债权人控制风险和预见性的差异导致不能达到平等；债权财产权利的物质利益内容不存在平等与否的问题；债权人获得清偿所依赖的司法程序无地位高低的判别；债权人主体资格不存在差异；债权实现机会因担保权人的存在、主张债权时间和方式的差别而当然地存在差异。[③]

第四，债权平等性导致了新的不平等。债权平等性是对实质平等的违背。将所有债权，不分到期日，甚至无论是否到期，均一同按比例受偿，

---

① 参见王立志、李静：《债权平等性：解构与解困》，《甘肃政法学院学报》2010年第1期。
② 郝铁川：《权利实现的差序格局》，《中国社会科学》2002年第5期。
③ 参见王枫：《平等观与特殊债权的优先清偿》，《武汉理工大学学报（社会科学版）》2013年第3期。

是在以形式平等掩盖实质不平等；债权平等性损害了已到期债权人的期限利益因被拖延而产生损失；债权平等的公示缺失假设，忽视了当事人主观意思对债权实现的作用，从而可能造成对第三人的不平等；债权平等性限制了促进交易的私法目的的实现。①

（二）债权平等性原则的破除

基于分配正义所产生的债权平等原则，所具备的形式意义上的作用不可忽视，且一定程度维护了交易安全和尊重了当事人选择的自由。但若脱离对现实差异的考量，高屋建瓴的规则只能被束之高阁，放任只能导致更多实质不平等或违背正义的结果出现。所有的法律规则都必须对鲜活生活进行充分预估，通盘考虑，才能具有广泛的适用性。

从上文对债权平等性原则的质疑来看，最突出的问题是其所标榜的平等性。法律所确认的平等价值，表现在立法中的形式平等与司法实践中所实现的实质平等两个层面。立法平等，即对社会主体平等权利义务的确认，司法平等，即通过法律程序运作实现立法所确立的平等权利义务。但就立法而言，立法平等是立法公平的主要表现形式，然而，立法平等若表现为对社会主体人格平等对待，而忽视了复杂社会差异性的存在，不能称得上是实质平等。"平等乃是一个具有多种不同含义的多形概念。它所指的对象可以是政治参与权利、收入分配制度，也可以是不得势的群体的社会地位与法律地位。"②因此，在形式平等的基础之上，立法需对弱势群体实行有差别的倾斜保护，以矫正形式正义的不足，体现法律对实质正义的追求。正是由于法律所调整的社会的复杂性决定了需在立法上承认债的关系背后所存在的社会关系中债权的差异性，并区别对待不同债权，从而实

---

① 参见王立志、李静：《债权平等性：解构与解困》，《甘肃政法学院学报》2010 年第 1 期。

② ［美］E. 博登海默：《法理学——法律哲学与法律方法》，邓正来译，中国政法大学出版社 1999 年版，第 226 页。

现实质性的公平与平等。因为平等并不要求对所有人的同样对待，作为相等来对待，而不是平等对待。如果有充分的理由对人们实行不同待遇，那么平等分配也违反了平等和公平。①

因此，当一项权利顺位规则违背了人们对现实的差异化需求，进而有悖实质正义时，对其进行调整或修缮，不可避免。从调和权利冲突、维护社会安定及追求实质正义等目的或宗旨出发，人们通常可通过意思自治、立法干涉变更已确立的权利顺位。破除债权平等性的方法，可大致分为三大类：

第一类是建立在不同权利应不同保护的基础上，通过改变权利的性质，从而达到不同保护的目的。如债权物权化的方法②：租赁权物权化、债权公示（预告登记）、债权物化（债权证券）。

第二类是建立在利用一定媒介固定债务人的特定或一般财产，用于保障特定债权的实现。通常利用的媒介即担保，在债权之上设定的担保分为意定担保和法定担保。

第三类是建立在不同债权应区别对待的基础上的，划出应特殊保护的特种债权，采取排序的方法，使前者得以优先实现。又可分为权利排序和履行排序两种。前者是对现有债权，依不同的价值判断、政策考量对之进行二次的权利顺位调整，如法定担保中所保护的特殊债权被赋予优先实现的顺位。后者是在破产程序或强制执行程序中对不同的债权安排不同的清偿顺序，从而达到对不同权利区别对待的效果。

以上三类方法依是否直接改变权利顺位分为直接方式和间接方式。其中债权物权化、权利排序和履行排序是直接方式，是直接通过合同约定或

---

① 参见申卫星：《信心与思路：中国设立优先权制度的立法建议》，《清华大学学报》2005年第2期。

② 对债权物权化的方法，仅为学者从解释论角度对以下现象的理解和说明。此外，笔者认为特种债权效力不能作为债权物权化类的破除债权平等性的方法，故不列入其中。参见戴新毅：《债权平等及其突破模式选择》，《河北法学》2013年第6期。

由法律直接规定改变权利顺位。而设定担保为利用担保媒介的间接方式，依是否存在国家意志的直接干预，又可分为法定方法和意定方法。前者包括权利排序、履行排序、法定担保，后者包括意定担保、债权物权化。以上破除债权平等方法的关系如图1所示：

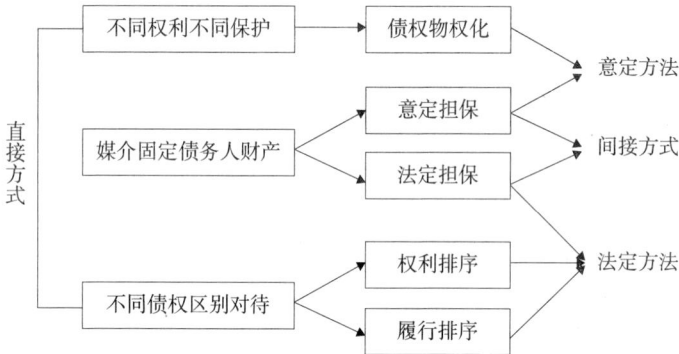

图1 破除债权平等的方法

鉴于学界对债权平等性原则本身的质疑，各种破除债权平等的方式是否也是一种对平等的违反，或者不遵循该原则的债权出现，是否一种合理的存在，需要加以分析。各种破除债权平等性的方法之间存在着差异，如法定方法和意定方法（以其中的法定担保和意定担保为主）。法定方法和意定方法虽各自的特点不同，但却共同发挥了对债权冲突二次调控的作用。而二者之间存在的实质区别，是立法对其加以分别规范的根本理由。对此，下文将从对特种债权保护的角度，对二者加以对比分析，以明晰其各自存在的不同价值倾向、功能差异和伦理关注。

三、基础之三：法定方法与意定方法的对弈

（一）债权实现领域中价值导向的不同

债权实现意味着债权中所包含的利益实现，也表明通过债权方式实

现了资源分配。价值是从人们对待满足他们需要的外界物的关系中产生的，[①] 法的价值是法满足社会需要的属性，是指法的应有价值和目标价值。[②] 资源分配中也蕴含着不同价值导向，对债权实现方式产生反作用力，左右着人们采取各种意图改变权利实现顺位方式的效果。因此，债权实现领域的价值选择和价值判断，是不同的债权实现顺序安排的航向标。

1. 意定方法以效率价值至上

约定变更权利顺位，是通过当事人的理性选择来达到破除债权平等目的的方法。此种方法以效率为首要的价值衡量标准。

意定担保中的效率价值明显。是否采取担保方式，采取何种担保方式，债权人所考虑的一个重要因素是以最小的成本获得最大的经济利益，即基于经济因素的考量。这一点在商品经济社会表现尤其明显。由于经济分析法学派的倡导，效率成为公认的法律价值目标之一，即所有法律制度对权利义务的分配，都须使资源的分配实现效率的最大化。由此，在影响到债权实现的诸多因素中，债权人最先考虑的是效率因素，即获得多少的预期收益，降低多少的成本，而不是现实回报，这也是债权人采取担保或非担保方式保障债权实现的考量抉择。[③] 意定担保恰恰可以在实现债权人的预期收益方面，起到降低成本，有力地促进债务人及时还债，提高预期收益实现可能的效率功能。从各国对担保制度的重视程度来看，各种尊重当事人意思可加以选择的担保方式，如抵押、质押等，都因其在经济领域所发挥的防范债权风险、提高交易效率和促进经济发展的高效作用而备受

---

① 参见《马克思恩格斯选集》第 1 卷，人民出版社 1963 年版，第 406 页。

② 参见 [英] P. 斯坦、J. 香德：《西方社会的法律价值》，王献平译，中国人民公安大学出版社 1990 年版，第 3 页。

③ See Ronald J. Mann, "Explaining the Pattern of Secured Credit", *Harvard Law Review*, Vol. 110, 1997, pp.625–626.

推崇。

债权物权化中也包含了效率价值考量。经预告登记后，请求变更物权的请求权或请求为本登记的请求权，具有了对抗第三人的效力，虽不导致直接的权利设立或变动，但取得了将来发生权利变动的排他权利，从而改变了原有债权实现的顺位。此种特有的债权物权化功能，对债务人的契约自由进行了限制，从而对交易安全起到了保障作用。通过提前公示债权存在的方法，预告登记使潜在的其他债权人预知交易风险，保全了预告登记人的债权，提高了有效交易的几率。债权证券（包含在资产证券化内的一种形式），则是通过制作书面文书的形式，证明或者设定债权，[1]从而将交易内容在证券上予以定型的方式。债权证券是随着经济发展，因传统债权让与方式不能满足投资者经济效益追求和效率要求而产生的。人们希望通过债权高效实现经济价值，这就需要去除债权的差异化，提取同质性内容，剥离其中债权的相对性。债权证券以其高效的可转让性和便捷性，满足了这些效率性的要求。

2. 法定方法以矫正正义至上

债权的平等性意味着债权间不存在优先受偿性，当债务人不足以全部清偿时，各债权人只能按其债权数额按比例受偿，其中反映的是对平等的追求和对正义的维护。但任何抽象的制度价值，都很难在逻辑上周全，而易被逻辑所割裂和证伪。譬如平等，鉴于如今世上失业、贫富差距的显性存在，法律上平等显得仅为口号性的宣誓。不平等反倒是一种日常的、绝对的、普在的事实，而平等反倒成为反常的、相对的、偶在的事实。[2]由是观之，法律制度中的价值具有主观性、模糊性以及它与实践遭遇后的复杂多样性。这使之不能仅被放置于逻辑框架内进行推论和考量，而应采取

---

① 参见蒋翔：《债权物权化——以债权证券化为表现形式》，《时代金融》2011年第9期。
② 参见云书海、秦娟：《弱势群体权利保护的价值诉求》，《中国政治青年学院学报》2010年第3期。

理性成述来对价值予以补全。①

法定担保带有信仰高度的理性和抽象成述，集中体现为对实质正义的表达。与债的平等性中分配正义不同，法定担保是依国家立法，直接对不同的主体，进而对不同主体背后所代表的利益进行了矫正正义层面的考量。与意定担保相比，同为破除债权平等原则的法定担保在对该原则的破除上存在着差异。从法定担保的优先受偿法定来看，债权的清偿顺序是由立法明确规定的，与意定担保中债权人可以选择适用担保或非担保保障债权实现不同，后者的清偿顺序是由各债权人自己选定的，因而法定担保之债的优先清偿性与债权的平等性原理存在的冲突更为激烈。中国社会遵循"一部分先富起来，先富带动后富"的路线，短期内确实有部分人积累了大量财富，但在带动后富的道路上，显然仍有很长的路要走。目前社会呈现出典型的状态是贫富两极分化严重，仇富心理严重。如何做到平衡社会财富，存在各种策略，如政治手段、经济杠杆等都可发挥巨大作用。而法律属于事前调整手段，通过立法使某些特别债权优先受偿，减少实质不平等带来的社会矛盾，是实质平等所需。因此，法律需深入社会关系的内部，提炼出社会关系的不同性质，进行分类调整，以实现人们之间的实质平等。② 如基于公平原则的留置权，基于对弱者利益保护的劳动者报酬债权优先权、加工承揽人优先权，基于社会公益追求的共益费用优先权等，都体现了对社会主体不同地位的差异观察，是以实质正义的价值为导向。

破产债权的履行排序中，首先反映的是市场经济条件下竞争所导致的"优胜劣汰"的结果，在对债务人救济的同时，保护债权人的利益。其次才是满足公平要求的对特殊债权加以保护的优先破产财产分配顺序安排。

---

① 参见谢晖：《诗性、修辞与法律价值预设——制度修辞研究之二》，《现代法学》2012 年第 5 期。

② 参见［美］迈克尔·D. 贝勒斯：《法律的原则》，张文显译，中国大百科全书出版社1996 年版，第 11 页。

但从债权实现的结果来说，特殊优先顺位的债权在破产财产有限的情况下，显然获得清偿的概率比后序位的债权人高。这种安排背后所体现的就是对实质正义的倾向。

（二）社会关系调整中功能定位的差异

"尽管法律有其价值之维，但一般说来，法律的价值之维，存乎法律规定之外，即便法律原则的规定，在法律之内或许是价值问题，但逃出法律之外，它也是实现价值、追求目的的一种技术手段"。[①] 这些存在于法律规定之外的价值，促成法律价值实现的技术手段表现各异，但采取何种技术手段，根本的考量因素是能否通过这一手段实现某一法律制度的功能。利用破除债权平等方法来对债权债务关系重新加以调整，依据方法的不同，所体现的制度功能不可避免地存在差异。

1. 意定方法以尊重当事人意志、有利市场交易为核心

意定破除债权平等方法的功能聚焦于满足市场交易的需求之上，下文以其中的意定担保为例加以分析。

（1）节约市场交易成本的功能

影响着契约中的节约交易成本下的结果存在着替代性治理模式，包括市场、混合体，科层、政府机关等。交易成本经济学在法学方面的表现就是契约法，因为有限理性，它承认全面契约不是可行的选择，但很多经济行为人有能力预测未来、察觉风险，并将之考虑进契约关系中，进而设计出相应的制度。而节约费用、制度的逻辑性（可矫正性为重点）和计算性被认为是关键概念，使这些制度符合交易成本经济学的可操作性。[②] 意定担保制度设计中就蕴含着以上交易成本经济学的基本原理，可通过债务人

---

① 谢晖：《诗性、修辞与法律价值预设——制度修辞研究之二》，《现代法学》2012年第5期。
② 参见[美]斯蒂文·G.米德玛编：《科斯经济学：法与经济学和新制度经济学》，罗君丽、李井奎、茹玉骢译，上海三联书店2006年版，第124—125、129—131页。

提供特定财产担保债务履行，减少契约中的道德风险，间接节约了交易成本；[①] 意定担保存在可矫正性，是在所有可能形式中由当事人自由做出的选择，是以净收益来描述和执行结果的，如果没有更好的可选择时，可以假设这种结果是有效率的。

（2）保障市场交易安全功能

雷加森斯·西克斯认为："法律本身并不是一种纯粹的价值，而是一个旨在实现某些价值的规范体系。它的首要目的是实现集体生活中的安全……如果法律秩序不表现为一种安全的秩序，那么它根本就不算是法律。"[②] 从风险理论来看，学者通常认为由于市场竞争的非完全性、市场信息的非对称性、市场交易的摩擦性等因素的存在，整个市场经济中蕴含着巨大的商业风险，从法律来讲即交易的不安全性。[③] 为了防范和规避这类不确定因素带来的诸如交易风险以及基于对社会经济基础、国家利益等一系列因素的考量，担保制度应运而生。菲利普·R.伍德（Philip R. Wood）指出，担保法蕴含了深厚的理念，即在债务人支付不能时保护债权人；限制虚假的赖债行为；促进企业资金的流动；鼓励自我救济以保证银行的安全等。[④] 这些理念中蕴含的最主要的目标就是保障债权的安全实现。而意定担保通过交易信息的提前供给、选择降低投资风险的方案和将风险分担

---

① 交易成本经济学视角下的道德风险存在多种形式，考察的是制度环境，如政治、法律，博弈的社会规则的影响。这些风险涉及：如果不存在有限理性和机会主义，所有这些风险问题都会消失；行动体现在具体的交易和治理机制之中；好的绩效由富有远见而不完全的契约实现，其目的是将制度视为控制成本的工具，以减少道德风险。参见［美］斯蒂文·G.米德玛编：《科斯经济学：法与经济学和新制度经济学》，罗君丽、李井奎、茹玉骢译，上海三联书店2006年版，第129—131页。

② ［美］E.博登海默：《法理学：法律哲学和法律方法》，邓正来译，中国政法大学出版社1999年版，第196页。

③ 参见胡开忠：《破解担保之谜：担保法的价值取向》，《法学评论》2003年第2期。

④ See Philip R. Wood, *Comparative Law of Security and Guarantees*, London: Sweet & Maxwell, 1995, p.12.

给他人等方法分担了风险。不仅交易风险被降低，当债权届清偿期而债务人不履行债务时，意定担保中债权人可以行使的不仅仅是基于债权产生的债权请求权，还可径直行使担保，以特定担保物的价值使债权得以清偿。

（3）提高市场交易效益功能

意定担保中也重视了资源使用效益的问题，即考虑到制度设计中追求最大资源效益的经济理性。[①] 意定担保制度中债权人可基于债务人的特定财产获得优先受偿，平衡了双方风险负担，降低交易成本，在交易效率方面达到了帕累托最优效应。

（4）增强市场交易信用功能

意定担保的效力意味着可通过法律的手段实现人格信用和资产信用的客观性和确实性，从而不但控制交易之后风险的发生，而且使该效果能够延伸到交易之前，最终促进交易的发生。因此，意定担保具有强大的"保障信用"功能。[②]

2. 法定方法以体现国家意志、保障特种债权为主旨

意定破除债权平等方法所具有的市场交易功能，在相应的法定方法中，尤其是法定担保中也存在。法定担保虽然并非债权人的选择而是依法直接设定，但国家在立法时选择采取担保方式而非其他方式去保障特种债权优先实现，其中不无基于成本、安全、效益等功能的考量。

（1）节约成本，提高效益

法定担保中存在治理概念因素，这是一种可用于缓解冲突、增进公共利益的手段，也是节约交易成本的核心。[③] 国家虽为抽象的存在而非具体

[①] 参见苏永钦：《法定物权的社会成本：两岸立法政策的比较与建议》，《中国社会科学》2005 年第 6 期。

[②] 参见徐洁：《担保物权功能重新解读》，《西南民族大学学报(社会科学版)》2007 年第 3 期。

[③] 参见苏永钦：《法定物权的社会成本：两岸立法政策的比较与建议》，《中国社会科学》2005 年第 6 期。

的市场主体，但进入担保市场中，表现出了对特定债权人利益的倾斜保护，通过立法的直接规定介入特定债权人与债务人的利益博弈中，起到了降低特定债权人实现债权的成本、提高特定债权优先受偿的效率价值；而采取法定担保方式来实现其中所涵盖的国家特定政策目标，无疑也可降低实现此目标的其他社会成本的效果。又鉴于法定担保的法定设立，可降低调查及公示成本，与其他担保方式相较而言，在节约交易费用方面，独具优势。

（2）降低风险，保障安全

法定担保通过责任财产分离的方式（如留置权中留置物、优先权中的债权人一般财产或特殊财产作为责任财产），从交易的静态层面上最大限度消减了债务不履行的风险，从而最终实现保障特种债权安全的目标。设立法定担保，可使特种债权在实现上的可能性、成本和周期都有利于债权人，从而避免债务人违约后带来的赖账风险，保障交易安全。

但法定破除债权平等方法的功能并不限于以上市场交易的考虑，或者说，其核心的功能是跃出市场交易之外而存在于更为广阔的空间之中。作为破除债权平等的方法，意定方式更多倾向于尊重当事人意思，通过市场手段调节相应权利冲突，以市场作为功能定位的参照系；法定方式则更多反映出国家的意志，通过法定手段完成权利顺位的重新排序，以国家职能发挥或政策导向作为功能定位的参照系。从这一角度来看，法定方式所担负的制度功能更具全面性（或社会性）。

法定担保中最为显著的功能，是基于国家政策、社会价值理念等原因对特种债权的保护。当债务人责任财产有限时，若仍坚持各类债权一体平等保护，有违社会公平和正义。对此，特种债权是各国立法中，基于债权发生原因、履行社会后果的特殊性，而在普通债权之外被赋予优先受偿效力的债权。这些特种债权在各国被各种名目的制度，如优先权、法定抵押权、法定质权，抑或留置权，加以保护，可辐射至劳工工资、劳动保险费、税款等涉及国家利益、公共利益或弱势群体利益的债权类型。

其具体表现为：为了体现人道主义，债务人丧葬费用优先权和医疗费优先权被设立；为了保障弱势群体，如各行业劳动者，劳工工资和劳动保险费的一般优先权制度被设立；为了保证国家稳定的财政收入，保障国家活动的正常职能运转，税收优先权被设立；为了保障加工承揽等作业中以及建筑工人等特定劳动者利益，加工、承揽人优先权留置权、建设工程承包人优先权被设立；基于劳工政策、航运及贸易政策等的考量，以船舶为其担保标的的海事优先权被设立，诸如此类，不一而足。可以发现，这些法定担保所保护的债权具备公法因素而非基于商品交易产生，是带有特定目的而产生的分配（支付）关系。① 法定担保实现了国家社会政策、保障弱势群体利益、维护基本人权以及保护公共利益、共同利益等功能，体现了公平、正义等社会价值理念。② 这是以市场交易为目的的意定担保所不具备的。

（三）社会道德层面上伦理关注的区别

作为以对人自身关怀为本的民法而言，其中多数规范体现出了伦理的特质。法定担保作为民法中一种具体制度的存在，不可避免地也蕴含着伦理性文化。民法中的伦理价值在基本理念方面表现为正义、公平和公正等方面。这就要求作为道德化制度楷模的民法制度，应体现出这些基本理念所要求达到的对人的基本权利的保障。在制度设计时应包含符合人类良知与正义品格的相关规范，而不能是违背这一规则的恶法。

从意定方法来看，无论意定担保还是债权物权化，其关注点都集中于市场交易层面，对社会道德与伦理关注方面考虑极少。但在调节权利冲突

---

① 参见左平良：《关于特种债权之物权担保的否定性思考——兼论特种债权的优先效力》，《云梦学刊》2006 年第 2 期。

② 参见姜志远、周玉文：《中国物权立法应设立优先权制度》，《法学杂志》2006 年第 4 期；郭明瑞、仲相：《中国未来民法典中应当设立优先权制度》，《中国法学》2004 年第 4 期。

方面，不可否认其中也有一定的道德因素。如租赁权物权化中对承租人租赁权的保护，不能说不是基于满足人类基本居住需求的人道考量。① 尤其是在如今房市暴涨的局势下，处于弱势经济地位的承租人，若无国家基于政策考量，使其可获得这种对抗第三人的物权效力，承租人最起码的居住权利都可能难以实现。

法定方法在社会道德上的关注和衡量显然比意定方法明显，不仅侧重于社会道德风险的防范，而且更为凸显其人文关怀的特色。

1. 遏制社会道德风险

阿尔钦安和伍德沃德（1988）曾指出："源于道德风险的交易成本从根本上是与'敲竹杠（阻滞）'问题相关：两者的出现都是因为认知局限导致了合约中的某种'可塑性'，这种'可塑性'容许事后的行动偏离事先的约定。"② 这一源于道德风险的偏离将使交易出现问题，严重侵害其中债权人的利益。对这一道德风险的处理，经济学家巴泽尔提出了："对于难以监督产出的一方来说，另一方则又可能出现道德风险……将剩余权配置给难以监督的一方是有效率的，因为他会有效地受制于最大化剩余收入的动机。"③ 在破产情况下，债务人以及一些债权人就处于以上容易出现道德风险的位置。破产之前或在破产程序中，一些债权人可能利用其所处的地位，为保有最大的既得利益而出现伪造担保、账目以及故意损害其他债权人利益的行为。而债务人也可能对关系密切的债权人进行优先清偿，而采取违背道德的恶意串通方式损害其他债权人的利益。为此，立法前瞻性地在破产或强制执行程序中对处于弱势地位的主体利益优先保护，或直接依法发生法定担保

---

① 参见黄周炳：《中国租赁权物权化及其公示模式选择》，《江西社会科学》2009 年第 3 期。

② ［美］斯蒂文·G. 米德玛编：《科斯经济学：法与经济学和新制度经济学》，罗君丽、李井奎、茹玉骢译，上海三联书店 2006 年版，第 9 页。

③ ［美］斯蒂文·G. 米德玛编：《科斯经济学：法与经济学和新制度经济学》，罗君丽、李井奎、茹玉骢译，上海三联书店 2006 年版，第 9 页。

赋予特种债权优先清偿地位，可防范此类行为对其的不利影响。

2.体现人文关怀

法定担保（破产清偿顺序亦同）是为保护特殊债权人利益，以关注人的最基本生存权益或保护弱小等作为出发点，为追求实质正义而例外地僭越了"债权平等"这一形式正义的规则。立法上一般优先权是基于对弱势群体的人格尊重和人文关怀而设。表面上违背了法律的公平与正义价值，为了保护某一特定群体利益而使之优先于另一群体受债权清偿。从实质来看，这恰恰是越过了立法表面的人格平等抽象性，根据社会生活中不同群体差异化的具体存在给予法律上的差别对待，在立法上承认了矫正的公平与正义，即结果的、社会的、实质的公平与正义，以实现法律对实质正义的终极追求。从中国的现状来看，在社会经济发展迅猛的繁荣景象下，近年来拖欠农民工工资事件、医疗费用昂贵带来的因病致贫等社会问题仍不断涌现，其中关涉的弱势群体利益维权之路往往因能力、话语权受限而举步维艰。作为依法设定的法定担保可以在一定程度上，从关系到普通弱小基本生存权利维护方面发挥作用，体现人文关怀，构建和谐社会氛围。

第三节　法定担保类型配置的必要性分析

法定担保类型的配置，[①] 是立法者依利益衡量和价值判断对不同性

---

① 作为权利类型配置，分为两种方式，一种是制度化的方式或规则的方式。即以立法的方式或通过司法设立规则固定权利类型。另一种是个案的方式。即通过法官个案的处理，运用个案利益平衡，以具体事实为据，决定权利的某次配置，不存在一般性规则或制度化配置。本书主要探讨的是第一种配置方式。参见张志华：《基本权利的冲突与配置初论》，硕士学位论文，山东大学，2001年，第47页。

质、不同类型的法定担保在立法体系内进行分配和优化组合的过程。从立法、司法与理论的视角观察，这一配置过程意义非凡，需予以深入的探讨。

一、法定担保类型配置必要性之立法视角

（一）法律制度成本收益的需要

任何制度均都是由权利、契约和国家三部分组成的。[①] 实现权利的合理配置是制度最主要的功能。国家在权利配置中作为强制力量，通过立法的方式实现了这一功能。从制度经济学角度来看，任何制度的建立和运行，均存在一定的成本，若制度成本高于运行收益，则制度会进行优化或消亡。[②] 一项法律制度中的成本收益对比，不仅决定权利配置的方向，也能影响权利配置的效率。作为一项法律制度，法定担保的建立和运行，需考虑到立法成本、司法成本与制度效益之间的正相关关系。若法定担保类型在制度内未被合理配置，则需考虑制度是否需修葺补缀或更迭交替。

（二）法律制度间协调的需要

在各国立法中，面对形式多样、纷繁复杂的现实权利冲突，基于不同立法考量，分别采纳了履行排序、法定担保、意定担保制度加以调整。同时，为使特种债权背后所代表的社会利益得到满足，除法定担保外，还存在其他发挥同样或类似功能的制度。这些制度间如何进行组合、分配，形成何种规范模式，也是立法所关注的问题。总之，法定担保与其他制度间

---

① 参见张红宇：《对新时期农民组织化几个问题的思考》，《农业经济问题》2007 年第 3 期。
② 参见赵德起：《权利配置、契约完备、政府约束视角下的中国农村经济组织化发展研究》，《经济理论与经济管理》2013 年第 4 期。

的外部协调，关系到立法成本的计算、立法体系的平衡以及立法制度的衔接问题。下文将从相关制度间的协调对此加以论证。

1. 特种债权保护与普通债权实现的协调

特种债权是相对于普通债权而言的，由法律基于特殊因素考量，通过法定担保或其他制度使之获得优先于普通债权清偿的权利。特种债权的出现，打破了债权体系的基本平衡，动摇了债权平等原则的基础地位。绝大部分特种债权发生于非商事领域，与发生于商事领域的普遍债权相比，数量悬殊。因少数需要保护的个别债权而根本颠覆债权平等性原则是否必要、合理，需慎重衡量。二者之间是否存在共赢的可能，是需要采取不同制度和规则加以协调或联合调整的问题。

2. 法定担保与意定担保的协调

对于法定担保而言，鉴于其特殊的价值倾向、功能定位和伦理关注，立法给予了特殊的安排。在担保制度内，这种表现为债权优先实现顺位的特殊安排，对具有同样效力的意定担保势必产生一定的影响。这表现在：法定担保可能优先于某些意定担保，从而影响了意定担保权人实现债权的优先性；法定担保的发生无需公示，其突然出现，对需满足公示要求的意定担保当事人造成不公；法定担保的大量出现，将挤占意定担保生存的空间，使人们可能忌惮无法获得清偿而怠于合意设定担保。某些法定担保大量存在的领域，意定担保有被架空的威胁。

但法定担保中某些类型与意定担保相比，仅在发生原因上存在差别，其他法律构造并无太大差异，如法定抵押权、法定留置权与相应的约定抵押权、约定留置权。此外，由于意定担保主要面向市场交易行为，其所具有的经济功能，如融资功能，是以政策为主导（保障特种债权为目的）的法定担保所无法媲美的。在制度组织学中，契约的完备程度会影响到权利的配置水平，而国家在权利配置和契约完备中则扮演了导演者的角色。鉴于二者间的相互影响、相互借鉴以及不同定位，立法需对强制干预担保设立的行为进行限定及协调，尊重并鼓励民事主体在市场交易中的行为自由，满足不同担保制度的功能。

3.法定担保与法定执行排序制度的协调

法定执行排序制度中包含了参与分配制度和破产债权优先顺位制度。其中参与分配制度中实行分配优先主义的国家，债权人可因扣押行为或查封行为而取得优先受偿的效力。实行团体优先主义的国家，一定时间内参与分配的债权人可对该期限后申请参与分配的债权人产生优先权。而破产债权优先顺位制度，则直接对相关特种债权做出优先顺位安排。这与法定担保可使特种债权获得优先受偿的效果相同。同为破除债权平等的法定方法，法定执行排序制度与法定担保在价值导向、功能定位和伦理关注上也存在极大的类似性。但从具体制度内容来看，差异明显：法定担保属于物的担保，是通过赋予特种债权人就债务人一定财产享有优先受偿权而实现保护目的；法定执行排序制度属于程序性规定，是通过对特种债权在破产或强制执行程序中优先顺位安排实现保护目的。此外，法定执行排序制度中不仅包护特种债权人，也保护一些完成启动特定程序或特定申请债权人的利益。与法定担保相比，保护的债权人的范围更广，方式更直接。但二者间最根本的区别在于民事实体制度与民事程序制度的差异。由此，存在着实体与程序之间衔接与配合的问题。

4.法定担保与其他类似功能制度的协调

在法定担保之外，还存在着具备同样特征、功能的其他民事权利制度、民事责任制度等。如法定抵销权、优先购买权、优先受偿权、优先承租权和法定连带责任以及社会保障制度等。在立法体系内，类似的制度需加以区分，协调其在同一体系内的具体存在样态，以充分发挥各自独有的功能。

（三）法律体系内协调的需要

从中国目前的立法现状来看，各类法定担保被分散规定，名称不一，性质有别，构成不同。如在《民法通则》《担保法》《物权法》等立法中分别规定了不同构成要件的留置权；《民用航空法》《海商法》等特别法中分别规定了民用航空器优先权、船舶优先权；《合同法》中规定了建筑工程优先受偿权。对在立法中是否规定，以及如何规定优先权、特别留置权、商事留置权等制度，存在较大意见分歧。与中国立法乱象类似，在大陆法系其他国家中，法定担保分别以优先权、法定抵押权、法定质权、留置权面目出现。有的被归入物权体系，有的被划入债权体系，有的则不分债权物权被一体规定。除性质有别外，这些类型还存在着担保的债权客体、担保的标的物范围、公示要求、优先效力等具体法律构成上的差异。此外，各种类型所担负的功能也存在差别，如体现人道主义和弱者关怀的一般优先权，尊重一般社会观念的特别优先权或法定质权，依照一定事实，体现公平的留置权等等。为此，在不同的立法例中，基于不同的考量，均对这些法定担保类型分别加以排列、组合，以实现各自的立法目的。

二、法定担保类型配置必要性之司法视角

国家通过立法方式对权利配置，划分权利边界，为具体解决权利冲突提供了基本的法律依据。在具体的司法实践中，一般应依据不同的法律规范处理相应的权利冲突。但立法对权利的不同配置和规范，将对司法实践产生不同影响。

（一）法定担保类型规范的不同造成了司法适用的困惑

中国立法分别在《物权法》《担保法》《合同法》和《民法通则》中规定了留置权，由此形成了不同成立要件和适用范围的留置权。法律规范之

间存在一定的冲突与矛盾。如依《物权法》第二百三十条发生的留置权，只需符合留置权成立条件即可，而不限于特定的法律行为。依据民法或民事特别法的专门规定，其所产生的留置权，只能是特定的法律行为。对不同的标的物，适用法律依据也存在差别，如适用特别法的民用航空器费用请求权，若特别法中已有特别规定的，不得适用一般法的规定。这些基于类型不同的复杂立法依据导致了司法适用的困惑。

（二）法定担保类型配置缺漏造成了司法适用的空白

如中国《物权法》中首次规定了商事留置权，放宽了在留置权之上的牵连性要求，为频繁发生的商事交易提供了便利。但在与《民用航空法》《海商法》等特别法中的特别规定相衔接时，由于立法对留置权不同类型规范的缺漏，在特别动产上难以成立商事留置权。如《民用航空法》中并无民用航空器留置权或相关准用条款的规定，从而无法在民用航空器上成立商事留置权。这对日益繁荣的中国民用航空器市场以及随之频繁发生的航空器留置纠纷十分不利。

（三）司法实践中的法续造亟待立法规范

对权利进行配置以促成权利的和谐与充分实现，仅依靠立法是不现实的。成文法所固有的滞后性、不周延性和立法技术的有限，都无法满足复杂社会生活对各种权利冲突调和的需要。在此背景下，司法实践中，通常基于法官的自由裁量而进行法续造，从而对现有法定担保类型进行丰富或补充。这种充盈，与社会需求相契合，以补全立法缺漏，对相关权利或利益关系进行了司法配置。如各国司法实践中出现的让与担保、所有权保留等非典型担保。但这些"在野"状态的担保能否被立法所采纳，进而作为法定担保的新类型加以规范，对于立法而言，是一个涉及类型配置的综合权衡问题。

（四）司法实践效果需对相应特种债权进行倾斜配置

若立法对某些需保护的主体未能进行倾斜性的权利配置，依法做出的权利冲突解决方案不仅将遭遇执行上的障碍，增加司法成本，且强行推进后也势必对社会稳定造成严重不利影响。以其中对社会弱势群体利益的保护来看，当社会结构分化或利益分配失衡时，社会弱势群体就将大量产生，并威胁到社会稳定。若这些群体的根本利益得不到必要的保障，就容易使整个社会陷入部分失序或凸显矛盾的危险状态中。维持社会的稳定是所有国家政府所面临的重要任务，尤其是当前中国正处于社会转型期，出现利益分化时，社会结构的调整极易带来群体性的暴动事件。而采取法治化制度对这些特定主体根本权益加以个别化或倾斜性调整，对消弭社会冲突于无形颇具效用。这就要求在法律制度设计中须考虑到以上特殊群体的存在，注意到社会弱势成员权益保护在救济上的不足，从追求形式正义法治转换为对实质法治的终极追求。若法定担保制度能通过倾向性地保护劳动者等弱势群体的特定债权得以依法按序地优先实现，则可使权利配置司法效果优化，有利于社会稳定目标的实现。①

三、法定担保类型配置必要性之理论视角

法定担保类型多样，性质迥异。各国立法中呈现不同的规范模式。如法国法以优先权统领法定担保，德国法以法定质权、法定抵押权等分别规范之。立法的规范模式差异既体现着各国法律体系理论的不同构建基础，

---

① 但也有学者指出，担保制度侧重于保护债权人的利益而忽视了对债务人的保护，侧重于对担保债权人的保护而忽视了对普通债权人的保护。See Philip R. Wood, *Comparative Law of Security and Guarantees*, London: Sweet & Maxwell, 1995, p.3。作为仅对特定债权人利益加以保护的法定担保制度，这种表现更有过之而无不及，从而引发对这一制度的合理性的质疑。

也引发了学界对相关理论的争议。可以说，这种立法与理论的互动，是一种相互牵制与相互促进的动态过程。下文将选取几个法学理论，分析其与立法中法定担保类型配置之间的关系。

（一）是否坚持物权客体特定原则

罗马法中不区分物权与债权，且不遵循物权客体特定原则，在法国法中体现为可包容一般优先权和特别优先权的统一法定担保制度。法国法上的一般优先权可在债务人的不特定的财产上设定，用于解决与特定财产无牵连关系之特种债权的优先受偿问题。日本法进一步将之纳入物权编中，将一般优先权作为担保物权对待。但在严格遵循物权客体特定原则的德国法中，除特定财产上可成立优先权（法定质权）外，不承认在不特定财产上成立的担保。当无法采取法定担保方式完成对特种债权人的保护时，德国法采取了直接由法律规定特种债权优先顺位的方式来解决这一问题。[①]因此，最终形成了法定担保与破产债权优先顺位联合保障特种债权的立法范式。

（二）是否承认特种债权的优先效力

特种债权自身是否具备优先效力，是各国能否将之单独作为法定担保类型进行规定的关键。法国法和日本法中不承认特种债权的优先效力，为此另行规定了从特种债权外抽象出独立的"担保物权"（优先权）来担保特种债权，形成了在债务人不特定财产上担保特种债权的一般优先权。而德国民法明确了特种债权的优先效力，从而无需借助优先权即可实现优先受偿的效果，可在特别法中作为债权优先权加以规定。

---

① 孙新强：《破除债权平等原则的两种立法例之辨析——兼论优先权的性质》，《现代法学》2009 年第 6 期。

(三) 是否遵循物权变动公示公信原则

在各国立法中对法定担保的公示性要求不尽相同。如法国法上的优先权无需公示，依法直接发生；德国法上的法定抵押权不以登记为要件，法定质权也无需占有；瑞士法中的法定抵押权分为需登记和无需登记两种类型；等等。具体的法定担保类型能否定位为物权，必然要符合物权变动公示公信原则的要求。

此外，法定担保与从物权的支配权属性出发的物权法定原则、一物一权原则、物权效力无因性原则等是否契合，都关系到各类法定担保能否在一国物权法中加以规定的学理衡量标准。理论界对源于法国法上的优先权制度能否与法定担保物权体系相容，存在不同的看法，从而形成了截然不同的构建法定担保制度的观点。[1] 其中达成共识的是，若忽视对物权与债权区分的基本理论，将威胁到依此建立起来的基本权利体系，动摇一国现有的法律制度。为此，学界从多个角度论证各类法定担保与各自立法体系所依托的理论基础之间是否协调，并提出不同的解决方案。理论的发展和完善，对各国立法中相关权利类型配置也产生了正面的助推力。总而言之，在解决特种债权保护问题上，立法中不同的理论支撑，一定程度上左右着权利类型的具体配置，而立法和司法的发展，反过来又推动了学理的完善。法定担保类型配置充分地反映了这种理论与立法的互动博弈，为人们全方位观察这一制度提供了一个立体化的视角。

---

[1] 相关观点的冲突可参见郭明瑞、仲相：《中国未来民法典中应当设立优先权制度》，《中国法学》2004 年第 4 期；陈本寒：《优先权的立法定位》，《中国法学》2005 年第 4 期；左平良：《关于特种债权之物权担保的否定性思考——兼论特种债权的优先效力》，《云梦学刊》2006 年第 2 期；孙新强：《破除债权平等原则的两种立法例之辨析——兼论优先权的性质》，《现代法学》2009 年第 6 期。

本章小结

依类型化思维方式，本书将法定担保界定为依法直接发生的物的担保权利。作为一种物的担保类型的法定担保，体系具有开放性，可以绕开在担保中上演的纠缠不休的性质论争，不用关注其是否为物权（或债权）、担保物权等规定性的制约，而可聚焦于某种担保方式是否属于法定担保。该类型中所具有的代表"主导形象"的内容或因素是法定性、政策性（特种债权保障性）、秘密性和优先性。

作为破除债权平等性的法定方法之一，法定担保在各国立法中被以各种不同的类型进行规范。此类担保中体现了国家公权力干预私人自治的价值倾向，在权利冲突的战场上扮演了"黑马"的强悍角色。但在强调平等的债权领域，出现依国家意志设定的"破坏"既定权利实现顺位的特殊安排，存在特有的正当性理由。法定担保中具有对矫正正义价值的倾向，保障特种债权的宗旨以及对社会道德风险防范和人文关怀的特色，与注重效率价值、崇尚自由意志和市场交易秩序维护的意定担保存在显著差别，从而需另行加以规范。

将法定担保作为担保类型纳入一个国家的法律体系，面临着不同的体系架构的选择和具体类型的安排问题。作为担保体系的一分子，法定担保的融入，因其所具有的法定性、秘密性、优先性等特性，与制度内外各种相似或替代功能制度间需加以协调。司法实践运用中各种法律适用困惑、无法可依的缺漏等，也有赖于法定担保类型配置的立法完善。法定担保类型配置在中国的失衡和不公亟须确立相应的标准，以防制度的堕落和混乱局面发生。同时，理论界各种关于法定担保性质和规范模式的纷争，也促进了这一进程。

第二章 法定担保类型配置之历史嬗变：类型形成与模式分化

第一节 古代法定担保类型萌芽与体系初构

一、缘起于"pignus obligatum"的法定担保

罗马法中的担保制度，主要表现为"fiduia"（信托）和"pignus"（质权）两类。其中"pignus"（质权）是作为相当于权利移转型担保的上位概念。最初在公元前5世纪和4世纪，质权以债权人占有型为主，以非债权人占有型为辅。[①] 但无论由债权人或非债权人占有质物，都将产生一种两难的困境：担保设定人不能对担保物加以使用收益，债权人更不能这么做，而且还要对担保物予以精心保管，以免因过错而担责。为彻底摆脱这一困境，罗马法中的质权中心逐渐从"pignus datumpignus"（占有质）转换到"pignus obligatum"（非占有质）。"pignus obligatum"（非占有质）作

---

① Donald E. Phillipson, "Development of the Roman Law of Debt Security", *Stanford Law Review*, 1968, p.1238.

为占有质自然发展的结果，使质权的设立摆脱了仅能以可移转占有之物（有体物）为对象的桎梏，从而使不以债权人占有担保物设立的默示担保或法定担保成为可能。由此，也可澄清以往学界常见的一个误区，即将罗马法中的"pignus"（质权）与以"hypotheca"（抵押）命名的词汇假定为以担保物的客体和公示方式区分的两种不同权利类型，即：前者是仅以动产为客体，移转占有担保物的占有型担保，后者仅以不动产为客体，不移转占有担保物的非占有型担保。① 也就是说，二者之间只是存在用词或者是言辞的差别。或者说抵押只不过是对质权进行完善的一种制度，这一点，可从罗杰·J.戈贝尔（Roger J.Goebel）的论证② 中看到完整的答案。

意定设立、法定设立和裁判设立是罗马法上质权设立的三种合法方式。为保护弱者，维护公平正义和适应事实的需要，法律直接设立了质权。法律直接设立的质权，在古典法时代即出现，不过较为少见，根植于以意定方式设立的质权的特定交易，并以默示担保为名；③ 而在后古典法

---

① D.20, 1, 5, 1, C.F. *The Digest of Justinian Latin Text Edited by Theodor Mommsen with aid of Paul Kruger*, English Translation Edited by Alan Watson, University of Pennsylvania, Vol. fl, 1985, p.582.

② "罗马法不论是在古典法时代还是在其后古典法时代只拥有一种基本的担保物权。无论这种形式是以'pignus'或'hypotheca'为人所知，还是以'pignus'和'hypotheca'为人所知，无论人们偏爱的用法是要求用'pignus'来表示由债权人来占有，还是要求用'hypotheca (fiduia)'来表示由债务人来占有，确实都是一个意义不大的话题。实质，而非命名，是唯一有意义的问题。不可否认，存在因债权人占有的事实而产生的特别法律原理（譬如看管担保物的义务），或者存在因债务人占有的事实而产生的特别法律原理（譬如存在默示担保和多重担保的可能）。但是这些个别的法律规则是由事实引起的，是以事实为中心的，而不是迥然不同的法律制度之间理论区分的结果。"See C.F. Roger J.Goebel, "Reconstructing the Roman Law of Real Security", *Tulalane Law Review.*, 1961, p.44.

③ 以上论述详见：C.F. John Wigmore, "The Pledge-Idea: A Study in Comparative Ideas III", *Harvard Law Review*, 1897, p.159；[英]巴里·尼古拉斯：《罗马法概论》，黄风译，法律出版社 2004 年版，第 94 页。

时代，则主要是受希腊法影响的结果，由皇帝主导的立法产生，通过共和国末期裁判官活动而形成，并常以"hypotheca"（抵押）为名。①

罗马法上的法定设立的质权，既可以就债务人的全部财产设立，也可以就债务人的特定财产设立，前者称为普通法定质权，后者称为特别法定质权。②考察罗马法，可以发现嫁资制度和监护制度中所孕育出的法定担保观念，对后世的法定担保立法影响极大。③妻子就嫁资所产生的法定担保是最常见的普通法定质权（抵押）之一。罗马婚姻的嫁资制度，是指妇女在出嫁时自己带到丈夫家一笔财产或特有产。④嫁资（dos 或 resuxoria）在罗马时期是一种颇有生命力的社会制度。嫁资关系（dos 或 causa dotis）"使得丈夫合法地取得妻子为维持婚姻生活（ad sustinenda onera matrimonii）而转交给他的财产"⑤。虽嫁资在法律上为夫所有，"但自其种种限制之结果观之，则又与用益权无异。妻在法律上，虽不得为所有主，在事实上则有所有主之权利。且关于嫁资之返还，有法律上抵押权"⑥。这种嫁资返还的保障⑦，随着社会风气的变坏，离婚的频率增高而得以逐步加强。为了保障遭休弃的妻子的利益，在帝政时期，自《优利亚嫁仓法》以

---

① See C.F. Max Kaser, *Roman Private Law,* Rolf Dannenbring（transl.）, University of South Africa, 1984, pp.303, 324；[古罗马] 查士丁尼：《法学总论》，张企泰译，商务印书馆1990 年版，第 70 页。

② 参见邱汉平：《罗马法》，朱俊勘校，中国方正出版社 2004 年版，第 253 页。

③ 参见 [意] 彼德罗·彭梵得：《罗马法教科书》，黄风译，中国政法大学版社 1992 年版，第 158 页。

④ 参见 [意] 彼德罗·彭梵得：《罗马法教科书》，黄风译，中国政法大学版社 1992 年版，第 166 页。

⑤ [意] 彼德罗·彭梵得：《罗马法教科书》，黄风译，中国政法大学出版社 1992 年版，第158 页。

⑥ 黄佑昌：《罗马法与现代》，丁玫勘校，北京大学出版社 2008 年版，第 106 页。

⑦ "为了保障嫁资的退还，早在古典法上妇女对于丈夫的所有债权人来说就享有'索要优先权（privilegium exigendi）'，包括针对那些用嫁资款购买的物品。"引自 [意] 彼德罗·彭梵得：《罗马法教科书》，黄风译，中国政法大学出版社 1992 年版，第 166 页。

后，当夫因濒临破产，影响嫁资返还的，妻子对嫁资即享有立即请求返还的权利①。另一常见的普通法定质权（抵押）是保障受监护人利益而就监护人所有财产而设立的。即当监护人因故意和过失造成被监护人财产损坏的，应负赔偿责任。② 为此，赋予受监护人"索要优先权"，以保障其对监护人的求偿权得以实现。③

特别法定质权（抵押）包括：城市土地的出租人对承租人以稳定方式带入的物品享有的法定担保；乡村土地的出租人对土地的孳息享有的法定担保；受监护人对任何人用他的钱购买的物品享有的法定担保；受遗赠或遗产信托受益人对继承人或其他受托人通过继承取得的财物享有的法定担保；贷款人对用贷款盖成的建筑物享有的法定担保；④ 房屋出租人对承租人置于租赁屋内的家具享有的法定担保；为翻造修缮房屋提供贷款的出借人对于该房屋的法定担保；等等。⑤

二、从"exceptio duli"到商事留置权

在罗马法中，很难找到完全等同于现今作为法定担保留置权的直接规定或与之完全重合的概念。但若从发挥类似现代留置权机制的角度出发，则不乏类似的内容。学界通常认为建立在公平原则基础上的恶意抗辩权

---

① 参见周枏：《罗马法原论》，商务印书馆 2001 年版，第 192 页。

② 参见 [意] 彼德罗·彭梵得：《罗马法教科书》，黄风译，中国政法大学版社 1992 年版，第 166 页。

③ 除以上两类外，这一体系还包括国库对于纳税人的税收法定担保；丧葬费用法定担保等就债务人的总财产上存在的法定担保；未适婚子女在其母再嫁时对继父的全部财产享有的法定担保；寺院因永租权人滥用土地而对其全部财产享有的法定担保；等等。参见周枏：《罗马法原论》，商务印书馆 2001 年版，第 430 页。

④ 参见申卫星、傅穹、李建华：《物权法》，吉林大学出版社 1999 年版，第 387 页。

⑤ 参见周枏：《罗马法原论》，商务印书馆 2001 年版，第 430 页。

(exceptio duli)，是现代留置权的渊源之一。这一权利由公元前66年罗马法上恶意诉讼所创定，意在使债权人享有对于相对人负有与其债权相关联的债务时，当债务人未履行其债务时，拒绝自己所负担的债务履行义务的权利。但通说认为，尽管在偿还费用和赔偿损失的范围内使用的恶意抗辩权（exceptio duli）与后世留置权的适用范围基本重合，发挥了类似的留置权机制，但仅具有迟延履行的对抗效力（与债权性留置权功能相同），并不具有物权的效力（如优先受偿效力），与作为担保的留置权（即物权性留置权）存在很大的差异。

此类留置机制可在保罗《告示评注》第34卷、乌尔比安《告示评注》第43卷等文献中找到蛛丝马迹。① 留置在罗马法中逐步向质押的转变，这种地位的转变，使其从一种程序性的制度变为一种实体性的制度，成为一种允许物的占有人对该物进行留置的法律所承认的一项权利。②

综合而言，以上罗马法中秉承公平与诚信理念的留置机制系一种人之抗辩，规定较为分散，不成体系。但留置权最初是基于公平和价值平衡理念的产物，仅在特定债权债务关系中作为一种抗辩的权利而存在。留置权的机能是通过占有债务人的财产对债务人形成心理压力迫使其履行债务，而不包括对物价值的支配的变卖或拍卖甚或因该价值优先受偿。若仅对以

---

① 如船舶遇险时，货物损失所有人对船长提出出租之诉，以扣留其他乘客货物，直至支付他人承担损失份额。通过将获救货物进行留置的方式保护了船长的利益，并遵守了共同损失平等分担的原则。又如河水泛滥时被带入他人建筑中的物品，裁判官授予禁止令状，禁止对从他人建筑中取走自己之物之人施加暴力，但失主应对潜在的损害提供担保，若不愿意提供担保，建筑物所有人可拒绝返还要求，以保障不动产所有人的权利。这些文献描述中反映出的留置仅被视作程序性"对抗"债务人请求的制度，一种对债务人履行义务的间接强制。参见［意］马西米利亚诺·文奇：《论留置权制度的历史发展——罗马法、意大利法与中国法之比较》，李云霞译，《厦门大学学报（哲学社会科学版）》2013年第2期。

② 参见［意］马西米利亚诺·文奇：《论留置权制度的历史发展——罗马法、意大利法与中国法之比较》，李云霞译，《厦门大学学报（哲学社会科学版）》2013年第2期。

上留置权进行功能意义上分析的话，可以说，这一留置机制与近代民法上法定质权制度中移转占有相似，而与近代作为法定担保的留置权制度则相去甚远。

在中世纪意大利都市的习惯法中，随着社会经济的发展，逐渐形成了另一种与恶意抗辩留置机制不同的留置权制度。它是指债权人可留置债务人的财产以对抗其债务不履行的特别留置权，仅能由商事特定关系中债权人所享有，且具有物权的效力。此类留置权意在维护商事交易之间的信用，确保交易安全、快捷和持续进行，是为商事留置权的渊源，亦被认为是近代大陆法上留置权的缘起。

三、古代法定担保类型的体系初构与继受异化

从形式上看，罗马法上并未产生独立的法定担保制度，而仅披上了法定设立的"pignus"外衣，并呈现出一个由一般和特别法定担保构成的基本骨架。这一基本的法定担保体系架构被后世各国立法所承继并得以发扬。但显在的事实在于，后世立法与学界对罗马法中法定担保的继受存在着差异：一种将之界定为法定抵押权，并认为是各类优先权的鼻祖。[1] 由此，上文所述之普通法定质权和特别法定质权被命名为一般抵押与特定抵押。另一种将之界定为法定质权，如上文所述。[2] 它们在当今世界的遭遇并不相同：有的被原样复制，如德国民法中房屋出租人的法定质权；有的则改头换面，称为优先权，如法国民法上的房屋主人优先权；还有的则名异实同，如中国台湾地区民事法律中的特殊留置权。这种法定质权中的部

---

① 　学界通说认为，罗马法上的法定抵押权与近代民法上的法定抵押权不同，而类似于近代民法上的优先权。参见周枏：《罗马法原论》，商务印书馆 2001 年版，第 429 页。

② 　如上文所述的被监护人对监护人的财产享有的质权，妻子因返还嫁资而对丈夫财产的质权，房屋出租人对承租人的家具，土地出租人对佃户的收获物的担保物权等。

分内容也被认为是后世物权性留置权产生的渊源。还有一种将之界定为
优先权，包括针对丧葬费用、被保证人之损害赔偿等情形设立之优先权
类型。①

第二节　近代法定担保类型形成与模式分化

一、大陆法系中法定担保：类型固定与模式分化

虽然近代大陆法系中的法定担保均源于罗马法，但各国对罗马法制度的
承继采取了不同的线路或态度，从而形成了不同的立法例和法定担保类型。
依据大陆法系中是否存在一个可统摄多数法定担保于一的制度，可以分为统
一立法例与非统一立法例。② 以法国法为代表的统一立法例，将法定担保统
一固定于优先权（包括少数法定抵押权）制度之下。日本、意大利、中国澳
门地区等可归于这一模式。以德国法为代表的非统一立法例，即法定担保

---

① 这一优先权制度"于中世纪传入意大利，形成'Jusretrductus'学说。后又由意大利传
入法国，列入《法国民法典》第三编《财产取得法》第18章，位居抵押权之先，为
担保物权。后《日本民法典》效仿《法国民法典》于'物权编'第8章列'先取特权'，
视其具有物上代位性和不可分性"。引自刘云生、宋宗宇：《中国古代优先权论略——
概念·源流·种类》，《重庆大学学报（社会科学版）》2002年第3期。

② 属于各立法模式下国家颇多，鉴于篇幅仅选择有代表性的二三个国家，不予以一一介
绍。从优先权的继受来看，学者认为相比较之下，与日本、意大利等国不同，欧洲的
比利时、荷兰、卢森堡、意大利、西班牙、葡萄牙，南美的巴西、阿根廷、智利以及
大洋洲的一些国家的民法典，深受《法国民法典》的影响，构成罗马法系中的法国法
系。参见［德］K.茨威格特、H.克茨：《比较法总论》，潘汉典等译，贵州人民出版社
1992年版，第183—217页。关于这些国家优先权规定的阐述，参见孙东雅：《民事优
先权研究》，博士学位论文，中国政法大学，2003年，第49—55页。而德国、瑞士和
中国台湾地区则属于罗马法法定担保制度继受的另一分支。

由多种法定担保类型（法定质权、法定抵押权、民事留置权与商事留置权）构成。而该制度的基本功能可由破产法等程序法上的优先清偿顺位予以分担，并加以共同实现。瑞士、中国台湾地区等可归于这一模式。

（一）统一立法例

该立法例中法定担保制度是在民法典中以专章或专节统一予以规定，也可谓之为一元模式。

1. 法国法——优先权一元模式的创造者

在承袭罗马法关于法定质权（抵押权）的规定基础上，法国民法率先以优先权统领法定担保体系。并由优先权、抵押权和质权构成一个统一的担保物权体系，对法定担保体系进行了功能渐进式的增强发展。其具体表现为：

法国法在民法典中以专章的形式系统地规定了罗马法中的法定质权（抵押权），并将之归入担保物权队列。在中国立法和学理探讨中，这种法定担保被称之为"优先权"。从优先权的种类划分上来说，由于优先权保护的债权种类比较多样，缺乏内在的逻辑联系，立法者很难依据债权自身所具有的不同性质对优先权进行分类。《法国民法典》中优先权类型的划分依据是设立优先权的债务人财产范围和优先权效力的差别。依此，可将优先权划分为动产一般优先权、动产特别优先权、不动产一般优先权以及不动产特别优先权。① 此外，还存在公法优先权、特殊债权优先权等特例。

----

① 这种分类方法简单、明了，后来继受优先权制度的国家在进行分类时基本都借鉴了这种方法。优先权往往体现社会公共政策目标，立法者极重视对优先权所保护的利益的保障，但考虑到优先权缺乏公示性，规定过多会对交易安全产生威胁，因此在法律发展过程中立法者不断对优先权进行调整，在设立优先权时格外谨慎，尽量限制被赋予优先权保护的债权的种类。《法国民法典》首次以法律条文的形式明确规定了优先权制度，使其担保物权体系呈现质权、优先权和抵押权并存的格局，三者都发挥着担保债权人债权实现的作用。

（1）一般优先权

即优先权及于债务人的全部财产的法定担保。动产一般优先权包括诉讼费用、丧葬费用、最后一次生病的医疗费用、各种工资、报酬及补贴金、事故受害人的治疗费用以及向债务人及其家庭提供的货品等。① 不动产一般优先权则指当动产不足以清偿时，以上所列特种债务除丧葬费用、最后一次生病的医疗费用外，可继续及于债务人的不动产所形成的法定担保。② 进入 20 世纪以来，法国民事立法中新增的一般优先权种类，包括被保险人对于人寿保险公司的债权优先权③、家庭服务津贴优先权④。

（2）特别优先权

动产的特别优先权是基于与该动产有牵连的债权而加以规范的，⑤ 另外质权人对其占有的质押物也享有特定动产优先权。⑥ 而在需要登记确定财产权的特定动产之上，如船舶、船舶器具以及水上运费的海事优先权、存在于飞行器上的航空优先权等，立法也承认可在其上设立抵押权和优先权。⑦ 不动产的特别优先权是基于合同产生的债权，针对该特定的不动产

---

① 参见孟繁超、顾国平：《论特种债权的优先权》，《江南大学学报（人文社会科学版）》2004 年第 6 期。
② 参见《法国民法典》，罗结珍译，法律出版社 2005 年版，第 2102 条、第 2104 条。
③ 1938 年 6 月 14 日法律。参见 [日] 星野英一：《民法論集》（第 2 卷），有斐阁 1970 年版，第 140 页。
④ 1932 年 3 月 11 日法律规定了家庭服务津贴优先权。参见 [日] 星野英一：《民法論集》（第 2 卷），有斐阁 1970 年版，第 140 页。
⑤ 主要包括房屋与土地的租金对其上的收获或配备的物品的优先权，旅馆经营人就其提供的服务对旅行者带入其旅馆的物品的优先权，运输费用就所运输的物品的优先权，第三人受事故损害就民事责任保险赔偿金的优先权，以及保存物件支出的费用对于该物件的优先权等。参见《法国民法典》，罗结珍译，法律出版社 2005 年版，第 2102 条。
⑥ 参见《法国民法典》，罗结珍译，法律出版社 2005 年版，第 2104 条。
⑦ 参见于海涌：《法国不动产担保物权研究》，法律出版社 2006 年版，第 20 页。

而言的，且与该不动产之间存在牵连的特别优先权。①

（3）公法优先权

19 世纪后法国在刑事诉讼法和税法中新建立了公法性质债权的优先权类型，② 进入 20 世纪后，在税法、海关法中添加了具体的公法债权优先权类型。③

值得注意的是，《法国民法典》第 2102 条第 8 项及第 9 项规定的两项债权的优先权：民事责任的保险人获得的受害人应得的赔偿请求权的优先权和家庭劳动者雇佣的助手对工程发包人就应付的劳动者款项享有的优先权。此类债权优先权，立法上存在以直接诉权替代的做法，可带给债权人相似的利益。直接诉权允许债权人以其自己的名义向第三人行使其债务人的债权，避免与其他债权人发生冲突，债权人可就第三人的财产中就应支付给其债务人的财产获得清偿。④ 这种对债权人的双重保护，一定程度反

---

① 主要包括"不动产出卖人就价金债权的优先权，前类为受让人支付购买不动产价金提供资金的债权的优先权，共同继承人为保证继承分割、补偿分配份额与差额对继承的遗产中的不动产的优先权，建筑师、承包人、瓦工及其他受雇施工的人对该工程的优先权"等等。参见费安玲主编：《比较担保法——以德国、法国、瑞士、意大利、英国和中国担保法为研究对象》，中国政法大学出版社 2004 年版，第 215 页。

② 如刑事诉讼费用优先权、税收优先权等。

③ 如法国税法增加补充了一些有关国库与税收的优先权类型，主要为：《法国一般税法法典》第 1920 条规定国库优先权；第 1926 条捐税优先权；第 1929 条对于遗产税及有价证券税的征收，授予税务稽征处优先权；第 1928 条还规定了间接税优先权。《法国海关法》也规定了一些新的优先权种类：第 379 条授予法国海关以关务行政费用优先权。参见尹田：《法国物权法》，法律出版社 1998 年版，第 470 页。

④ 此类直接诉权包括：《法国民法典》第 1753 条赋予所有人的一项对"次承租人"（其承租人的债务人）的直接诉权；该法典第 1798 条赋予承揽人的雇工对该工作的定作人的直接诉权；第 1994 条赋予委托人对代理委托人履行委托合同的当事人的直接诉权；同样，在损害中受损的第三人享有对赔偿责任的保险人行使直接诉权（《法国保险法》第 124—3 条）；在转包的情形下，如果承包人未对"次承包人"为支付其可对定作人行使直接诉权（1975 年 12 月 31 日法律第 12 条）；国库为获得各种捐税的支付，对纳税人的债务人可行使直接诉权；等等。参见尹田：《法国物权法》，法律出版社 2000 年版，第 489 页。

映出法国法对特种债权人的保障从间接担保的方式向直接程序性保障的转变。但其所带来的立法和司法成本是否适宜，值得考虑。

（4）法定抵押权

《法国民法典》第2121条明确规定了可赋予法定抵押权（法国法中的抵押权还包括裁判上的抵押权和约定抵押权）的权利与债权，此种抵押权是就债务人的一切不动产而言设定的，均与债权人的身份相关。[①] 此外，当优先权设定于属于不承担义务的所有人装备在其楼层或房屋出租时，该优先权即针对属于出租人的租金，学者认为此种特殊动产优先权也是一种法定抵押。[②] 而其裁判上的抵押权也被学界认为是特别的法定抵押权。[③] 法国法中的法定抵押权客体可包括债务人现有及将来可划归于债务人的不动产，因此，并不遵循物权客体特定原则，属于一般性的客体。其与不动产的特别优先权在债权范围存在着重复与交叉，均为就债务人的不动产受偿的担保物权。

总体而言，法国民法沿袭了罗马法中关于法定质权（抵押权）的担保范围，将罗马法上零散的法定质权（法定抵押权）内容加以分化组合，形成了确保特种债权得以实现的以优先权统领的法定担保结构模式。其中一般优先权和法定抵押权均可在债务人所有财产上设立，突破了债的平等性，反映了对弱者关怀的人文理念，体现了国家干预的价值趋向。其中一般优先权，无论其标的是动产抑或不动产，均无需登记即可产生优先效力；不动产的特别优先权与法定抵押权则均需登记，前者应在一定期限内登记发生，或者需登记产生对抗力。这种复杂多样的公示规则，使法国法上法定

[①] 包括：夫妻一方对另一方财产的权利与债权；未成年人与受监护的成年人对监护人或法定管理人的财产的权利与债权；国家、省、市镇行政区、公共机构对税收人员与会计人员的财产的权利与债权；第2101条第2项、第3项、第5项、第6项与第8项所列的权利与债权。参见《法国民法典》，罗结珍译，法律出版社2005年版，第2121条。

[②] 尹田：《法国物权法》，法律出版社1998年版，第486页。

[③] 于海涌：《法国不动产担保物权研究》，法律出版社2006年版，第91页。

担保相当复杂，不仅影响了约定担保的效力，也使其立法中的抵押权不可能成为融资的最佳手段，而只能作为债权的附庸，打上了附随性或从属性烙印。但法国法上的法定担保与约定担保之间除存在设立依据不同外，均属于排除债权平等原则的方法，二者之间的联系还表现在效力的衔接上，如其第 2073 条赋予动产质权债权人对质押标的物依优先权享有优先受偿权，① 说明法国法上的质押并不单独具有使所担保的债权优先受偿的功能，还需借助于相应的优先权。由此，约定担保也被纳入优先权制度中，成为优先权（法定担保）的一部分。② 从这一方面来说，法国法中的优先权包括了几乎所有的担保，无论是法定担保还是约定担保，应当作为其上位概念存在。

（5）留置权

《法国民法典》承继了罗马法上留置立法理念，并无留置权的统一规定，而是分散于其相关立法条款中，③ 大致可分为：由抵押协议产生的留置权；由法律关联产生的留置权；由事实关联产生的留置权。④

法国判例中将留置权扩大适用于一切类似于其民法所规定的可能发生留置权的情形，如在他人土地上建筑或种植的占有人也可以行使留置权。但也存在例外：不动产抵押权人不得享有留置权；恶意债权人不得享有留置权；事实上的关联不适用相同的当事人间"连续性"实施的行为。⑤

---

① 参见《法国民法典》，罗结珍译，法律出版社 2005 年版，第 2073 条。
② 参见尹田：《法国物权法》，法律出版社 1998 年版，第 459 页；孙新强：《破除债权平等原则的两种立法例之辨析——兼论优先权的性质》，《现代法学》2009 年第 6 期。
③ 参见该法第 867 条、第 1612 条、第 1613 条、第 1673 条、第 1749 条、第 1948 条、第 2280 条、第 2282 条第 2 款等规定。
④ 以上分类总结参见 ［德］K.茨威格特、H.克茨：《比较法总论》，潘汉典等译，法律出版社 2003 年版，第 80 页；廖焕国：《物权法通论》，人民法院出版社 2005 年版，第 730 页；尹田：《法国物权法》，法律出版社 2009 年版，第 468—470 页。
⑤ 参见费安玲主编：《比较担保法——以德国、法国、瑞士、意大利、英国和中国担保法为研究对象》，中国政法大学出版社 2004 年版，第 448—449 页。

但法国法中的留置权规定不属于物权性留置权，其保护范围有限，只有在法律有特殊规定下才可通过优先权制度成为一项产生质权效力的特权。第一类权利是产生于抵押合同的占有状态，用以保证抵押合同效力，与作为法定担保的留置权目的不符；第二类与第三类留置权仅为当债权人未能受领其给付时，对债务人特定财产所享有的拒绝交付的权利。作为一种给予债务人心理压力、促使债务履行的手段，此种权利既无追及力，又无优先受偿性。因此，学者视其与双务合同的同时履行抗辩权性质相同，而非一项独立的物权。

但法国法上的留置权不等于同时履行抗辩权，民国时期学者吴学义早已指出，法国法上的同时履行抗辩权与留置权虽均为双方公平之目的而设，但性质、要件及成立原则均有差异。二者最大的区别在于："基于留置权所生之债务，则非互立于对价的关系一点如因委任契约而生之费用偿还请求权，受任者虽可行使留置权，但于委任者所负之债务，非立于对价的关系。"[1]因此，留置权中双方当事人之间并非真正的双务契约，而是一种不完全双务契约，不能成立同时履行抗辩权。

(6) 商事留置权

与法国民法中一般留置权不同，在法国商法上存在物权性质的商事留置权的规定，[2]除赋予债权人一定条件下可拒绝返还留置物的权利外，还使之可在得不到债权清偿时将留置物进行变价获得优先受偿。物权性留置权的出现是对民法上仅具债权效力留置权的一种功能补强，也显示着留置权在立法上由债权性向物权性发展的倾向。此种留置权功能上的补强，也

---

[1] 吴学义：《民事法论丛》，法律评论社 1931 年版，第 140 页。

[2] 如法国 1966 年《关于海上货物运输合同和租船合同的法国法令》第 3 条之规定："除非承租人已经提供担保在装卸时承租人如果没有交付租金，出租人得将货物交第三人保管或拍卖，但是不得将货物留置于船上。"参见温世扬、廖焕国：《物权法通论》，人民法院出版社 2005 年版，第 730—731 页。

可见于其民法典中关于动产与不动产优先权中债权人因保存物件支出费用以及运输费用等费用而对特定物品享有的优先受偿效力上。

2. 日本法——优先权一元模式的发展者

日本法是法国民法中优先权模式的坚定追随者，但在具体制度的建构中，以《法国民法典》为基础，依其本国需要多有修葺补缀或改进完善。《日本民法典》在其第二编第八章第 303 条到第 341 条详细规定了优先权的内容、种类、顺位及效力。其优先权是指那些由法律所规定的特殊债权人，可对债务人的一定财产享有优先受偿的法定担保物权，[①] 即一种依法当然发生的"特权"（privileges）。

该"特权"的设立理由是为保护弱势债权人、促进和保护农业经营等特定行业、基于公平保护共益费用债权人、当事人意思的推定以及约定担保物权的技术性困难等，[②] 分为一般优先权、动产优先权和不动产优先权。

（1）一般优先权

日本法中一般优先权与法国法上依标的种类不同的划分类别依据存在差异，是就债务人总财产上成立的一般优先权。主要包括共益费用、受雇人的报酬、殡葬费用、日用品的供给等。[③] 其中，日本法中共益费用优先权不同于法国法的诉讼费用优先权，是基于债权人共同利益考虑，而将之从诉讼费用、保存、清算或分配费用中抽象出来的独立类型。[④] 因此，在法律适用中可作为一般规定，为其他未规定部分通过法解释加以类推适用。

（2）特别优先权

动产的优先权大体包括不动产租赁、旅店宿泊、旅客或货物之运送存

---

① 参见［日］近江幸治：《担保物权法》，祝娅译，法律出版社 2000 年版，第 31 页。

② ［日］北川善太郎：《物权（民法の要旨 II）》，有斐阁 2004 年版，第 261 页。

③ 参见孟繁超、顾国平：《论特种债权的优先权》，《江南大学学报（人文社会科学版）》2004 年第 6 期。

④ 参见［日］坂本伦城：《一般の先取特権の实行》，载加藤一郎、林良平：《担保法大系》（第 2 卷），金融财政事情研究会 1985 年版，第 367 页。

在于携带物上、动产的保存、（不）动产买卖、种苗或肥料供给、农工业的劳役等。① 其中有的动产保存优先权人同时还具有留置权或同时履行抗辩权，所担保的债权范围包括了动产的保存、动产权利追认或实行的必要费用。保存行为的动产包括被修缮的汽车、被喂食的动物，以及关于动产的权利（包括除保存或所有权以外的权利，如质权的实行、拍卖所得的价金）②。此外，（不）动产买卖优先权是基于"公平原则"及"当事人意思推定"而设立。随着动产交易的繁荣，这类优先权的利用率逐步提高，极大地保护了出卖人的利益，尤其对交易中常见的赊购赊销行为而言，成为几乎唯一的债权担保方式。

不动产优先权并未设立为统一的制度，而是零散存在于关于不动产的交易中。其内容不同于法国民法中的规定，而与德国、中国台湾地区、瑞士等规定的法定抵押权制度相似。③

除了民法典之外，日本法在其特别法中还分别规定了有关国税、地方税以及健康保险费的征收金等优先权。④

总体来说，日本法上优先权体系严谨、内容全面，其标的物所涉及的财产具有物上代位性，种类较为简单，这些与法国法规定都有明显差异。从立法效果来看，日本法的规定一方面加大了优先权人实现债权的可能性，另一方面也减小了其他债权人不能足额受偿的可能性，立法技术更先进。

（3）民事留置权

《日本民法典》在物权编规定了民事留置权的相关内容，其留置权仅

---

① 参见[日]我妻荣：《新订担保物权法》，申政武等译，中国法制出版社 2008 年版，第 43 页。

② 参见[日]林良平：《民法を注釈する（物権）》，甲斐道太郎执笔，有斐阁 1970 年版，第 150 页。

③ 参见宋宗宇：《从优先权角度看完善中国的法定抵押权制度》，《中国不动产法研究》2006 年第 12 期。

④ 参见[日]我妻荣：《新订担保物权法》，申政武等译，中国法制出版社 2008 年版，第 43 页。

指债权人占有他人之物并就该物享有于债权未到期履行而将该物留置之权。① 立法将留置权列入担保物权部分，作为物权加以规定，但并未赋予担保权人将担保物变价受偿的权利和物上代位权。留置权相较于其他担保物权，其物权属性较弱，是物权的一种特殊形态。但立法规定了债权人可就留置物的孳息优先受偿，意味着债权人享有一定的优先受偿效力。② 而在《日本民法典》中各类动产或不动产优先权规定当存在与特定动产或不动产关联的费用、增值等债务时，③ 债权人可在特定情形下就标的物优先受偿，与上述留置权的留置效力实现了巧妙接轨。《日本民法典》中的留置权不仅可适用于动产，也可适用于不动产，在适用于不动产时，不以登记为对抗要件，是不动产物权的另一个例外。④

(4) 商事留置权

由于日本采取民商分立的体例，因而还在其商法典中规定了不受关联关系制约的商事留置权。⑤ 日本学者认为，商事留置权是在持续交易关系中，一方取得的债权由其占有的他方之所有物予以担保，以此维护商人间

---

① 虽然立法在其民事执行法第 195 条中规定了拍卖权，以弥补留置权人无法因留置而受偿的无奈，但折价拍卖权没有优先受偿效力，留置权人对于拍卖价款仍只能与其他债权人一起平等受偿。参见［日］近江幸治：《担保物权法》，祝娅译，法律出版社 2000 年版，第 27 页。

② 该条文见《日本民法典》第 297 条第 1 款："留置权者可以收取由留置物产生的孳息，先于其他债权人，以孳息抵充其债权的清偿。"引自蒋新苗、朱方毅、蔡唱等：《留置权制度比较研究》，知识产权出版社 2007 年版，第 254 页。

③ 如其法典中不动产出租的优先权（第 312—316 条）、旅店宿泊的优先权（第 317 条）、运送的优先权（第 318 条）、动产保存的优先权（第 21 条）、不动产保存的优先权（第 326 条）、不动产工事的优先权（第 327 条）。

④ 参见［日］我妻荣：《新订担保物权法》，申政武等译，中国法制出版社 2008 年版，第 24 页。

⑤ 具体条文为《日本商法典》第 521 条："在商人间，因其双方的商行为而发生的债权，在清偿期中，到债权人得到偿还时为止，可将其与债务人之间因商行为已由债权人占有的债务人的所有物或有价证券留置。但另有意思表示时，不在此限。"引自蒋新苗、朱方毅、蔡唱等：《留置权制度比较研究》，知识产权出版社 2007 年版，第 255 页。

的信用，保障交易关系持续的稳定和安全。因此，从制度功能角度看，包含拍卖权的质权更适合商事留置权。日本商法仅对商事留置权的发生原因做出了规定，但未规定效力。因此，其效力应与民法完全相同。但要明确民商两法中留置权的沿革和功能上的差异，分别赋予不同的效力。①

（5）特殊留置权

日本商法中还存在特殊商事关系中的留置权。如代理商为本人占有的物或者有价证券上的留置权（《日本商法典》第 51 条），行纪和准行纪在委托物上的留置权（第 557 条、第 558 条），运输承揽人及陆上运输人对委托人的特定债权在运输物品上行使留置权（《日本商法典》第 562 条、第 589 条），等等。②

对无优先受偿效力的留置权，是否赋予其拍卖权，在学界存在争议。就此，学者我妻荣指出，留置权仅为通过留置标的物担保债权的权利，不应使之具有对拍卖价款优先受偿的权利。其理由在于：留置权无物上代位性以及民法上留置权无别除权，都是立法基于其无优先受偿权而做出的规定。若留置权人长期得不到修缮价款和运费时，否定留置权中有拍卖权，显然不够合理，但仅赋予商法中留置权以拍卖权是否适当，仍存疑问。③

3.意大利法——权利保护方式一元模式的缔造者

（1）优先权

《意大利民法典》中的优先权和质权、抵押权被安置于权利的保护编中，统一作为权利的保护方法，而并不依物债二分法对各类权利的具体性质进行界定。其优先权也由立法根据债权的不同原因而被设定的，可分为一般

---

① 参见〔日〕我妻荣：《新订担保物权法》，申政武等译，中国法制出版社 2008 年版，第 22—23 页。

② 参见〔日〕我妻荣：《新订担保物权法》，申政武等译，中国法制出版社 2008 年版，第 22—23 页。

③ 参见〔日〕我妻荣：《新订担保物权法》，申政武等译，中国法制出版社 2008 年版，第 25、41—42 页。

优先权和特别优先权。由于意大利民法典集劳动法、公司法有关规定于一体，且该国法律秉承了民商合一立法传统，故其关于优先权的规定更为丰富、庞杂。较之法国法，意大利法明显扩大了优先权保护的债权范围，[1] 且限定了各类优先权的客体类型。[2] 具体而言，一般优先权通常只能在动产上存在，[3] 不动产一般优先权仅在例外情况下成立，并且只对普通债权人有优先受偿权，这与法国法普遍存在的不动产一般优先权不同。[4]

特别优先权中动产优先权与法国规定相同，不动产特别优先权仅对国家某些特定债权享有，并且无须登记。[5] 特别不动产优先权与不动产特别优先权的债权范围限制与规则相同。一般动产出卖人并无优先权，但出卖机器人，而且价金在三万里耳以上的有优先权，但须将买卖契约及价额进行登记。[6]

特别优先权与一般优先权一样，体现了特别保护弱者的立法偏向，均无须登记即发生。其中不动产特别优先权中明显存在国家公权力保护的特色，与法国法存在不同。

（2）法定抵押权

《意大利民法典》于第 2817 条中规定了三类主体可作为法定抵押权

---

[1]　如在动产优先权中增加了抚养费优先权、生存责任保险费优先权等；在不动产优先权中增加了开垦土地优先权等。参见孔琼：《论我国民事优先权制度的构建》，硕士学位论文，西南政法大学 2009 年，第 13 页。

[2]　如其一般优先权适用于债务人的所有动产上，特殊优先权适用于特定动产或不动产上。参见《意大利民法典》，第 2746 条。

[3]　动产上的一般优先权主要有：丧葬费、治疗费、扶养费之债权，各种佣金、酬金和保险金等。特定动产上的优先权有旅店主的债权，运送者、受任者、受寄者和托管者的债权，不动产出租人的债权，假扣押行为或强制转移的费用，以及犯罪引起的债权等。参见《意大利民法典》，第 2754—2776 条。

[4]　其他如国家直接税、增值税等可直接归为一般优先权，与法国法及日本法大体相同。参见杨振山主编：《债事法典》，中华工商联合出版社 1994 年版，第 818 页。

[5]　参见《意大利民法典》，第 2754—2776 条。

[6]　参见《意大利民法典》，第 2762 条。

人：因履行转让行为产生的债务而被转让的不动产上的出让人，共同继承人、合伙人和为支付指定给共同分割人的不动产进行现金结算的共同分割人，① 以及按照《刑事法典》和《刑事诉讼法典》规定，国家作为被起诉者和民事责任人的物的法定抵押权人。② 前两类与法国法中法定抵押权（或不动产优先权）类似，须经登记方才具有对抗力，属于设定在特定不动产上的法定担保。

（3）留置权

《意大利民法典》中的留置权与法国法类似，也为不具优先受偿效力的债权性留置权，如其第 1152 条 ③ 规定的诚信占有人的留置权。类似的规定在立法中已成为范本，其中占有人对物的所有人所主张的权利并不能使之获得强制执行留置物或就其优先受偿的权利。因此，意大利民法中留置权也不具备担保物权性质，仅为具有延缓返还所有物请求效力的抗辩权而已。

（二）非统一立法例

该模式下，法定担保或存在于债编中，或分散存在于特别法中，并不完整统一，且法定担保的部分功能还由程序性的规定予以补充。

1. 德国法——债权性法定担保的典范

（1）法定质权

虽然与法国法一样受罗马法的影响，但德国法并未如法国法一样在担保物权体系中系统地规定优先权制度，而是采法定质权的方式将与之相关

---

① 参见《意大利民法典》，第 2871 条前段。
② 参见《意大利民法典》，第 2871 条后段。
③ 即"诚信占有人的留置权，诚信占有人如果在所有人提出的返还所有物的诉讼中提出了补偿请求，且能够出具修缮和改良的一般证据，则可以留置占有物直至所有人支付补偿金。在前条规定的情况下，在所有人根据司法机关的要求提供担保之前，诚信占有人享有同样的权利"。

的社会关系加以部分调整。其立法中的法定质权是为了破除债权平等性，从而使特种债权人享有优先受偿的权利。但特种债权不过是推行社会政策和基于社会公益的结果，并不改变该特种债权的债权性质。[①] 德国法中的法定质权因满足法定条件而当然成立，且大多数的法定质权被规定在商法之中，随着意定质权在实践中几乎被让与担保所代替，法定质权逐渐成为德国质权制度的核心领域。这些法定质权[②] 建立在合同关系中一方均存在先为给付义务这样一个共同的基础，依此产生了履行人的担保需求。

德国法中的法定质权虽然名为质权，但就其内容而言，与法国、日本民法中规定的不动产出租人优先权等非常接近，有的还与法国民法中的针对特定动产的优先权相对应。[③] 法定质权是由于先给付对另一方合同当事人的特定利益有益，通过同时履行抗辩权对履行人担保在实践中又可能被排除，因而法律允许已履行合同义务的一方对到达其控制范围的物采取措施。由此，债权人对可占有物上形成法定的占有质权，对控制较弱的物，则只需该物被"携入"，即到达特定空间即可形成非占有型质权（或携入质权）。[④] 这些规定与其他国家优先权调整范围重合，但从立法定位而言，仅为特殊债权的一种效力，且限于在动产之上设立。

（2）法定抵押权

在德国法债编中作为债权实现担保手段的法定抵押权，是特殊债权在

---

① 参见梅夏英、方春晖：《优先权制度的理论和立法基础》，《法商研究》2004 年第 3 期。
② 如《德国民法典》第 559 条第 1 款规定的土地出租人法定质权，第 585 条规定的耕作地用益物出租人法定质权，第 647 条规定的承揽人法定质权，第 704 条第 1 款规定的店主法定质权；《德国商法典》第 464 条规定的承运人的法定质权，第 475 条规定的仓储人的法定质权；等等。
③ 参见刘莉：《优先权制度研究》，硕士学位论文，上海财经大学，2010 年，第 9—10 页。
④ 参见［德］鲍尔·施蒂尔纳：《德国物权法》下册，申卫星、王洪亮译，法律出版社2006 年版，第 570—571 页。

不动产上设立的一种表现。这一权利侧重于法定抵押权担保债权实现的法律功能，为此将其从统一的担保物权中分离出来，① 放入债编中加以规定。但法定抵押权仅为德国立法中的特例，为保障约定抵押权的稳妥性使抵押权抽象化与独立化，其立法极少在不动产上成立非意定的负担。

从德国法担保制度设计指导思想来看，并不强调保护特殊债权人利益、侧重保障债权静的安全、强调担保的附随性为价值取向，而更崇尚担保的融资价值和交易促进力。因而，其立法中更倾向于对当事人意思自治的支持，而减少国家强制力的介入，表现在法定担保上，则是其类型的限定和压缩。如鉴于坚持物权与债权的划分和严格遵循物权特定原则，除以上民商法中两类法定担保规定外，在德国的破产法中还存在着特种债权清偿顺序的程序性规定，也发挥了破除债权平等性的功能，从而形成了债权性法定担保与程序性清偿顺序并存的保障特种债权优先受偿的立法模式。

（3）留置权

《德国民法典》中的留置权也被规定于债编中，即该法第 273 条第 1 款。② 第 274 条中规定了留置权的效力，即只具有使债务人在受领其应得的给付时给付（同时履行）的效力。③ 因此，德国民法中留置权是一个存

---

① "建筑工程或建筑工程一部分的承揽人，以其因合同所产生的债权，可以要求定作人让与建筑用地的担保抵押权。工作尚未完成的，承揽人可以为了其已经提供的劳动的相应部分的报酬以及未包括在报酬内的垫款，要求让与担保抵押权。此请求权得为预告登记，须有定作人之同意或代替同意之判决和登记，始成立（法定）抵押权。"引自郑冲、贾红梅：《德国民法典》，法律出版社 1999 年版，第 648 条第 1 款。

② "债务人基于与作为其义务发生根据同一的法律关系，对债权人享有到期的请求权，除债务关系另有规定外，可在其应得的给付履行前，拒绝负担的给付。对物负有交付义务的人，在其因对此物支付费用或因此物给其造成的损害而享有到期的请求权时，具有相同的权利，但其因故意实施的侵权行为而取得此物的不在此限。"引自孙鹏、王勤劳、范雪飞：《担保物权法原理》，中国人民大学出版社 2009 年版，第 328 页。

③ 或者称之为当债务人受领迟延时，对待给付的债权人可以不履行其负担的给付而依强制执行程序实行其请求权的抗辩性权利。

在于债法之中的、对请求权可起到暂时阻止作用的、类同于同时履行抗辩权的债权性留置权。而在德国民法中所规定的其他拒绝给付权（如《德国民法典》第 320 条、第 999 条至第 1003 条），均非独立的物权，[①] 但比之第 273 条纯粹性债权性留置权而言，是物权化的留置权。[②] 总体上德国民法中的留置权属于与请求权相对应的抗辩权，与源于罗马法的恶意抗辩属同类。其仅为基于债权债务关系产生的，对债务人因占有而对物享有有限支配的"相对的支配权"。

(4) 商事留置权

与德国民法中强调债权关联性的债权性留置权规定不同，为满足商事交易担保的需求，其商法典中规定了弥补法定质权功能空白的留置权，且可就有争议的无关债权适用。此类商事留置权保护了持续交易中的商人利益，扩大了债权人的保护范围，对留置发生的牵连关系要求较低，其抗辩效力更为广泛。如第 369 条第 1 款[③] 规定商行为中一方占有他方之财产且该方债权未受清偿者，得留置他方之财产。尤其是《德国商法典》第 371 条中留置权存在类似质权的求索权，因此德国商法上留置权具有物权效力。[④] 这些规定使留置权明显地物权化，从而更为接近法定质权。[⑤]

2. 瑞士法——法定担保物权性定位的先行者

(1) 法定质权

《瑞士民法典》中没有统一的优先权制度。与德国法中将优先权规定

① 参见谢在全：《民法物权论（下）》，中国政法大学出版社 2011 年版，第 1058 页。
② 参见［德］C.W. 卡纳里斯：《德国商法》，杨继译，法律出版社 2006 年版，第 665 页。
③ 《德国商法典》第 369 条第 1 款条文内容参见蒋新苗、朱方毅、蔡唱等：《留置权制度比较研究》，知识产权出版社 2007 年版，第 251 页。
④ 参见《德国商法典》，杜景林、卢堪译，法律出版社 2010 年版，第 218 页。
⑤ 但有学者指出商法典中留置权也有一个债权的核心，总体上还是以纯粹的抗辩结构出现的，从而造成了一些疑难问题，且其第 369 条的构成要件也不够成功。参见［德］C.W. 卡纳里斯：《德国商法》，杨继译，法律出版社 2006 年版，第 666 页。

于债编不同，其在担保制度中做出了包含优先权的规定，如《瑞士民法典》第 112 条第 9 款规定的"法定质权"，有学者认为从性质上讲应属于优先权。①

（2）法定抵押权

《瑞士民法典》在第 211 条、第 224 条、第 456 条等中分散规定了个别优先权。② 作为瑞士民法中规定的担保制度之一的登记担保权，即法定抵押权，是设定在不动产上的特别抵押权。立法将之规定于物权编中，并专设一节进行了全面系统的规定，这与德国民法将之规定于债编调整不同。除此之外，瑞士民法中的法定抵押权还区分为无须登记的法定抵押权与需要登记的法定抵押权。③ 可以说瑞士民法中多数法定抵押权都应登记，唯一不需登记的公法上的法定抵押权并非常态，只是基于对国家公权力的特权化保护。以上内容表明瑞士民法中法定抵押权已经作为一项独立的担保物权而存在。

（3）留置权

《瑞士民法典》于其物权编之动产担保中（第 895—898 条）对留置权制度进行了全面细致的规定，包括留置权成立要件、不得行使留置权的情形、可以行使留置权的特殊情形、留置权的效力等。德国民法中的法定质

---

① 参见许明月：《抵押权制度研究》，法律出版社 1998 年版，第 41 页。

② 分别为：妻之携入财产返还优先权；被监护人对监护人或监护主管官厅官员的财产享有损害赔偿请求优先权等。

③ 所谓无须登记的抵押权（公法上的抵押权），即基于公法或其他对土地所有人有普遍约束力的并由各州法规定的不动产抵押权，无须登记仍生效力（第 836 条）；须登记的法定抵押权（私法上的抵押权），即出卖人对出卖土地的债权、共同继承人及其他共同权利人因分别面对原属共同所有土地的债权、为在土地上的建筑或其他工程提供材料及劳务或单纯提供劳务的职工或承包人对该土地的债权（第 837 条），须经登记后始生法定抵押权效力（第 838 条、第 839 条）。参见《瑞士民法典》，殷生根译，法律出版社 1987 年版，第 143—147 页。另参见 [日] 我妻荣：《新订担保物权法》，申政武等译，中国法制出版社 2008 年版，第 47—48 页。

权在瑞士民法中被认定为留置权，其效力可及于第三人之物，同时强调债权与留置物之间存在关联关系，表明债权人享有变卖留置物之权。瑞士民法中的留置权与日本、法国和德国民法中留置权不同，其除具备在债权清偿前留置债务人财产，迫使债务人履行债务的第一层效力外，还享有债务人超过履行期限不履行债务时，可将留置物变价获得清偿的第二层效力。因而瑞士民法中留置权具备更为完整的物权性。当然其并未直接赋予留置权人优先受偿效力，其担保物权性依旧较弱，主要效力仍是留置。但学界多认为瑞士法上留置权具有优先受偿效力，且是该法首开将留置权规定于物权编中之先河。其立法中留置权与质权并列，在性质上将留置权视同动产质权，赋予其优先受偿的权能，并将其作为一种区别于质权的担保物权。①

（4）商事留置权

瑞士民法和商法并未进行分别立法，而遵循民商合一立法体例的瑞士法，其民法中还规定了商事交易中不限关联关系仅需占有即可设立的商事留置权，如第 895 条第 2 款亦为担保物权。

（三）立法例分析

以上两类法定担保规范模式虽存在迥然有异的架构，但其中所涉及的法定担保类型无外乎优先权、留置权（民事或商事留置权）、法定抵押权、法定质权四种类型。同源于罗马法中法定质权（法定抵押权）的法定担保为何在近代大陆法中被分化成了不同的类型，其背后的动因值得深思。法定担保从诞生之初，即以破除债权平等性的方式或手段的面目出现，在后世发展中，统一或分化的路径中隐藏了太多复杂的政治、法律、文化的因素，难以尽述。从法定担保的历史渊源来看，源于罗马法的法定质权（又

---

① 参见马俊驹、陈本寒主编：《物权法》，复旦大学出版社 2007 年版，第 447 页。

被后世称为优先权、法定抵押权），由于立法政策的差别以及性质认识的不统一，在各国立法中被衍化成不同的权利，如法定质权、优先权、法定抵押权等。这种混乱而复杂的局面是：有的在其民法典中设立了统一的优先权制度，如法国、日本、意大利等；有的仅在特别法中进行分散规定，如中国台湾地区；有的将优先权作为特殊债权的优先效力予以规定，如德国、瑞士等。且优先权在以上一元模式归为担保物权，而在二元模式中则仅为债的特殊效力。对源于罗马法基于公平与诚信理念的留置机制（恶意抗辩权），也形成了两种路径：一种是与其他权利联合（如优先权）强化功能，使之仍保持占有抗辩的本质；另一种是改弦易辙，仿照中世纪意大利习惯法中的商事留置权形成了具有对物价值支配和变卖权的留置权。同时，在民商分立的国家，商事留置权得到了极大的发展。

从两种不同法定担保模式来看，其背后存在完全不同的制度理论支撑和实践发展需求。以优先权为例，德国民法与法国民法完全相背离，拒绝规定优先权制度，这其中主要基于三个原因：一是德国固有法中重视交易安全，从而极度排斥违背公示制度的优先权；二是基于德国法中严格的物债二分理论体系框架的要求，仅具有优先受偿性的优先权不能满足多数物权的基本特性，若将之归入物权体系将打乱已经构建完善、一丝不苟的物权体系；三是从社会实践需要来看，法律不能忽视或回避需予以保护的利益。德国法对优先权所规范的社会关系中蕴含的利益价值，从未忽略，而是采取了多种立法方式加以规制：或者在特别法中规定优先权制度（如海商法中的船舶优先权制度）；或者在不影响公示原则的情况下，规定了与优先权制度具有相似功能的法定质权；或者通过破产清算程序或普通民事清偿顺序中的清偿顺序规定，或者禁止扣押等程序性规定，对特种债权实行优先保护。由是可见，德国对特种债权的保护进行了区别处理：对一部分不易对公示提出挑战的特种债权，赋予法定质权或法定抵押权；而对于在德国模式下难以接纳的特种债权，从维护社会正义或基于推行社会政策的角度出发，以特别法的形式，赋予工资、税款等某些特种债权以优先受偿效力，但并不改变这类法定担保所保护特种债权的性质，从制度目的出发，仍应纳入债法中，以维护其固有的法律权利体系。

二、英美法系中法定担保：类型分散与功能化体系

英美法系中盛行判例法制度，其法律传统与大陆法系迥异，没有明确的物权概念，不存在物债二分的权利分类。英美法系中也并未存在统一的、定型化的法定担保制度。从体系上来看，英美法系也依动产与不动产的标准对财产进行分类。在体系架构上，尤其是动产担保，采取了两种不同的路径：一种是形式主义（formalisitic）路径；一种是功能主义（functionalistic）路径。前者依法律形式进行调整，以法律中认可的担保利益为标准判断某种利益是否属于其中之一；后者依能否发挥担保功能为标准，不论形式如何，具备担保功能的，皆适用同样规则。英国、中国香港地区、新加坡和马来西亚遵循形式主义路径，功能主义路径由美国开创，加拿大、新西兰和澳大利亚等国予以继受。[①] 但近代英美法中与大陆法法定担保可能存在交集的 "lien""preference or priority""hypothecs or hypothecation""tacking" 以及 "charge" 等制度中最初主要采取了形式化的调整路径，并不存在两种路径的明显分野。下面将对这些制度进行综合分析。

（一）"lien"
就 "lien" 而言，学界通常将之翻译为 "留置权"，而在大陆法系具体

---

① 参见徐同远：《担保物权论：体系构成与范畴变迁》，中国法制出版社 2012 年版，第 138 页。

制度的立法借鉴中，如中国台湾地区和大陆地区，有时将之命名为法国法系中的"优先权"，如船舶优先权、海事优先权等。英美法中的"lien"含义十分广泛，引发诸多争议，至今尚无定论。为行文方便，本书暂时将之译为"优先权"。

从学界多年来对此制度的论证来看，可以明确的是，学界所采的对英美法上的"lien"与大陆法中类似制度——对号入座的思路极易导致结论的主观臆断性。毕竟英美法是截然不同于大陆法的异形法律体系，二者不仅在文化传承、立法传统上存在不同，就是学理研究也大有差异。从其庞杂的判例法和少数的制定法中可寻找到各类打着"lien"名号的制度或做法，对之加以分类甚或确立分类标准，从理论上进行类型化的操作，是了解该制度的必经路径。

从英美法中不同法的体系来看，"lien"可分为法律上的"lien"（Legal Lien）和衡平法上的"lien"（Equitable Lien）。前者可分为约定的"lien"（Consensual Lien）和法定的"lien"（Lien by Operation of Law）。[①] 以上"lien"可划归于本书所界定的法定担保的，包括法律上的"lien"中的法定的"lien"和衡平法上的"lien"两类。

根据法律渊源不同，法定的"lien"又可具体分为普通法上的"lien"、成文法上的"lien"和司法程序中的"lien"。

第一，普通法上的"lien"，是以占有标的物为成立要件，与大陆法系上的留置权较为相似，[②] 具体包括工匠、旅店经营者、公共承运人等就其所提供的服务的合理价值享有的法定担保权益而形成的占有型"lien"。此类"lien"并未成文化，是依习惯法所创设的优先权，而非由成文法、衡

---

① 参见孙新强：《破除债权平等原则的两种立法例之辨析——兼论优先权的性质》，《现代法学》2009年第6期。

② See Roger A. Cunningham, William B.Stoebuck, Dale A.Whitman, *The Law of Property*, Saint Paul: West Publishing Co.,1984, p.369.

平法或当事人的约定所创设。普通法上的"lien"仅适用于动产，是指债权人在债务人清偿某债务之前，得占有该债务人财产（通常为动产）的权利。① 其确立的因由在于对交易中本无担保但值得保护的普通债权中的特定利益加以保障。普通法上的"lien"历史悠久，但却是一个消极的权利，未赋予担保权人出售标的物的权利。随着社会的发展，为更好地保障债权实现，传统普通法上占有型担保多被成文法所确认，其中成文化较为典型的包括："artisan lien"和"innkeeper's lien"两种。成文化后的普通法上的"lien"，不仅适用范围受到限制或扩大，且其以占有为完善的传统方式被修订，取而代之的是登记的完善方式。②

第二，成文法上的"lien"，又被称为"statutory lien"，是指由成文法加以调整，非由合同或司法程序创设的"lien"。③ 与普通法上的"lien"相比，成文法上的"lien"并无设定意图的区分，除了是否成文化不同外，后者的留置权人即便丧失了对标的物的占有，也依然有效。其中最为典型的是"Mechanic's Lien"，④ 该种"lien"是对一方履行了服务、使用材料修理或改进了某一不动产，而在该不动产上所产生费用所设定的非占有型担保权。各地的成文法对此规定虽五花八门，不尽相同，但其大致的规定

---

① See Bryan A. Gamer, *Blak's Law Dictionary*, Thomson West, 8th ed., 2004, p.924.

② 此种"lien"以标的物的占有为成立与存续要件，如债权人自愿地抛弃占有，则立刻消灭。这也是其与动产抵押（chattel mortgage）不同的地方，因为动产抵押是由抵押人（mortgagor）占有抵押物。See David Mellinkoff, *Mellinkoff's Dictionary of American Legal Usage*, Saint Paul: West Pub. Co., 1992, p.384.

③ 具体包括：普通法成文化的 lien，如 artisan lien 和 innkeeper's lien；成文法特别规范的 Mechanic's Lien 和 Tax Lien；编纂或修订后的普通法 lien，如 Carrier's Lien 和 Warehouseman's Lien。

④ Mechanic's Lien 是同类法律的总称，但各州所定名称不尽相同。有的称为 Mechanic's and Materialman's Lien（技工和供料人留置权），有的称为 Construction Lien（施工留置权），有的称为 Liens for Labor and Materials（劳动和材料的留置权），有的称为 Liens of Mechanics，Laborers and Materialmen（技工、劳动者和供料人的留置权）。参见宋宗宇：《优先权制度研究》，法律出版社 2007 年版，第 32 页。

都类似，是对依一定事实存在而依法设立的，广泛用于保证施工人对所提供劳务或材料价金的支付的法定担保。"Mechanic's Lien"具备强制执行性，所有与该规定冲突的合同条款一律无效。这种需严格遵从的法律，存在诸多配套的程序性规定，使得与之相关的法律行为必须采取要式行为。① 除此之外，《统一商法典》第七编规定的"Carrier's Lien and Ware-houseman's Lien"中担保权人可对该担保予以登记，该担保权益具备附随性，即便标的物被转让，依然可存在，这与普通法上的纯粹占有型"lien"不同。根据美国"Federal Tax Lien Act"，政府可对纳税人在确定税额时所拥有的以及后来获得的所有财产都享有自动"tax lien"。此种"lien"是由税务机构为保证纳税人按时缴纳税款而依一定事实自动产生的法定担保，在 10 年内有效，除非税务机构对此担保提请司法救济。且为获得担保债权人地位，税务机构需履行向特定地方政府发出联邦"tax lien"通知的程序，否则不能使之优先于已确认的其他法定担保甚至非法定担保。②

第三，司法程序中的"lien"，是指由法院确认的债权人在追索债务的司法程序中对债务人财产享有扣押、查封等掌控权而产生的担保。这种担保可在诉讼判决前后发生，其发生不依双方当事人的合同约定，而是作为诉讼后的特定法律程序存在，如扣押、查封，具体可包括："Attachment Lien""Garnishment Lien"和"Judgment Lien"三类。③ 依此担保，债权人即原告可对债务人的财产行使扣押或查封的法定程序，对债务人或第三人的财产进行占有或控制，并以该财产担保判决的履行。但此种担保的产

---

① 参见《美国不动产施工留置权综述——兼论中国物权法设立施工留置权》，《物权法》适用中的热点疑难问题暨实务操作研讨会，2007 年 6 月 1 日，第 279 页。

② 参见司成君：《论英美法上的 LIEN》，硕士学位论文，山东大学，2008 年，第 20 页。

③ 参见孙新强：《大陆法对英美法上 LIEN 制度的误解及 LIEN 的本意探源》，《比较法研究》2009 年第 1 期。

生随意性很强，且该担保并不能确保债权人一直享有担保优势，尤其是当债务人破产时，破产管理人可使之丧失优先性。债权人可选择行使司法程序中的"lien"或另行起诉来保障自己的债权受偿，但在诉讼提起前或获得诉讼判决前，其可采取诉前救济排除起诉或防止债务人任意处置可用于满足判决的财产。

第四，衡平法上的"lien"，是指在现行法律无法提供救济或救济不充分时，担保权人在某项债权得到偿付前根据衡平法的授权而对某项财产享有的担保权。衡平法上的"lien"产生于司法程序中，不是诉讼中附随的权利，而是依衡平管辖由衡平法院为实现公平、正义提供的特殊救济。该担保具有无须占有性、追及力、变卖性。有学者认为，这些特征使之远远超出了大陆法系留置权的内涵，具有了优先权的特点，[①] 应为优先权。"vendor's lien"被认为是一项典型的衡平法上的"lien"。当出卖人已经转让了不动产所有权，但未对转让价金设定任何意定担保时，基于衡平法院的衡平推断，为出卖人利益平衡可设定这类默示担保。[②] 以上"lien"具体类型详见表1。

---

① 该担保无须实际占有就可产生，通常标的为不动产，且当财产被转让时，担保权人仍然有权对一切该财产设定担保的直系受让人主张担保权。在法院宣告确认该担保权之后，担保权人还有权出卖该担保财产。See Roger A. Cunningham, William B. Stoebuck, Dale A.Whitman, *The Law of Property*, Saint Paul: West Publishing Co., 1984, pp. 369–370。如土地所有者就租金债权对承租人物品的留置权（Landlord's Statutory Lien）和建筑施工承包人对建筑物享有的留置权（Mechanic's Lien），被学者认为是具备优先权的内容。

② 如土地出卖人在土地买卖合同交换后到买受人全部偿付价款前，对出卖的土地享有的留置权，合伙人退伙时对合伙资财所具有的衡平法上的留置权等，也被学者认为应属于优先权。其中的衡平法原则是："任何根据合同通过支付一定价金而获得财产占有的人，在未付清价款前，不能保有财产。正是因为衡平法上的留置权不以占有为成立要件，也没有实际获得和保留，因此其本质仍然是一种负担。"参见许明月：《英美担保法要论》，重庆出版社1998年版，第201页。

表 1　依法律渊源不同的"lien"

普通法	成文法	衡平法	司法程序
1. hotel keeper's lien 或 innkeeper's lien（旅店主人优先权） 2. warehouseman's lien 或 warehouser's lien（仓库营业人的优先权） 3. carrier's lien（运送人的优先权）或 warehouseman's lien 都是 bailee's lien 4. accountant's lien（会计师、会计人员的优先权） 5. attorney's lien（律师费优先权）或 retaining lien, charging lien① 6. banker's lien（银行的优先权） 7. agent's lien 或 lien of agent（代理人的优先权）② 8. logger's lien 或 lien on logs, lumber, or other timber products（木材、木制品上的优先权）	1. agricultural lien（农业优先权） 2. mechanic's lien 或 artisan's lien（承揽人、技工优先权） 3. tax lien、lien for tax 或 lien pertaining to tax（捐税优先权），architect's lien（建筑师优先权） 4. condominium lien（区分所有相关费用等优先权） 5. hospital lien（医院优先权）	vendor's lien（出卖人优先权与买受人的优先权）	1. attachment lien（扣押优先权） 2. garnishment lien（查封优先权） 3. judgment lien（裁判优先权）

从标的物是否移转占有，"lien"又可分为占有型与非占有型"lien"。占有型"lien"（possessory lien）是指允许债权人占有担保物，直到其债务被满足的担保权，例如动产质权与留置权等。而占有型担保权人不一定有变卖标的物之权。③占有型"lien"，仅于依最低限度的正当程序通知所有权人后，才可申请法院以拍卖等方式实行。④该种"Lien"一般优先于在先的担保，除非成文法对此有明确的其他规定。⑤占有型"lien"包

---

① charging lien 有两种含义：(1) charging lien（律师费优先权）是指律师有权扣押当事人的薪水，直到当事人支付其律师费为止。(2) charging lien（非占有性的特定优先权）是指存在于特定财产上，而由债务人占有该特定财产的担保权。See *Black's Law Dictionary* 941-942, 2004, 8th ed.

② See 3 Am. Jur. 2d Agency § 242, 2008.

③ See *Black's Law Dictionary* 943 , 2004, 8th ed.

④ See Dunnell Minn, *Digest Liens* § 5.00, 2008, 4th ed.

⑤ See U.C.C. § 9-333. (b) (2005) ; Also see Keith G. Meyer, "Kansas's Unique Treatment of Agricultural Liens" , 53 *KAN. L. REV*, 2005, p.1141 .

括"general lien"和"special lien"。前者指就债务人财产予以留置以担保债权人对该债务人的一切债权，可称为担保所有债权的法定担保；后者指留置他人的特定财产担保特定债权，与大陆法上特别优先权类似。"general lien"有可能被成文法所承认，但在成文法未承认时不太会被支持，且其解释更为严格。在无明示契约或成文法规定的情形，"general lien"的主张仅限于特定交易或营业关系中已有判决承认，或有证据能证明存在成立"general lien"的习惯。[1]"special lien"与"particular lien"的意义相同，"special lien"本质上就是"particular lien"，因为"special lien"是存在于特定的财产之上的。[2] 最常见的"specific common law lien"是技工（artisan or artificer）优先权，而常见的"general common law lien"类型较多，其中代办商优先权（factor's lien）系指代办商有权留置委托人的财产，直至委托人付清相关费用，通常也是成文法上的优先权。[3] 与衡平法上的"lien"类似的"maritime lien"，也是无需实际占有而产生的担保权，是担保权人就其海商法上的请求权而对船舶财产享有的扣押请求权，可通过提起诉讼而实现。此类请求权包括船员薪金请求权、船舶碰撞损害请求权等。

　　非占有型"lien"（non-possessory lien），是不以债权人占有标的物为设立条件的一种"lien"，其中的留置权（right of retention）只不过是"lien"的其中一种形式而已，因此，不宜将"lien"直接译为"留置权"。而加拿大法中的"crown lien"也属于非占有"lien"。但从实质来看，该权利类似于扣押权、法定费用以及被认为常用于担保王室权利的担保物权。[4] 以

---

[1]　See *Riverview Homes II, Ltd. v. Canton*, 2001 MT 309, 307 Mont. 517, 38 P.3d 848, 2001.

[2]　See *Powers v. Fidelity & Deposit Co. of Maryland*, 180 S.C. 501, 186 S.E. 523, 1936.

[3]　See *Black's Law Dictionary* 942, 2004, 8th ed.

[4]　See Wood & Wylie, "Non-Losensual Security Interests in Personal Property", 30 *Atla.Law Rev*, 1992, p.1055.

上类型详见表 2：

表 2　依标的物是否移转占有的 "lien"

占有型 "lien"	非占有型 "lien"
成文法： 1. General lien：attorney lien（律师优先权），Banker's lien（银行优先权），factor's lien（代办商优先权），innkeeper's lien（旅店主人优先权） 2. Special lien：artisan or artificer lien（技工优先权）	1. 成文法：tax lien（税捐优先权），salary lien（工资优先权），Crown lien（王室优先权） 2. 衡平法：Maritime lien（海事优先权）

依 "lien" 产生是否依据当事人自愿，可分为自愿的 "lien" 和非自愿的 "lien"。其中自愿的 "lien"（voluntary lien）指经债务人同意而创设的 "lien"，如抵押权（mortgage）。非自愿 "lien"（involuntary lien）指未经债务人同意而创设的 "lien"。以上类型见表 3：

表 3　依当事人是否自愿设立的 "lien"

自愿的 "lien"	非自愿的 "lien"
mortgage	1. landlord's lien（出租人优先权）：agricultural landlord's lien（农业出租人优先权）building landlord's lien（房屋出租人优先权）① residential landlord's lien（提供居住出租人优先权）② 2. railroad laborer's lien（铁路工人的优先权）③ 3. lien against mineral property（矿物上的优先权）④ 4. right of setoff（抵销权）⑤

---

① See Tex. Prop. Code § 57.021, 2007.

② See Tex. Prop. Code § 57.041, 2007.

③ See Tex. Prop. Code § 57.001, 2007.

④ See Tex. Prop. Code § 57.003, 2007.

⑤ 该权利被认为具有担保作用，文献中将之认定为法定优先权 "nonconsensual lien"。See Steven L. Harris & Charles W. Monney, Jr., *Security Interests in Personal Property*, Boston: Little, Brown & Commpany, 2006, p. 530.

（二）"preference" 或 "priority"

在英美法中可被译为"优先权"的"preference"或"priority"制度可使特定债权依法享有优先受偿权，这与大陆法系中法定担保较为接近。前者可指代"优先受偿权"，如破产法上特殊债权人享有优先受偿权，也可指代"优先认购权"，如公司股东新股优先认购权，还可与其他词汇组合，指代"优先给付权"（preferential payment），如英美国家的破产法和遗产管理法中，当遗产管理、破产管理和公司解散时，特殊债权人，如雇员、遗产管理人，以其工资、保证金、福利费用对有关财产享有优先于其他请求权而受偿的请求权，其效力虽不能对抗担保物权，但优先于普通债权受偿。① 而后者仅指代优先受偿权，指某一债权人较债务人的其他债权人享有优先获得清偿的权利。二者在英美法破产法中含义一致，均为破产法上的法定担保，并通过特殊债权以及司法费用等的优先清偿顺位加以特别保护。如美国《破产法》第 507 条所列举的破产费用、工人工资等九类优先受偿的债权（unsecured cliams）即享有此类担保。② 这与大陆法破产法中规定的特殊债权优先清偿顺位规定的宗旨一致，区别在于美国法将之定位为担保权利，而大陆法系中仅为程序性规定。

（三）"hypothecs" 或 "hypothecation"

在英美法系中的"hypothecs"或"hypothecation"制度中包含与法定担保内容相近的法定扣押权。其中，法定扣押权人不能擅自转让扣押的财物，但可就该特定财产优先清偿其债权。英美法中法定扣押权种类繁多，

---

① [英] 戴维·M. 沃克：《牛津法律大辞典》，牛津法律大辞典翻译委员会译，光明日报出版社 1988 年版，第 711 页。
② 美国的司法实务中的环境污染的清理费用，也属于此类优先权。参见殷慧芬：《美国破产法 2005 年修正案述评》，《比较法研究》2007 年第 2 期。

属于一种迫使债务人还债的法律手段。① 而在衡平法扣押权中，产生于土地买卖契约，数额以未偿付的买价为限，土地出卖人在买受人违约时可直接将财产另行出售，并用出售所得来抵偿买价的默示扣押权，② 原则上就是不动产优先权。③

（四）"legal mortgage""statutory mortgage""tacking" 或 "tacit mortgage"

以上属于英美法中与大陆法法定抵押权相近的概念。其中"legal mortgage"是指制定法和衡平法中有效的土地抵押。此类抵押根据抵押人的衡平回赎要求可转让地上不动产，性质与法定负担相似，法定抵押权仅具时间的优先，而非优先于一般抵押权人。④"tacking"是抵押权人的协议或合同的产物，没有"tacking"，抵押权人也不能对其他抵押权人享有优先权或只能与其他人一起分享抵押物。⑤"tacit mortgage"是民法赋予的

---

① 如码头管理人和仓库管理人之扣押权、运输人扣押权、旅馆扣押权、律师扣押权、银行扣押权、代理人扣押权等。

② 参见周枏主编：《民法（国外法学知识译丛）》，知识出版社 1981 年版，第 128—132 页。

③ 参见王全弟、丁洁：《物权法应确立优先权制度》，《法学》2001 年第 4 期。

④ 参见樊长春、张国炎：《英美法与大陆法的（法定）抵押权和负担比较》，《政治与法律》2001 年第 4 期。

⑤ "(1) 后期留置与前期留置的结合，对共同留置共同取得优先权。(2) 抵押权人增加(tack) 垫款以担保已有抵押的手续。抵押权人可以贷出更多的款如果：抵押是法定抵押；或者抵押（无论是法定或依据衡平法）是概括了以后的垫款。(3) 在有先抵押的情况下，次于先抵押的抵押权人再作垫款或再贷款，并在继后的抵押中作为原先贷款排位于同一层次。(a) 如果继后的抵押权人同意。(b) 当继续垫款或再贷款，与其他显著的垫款或再贷款一起，没有超出特定的由先抵押担保的高额。(c) 当先抵押有利于被援信机构并能保证所有，不时地，向先抵押权人欠下的资金；在先抵押权人再垫款或再贷款时，(a) 和 (c) 均为有效而无论先抵押权人是否通知次抵押人。"引自樊长春、张国炎：《英美法与大陆法的（法定）抵押权和负担比较》，《政治与法律》2001 年第 4 期。

抵押，与法定抵押相似，但它是默认而无须表述的或缄默的抵押。①

以上概念中的"legal mortgage"无明确的优先受偿性，"tacking"是依当事人约定产生的，使抵押权人获得与原贷款同一或更为优先的受偿顺位，均与大陆法中的法定担保有较大差异，只有"tacit mortgage"最为接近法定抵押权。

（五）"charge"

英国法中与以上"mortgage"相并列的担保是"charge"。后者中的"fixed charge"（固定财产负担）可分为三种，即约定的财产负担、裁判上的财产负担和法定的财产负担。法定的财产负担，是依法直接产生的，在动产或不动产之上存在的外观类同于抵押的权利。但此权利并不赋予负担权人任何财产权利，其只能通过司法程序申请执行，不得自行处置标的财产。因此，与上述可移转权利的"mortgage"相比担保效力极为微弱。②

三、两大法系法定担保类型与模式对比分析

从具体的类型来看，英美法中的所谓法定担保并不能与大陆法类似制度进行完全映照，仅能作简略的相似度分析。除功能雷同外，英美法中相

---

① 樊长春、张国炎：《英美法与大陆法的（法定）抵押权和负担比较》，《政治与法律》2001年第4期。

② 如租户在土地业主未能支付其应付的补偿费的情况下为此项补偿而农业用地上享有的财产负担；土地业主就其对租户作出的补偿费用的返还而用于该农业用地上享有的财产负担；土地业主为还付租户因实施土地改良而作出的支出以及自己实施此项工作而支付的费用，在其营业场地享有法定财产负担；地方当局或房屋所有人为使房屋适合居住而作出的支出或进行的工作在该房屋上享有的法定的财产负担；地方当局在修建私有街道时作出的支出，在临街的空地上享有的财产负担。参见许明月：《英美担保法要论》，重庆出版社1998年版，第199—200页。

关制度无论在具体类型、主体范围、设立程序性要求、实行条件等方面与大陆法系法定担保都存在显著差异。

以英美法上的"lien"来说，其种类繁多，并无统一性质可言，但有学者指出，其性质上始终属于"物权担保（real security）"的范畴。[1] 据此性征，似可与大陆法系中法定担保加以比较。其中普通法上的"lien"、成文法上的"lien"中占有型的"lien"与大陆法系中留置权，成文法上的"lien"中非占有型"lien"与德国法中的法定抵押权，衡平法上的"lien"与法国法中的优先权，具有一定的相似性。但即使是类似于大陆法系法定担保的几类"lien"，与之相比仍有很大的区别：(1)"lien"的"法定性"是指依据普通法、制定法和衡平法而设立，而大陆法中法定担保的法定性仅指依成文法直接发生。(2)"lien"中的占有只具有留置功能，而无变卖担保物的权利，与大陆法系德、法等国的拒绝给付权类似。不同于瑞士等大陆法系中的动产留置权，"lien"只具有债权效力，而无优先受偿效力。[2] 具有优先受偿效力的留置权，将构成担保优先权。如英国法中，若留置权合同授予债权人在债务人不履行债务时可以将留置物予以变卖的权利，此时则构成质押。[3] (3)"lien"的设立和实现除依法外，还需一定的事实原因或基础关系（如合同关系、不当得利或违反法定义务）存在，履行严格性的程序和规定，如附着（attachment）或完善（perfection）。如不以占有为要件的担保中，当事人如果要处置担保物，要通过司法程序或者法院确认。(4)"lien"强调的是担保，是原因；而大陆法中的法定担保，如法国法上的特殊优先权侧重的则是优先权受偿，强调的是结果。[4] (5)"lien"

---

① See F.H.Laoson, *The Law of Property*, Oxford: Oxford University Press, 1982 (2), p.189.

② 参见宋宗宇：《优先权制度研究》，法律出版社 2007 年版，第 33、235 页。

③ See R.M.Goode, *Legal Problems of Credit and Security,* London: Sweet &Maxwell, 1998 (2), p.14.

④ 参见孙新强：《破除债权平等原则的两种立法例之辨析——兼论优先权的性质》，《现代法学》2009 年第 6 期。

中的法定担保包括如司法担保这类程序性权利，也包括税收担保这类公法权力，而不仅限定于实体权利或私权的范畴内。尽管后者是公权力，但仍是一种发挥担保功能的制度，基于功能主义的理念，英美法中仍将其归入"lien"的行列。(6)"lien"中存在的非占有型动产担保，在大陆法系中找不到与之相对应的概念。如 UCC"lien"第七章中规定的"Carrier's Lien and Warehouseman's Lien"，即便担保物被转让，担保权益仍存在，与大陆法中仓储保管人留置权完全不同。因此，不可生搬硬套地将之界定为与占有型留置权相对应的非占有型留置权。

从法定担保的规范模式来看，尽管形式上存在较大差异，但从实质内容来看，英美法相关制度中发挥与大陆法系同样功能的，符合"破除债的平等性"目的，体现"保障特种债权"的宗旨，"依法或依事实发生"方式以及具备优先性等方面的内容不乏其例。如英美法中的占有型"lien"，除非满足成文法明确规定的出售留置物的条件外，仅具消极效力，相当于大陆法系中的债权性的留置权；依成文法或制定法产生的非占有型"lien"，如经法定登记公告完善，具有对抗第三人的效力，担保权人也可依法定程序出卖留置的货物。从主要特点来看，与法国民法中的优先权类似。又如"hypothecs or hypothecation"可对应于法国法中的不动产优先权，"tacking"以及"charge"对应于德国法中的法定抵押权。总之，在以上制度中似都可找到与大陆法法定担保具有相同特质的内容。尽管英美法不区分债权和物权，但英美担保法中依然严格遵循担保财产特定的原则。因此，如同大陆法系中德国法的做法一样，对通过法定担保制度无法解决的与特定财产无牵连的特殊债权的优先受偿问题，也是由破产法等程序法进行分担，共同发挥破除债权平等的功能。① 由此，若从这一角度看，英美法也采纳了德国法上的二元模式。

---

① 参见孙新强：《破除债权平等原则的两种立法例之辨析——兼论优先权的性质》，《现代法学》2009 年第 6 期。

本章小结

为保护弱者，维护公平正义和适应事实的需要，通过习惯、皇帝敕令和司法独创，在古罗马法中产生了法定设定的担保方式，最主要的是法定质权（法定抵押权）。尽管罗马法中不存在任何现代意义上的留置权制度，但为了偿还费用和赔偿损失等目的，发挥类似机制的制度，其迹可寻。罗马法虽未诞生法定担保制度，却已呈现出一般法定担保与特别法定担保构成的体系雏形，作为最初的制度参照，为后世所扬弃。

法定担保的历史雏形在后世发展中历经了不断的分化与融合，形成了近代大陆法系中以优先权为首的统一法定担保类型模式和多种法定担保类型与程序规定功能分化的非统一法定担保类型模式。优先权、法定抵押权、法定质权以及留置权等法定担保主要类型逐渐固定，并在各自范畴内不断丰富完善着各种子类型。

在英美法系中，虽无与大陆法系法定担保逐一对应的类型，但仍可在其普通法、衡平法等渊源中找到类似法定担保功能的制度或内容。从体系构成来看，英美法系也存在着多种类似法定担保与程序规定的结合，与德国法的非统一模式可谓一致。英美法系从功能主义路径出发，将各种发挥担保功能的类型统一于一体，此种依程序规则对各类不同形式担保类型的优化组合配置，值得关注。

第三章　法定担保类型配置之现代发展：
类型调整与模式融合

    现代社会发展迅猛，经济活动频繁且形式复杂。尤其是随着知识经济的到来，以知识和资讯的生产、分配和使用为本位的经济形态，对传统的担保权提出了挑战。在此背景下，各地方对担保法制多加以检讨，如英国、新西兰、美国、日本等，改革的步伐不仅及于法律体系本体的调整，也牵涉理念与政策的变动。[①] 而作为担保中最为复杂混乱的法定担保也在关注之列，从学界研究、立法修订、判例和实务发展上均有所动作。

第一节　现代担保制度与法定担保类型的调整

    学者认为现代担保制度应具备如下特征：担保权必须符合对世权或对

[①] 相关改革动态分别为：英国政府近年对担保权法制先后进行了多项全盘检讨；新西兰于 1999 年通过属人财产担保法，翻修了原有担保法制；美国在 2001 年实施的《统一商法典》修订版第九章中大幅修订了有关担保交易之规定。转引自王文宇：《建构资讯时代之担保权法制》，载王文宇：《民商法理论与经济分析（二）》，中国政法大学出版社 2003 年版，第 57 页。

物权的本质；对担保设定的条件应采宽松、弹性的态度；担保的存在须采有效率的公示方法；清偿债务以解除担保的手段须符合成本效益的有效率的方法；担保权的创设、维持和实现成本应有合理限度。①

以上特征的提炼来自实践的需求，也反映出学界对现代担保制度定位变化的认可。这种变化反映在法定担保类型上，可从担保功能优化、公示规则发展、动产担保发展和担保结构形态发展四个方面呈现。

一、担保功能优化与法定担保类型的扩张

为达到担保债权目的，担保分别历经转让所有权，移转占有标的物至既不转让所有权也不移转占有，而仅赋予债权人就标的物享有某种权利的非占有质三种形态。而这种权利即为担保权人所享有的为达优先受偿目的的变价权。即便原标的物消灭，该权利也可在其交换价值上存在。这种特性使之难以划归为物权或债权，典型的如美国法中对"担保利益（security interest）"性质的论争。② 由于担保权的设定，即便通过契约产生，也可对抗第三人，美国学者未将之定位于特定权利体系内，而认同其兼具物权与债权属性。③ 这种处理方式，纯粹是出于制度功能发挥优化的考量，不失为一种新的制度思考之维。学者指出，若担保权被定性为物权，则不仅有物权法定原则的制约，以至担保权的种类、内容、设定和执行也将有严格的规范。由此，相关立法中充斥着强行性规定，缺乏变通和弹性，有碍

① See Gerard Mc Cormack, "Personal Property Security Law Reform in England and Canada", *Journal of Business Law,* March Issue, 2002, p.116.

② 参见王文宇：《建构资讯时代之担保权法制》，载王文宇：《民商法理论与经济分析（二）》，中国政法大学出版社 2003 年版，第 63 页。

③ See Gerard Mc Cormack, "Personal Property Security Law Reform in England and Canada", *Journal of Business Law,* March Issue, 2002, p.117.

整个融资市场秩序，无法发挥企业自主能动性，有悖现代担保制度的功能定位。为此，回避无谓的性质论争，为担保权规范把控物权性定位的强行性规范与自由空间的适宜分寸，对无关担保权本质的细节允许当事人自治，是未来立法合宜之选。应当体认到担保权存在之价值，在于创造信用，促进融资，不应局限于某一框架内，在此基础上，承认其为物权债权之中间类型的权利，亦无不可。①

以上理念在法国法上的表现尤为明显。虽然法国法理论上也存在"担保物权"（droitreel de garantie）或者"物的担保"（sarete reelle）的用语，但法国学者普遍认为：担保物权不是一种直接对物的权利，而仅是一种对于物的经济价值的权利。② 由此，法国民法上的担保呈现出开放性的状态，凡是对债务人特定或不特定财产享有优先受偿权，都为担保权利。法国民法显然不受德国民法对物权与债权严格区分逻辑推理的影响，这种无权利类型化限制和因权利类型化而生成的权利逻辑结构限制的担保权利体系，能最大限度解决各种情况下债权保护和实现真正的利益平衡。

二、公示规则发展与法定担保类型的扩张

（一）法国法公示制度的建立

随着不动产金融的逐步发展，为了消减法国民法典优先权制度与公示原则和担保标的物特定原则方面的诸多问题，法国陆续颁布了相关的法律以建立公示制度。如 1855 年 3 月 23 日颁布了《关于抵押权登录的法律》（*loi sur latran scription en matie-re hypothe-caire*）③。依据该法，所有权以及

---

① 参见王文宇：《建构资讯时代之担保权法制》，载王文宇：《民商法理论与经济分析（二）》，中国政法大学出版社 2003 年版，第 64—65 页。

② 参见尹田：《法国物权法》，法律出版社 1998 年版，第 253 页。

③ 参见许明月：《抵押权制度研究》，法律出版社 1998 年版，第 21 页。

抵押权等权利的设定及权利转移的行为未经登录不得对抗第三人（第 1、3 条），此外，该法在对约定抵押权公示进行强化的同时，对于优先权的登记免除也增加了诸多重要的补充。① 又如在 1955 年 1 月 14 日公布《关于不动产公示的法令》（*decret relantif a la Publicite fonciere*），完备了特定原则和公示原则。在 1959 年新修正之《法国民法典》第 2121 条规定，对第 2101 条所列之八种债权，除司法费用及受雇工人之工资两种债权外，若要产生优先权之效力，须经登记始及于债务人总财产中之不动产。② 至于司法费用及受雇人工资债权之一般优先权，则已修正为不动产一般优先权（privileges speciaux sur les immeubles）（参阅《法国民法典》第 2104 条及第 2107 条）。③ 为进一步谋求与第三人利益之衡平，以上《法国民法典》第 2101 条所列的八种一般优先权，其效力当然及于债务人总财产之动产上，只是在对不动产的效力上，增加了公示性要求。④ 此外，对不动产特别优先权，法国法规定了需登记公示才能保全其对抗第三人的效力。未来，法国法极有可能使用"特别法定抵押权"取代"不动产特别先取特权"。⑤

---

① 例如，"法定抵押权（优先权）登记在婚姻，解除、监护及禁治产终了时起享有为期一年的犹豫期，在这一期间进行登记的，抵押权取得溯及力而自始有效，其顺位以引起法定抵押权（优先权）发生的原因发生之日为标准确定，若至此时未为登记，则以其登记的日期为标准确立其顺位，仅在婚姻继续期间及无行为能力存续期间法定抵押权（优先权）的登记可以免除。"引自许明月：《抵押权制度研究》，法律出版社 1998 年版，第 21 页。

② 参见［日］星野英一：《民法論集》（第 2 卷），有斐阁 1970 年版，第 140 页。

③ 参见［日］星野英一：《民法論集》（第 2 卷），有斐阁 1970 年版，第 140 页。

④ 这次改革的结果使得原法典中关于担保公示制度存在的问题得到了根本的解决。不论抵押权的类型如何，包括优先权在内，都需要以登记的日期作为抵押权顺位的确定日期。另外，在登记涂消、登记手续、登记的更新等方面，也在原有基础上得到重大改善。参见［日］星野英一：《民法論集》（第 2 卷），有斐阁 1970 年版，第 140 页。

⑤ 参见李世刚：《法国担保法改革》，法律出版社 2011 年版，第 152 页。

（二）美国《统一商法典》中"登记在后"规则

由于不动产本身的不可移动性和较高价值性，其上所设定的担保具有确实的保障，各国也多设立登记制度加以规范。由于客体的特殊性征，不动产担保的类型和规则在各国大同小异。而以不动产之外标的所设定的担保，则呈现出万花筒的状态。尤其是在英美法系，并无物的分类，将大陆法系中的动产和权利归为属人财产，与属物财产的不动产组成了财产的上位概念。

在属人财产上的担保，美国《统一商法典》（以下简称"UCC"）对之进行了大规模的改革，增加了担保标的物种类，建立了普及的登记制度。其第九章第9—322条（a）（1）中发展出了优先次序原则（first in time），即当债权人取得担保权后，可基于标的物占有或登记完善或附着（perfection）取得优先权。依此，从完善或附着的时间来确定债权人对标的优先次序，解决多数债权人间的利益冲突。

作为该原则例外之一存在的买卖价金担保（purchase money security interest，以下简称"PMSI"），是一类新型的法定担保。根据商法典第九章第9—324条之规定，该担保遵循的是"登记在后"规则，即买卖价金担保权人获得了法律赋予的超级优先次序（superpriority），可以优先于先期存在的其他公示的担保权。[1] 这种登记或公示的时间在后，权利在先（second in time，first in right）的规则适用，使之拥有了凌驾于几乎所有其他债权人的"超级优先权"。

学者认为此类超级优先顺位担保的出现理由在于：首先，为适应现代工业运作模式，制造商解决融资困境，UCC 将担保标的物范围放宽至未来的买卖价金，就其上担保利益形成买卖价金担保。[2] 其次，对提供购买

---

[1] See James Brook, *Secured Transactions-Examples and Explanations*, Illinois: Aspen Publishers, 2005（3），p.267.

[2] See Alan Schwartz and Robert E.Scott, *Introduction to the Credit Transaction, Commercial Transaction Principles and Policies*, New York: Brooklyn, Foundation Press, 1991, p. 567.

物品资金的债权人合理期待的承认，不仅有利于融资，也是正视债权人提出新的对价事实的公平应有之义。① 再次，对于先期存在的于嗣后所得财产上拥有担保权的债权人来说，可凭借购买物担保自身全部或部分价金，且该购买物自动成为先前担保权人因"嗣后所得财产"约款而享有的担保物之列，依此，当购买价金担保因债务人清偿购买价金而消失时，先期存在的担保权人便得到一个在购买物上完整的担保权。② 因此，这也并未损害浮动担保人的合理期待。在 UCC 上所创设的这一担保，通过破除一般顺位规则，赋予登记在后的买卖价金担保权以优先受偿顺位，对抗先期存在的其他债权人，保障了特殊债务人正常的经营活动，充分发挥了担保的融资功能。

（三）《欧洲示范民法典草案》中公示规则的完善

《欧洲示范民法典草案》③ 在第九卷动产担保物权第三章中详细具体地明确了担保物权取得对抗效力的方法，强调了登记公示的绝对地位，区分了有形与无形财产不同的公示方法。尤其值得关注的是其中对金融财产控制方法的规范。

在该草案第 9—3：102 条中明确所有类型财产之上的担保物权，均可通过登记担保物权来取得对抗效力。此外，有形财产可通过占有，无形财产可通过对担保财产实施控制取得对抗效力。第 9—3：204 条明确

---

① See Thomas H. Jackson & Anthony T. Kronman, *A Plea for the Financing Buyer*, 85 YALE L.J, 1975, pp.6–7.

② See Philip Lacy, *Conflicting Security Interests in Inventory and Proceeds under the Revised Article 9 of the Uniform Commercial Code*, 41 S.C.L.REV, 1989, p.277.

③ 该草案由欧洲法律学者所编写，反映了数十年来学者们独立和合作研究私法、比较法和欧共体法的专家意见，并将之以规则的形式予以浓缩。尽管尚未得到欧洲或各国任何官方机构的批准或授权，但为反映欧洲私法理念提供了一个新的基础，有利于增加学者间的相互理解和相关理论的集体研究。

了对金融财产控制的方式，[①] 在此基础上，草案于其第9—4：102条"超优先顺位"第（2）项进一步明确了在金融财产上形成担保的优先性："依第9—3：204条（金融财产的控制）所规定的控制，或依占有而取得对抗效力的金融财产之上的担保物权，优先于同一财产之上其他任何担保物权或定限物权。如果已为不同的担保权人取得了控制，则适用第9—4：101条（优先顺位：一般规则）第（1）款和第（2）款第（a）项的规定。"[②]

三、动产担保发展与法定担保的扩张适用

在交易需求和实务促动下，一些国家通过司法裁判进行了法续造，形成了让与担保、所有权保留等动产担保形态。此外，融资租赁、保理等新型动产交易形式中也出现了非典型担保的运用。这些非典型担保中存在了可类推适用法定担保的情形，但由于于法无据，难以解决实践中存在的相关问题。此种现状为担保的法定扩张适用提供了可能的扩张空间。以上非典型担保能否被立法所认可，对法定担保类型的充盈十分关键，但各国立

[①] "（1）担保权人可以通过对以下财产实施控制，而使担保物权取得对抗效力：（a）为金融财产在金融机构中开立账户（中介金融财产）；（b）对于非中介金融工具，在签发人设立或为签发人持有的登记簿，或依国内法构成判断权利存在的决定因素的登记簿上登记。（2）具有以下情形之一，即构成担保权人对本条第（1）款第（a）项规定的财产的控制：（a）经担保人同意，担保权人已向开立账户的金融机构发出指示：未经担保权人同意，不得允许担保人处分账户中的财产；（b）金融机构为担保权人在特殊账户中持有该财产；（c）金融机构是担保权人。……（4）满足第（2）和（3）款规定的条件，必须通过书面、电子形式或其他耐久媒介的记录所证明。"引自欧洲民法典研究组、欧盟现行私法研究组编著：《欧洲示范民法典草案：欧洲私法的原则、定义和示范规则》，中国人民大学出版社2012年版，第366页。

[②] 欧洲民法典研究组、欧盟现行私法研究组编著：《欧洲示范民法典草案：欧洲私法的原则、定义和示范规则》，中国人民大学出版社2012年版，第369页。

法、司法或学理对此的态度不一。

（一）让与担保与所有权保留

让与担保和所有权保留两类非典型担保在各国接受程度较高。让与担保，指动产所有权人以担保为目的，使债权人取得标的物所有权，但其仍占有标的物并对之加以利用的担保形态。所有权保留是担保交易实践中形成的，适用于供应商群体的另一种动产担保物权，此种担保的设立无需任何形式要求和公示程序。因而，所有权保留是一种类似于让与担保的隐蔽（不公开）的质权（heimliches pfandrecht）。① 通过签订所有权保留协议，供应商（出卖人）以对"所有权"的保留为延期支付的动产价金（债权）提供担保，而买受人同时获得对动产的用益权利。②

各国对以上两类非典型担保的态度不一，列举如下：

1. 德国法中的司法承认

德国民法体系的实践中通过司法承认了其民法典未规定的所有权保留和让与担保两种担保物权形态，以应对传统担保物权不敷使用的情形。非典型担保在德国的发展迅速，其地位已远超传统的动产质权。但其"在野"状态面临着公示方法等配套措施缺乏的重大问题，引发质疑。如实务所创设的所有权保留与让与担保，无需订立书面合同，亦无需办理登记或历经繁杂的公示程序，与传统的担保设立、确定等要求相左。

所有权保留主要为适用于分期付款买卖中，买受人未支付标的物全部价金的，虽标的物移转于买受人占有，出卖人仍保留标的物所有权，若买受人违约的，出卖人可依所有权请求返还标的物的担保延长。而之后实

---

① 参见 [德] 鲍尔·施蒂尔纳：《德国物权法》（下册），申卫星、王洪亮译，法律出版社2006年版，第666页。

② 参见 [德] 赖纳·施罗德：《德国物权法的沿革与功能》，张双根译，《法学家》2000年第2期。

务上更是将所有权保留的客体扩延至加工制造商对第三人之价金债权，形成新的所有权保留类型，谓之所有权保留的延长。① 由于所有权保留的存在，供应商（出卖人）可对买受人的债权人对标的物的所有权提起的强制执行提出异议之诉（《民诉法》第 771 条），也在买受人支付不能程序中享有取回权（《支付不能法》第 103 条、第 107 条以及第 47 条）。尽管所有权保留是通过司法实践发展而来，但在立法上却有相关法律依据，如《德国民法典》原第 455 条、现第 449 条。这些对所有权保留的规定，是其他与所有权保留一样都在以所有权供担保的担保物权获得合理化的间接根据。

　　让与担保的设定无需像质权一样公示（或者以占有改定之外的交付方式来公示，或者通知债务人），具有秘密性。其可在不动产之外的权利（如动产所有权、动产期待权、不动产出售要约、债权）上设立，其中债权的让与担保最具实践意义。② 让与担保中，担保设定人将不动产之外的权利完全移转于担保权人；后者成为担保物唯一所有权人，但在其破产时，根据《破产法》，担保设定人可享有取回权。而当担保设定人破产时，后者则如同质权人一样享有别除权；若担保权人或担保设定人的债权人在担保标的物上设立了质权，根据《民诉法》，二者均享有第三人异议之诉的诉权。这些表明担保设定人和担保权人在担保物上享有一定的物权。③ 这种担保将所有权移转与占有改定加以结合，学者认为有违物权法定原则，规避了动产物权占有的公示要求，除有法定依据的占有改定外，是否有其他的公示方法加以辅助，学说上争论甚大，法院意

---

① 参见申卫星：《期待权理论研究》，博士学位论文，中国政法大学，2001 年，第 76—82 页。

② 参见［德］曼弗雷德·沃尔夫：《物权法》，吴越、李大雪译，法律出版社 2004 年版，第 340—341 页。

③ 参见王娜：《德国法中的让与担保制度》，载米健：《中德法学学术论文集》第 1 辑，法律出版社 2003 年版，第 453 页。

见也不一致。①

2. 法国法中的立法规范

由于物的担保在企业司法裁判重整程序中的削弱，法国现代社会也加强了所有权担保的作用。为有利于企业的拯救，立法对企业债权人的权利进行限制（在设定了担保的情形同样如此），为了避免这种牺牲，债权人可成为债务人占有财产的所有人，以使该财产从破产财产中剔除。实践中，通常采取所有权保留条款、融资租赁（le credit-bail）和专门行业债权清单的转让方式② 来达到此目的。

在 2006 年及随后的担保法改革中，以上实践做法得到了立法的部分承认。这次改革对法国民法中无明文规定或立场不确定的所有权保留和让与担保两项制度进行了明确的规定。首先，通过对破产法中原所有权保留的规定（1985 年第 85—98 号关于司法重整与司法清算的法律）与相关判例整合，在《法国民法典》第四编（担保）第二副编物的担保中引入了留置所有权担保（propriété retenue à titre garantie），即所有权保留。③ 由此，

---

① See Jens Hausmann, "The Value of Public—Notice Filing under Uniform Commercial Code Article 9: A Comparision with the German Legal Systems of Security in Personal Property", *the Georgia Journal of International and Comparative Law,* 1996, pp.15–17.转引自王文宇：《建构资讯时代之担保权法制》，载王文宇：《民商法理论与经济分析（二）》，中国政法大学出版社 2003 年版，第 78—79 页。

② 由 1981 年 1 月 2 日法律产生的债权转让的简化确认的制度，即银行同意向商人发放一笔现金贷款，贷款人将其对顾客的债权转移给银行。当贷款人的顾客向银行付款，这一支付金额即被列入贷款人已偿还的贷款之内。由此，若顾客(贷款人)陷入"破产"，银行可直接通过贷款人的顾客获得支付，避免进入债权人集团诉讼中。See Goubeaux, Droit civil. 585–589. 转引自尹田：《法国物权法》，法律出版社 2009 年版，第 471—472 页。

③ 《法国民法典》第 2367 条规定，通过约定"暂缓合同的转移效力直到构成对价的债务履行完毕"。引自徐同远：《担保物权论：体系构成与范畴变迁》，中国法制出版社 2012 年版，第 97 页。其他相关条款为第 2329 条、第 2367 条和第 2373 条。参见李世刚：《法国担保法改革》，法律出版社 2011 年版，第 187 页。

依法增加了具备留置功能的担保的类型。所有权保留需采用书面形式，但无须公示，可就动产或不动产所有权之上设立。立法同时还细化了对动产所有权保留担保的规定。其次，原来立法与判例基本持完全否定态度的让与担保，在 2009 年年初《法国民法典》第 2372 条和第 2488 条以"担保名义的让与所有权"（De la proprété cede à titre de garantie）的规定引入立法。这次担保法改革是以《法国民法典》2007 年对信托（托管）制度的引入为基础的，以担保名义的让与所有权遂属于信托（托管）的一种（信托担保）。①

3.《欧洲示范民法典草案》中的学理认可

在其第九卷动产担保物权第三章中规定了"保留所有权交易"，在第 9—1：103 条明确了此类交易的适用范围中存在的保留所有权情形。② 在随后的第 9—4：102 条进一步明确了以上"保留所有权交易"担保的超优先顺位，即："（1）根据本卷第三章的规定，具有对抗第三人效力的所有权担保方式，优先于担保人所设立的任何担保物权或其他定限物权。"③

4. 日本法中的立法建议

日本经济产业省法制研究会公开发表了针对让与担保的立法建议——《企业法制研究会（担保制度研究会）报告书》（2003 年 1 月）。

---

① 参见徐同远：《担保物权论：体系构成与范畴变迁》，中国法制出版社 2012 年版，第 95 页。

② "（a）买卖合同项下出卖人保留所有权；（b）分期付款买卖合同项下供应人所享有的所有权；（c）租赁合同项下租赁物的所有权，以承租人依合同约定在租赁期间届满时，无须支付对价或仅须支付名义上的对价，即享有取得租赁物的所有权或继续使用租赁物的选择权为前提条件（融资租赁）；（d）意在实现担保目的或达到实现担保目的效果的寄售合同项下供应人的所有权。"引自欧洲民法典研究组、欧盟现行私法研究组编著：《欧洲示范民法典草案：欧洲私法的原则、定义和示范规则》，中国人民大学出版社 2012 年版，第 356—357 页。

③ 欧洲民法典研究组、欧盟现行私法研究组编著：《欧洲示范民法典草案：欧洲私法的原则、定义和示范规则》，中国人民大学出版社 2012 年版，第 366 页。

并于 2003 年 10 月由特别设立的动产、债权担保法制部会整理总结出了
《关于制定有关动产、债权让与公示制度的大纲阶段性草案》。相关草案
和报告都秉承了研究会报告书的精神，即从"不动产担保"到"着重于
企业收益性的资金筹集"的发展方向。在草案提出的"有关制定公示制
度立法化"的提议下，就为提供债权担保而将所有权进行转移的担保制
度，即动产让与担保中转移后的权利如何对抗第三人的问题，进行了方
案设计。①

　　鉴于占有改定形式难以从外观判断其存在，不能保证后续交易人对权
利存在的预见可能，其无法主张善意取得，只能落后于无从预料的已存在
的其他以担保为目的的动产让与。反之，让与担保中担保权人除占有改定
公示外，若一旦出现其他具备占有改定外的对抗要件（如实际交付）的动
产担保时，后者有可能善意取得。为此，大纲阶段性草案考虑了提高动产
担保实际效力，提议创设"有关动产让与登记制度"，以避免动产让与纠
纷发生。其建议的共同点是，只有经过登记的，以担保为目的的让与才能
对抗事先以占有改定为对抗要件的、旨在担保的让与的受让人。② 以上建
议平衡了让与担保担保权人与其他动产担保权人以及债权让与的受让人间
的利益，为完善相关制度提供了基本前提保障。

　　尽管让与担保在实体法上并无进展，但日本的判例认可和学理探讨并
不少见。随着公示的制度完善，解决了不动产上确立的假登记担保法制
度，以及动产和债权让与担保登记的建立。让与担保在学理上、判例上基
本作为担保构成得到了肯定。近江幸治最近指出，不动产让与担保立法必
须解决两个问题，其一，如何解决与抵押权并行的问题？需思考让与担保

---

① 参见 [日] 汤浅道男:《日本动产、债权担保的立法动向》，载李又又译，渠涛编著:《中
　　日民商法研究》（第三卷），法律出版社 2005 年版，第 154—156 页。
② 参见 [日] 汤浅道男:《日本动产、债权担保的立法动向》，载李又又译，渠涛编著:《中
　　日民商法研究》（第三卷），法律出版社 2005 年版，第 154—156 页。

是否有必要保留权利证书以及印章等变更本登记的必要文件这一对抗手段的必要。其二，如何保持与假登记法的并行？建议把假登记法加以吸收立法为不动产变质的担保法。① 除学理解释外，日本原抵押权制度僵硬和执行效力不彻底，也是选择不动产让与担保的一大原因。此次改革使不动产抵押权效力提高，是否会使不动产的让与担保逐渐消失，有待实践检验。②

5. 英美法中的买卖价金担保

最初美国于《统一附条件买卖法》中，以"英美法系的信托（trust）原理，出卖人享有衡平法上的所有权（equitable title），买受人享有法定所有权（legal title）"③，用于解决附条件买卖中出卖人的权利保障问题。1952年该法被 UCC 取代，随之附条件买卖中的担保权益归属于买卖价金担保，经登记后获得优于其他担保权益的超级优先次序。而英国衡平法中，买卖价金担保被作为对浮动抵押合同中"后取得财产条款"（after－acquired property clause）④ 的限制而存在。鉴于这一做法对实践的高度契合性，满足了交易安全与交易效率的双重需求，获得了如魁北克、加拿大、新西兰

---

① 参见［日］近江幸治：《不动产让渡担保——そ解释と立法の方向》，《法律时报（第73卷）》2001年，第11页。转引自段匡：《日本近年担保法的修改对我国担保法修改的若干启示》，载渠涛主编：《中日民商法研究》（第六卷），北京大学出版社2007年版，第174页。

② 关于动产的让与担保，其与动产质押相比优势明显，又可作为动产非占有担保化的主要出路，日本此次改革，解决了其公示的问题，使之更适宜实践需求。但关于让与动产的特定问题，如集合动产，以及让与登记能否真正排除善意取得的问题和二重登记的效力问题，仍未得到彻底解决。参见段匡：《日本近年担保法的修改对我国担保法修改的若干启示》，载渠涛主编：《中日民商法研究》（第六卷），北京大学出版社2007年版，第174—175页。

③ 关涛：《关于所有权保留与质押权竞存时的优先受偿问题》，《烟台大学学报（哲学社会科学版）》2013年第4期。

④ See Roy Goode, *Legal Problems of Credit and Security*, London: Sweet & Maxwell, 2003(3), pp.190–193.

等国家的广泛认可。

（二）保理

"保理是一项适应于赊销贸易方式发展的基于资产的短期融资形式，它能够根据客户的需求将信用风险担保、应收账款管理、催收和资信调查功能进行灵活组合的综合性的金融服务"①。此种金融产品中创设了以应收账款债权作为担保标的的新型动产担保。保理商作为担保权人和新的合同权利人，需取得对应收账款债权的一定控制。由于保理商对应收账款的请求权属于债权，为确保取得应收账款，保理商需依法定转让程序成为唯一的收款权人，同时这种转让并不一定要取得债务人的许可。②

若债权人与债务人之间存在禁止债权转让的约定，尽管依意思自治在双方当事人之间有效，但在保理业务中，这种约定将妨碍保理商成为唯一的应收账款收款权人。因此，实践中应收账款一产生其收款权即直接归保理商，买方必须到期无条件付款。③ 但保理中无需债务人同意的应收账款直接转让是否有效，在各国立法中做法并不一致。④ 联合国国际贸易法委员会于 2001 年 7 月颁布了《国际应收账款转让公约》，明确了合同中对应收账款转让的一切限制均无效（第 9 条）。同时对同一应收账款多重转让

---

① 高晓明：《关于我国保理业发展的趋势研究》，博士学位论文，对外经贸大学，2005 年，第 20 页。

② 参见高晓明：《关于我国保理业发展的趋势研究》，博士学位论文，对外经贸大学，2005 年，第 26 页。

③ 满足这种要求的应收账款是可被买方偿付的应收账款。因此，寄售、资本品销售和承包工程中进度付款三种方式通常是排除在保理交易之外的。

④ 依法国法或美国《统一商法典》，转让有效；依德国法或英国法，则转让无效；依《国际保理公约》的规定，转让有效，但对于销售合同成立时其营业地位于提出保留的国家的债务人无效。参见顾镠浏：《我国保理业务的法律机制及风险分析》，硕士学位论文，中国政法大学，2007 年，第 23 页。

所带来的受让人之间何者权利更优先的问题，公约将各国三种方案列入附件，供各国选择。即注册时间标准（美国）、转让合同成立时间标准（德国）和债务人收到转让通知时间标准（英国、日本等）。以上多重转让问题的解决，将使某一受让人获得优先于其他债权人的应收账款债权收款权，类似于债权优先权。因此，对于保理这种集融资和担保功能为一体的新型担保，虽兼具管理、收款、坏账担保等多种功能，① 但能否获得更大的发展空间，取决于各国对其中应收账款自动转让的立法认可和多重转让问题的解决。

（三）融资租赁

融资租赁是以租赁的方式达到融资目的的新型动产交易方式，由出租方根据承租方对租赁标的物和供应商的选择，购买租赁物并依相应的条件出租给承租方使用，租期结束后，承租方可选择购买租赁物或续租、退租。②UCC 于第九编、第二 A 编，规定了担保性融资租赁的内容，③ 国际统一私法协会所制定的《国际融资租赁公约》《移动设备国际利益公约》及三大议定书以及其起草的《租赁示范法》中均规定了融资租赁交易的相关内容。此外，在韩国的《租赁业促进法》《有关发行公司债券的特别规定》《有关资金筹措的特别规定》等法律中专门规定了融资租赁。而日本、德国等国家在其商法典、民法典中均有相关的规定，影响并规范着融资租赁。

---

① 参见刘保玉、孙超：《应收账款质押的法律解读——兼评中国物权法草案的相关规定》，2013 年 3 月 4 日，见北大法律信息网 http//:article.chinalawinfo.com/Article_Detail.asp? ArticleId=37032。

② 参见王卫东：《我国融资租赁公司的融资问题研究》，博士学位论文，西南财经大学，2012 年，第 27 页。

③ See Peter F. Coogan, William E.Hogan, etc., *Secured Transactions under the Uniform Commercial Code*（*v II*）, New York: Matthew Bender & Company, 2012, p.30.

融资租赁交易中，实现了租赁物所有权与使用权的分离。尽管出租人拥有租赁物所有权规避了信用风险并产生了承租人支付租金的约束力，但由于承租人实际占有并使用租赁物，产生了可信的"外观所有权"，容易出现第三人善意取得租赁物所有权或抵押权的情形。此时，"出租人无法基于所有权行使物权请求权，其权利无法得到优先于其他债权人的保护"①。此外，若出租人以分期付款方式购买的租赁物，当出现第三人善意取得租赁物时，供货商的余款债权也将面临同样的问题。就供货商的余款债权与出租人的租金债权，是否可获得优先于其他债权人保护，关系到保障供货商权益安全，鼓励融资租赁市场良性发展，避免道德风险等目的的达成。除了采取事前的公示方式避免以上风险外，还可考虑赋予供货商或出租人中对租赁物享有所有权的主体就租赁物买卖价金的优先受偿权。②

四、担保结构形态发展与法定担保类型调整

随着社会的发展，物的担保从为担保而转移作为标的物的权利自身形态，转换为为担保而设立结构特殊的限制物权形态。这表现在近现代德国和瑞士现代担保制度对罗马法的成功改造和完善上，其中与所有权在结构上的明确分离，使物的担保限于特定的财产之上设立，须严格遵循公示原则。由此，对源于罗马法传统的移转权利自身结构的担保类型，如法定抵押权和优先权，需依发展的眼光审视，注重其中的公示因素和客体特定要素。③ 而

---

① 高圣平、王思源：《论融资租赁交易的法律构造》，《法律科学》2013年第1期。
② 如本章所介绍的UCC中"出卖人价金优先权"，可使供货商或出租人作为所有权人获得优先于一般债权人，同时也优先于设立在此债权发生之后所有的担保权的权利。
③ 参见［日］我妻荣：《新订担保物权法》，申政武等译，中国法制出版社2008年版，第6—7页。

法定担保中对担保标的物和牵连性的不同要求，也对其类型变化有一定影响。

法国法中的优先权和法定抵押权均在现代社会发展的驱动下，依市场交易的需求和社会理念的转换，对传统的类型进行了调整。其工作主要表现在限定了法定担保适用的债权种类，注重客体特定要素和应登记等公示要求调整和补充了法定担保的类型。

（一）不动产一般优先权的限缩

由于法国不动产一般优先权的效力强大，不仅优先于抵押权和一般债权，且优先于不动产特别优先权，无需公示即可享有优先受偿效力，对交易安全威胁过巨。① 为此，法国陆续对之加以改革，主要是限定了不动产一般优先权所担保的债权种类，缩减为诉讼费用和工资，而其他原有的债权改由须办理公示的法定抵押权予以担保。而后限定了债权总额，诉讼费用优先权只有在提前预付的情况下方可取得，工资优先权也限定为一定期限的工资债权。且不动产一般优先权是在债务人无法通过动产一般优先权获得清偿时方才补充适用的法定担保类型。

（二）法定抵押权的修改与补充

随着经济发展与社会变迁，法国民法典对其无需公示的法定抵押权进行了不断的修改和补充，目前主要存在以下几类：配偶的法定抵押权、未成年人和受监护成年人的法定抵押权、某些公共团体的抵押权、受遗赠人的法定抵押权、由不动产的一般优先权"降格"的法定抵押权。② 其中，配偶抵押权的适用范围和作用在司法实践中呈缩小的趋势。法国于1985

---

① 参见于海涌：《法国不动产担保物权研究》，法律出版社2006年版，第196页。

② 参见于海涌：《法国不动产担保物权研究》，法律出版社2006年版，第78页。

年 12 月 23 日法律中消除了因配偶抵押权而产生的配偶间的不平等，缩小
了其适用范围。①

（三）法定抵押权对不动产优先权的替代趋势

在法国法中，由于不动产优先权与法定抵押权存在交叉与重合之
处，二者在种类上存在由法定抵押权逐渐代替不动产优先权的趋势。基于
1955 年 1 月 4 日"关于不动产公示改革"的法令②，为弥补法国民法中不
顾对交易安全威胁大量发展秘密性优先权的后果，采取消减不动产优先权
的数量和增加其公开性的措施。其中以法定抵押权来代替相关不动产优先
权，也成为剔除优先权秘密性对不动产信用干扰的一种策略。随着一般优
先权因公示性欠缺数量逐渐减少，适用搁置，在不动产之上设立的不动产
特别优先权因其登记对抗隐秘性较低，依旧存在。由于不动产特别优先权
与法定抵押权在客体、目的和公示等方面的相似性，存在转化的基础。尤
其是不动产特别优先权对抗力的日期可溯及登记公示日期之前，具有一定
的隐秘性，而法定抵押权并无这种隐秘性和溯及力，更适应交易安全的需
要。为此，法国主流观点认为，即使不动产特别优先权的隐秘性和可溯性

---

① 包括（1）配偶中一方以另一方为被告提起诉讼（第 2137 条）。配偶（丈夫或妻子）以
另一方为被告提起诉讼以确定债权时，其起诉一旦提出，该配偶可以请求临时登录其
法定抵押权。这一登记在胜诉时被予以确定。抵押权以临时登录的日期为准。（2）权
力经判决而发生转移（第 2138 条）。在婚姻存续期中，当大审法庭授权配偶之一（丈
夫或妻子）行使属于另一方配偶的权利时（配偶一方处于长期不能表达其意志的状态
或基于家庭利益的保护，《法国民法典》第 1426 条、第 1429 条），判决可以决定对属
于该方配偶的不动产的抵押权登记的管辖权已转移给对方配偶。（3）夫妻选用"分享
在婚后获得的共同财产"的制度（第 2136 条）。依婚姻契约，当配偶选用"分享在婚
后获得的共同财产"的制度时，配偶中任何一方均可为担保其分享的债权而对另一方
的不动产要求进行抵押权登记。参见尹田：《法国物权法》（第 2 版），法律出版社 2009
年版，第 500—501 页。
② 参见李世刚：《法国担保法改革》，法律出版社 2011 年版，第 155 页。

使之更能体现对特种债权优先保护的宗旨，但为此威胁到交易安全和信用体系并非合宜之选。未来立法取消不动产特别优先权，代之以特别法定抵押权应是立法的发展方向。①

（四）留置权的限缩

与罗马法上仅为拒绝给付抗辩的留置不同，在法国学界与实务发展的推动下，逐步将之演化为一种债的发生与物之间存在客观牵连性的独立权利。在法国民法 2006 年修正之时，采用了留置权的一般性表述，进一步增设了留置权规定（《法国民法典》第 2286 条）。留置权最初被作为特殊情况出现于法国民法的合同与非合同领域，作为特殊性规范而存在。在法国学说和判例的努力下，在此次改革中明确了留置权成立条件，② 法国学者奥古斯丁·埃勒斯（Augustin Ayness）关于留置权牵连的三种观点也被立法第 2286 条所认可。③

同样基于对留置权牵连性的坚持，日本司法界对留置权予以了限缩，引发了学界的争议。日本战前判例对依损害赔偿请求权和租赁权拒绝交付持否定态度，战后最高法院也继承了这一判断。有学者对此表示反对，认为承租人的损害赔偿请求权和受让人的返还请求权基于同一法律关系而发

---

① 尽管在 2006 年担保法改革中对法国担保制度委员会这一改革提议并未被采纳，但以法国法从 1955 年改革后的动向来看，以公开性的法定担保（法定抵押权）代替隐秘性的法定担保（不动产优先权），是未来改革主导方向。

② "一方面，在程序上予以控制，有必要通过司法审查的方式予以确认；另一方面，就范围而言，留置权的出现只能是一种例外而非常态，它必须满足一定的条件，即有债权，掌控财产，以及两者之间的牵连关系。"引自李世刚：《法国担保法改革》，法律出版社 2011 年版，第 170—171 页。

③ "法律上的牵连、事实上的牵连或者合意上的牵连，它们构成了一种不履行的抗辩、一种'自然的优先权'或者缩小版的质押，这三个基础对应和解释了留置权制度内部的部分差异。"引自李世刚：《法国担保法改革》，法律出版社 2011 年版，第 170 页。

生，符合牵连性要求。① 当租赁物转让第三人时，承租人可以租赁权对抗受让人，此为买卖破除租赁原则的修正，此时承租人是基于租赁权自身具有的效力拒绝向受让人交付。但我妻荣对此表示异议，认为留置权是在留置和被留置双方发生的，因占有人增加标的物价值或因标的物受损，而在请求返还标的物前享有的未清偿因此产生的债务的拒绝交付权，是一种间接促使清偿的关系。② 损害赔偿债务仅在出租人和承租人之间存在，受让人无损害赔偿义务。尽管留置权可对抗第三人，但此时出租人和承租人之间不能成立留置权，因此也无留置权对第三人的效力问题。如何理解牵连关系，人们的看法迥异。但共同点在于，为了符合公平，不应将留置物的范围过分扩大到与债权无关的程度。法国法将之认定为债权与物之间牵连关系，而日本则为债权与债权之间的牵连关系。显然后者的要求更为严格。

（五）留置可在"非物质形态"财产上设立

如法国法上的留置权最初仅可在商事领域可流通的有形财产上，包括文件资料上成立。逐渐地，法国在判例上允许在有形财产上附着的无形财产一并留置（磁带留置中的著作权留置）甚至单独留置（机动车登记文件留置）的合法性。③ 而于 1996 年 7 月 2 日在法律中创设了金融工具账户质押，并由《金融和货币法典》第 L.431—4 条所规范，从而使留置权完全可在"无体财产"上设立。④

---

① 参见 ［日］我妻荣：《新订担保物权法》，申政武等译，中国法制出版社 2008 年版，第 31 页。

② 参见 ［日］我妻荣：《新订担保物权法》，申政武等译，中国法制出版社 2008 年版，第 31—32 页。

③ 参见李世刚：《法国担保法改革》，法律出版社 2011 年版，第 173—174 页。

④ 参见李世刚：《法国担保法改革》，法律出版社 2011 年版，第 174 页。

第二节 立法理由考量与法定担保类型的整合

由于法定担保是各国立法、司法基于多重原因综合考虑而予以规制的特殊担保制度，其背后所蕴含的公平原则、社会政策考虑、当事人意思的推测、特殊的产业政策等理由往往复杂交织，而位于其上的担保制度政策对之规制也有一定程度的影响。

一、基于解决立法适用困惑的类型间接扩张与限缩

(一) 类型间接扩张

由于 1804 年《法国民法典》对担保制度的设计存在诸多缺陷，随着经济的发展，原来以小农经济为基础的立法越发显露出其弊端，对立法的修补工作不断展开。在 2006 年前的修葺工作扩展了担保物权的类型，认可了栈单（货物抵押信用）、商业抵押以及其他特别法上的抵押。[1] 发起于 2006 年的法国担保法改革，目标在于简化担保实现程序、强化担保制度效力、增加当事人意思自治空间、实现不同群体利益的平衡（包括债权人、债务人以及消费者利益保护）。[2] 在此次改革中，其担保物权类型一改原有的质权、优先权和抵押权的三分法，而以"动产担保"和"不动产担保"的两分法代之，依法确认了财产法律制度以动产与不动

---

[1] 参见徐同远:《担保物权论:体系构成与范畴变迁》，中国法制出版社 2012 年版，第 75 页。

[2] 石佳友:《法国 2006 年 3 月 23 日改革担保制度的法令述评（纲要）》，2014 年 2 月 26 日，见 http://wenku.baidu.com/link?url=0yahJz4WwvvHm01opzXP5F2GO0oOqyWkdDg ATjSyh_C2DkHGPUuyyqz9n59gShXT8aVacn47gAdOOxdlCdZJgkGqdVR5wVyEAyGS_DtYxPu。

产区分的学界做法。其中优先权依其标的不同分别列入不同的担保物权中，但具体规定并未有实质性变化，仅增加了三个旨在确定动产优先权（privilèges mobiliers）顺序基本原则的条文（第 2331—2333 条），以增加规范的可读性。而为解决以债务人以外的第三人财产设定的担保是否需适用保证制度的困扰，第 2334 条规定如果质押由债务人以外的第三人设立，质押债权人只能就质押财产主张优先权。由此，间接增加了动产优先权的类型，也明确了物上第三人不负担任何"人的担保"义务。①

此外，由于原有立法要求质押合同需具备债务人对财产丧失占有的条件，以使与债务人相关的第三人不会被假装的信用所蒙蔽。当标的物为有价证券时，该规则在 1983 年 1 月 3 日被修订，不再坚持原有的占有要件。② 由于因质押合同而产生的设定于交付给债权人的物的优先权，是一种根据质押而产生的特殊动产优先权，以上修订使得在无形财产上，特别是债权上设立特殊动产优先权成为可能。

（二）类型间接限缩

在日本民法原来的公务员保证金优先权的规定，即因公务员职务过失所生的债权，在其所缴纳的身份保证金上创设优先权。由此来保护因公务员职务过失造成的他人损害。而后国家赔偿法，基于《日本宪法》第 17 条规定制定，对私人造成的损害，由加害人（公务员）所属的国家或公

---

① 参见李世刚：《关于法国担保制度的改革》，《政治与法律》2007 年第 3 期。

② 质押经账目持有人注明日期和签字的声明而成立。设定质押的证券转入特别的账户，质押成立的证明应交付给受质的债权人。而对其他不存在任何可资代表的证券的无形财产（债权及类似权利），法国最高法院认定，如果债务人丧失占有在客观上为不可能，只要向债权人设定质押的债务人就其质押的表现方式是完全地，则丧失占有的财产这一要求可予免除。法国最高法院第一民事法庭1983 年 5 月 10 日判决。转引自尹田：《法国物权法》（第 2 版），法律出版社 2009 年版，第 478 页。

共团体负责赔偿。且依通说和最高法院的判决，① 由于公务员个人并非直接负赔偿责任，故不能产生受损害的私人享有公务员保证金优先权的情形。② 因此，最终由于国家赔偿责任的立法承认，旧法规定丧失存在意义，而于 2004 年删除。③

日本旧信托法中规定了受托人对报酬请求的优先权。但学界从立法论上提出批判，指出在信托事务的实施中，当然应发生的"费用"补偿，与依特约等例外成立的"报酬"，二者性质迥异，该优先权规定却无视这一差异。④ 报酬请求权中，与信托财产单纯管理费用相当的情形，与保存费用相近，故该优先权有其合理性。但针对职业性、专门性受托人提供的服务，于请求报酬作为其对价的情形，因报酬为受托人通常的营业上之利益，故缺乏就信托财产优先于其他债权人受偿的理由。因此，日本于 2007 年 9 月 30 日施行了全新的信托法，修正了原有信托法的规定。针对学界对旧法中对受托人就信托财产受费用偿还享有优先权合理性的一些质疑，在其第 49 条第 6 项与第 7 项的规定中进行优先性范围的合理限制。⑤ 新法于第 49 条第 6 项规定，为各债权人共同利益，就属于信托财产的财产支出保存、清算或分配费用等，受托人有优先于其他债权人的权利。其与民法规定的共益费用优先权顺位相同。而新信托法第 53 条与第 54 条规定，受托人就处理信托事务所受损害的赔偿，以及得自信托财产收取报酬的情形，均明文排除同法第 49 条第 6 项与第 7 项规定的准用。

于 1992 年部分生效的《荷兰民法典》在起草过程中，注意力集中于

---

① 参见最判昭 30 年 4 月 19 日民集 9 卷 5 号，第 534 页。

② 参见 [日] 远藤浩、镰田薰：《别册法学セミナー　基本法コンメンタールNo.188物权》，平田春二执笔，新条文对照补订版，日本评论社 2005 年版，第 194 页。

③ 参见 [日] 高桥真：《担保物权法》，成文堂 2007 年版，第 44 页。

④ 参见 [日] 新井诚：《信托法》，有斐阁 2005 年版，第 189 页。

⑤ 参见 [日] 能见善久：《现代信托法》，有斐阁 2004 年版，第 209 页。

德国民法典之上，其生效后，反过来对德国民法改革产生了影响。由于立法要求出质人必须移转质物的占有，立法中对"相对所有权"或"信托所有权"的禁止并未带来不利后果，以致荷兰最高法院不得不在质权之外容忍所有权让与担保。但新法典废除了设定质权的移转占有限制，从而使所有权让与担保失去了存在理由。

二、基于当事人利益平衡的类型扩张与限缩

（一）依债权人与债务人利益平衡的类型扩张

法国法中，租售合同中因合同被撤销所有权未能在预期内转移，受让人需离开有关地点，相对方（出租人的出卖人）应返还其收取租金之外的款项。这一将来的补偿与不动产的部分价款相符合的债权通过优先权而获得保证，为 1984 年 7 月 12 日法律规定后被编入《法国民法典》第 2103—7 条，为设定于租售合同标的不动产的优先权。[1] 法国法将旧法中的佣人工资优先权的范围扩大适用于工人、雇工、旅行推销员以及戏剧演员等几乎所有领取工资的主体，不受劳动合同关系的限制。此外，以上工资优先权的补偿范围，为社会保障的需要，不断扩大至"解雇补偿、因违反解除劳动合同的预告期限的补偿、在合同终止时的遣散补偿、因工作的不稳定性所给予的补偿、雇主对就业实习者应当支付的补偿金"，[2] 甚至又将这种工资优先权扩大适用于农业领域。[3]

日本民法对工资保护的两类优先权中，受雇人工资一般优先权（第

---

[1] 参见尹田：《法国物权法》（第 2 版），法律出版社 2009 年版，第 509 页。

[2] 于海涌：《法国工资优先权制度研究——兼论我国工资保护制度的完善》，《中山大学学报（社会科学版）》2006 年第 1 期。

[3] 1999 年 7 月 9 日法律第 35 条。参见于海涌：《法国工资优先权制度研究——兼论我国工资保护制度的完善》，《中山大学学报（社会科学版）》2006 年第 1 期。

306 条第 2 号），最高限额过低，无法真正保护工资债权，小额债权人又可能滥用权利，妨碍执行，而农工业劳动者在农产品或工业产品上的动产优先权（第 311 条第 8 号）则非常少见。这说明适用民法中优先权制度已经无法实现保护工资债权的目的。① 为此，在公司重组法修订中扩大一般优先权立法目的（第 119 条第 2 项，1967 年），在商法典（第 295 条，1938 年）和有限公司法（第 46 条第 2 项，1938 年）修订中不再限定一般优先权中保护的职工因雇佣关系产生的债权范围，使该优先权可在公司财产整理或清算时发挥更大的作用。② 随后在 2003 年 8 月 1 日修正了民法(受雇人报酬)优先权的规定，改为雇佣关系优先权，并于 2004 年 4 月 1 日实行。其中扩张了优先权的物的范围和人的范围。③ 同时为避免和以上旧民法和旧商法、旧有限公司法的差异，④ 删除了最后六个月的限制。

　　最初日本法对金钱债权的强制执行申请，作为执行对象的债务人财产都必须是特定，因此，若债权人不能掌握债务人财产的信息时，即无法申请强制执行。为此，在 2003 年修正民事执行法时，新设立"财产开示程

---

① 在债务人总财产上设立的优先权，尽管较为容易，但当债务人总财产数量不多，极易落空，且可能对其他向债务人提供融资、生产原材料的其他债权人带来损害，进而使公司重组遭遇困难。为此，可提存部分债务人财产，或责令其承担分别保管义务，监督其履行债务，并在提存金和特别财产上设置特别优先权。而为促成公司重组，对职工的退职金等特殊债权的优先保护的程度，应有一个限度，以获得其他债权人的协助，实现公司重组。参见 [日] 我妻荣：《新订担保物权法》，申政武等译，中国法制出版社 2008 年版，第 52—53 页。

② 参见 [日] 我妻荣：《新订担保物权法》，申政武等译，中国法制出版社 2008 年版，第 63—64 页。

③ 参见 [日] 田井义信、冈本昭治、松冈久、矶野英德：《新物権·担保物権法》，法律文化社 2005 年版，第 389 页；西口元、玉井真理子：《雇い人給料の先取特権の範囲の拡大（担保法の最前線）（第 1 部新しい担保·執行法制の重要論点)》，《金融·商事判例》，2004 年通号 1186（增刊）号。

④ 参见 [日] 阿多博文：《労働債権の処遇について》，载福永有利ほか：《倒産実体法：改正のあり方を探る》，商事法务 2002 年版。

序"（第四章，第196—203条），作为债权人了解债务人的财产的措施。① 这也可被一般优先权债权人加以利用。属于民法第308条规定的优先权情形，即向法院提出劳动者名簿、工资明细单、解雇通知书等，请求该程序。②

美国破产法2005年修正案增加了享有优先受偿权的薪金和雇员利益请求权的上限，从4925美元增加到10000美元，工资债权清偿期限从破产申请前90天延长至180天。③2008年美国联邦最新破产法规定工资优先权，仅限于破产申请前或债务人歇业前（以先发生者为准）180天内发生，人均工资数额不超过10950美元。④ 还有一些学者认为应该给予侵权损害赔偿债权优先受偿的地位，甚至是优先于担保债权的地位，⑤ 以平衡侵权人与受害人间的权益。

（二）依善意取得的扩张适用

日本民法中，建筑物的某一区分所有人对其他区分所有人，在共用部分或建筑物的基地上取得债权时，可在债务人的区分所有权及建筑物安装的动产上具有优先权（昭和38年第69号《建筑物区分所有法》第6条），建筑物安装的动产可准用民法规定，可依善意取得而扩张；此类情况还可见于善意出租人对非为承租人之租赁屋中之物，于他人之物上成立优先

---

① 参见[日]远藤浩、镰田薰：《别册法学セミナー　基本法コンメンタールNo.188物权》，平田春二执笔，新条文对照补订版，日本评论社2005年版，第186页。

② 参见 [日]田山辉明：《劳働债权と先取特权》，载堀龍兒、鎌田薰、池田眞朗、美育文、中舍寛樹：《伊藤進先生古稀記念论文集——担保制度的现代的展开》，日本评论社2007年版，第104页。

③ 此外，还增加了一些保护债务人的规定，如家庭扶养债务的受偿顺位优先于税收债务或其他任何非担保债务。参见殷慧芬：《美国破产法2005年修正案述评》，《比较法研究》2007年第2期。

④ See 11 U.S.C. § 507（2008）.

⑤ 参见丁文联：《论企业破产程序中的利益平衡》，博士学位论文，对外经贸大学，2005年，第107页。

权，因优先权是基于推测当事人意思而设，与质权一样，可准用善意取得的规定。① 而在《欧洲示范民法典草案》第9—3：101条中也规定了在保留所有权交易标的物之上依善意取得规则取得的担保物权，或同一财产上不顾在先权利负担而依善意取得规则取得的担保物权，可优先于保留所有权交易或在先的担保物权。②

（三）依债权人与债务人利益平衡的类型限定

法国法上的不动产出租人就收取租金的债权对承租人的特定财产享有优先权。根据法国民法典确定的原则，优先权担保租金或佃租以及出租人一切附属债权的实现。而租金债权担保的范围，原则上包括一切到期租金（但延期支付不超过5年），且对租金到期的具体情况分别作出了规定。但当涉及长期租赁时，立法所规定的到期租金的担保对当事人的保护有所不利。享有优先权的出租人的债权几乎完全控制了债务人的积极财产，损害了其他债权人利益。为此，随后的立法缩小了商业租赁和乡村租赁中担保的范围。③

为加强债权人自治，提供分配的公正性，德国在其新破产法（《支付不能法》，1999年）中不再将税收债权列为优先破产债权，而是作为一般债权对待，而雇员债权的特别保护也被一并废止。

---

① 参见［日］我妻荣：《新订担保物权法》，申政武等译，中国法制出版社2008年版，第77页。

② 参见欧洲民法典研究组、欧盟现行私法研究组编著：《欧洲示范民法典草案：欧洲私法的原则、定义和示范规则》，中国人民大学出版社2012年版，第357页。

③ 如商业租赁，1985年法律第39条规定，在裁判重整的情形，出资人仅对诉讼开始之前最后两年的租金享有优先权。如果租赁已被解除，承租人可对当年租金及一切涉及租赁合同履行的费用和由法庭确认的损害赔偿享有优先权。如果租赁合同未解除，当其在合同期内取得的担保的维持或自诉讼程序开始后提供的担保被判定已足够充分时，出租人不能要求支付到期租金。对于乡村租赁，其优先权同样被限于两年的到期佃租，以及当年和期满后1年的佃租（1988年1月19日法律）。参见尹田：《法国物权法》（第2版），法律出版社2009年版，第483页。

由于 1898 年实施的《国税征收法》无视私人债权的担保，危及金融交易安全，日本政府在 1959 年通过新的《国税征收法》，缩小了租税债权优先权的适用范围，对其与私人债权的关系做出了调整。① 日本国税征收法中过去租税债权全额为财团债权，在 2004 年《日本破产法》修正（2005 年 3 月 1 日施行），第 148 条第 1 项第 3 款规定，对于基于破产程序开始前之原因而生的租税等请求权，原则上限于"破产程序开始时尚未到期"或"到期未满一年"者，始为财团债权，租税债权并非当然全为财团债权。②

另外日本法中，工人的公司内储蓄等可在公司的特定财产（退职储蓄基金和退职补助基金）上设立优先权，且这两项基金可用于购买国债，在国债上工人享有优先受偿权。这一立法充分注意到了特种债权人与其他债权人的利益平衡。但随后此功能被政府主导的厚生年金保险制度所取代。③

（四）浮动抵押中为当事人利益平衡的保留份争议

英美法中在破产法中多赋予特定种类的请求权以优先地位，从而给予它们以优先受偿的特权。优先受偿之债的分类在英国《1986 年破产法》的附件 6 中确定，并维持到英国《2002 年企业法》(Enterprise Act 2002)（以下简称《企业法》）对其进行改革的时候。这次改革主要包括了特定税收

---

① 参见［日］我妻荣：《新订担保物权法》，申政武等译，中国法制出版社 2008 年版，第 65 页。

② 参见［日］小林秀之：《新破産から民法がみえる》，日本评论社 2006 年版，第 185 页；安藤一郎：《新しい倒産法入門》，三省堂 2005 年版，第 110 页；［日］宗田亲彦：《破産法概说》，庆应义塾大学 2006 年版，第 270 页；［日］今中利昭：《実務倒産法講義》，民事法研究会 2006 年版，第 597 页。

③ 参见［日］我妻荣：《新订担保物权法》，申政武等译，中国法制出版社 2008 年版，第 53 页。

和雇员的债权请求，承认特定种类的债权人的请求具有优先地位。① 改革中废除了王室优先权，但保有了雇员优先权。为了实现保障特定债权请求的目的，此次企业法明确提出在浮动抵押实现的利益中为无担保的债权人的利益保留一定比例。但当公司的净资产不足规定的最小值，且清算人、执行人或财产接管人认为向无担保债权人作出分配的效益与成本不相称，那么该条则不适用。②

　　这一观点最早在 1982 年科克委员会③ 报告（The Cork Committee Report in 1982），并可在美国近来关于 UCC 第九章，即担保债权部分的修改的争论中得到回应。联合国国际贸易法委员会也于 2007 年 12 月发布《担保交易立法指南》对英国法做法予以了默认。④ 科克委员会在其《破产法律与实践的报告》中提出将实现的浮动抵押的 10% 留由无担保的债权人分配的建议，⑤ 虽最终被企业法所采纳（具体比例留由其他法律规定），但

① 政府组织债权人不情愿且没有意识到要承担债务人破产的风险。其不能有效监督债务人行为并估计其违约或破产的风险；雇员债权人则谈判能力不对等，没有通过谈判取得担保权的经济实力，导致在雇主破产时失去财产。因此，赋予其优先权。S.176A Insolvency Act 1986（由 S.252 Enterprise Act 2002 所加入）仅适用于特定日期之后形成的浮动抵押。参见 ［英］麦克考马克：《英美法上的担保优先权》，于霄译，佟刚校，载梁慧星主编：《民商法论丛》（第 36 卷），法律出版社 2006 年版，第 357 页。

② See HI.Official Report（Enterprise Bill）.col.768（July 29, 2002），the discussion by McKnight inJ.B.J., 2002, p.324.

③ 该委员会的目的是为评估与破产有关的法律和执业活动，检测、协调和统一各种已有破产程序的可能性，以便用较少的正式程序取代旧有的破产和清算程序。在 1982 年发布的工作报告中，提出对英国破产法改革的全面建议。1986 年英国破产法吸收了报告部分内容。参见 ［英］麦克考马克：《英美法上的担保优先权》，于霄译，佟刚校，载梁慧星主编：《民商法论丛》（第 36 卷），法律出版社 2006 年版，第 358 页。

④ 其中指出，立法者可以规定某些债权的受偿顺位优先于有财产担保权，但这些债权必须最小化，并且须在破产法中予以明确规定。See UNCITRAL, *Legislative Guide on Secured Transactions,* New York: UNCITRAL, 2010, Recommendation 83, 2010, pp.209–231.

⑤ See Milman.The 10 per Cent Fund（1999）Insolv. L.47.

引发了多方争议。

反对方的观点是：政府害怕这会减少银行经营的灵活性，这笔资金的重新分配使用问题和用该资金支付破产律师费用用于从银行取回被不当使用的公司资金等。而另开账户管理这笔资金又将增加费用。这些理由导致以节约公共资金为义务的政府对此建议畏缩不前；银行担忧这10%的比例可能会有相当大的提高，为此银行可能不愿贷出资金或提高利率贷出。还有人认为这一措施模糊了担保界限，对商业造成损害，其不公正干涉了担保债权人的财产权利，违反了欧洲人权公约和人权法。① 也有人认为这可能被转化为借贷的成本，导致担保权人降低借贷。其对企业利润造成的部分不利影响将产生更多的破产。②

支持方的观点是：反对的根本理由在于银行业希望绝对保有所有的利益，而实际上他们并不需要这10%的资金。③ 这一规定是在不损害担保总体宗旨下对无担保债权人基于公平的一种让步。但支持者也指出这一规定是对所有无担保债权人均有利，而不只是"不可调整的债权人"（non-adjusting creditors）④，即无法通过明示或默示借贷条款对借款人已经授权担保的事实做出调整的债权人，显得过于粗

---

① 参见［英］麦克考马克：《英美法上的担保优先权》，于宵译，佟刚校，载梁慧星主编：《民商法论丛》（第36卷），法律出版社2006年版，第357、359页。

② 比如，当债务人处于冒险性的事业的启动阶段或破产的边缘时，由于未获清偿的债权人的风险过大，以至于其不会去寻求更高的利润以抵消增加的风险，而是简单地不再增加新的贷款。清偿危机的结果将迫使债务人陷入破产，这使无担保债权人比债务人不失败时获得的赔偿更少。See K. Klee, *Barbarians at the Trough: Riposte in Defense of the Warren Carve-Out Proposal*, 82 Cornell L Rev, 1997, p.1472.

③ See B. Carruthers and T. Halliday, *Rescusing Businesses: The making of Corporate Bankruptcy Law in England and the United States*, Clarendon Press, 1998, p.346.

④ See Reinier Kraakman, "Concluding Remarks on Creditor Protection", *European Business Organization Law Review*, 2006（7），p.465. 此类债权人在破产案件中普遍存在。See Elizabeth Warren & Jay Lawrence Westbrook. *Contracting out of Bankruptcy: An Empirical-Intervention*, Harv. L . Rev., 2005（118），p.1197.

陋，① 但固定的限额可使参与者估计到其风险。那些认为预留份将导致借贷减少的说法，值得怀疑。部分优先权体制已经达到一定的程度，讨论的重点应转到预留份的程度上去。② 这一建议最终会减少担保债权人享有的一些优先权，才是其被反对的根本原因。或者说这会导致借贷的减少和提供借贷需更严格的条件。

但在实践运作中，以上优先权对银行等债权人不利影响的担忧情形似乎从未发生。③ 而不适用该规则的例外情形，也极大地平衡了双方的利益，使那种绝对损害债权人利益以及不符合经济效益均衡的保留份都可被避免。实践中的相关数据足以佐证或说明这种情况，无担保的普通债权人所获清偿比例往往可以忽略不计。④

在美国，最近担保债权的批评者建议为无担保债权人创设"保留份"（carve-outs）从而否定抵押物上的完全优先权。⑤ 或认为担保债权人不应享有抵押物的全部价值，而应为无担保债权人的利益保留一定份额。⑥ 哈佛法学院伊丽莎白·沃伦教授（Elisabeth Warren）强烈反对美国《统一商法典》（UCC）第九章设定的使担保债权享有完全优先性的制度，认

---

① See V. Finch. "Security, Insolvency and Risk: Who Pays the Price?", *The Modern Law Review*, 1999, p.652.

② See K. Klee, "Barbarians at the Trough: Riposte in Defense of the Warren Carve-Out Proposal", *Cornell Law Review*, 1997, p.1472.

③ 由于优先债权人仅可先于普通债权人和浮动抵押持有人获得清偿，但不能优先于其他担保债权人，银行采用设立其他担保的方式使之在破产时取回财产的可能性得到最大化，这些规避优先权手段，如固定抵押、保理、所有权保留、租回买卖或代理买卖融资等几乎抵消了全部或大部分优先权对其的负面效果，使处在无担保的普通债权人很难取得返还。

④ 参见［英］麦克考马克：《英美法上的担保优先权》，于宵译，佟刚校，载梁慧星主编：《民商法论丛》（第36卷），法律出版社2006年版，第363、390页。

⑤ See E. Warren, "Making Policy with Imperfect Information: The Art.9 Full Priority Debates", *Cornell Law Review,* 1997, p.1373.

⑥ See Hudson, "The Case Against Secured Lending", *International Review Law and Economy*, 1995（15），p.47.

为担保债权优先性是一个效率与正义的双重问题。① 一些支持预留份的人还指出，当美国破产法典中普遍接受担保权益时，已存在一系列规则、理论和实践有效地腐蚀了破产中的担保债权的优先性。② 州立法也有权批准优先于担保权人债权的法定留置权（statutory liens），且这一权力运用有上升趋势。③

负责起草第九章的律师们、哈里斯和莫奈教授对这些观点进行了总结。认为即便是担保权的部分降位也将使大量潜在贷款人拒绝提供借款。④ 他们敦促人们注意优先权的社会和经济效益是间接的。其估计，对担保完全优先性的否定将使企业主精力转向吸引投资者，尽管不可能识别那些因优先权特别变化而从未出现的特定企业。由于某个项目并未获得创业融资，未被付酬的职工比从未能找到工作的工人更容易认出。⑤ 由此意味着，当担保权人在预留机制下可能丧失利润时，最大的损失者可能是债务人，其获得的资金可能减少，以及此类债务人的潜在合同当事人。⑥

---

① 法律和经济分析只告诉我们确定的事情，公正和分配平衡的考虑也是重要的。也即担保债权的优先性是一个效率问题，但同时也是一个分配正义问题。尽管担保手段推动了借贷，但也存在不接受它的原因。商法制度的唯一目标不是债的扩大，还有社会情感和公正问题。See E. Warren, "Making Policy with Imperfect Information: the Art.9 Full Priority Debates", *Cornell Law Review*, 1997, pp.1373, 1377.

② 比如第十一章中对濒临破产企业重整管理程序，严格限制担保权益的强制执行，而在此期间抵押物的价值可能贬损。See D. Baird and T. Jackson, "Corporate Reorganizations and the Treatment of Diverse Ownership Interests: A Comment on Adequate Protection of Secured Creditors in Bankruptcy", *The University of Chicago Law Review*, 1984, pp.112–114.

③ See K. Klee, "Barbarians at the Trough: Riposte in Defense of the Warren Carve-Out Proposal", *Cornell Law Review*, 1997, pp.1474–1475.

④ See E. Warren, "Making Policy with Imperfect Information: The Art.9 Full Priority Debates", *Cornell Law Review*, 1997, p. 1373.

⑤ See D. Baird, "The Importance of Priority", *Cornell Law Review*, 1997, p.1421.

⑥ See S.L. Harris and C.W. Mooney, "Measuring the Social Costs and Benefits and Identifying the Victims of Subordinating Security Interests in Bankruptcy", *Cornell Law Review*, 1997, p.1357.

美国律师总署（The US Attorney General's Office）同意以上总体评估，指出预留的建议对经济中大量高度举债的领域造成危害，比如小企业和农业。政治现实表明预留建议在美国会被弃置一旁。但在世界其他地方的政治情况不同，如皮奥瑞亚（伊利诺伊州的第二大城），可使其得到良好发挥，但在北京、圣彼得堡（俄罗斯第二大城市）或普瓦捷（法国西部城市）则并不一定能够良好运行。①

由于预留份背后的政治因素考虑，优先权降位在美国最终未获普遍支持和接受，而被搁置下来。② 英国将"保留份"条款制定到了《企业法》中。这表明英国做出了有利于债务人和无担保债权人的平衡性调整，也意味着英国法一改其传统的英国破产法"亲债权人"的立场。

三、基于特殊行业发展的类型扩张

在日本民法与商法中晚近所规定的各种特殊优先权或优先受偿权的存在理由看，并不单一。优先权制度是以国家干预的形式对债权平等原则的修正，其立法理由总体而言，在于国家试图通过积极干预在特殊经济关系中发生的债权和债务，为协调当事人的利益提供一种特殊的行为规则。③

（一）日本法中为支持特殊行业发展优先权频繁入法

日本民法与商法依特殊行业发展需求进行的部分优先权立法，涉及林业、房地产业、农业经营、航海业、保险业、煤矿业等行业领域。具

---

① See Gerard Mc Cormack, "American Private Law Writ Large?", The Uncitral Secured Transactions Guide, *International and Comparative Law Quarterly*, 2011, pp.597–625.

② See D. Baird, "The Importance of Priority", *Cornell Law Review*, 1997, pp.1371–1372.

③ 参见[日]我妻荣:《新订担保物权法》，申政武等译，中国法制出版社 2008 年版，第 51 页。

体包括在日本民法、①商法②和相关特别法③中各类优先权或优先受偿权的立法规定。除传统行业外，还在军事科技发展、服务业中规定了相关优先权。④2004年修改的《日本破产法》第66条明确了商事留置权在留置物所

---

① 在日本民法中的表现：如针对特殊林地的租赁制定了特别法，规定地租债权在林木上的优先权（明治43年法第56号《林木优先权法》）；土地所有人的地租债权对土地上建筑物的优先权（《借地法》第13条、第14条）；罹灾建筑物的宅基地或其置换的土地被强制出租时所有人的地租债权，强制借地权转让时出让原借地权的对价，对借地人在该土地上建筑的建筑物上具有优先权（昭和21年法第13号《罹灾城市借地借家临时处理法》第8条），在民法上增加了一种不动产优先权；特定农业经营贷款，在与资金相关的农机具或农业产品上具有优先权（《农业动产信用法》第4—11条），使优先权客体的范围扩大至使用贷款保存或购买的动产以及依此生产或养殖的动产之上；针对"自家保障人"的损害赔偿请求权，在"自家保障人"的总财产上具有优先权（昭和30年法第97号《汽车损坏赔偿保障法》第60条）；等等。参见［日］我妻荣：《新订担保物权法》，申政武等译，中国法制出版社2008年版，第77页。

② 在日本商法中的表现：船舶债权人和海难救助人对船舶和船上的属具具有优先权（《日本商法典》第810条、第842—847条）。职工基于雇佣契约对公司或有限公司发生的债权，在公司或有限公司总财产上具有优先权（《日本商法典》第295条——昭和13年修订）。参见［日］我妻荣：《新订担保物权法》，申政武等译，中国法制出版社2008年版，第49—50页。

③ 在日本特别法中的表现：储户在银行强制的部分存款上具有优先受偿权；生命保险契约的缔约人和保险金请求权人在保险金和公司总财产上具有优先受偿权；煤矿业受害人的损害赔偿请求权，在企业有义务提存的一定金额上具有优先受偿权；委托证券交易所会员从事证券交易的委托人的债权，受益人对信托业者的债权等，也有优先受偿权。特殊公司、公团、公库、事业团等发行的债券，在发行法人的全部财产上具有优先权。由政府主导的健康保险、国民健康保险、劳动者灾害补偿保险、厚生年金保险、失业保险等社会保险的保险费，可参见滞纳国家税收的处理办法，也被赋予优先权。其他公共性质的债权，如国税、地方税等税金一律优先于私人债权。参见［日］我妻荣：《新订担保物权法》，申政武等译，中国法制出版社2008年版，第49—50页。

④ 日本《原子损害赔偿法》第9条第1项规定了被害人损害赔偿请求权，就责任保险契约的保险金，有优先于其他债权人而受清偿之权利。第11条规定了第9条之规定，基于补偿契约的补偿金，准用。日本《旅行业法》第17条规定了旅客对营业保证金的优先权。参见［日］我妻荣、有泉亨、清水诚補訂：《コンメンタール担保物権法》，日本评论社2004年版，第42页。

有人破产程序中被视为"特别先取特权"，商事留置权人可以行使别除权，但效力劣后于其他先取特权。在公司重整程序中，以留置物的价值为限，被担保债权作为"重整担保权"，同时，商事留置权的留置权能也可存续。①

（二）法国法中为促进就业增设破产程序中优先权

法国在其破产法中，为救活企业，促进就业等目的，从总体上限制债权人的利益，在破产程序中增加列入了除民法典外其他的立法中的优先权，如税款优先权与社会保险机关的优先权被归入与经公示的优先权同样地位。② 这种做法大为削弱了约定担保物权的效力，而不断涌入的法定担保，也使担保物权效力总体呈弱化趋势。

（三）美国法中为鼓励服务业扩展留置权含义

为支持加工承揽等以人力资本耗损为特点的行业发展，满足技工等劳工基本权益保护，美国各州及联邦立法逐渐形成了特定占有型留置权的体系化。许多州通过成文法将原来合意的留置权规定为法定留置权，并通过登记完善的条件，使之获得强制执行的效力，以更好地保障技工费用获得实现。而少数法院更是拓宽了对普通法留置的理解，③ 将留置权发生原因延伸至几乎所有专业技术性服务主体完成的工作。美国于1993年《综合预算协调法》中规定了国民存款人优先条款，"即一家已倒闭机构的存款人（包括联邦保险存款公司，它在支付受保存款持有人后取得代位权）相对于一般债权人有优先获偿权"④。在金融大危机的背景下，为了恢复公众

---

① 参见［日］道垣内弘人：《担保物权法》，有斐阁2007年版，第42页。
② 参见1984年第84—148号法律，1985年第85—98号法律，1985年第85—99号法律。
③ See David A.Thomas, J. Reuben, *Thompson on Real Property*, Thomas Editions, New York: Matthew Bender & Company, 2012, pp.2–13.
④ 陈向聪：《存款保险机构代位受偿优先权立法探究》，《国际金融研究》2006年第7期。

对银行储蓄的信心，美国政府专门设立了联邦存款保险公司（以下简称"FDIC"）。该优先受偿权即为保障该机构的保险基金债权，维护金融安全而专门设立的。

第三节　现代法定担保规范模式的融合趋势

债权平等原则的突破，对自由竞争市场交易形成了极大的安全威胁。当存在正当的优先原因时，特种债权人获得当然优先地位的后果，不仅影响到普通债权人，也危及特定财产上具备优先地位的约定担保权人的利益。[①] 学者认为民法上的优先权有不太实际的机能，可考虑由其他制度改善达成优先权目的，缩小或废止优先权制度，基于公益目的而活用特别法上的优先权有合理的根据。[②] 基于这一认识，各国立法在对法定担保的规范上呈现出日益谨慎的态度，对之多加调控，在某些法技术层面上达成了共识。正如上文各国担保法改革中法定担保类型发展变化所反映的，尽管从宏观层面上，大陆法系中法定担保可划分为两种截然不同的范式，但若从微观层面来看，两类模式中统一中有分化，分化中有统一，并非完全区隔。

一、基于公示规则完善的规范模式趋同

随着各国对不动产担保利用的重视，为保障交易安全并保持与第三

[①]　参见〔日〕我妻荣：《新订担保物权法》，申政武等译，中国法制出版社2008年版，第2页。

[②]　参见〔日〕川井健：《民法概论2（物权）》，有斐阁2005年版，第252—253页。

人利益的平衡，纷纷建立了公示制度。这些公示制度多集中于对抵押权或优先权的建立和对外效力上，从而使与不动产为标的的相关法定担保在规范模式上逐渐同一化。如法国自颁布《关于抵押权登录的法律》后，逐步建立了关于不动产公示的制度。立法在几乎所有包含不动产为标的的优先权内规定了需经登记方能使优先权效力及于该不动产，否则仅可保留抵押权；《日本民法典》在不动产上的优先权也采用登记制度进行限制；[1] 而德国法中基于对土地担保融资的需求，从最初的优先权效力优于作为消费金融媒介的抵押权，转变为无论约定或法定抵押权，为满足长期生产融资需要，任何抵押权与优先权均依登记先后决定权利顺位。[2]

除了建立相应的登记公示规则外，原先忽视优先权客体特定的国家，也逐步意识到其对交易安全和交易预期的作用，通过对相关一般优先权的限制和修正，减少其适用范围，以尽量平衡当事人之间的利益。[3] 此外，法国法还限定了不动产一般优先权所担保的债权种类、债权总额以及债权期限，并将之作为补充适用的类型。

二、基于特种债权直接保护方式的相互借鉴

从采取统一法定担保的立法模式的国家，近年来多在破产程序或强制执行程序中增强了对特种债权的直接保护，与非统一的立法模式逐渐趋

---

[1] 如《日本民法典》第 337 条和第 338 条规定了不动产保存和工程必须经登记方可取得优先权，采不动产优先权登记生效主义。参见《日本民法典》，王书江译，中国人民公安大学出版社 1999 年版，第 334—340 条。

[2] 参见许明月：《抵押权制度研究》，法律出版社 1998 年版，第 21 页。

[3] 如上文提及的法国立法上将司法费用及受雇人工资一般优先权，修正为不动产一般优先权，同时附加对不动产加以登记的生效条件，将标的特定化，与特定不动产优先权的效果几乎一致。

同。如日本法在认识到其民法中一般优先权实施效果不佳的情况下，在公司重组法等立法中扩大了在破产整理或清算时的一般优先权范围。又如，法国民法对民事责任的保险人赔偿请求权的优先权和家庭劳动者助手工程报酬优先权赋予直接诉权的做法。

三、基于国家金融干预的调控规则互通

从担保证券（金融）化来看。[①] 当国家对金融领域的干预越多，法定担保的体系就越庞大。这种趋势在最厌恶法定优先权的德国法中对法定建筑抵押权的立法肯认，以及法国通过特别法和判例法对优先权的扩张，均可见一斑。但是法定担保面临的现代担保法的矛盾，即其既需保护金融自由和安全，又要顾及弱势债权人利益，对各国未来相关立法必有所影响。可以说，法定担保需适应的这一转变，具有世界性，其相应调控措施也随之存在共通性。随着不动产金融的发展，不动产之上设立的担保可以证券化资产等形式存在，对该金融资产之上产生的法定担保，多数国家则采取了相同或类似的登记、记录等公示的规则。

《欧洲示范民法典草案》中建议在被控制的金融财产之上可设立具有优先效力的担保物权。德国在其不动产担保权所经历的"由保全抵押权到流通抵押权（投资抵押权）"转换过程中，将流通抵押权证券化，得以在市场上流通。该种抵押权具有登记公示性、不动产交换价值独立性，并遵

---

① 源自德国的抵押权的证券化或不动产证券化。即使得抵押权依有价证券规则而于市场上流通。抵押权既然为独立的价值权，则将其支配的交换价值作为交易的客体，也就并无不可。为了使抵押权作商品之一种而于金融市场上流通，最有效的办法莫过于使抵押权证券化。抵押权一旦被化体为证券，其媒介投资手段的功能，便可尽显无遗。参见陈华彬：《从保全抵押权到流通抵押权——基于对德国不动产担保权发展轨迹的研究》，《法治研究》2012 年第 9 期。

守客体特定规则和顺位固定规则。① 日本也于 1990 年左右，通过立法承认了以建筑物作为收益性财产的担保方法。并于 2003 年日本民法的修改中新增了对收益执行的方法。②

四、基于动产担保市场国际化的规范借鉴

从非典型动产担保发展来看。如上文所述，鉴于传统的动产质押无法适应目前融资市场的需求，而动产担保以其对中小企业发展的独特优势被各国司法和实务界所青睐。遂各国在舍弃动产质押后，让与担保、所有权保留等非典型动产担保在立法、司法等领域得以迅速发展，发挥了融通资金、拯救企业的重任。在动产担保市场的国际化趋势下，以上非典型担保在各国的规范模式必然互有借鉴。

五、基于民事留置权效力强化的规则整合

从商事交易发展来看，为满足商事交易的特殊要求，各国在其民法或商法中多规定了适应商事交易频繁性、主体特定性的商事留置权制

---

① 参见陈华彬：《从保全抵押权到流通抵押权——基于对德国不动产担保权发展轨迹的研究》，《法治研究》2012 年第 9 期。

② 这一趋势与美国不动产信用贷款由与"证券化"联动制度的租金让与向"收益担保"转化的宗旨一致。此种做法也代表了原来以交换价值为基本框架的日本担保理念的毁灭，取而代之的是通过物上代位形成的收益价值为担保的功能，同时也是拍卖权难以奏效引发的强制管理应用化的具体体现。收益价值担保制度发挥作用，还有赖于相关配套制度的完善，如对收益，通过现金流出量的评估机制以及收益价值市场的成立，完善可就收益进行交易的活跃的市场，也即不动产证券化的发展。参见 [日] 近江幸治：《担保法理念的变迁》，载渠涛主编：《中日民商法研究》（第三卷），法律出版社 2005 年版，第 69—70 页。

度。① 各国商事留置权虽被分别纳入民法或商法体系内，但具体规定差异不大。该留置权与一般民事留置权在成立要件、法律效果上存在差异。一般而言，商事留置权具有物权效力、商事主体，缓和的牵连关系等特征，② 在相应规则和具体规范模式上，各国商事留置权呈现逐渐合一的趋势。尤其是随着民事留置权效力被不断强化，其规则逐步向商事留置权靠近，个性被同化，共性被凸显。民事留置权与商事留置权间效力的趋同，无论采何种法律体系，二者存在被统一规范的可能趋势。

本章小结

从现代担保制度发展来看，为更好发挥担保的融通资金功能，无需将担保束缚于特定权利体系内。打破物权与债权严格区分的壁垒，形成开放的类型体系，可提供更多特种债权保护的空间；不动产金融发展，基于交易安全考虑现代担保制度公示规则的发展，使原有设定于不动产之上的法定担保类型（不动产优先权与法定抵押权）发生重大调整，或因特殊公示规则建立，使特殊债权获得超级优先次序，扩张了动产担保法定适用的空

---

① 如《德国商法典》在第 369 条至第 372 条对商事留置权作了一般性的规定，并分别规定了经纪人的法定质权、搬运工的法定质权、承运人的法定质权、仓储人的法定质权（分别为该法典中第 397 条、第 410 条、第 440 条和第 421 条）等补足民事留置权物权效力的内容；《日本商法典》于第 521 条规定了商人间留置的一般规定，其民事留置权也与相应的优先权效力接应；《瑞士民法典》在第 895 条至第 898 条将法定质权效力与留置权衔接，使留置权成为具有物权意义的权利，并将商事留置权与民事留置权规则整合一致；中国台湾地区民事法律也分别规定了民事留置权（第 928 条、第 930 条及第 931 条）和商人之间的留置（第 929 条）。

② 参见孙毅：《论商事留置权的特性与规则》，《苏州大学学报（哲学社会科学版）》2012 年第 5 期。

间。而各国对金融实践中涌现的各类所有权保留与让与担保等非典型担保是否纳入立法的态度区别，使非典型担保在各国发展情况差异极大。① 保理与融资租赁实践中存在的应收账款相关的权利冲突，也存在着是否采取法定担保方式解决的可能，各国的做法也并不一致；移转权利自身的担保构成，在现代社会中存在着与公示规则和客体特定的协调问题。法国法中无需遵守公示规则的非占有型法定担保类型（优先权）被限缩或被遵守公示规则的其他法定担保类型（如法定抵押权）所取代。移转占有型法定担保（留置权）规则被逐步完善，严格化，适用空间缩小，但适用客体扩张（权利）。

从立法理由角度来看，为解决立法适用困惑，法国法明确了担保设立主体和简化了担保成立条件，动产法定担保类型得以间接增加（动产优先权和特殊动产优先权）；为适用立法的变动和使立法规定合理化，日本法中公务员职务损害因立法修改由国家或公共团体赔偿，相应的公务员保证金优先权被取消，而信托优先权中担保范围则增加了费用补偿（保存、清算或分配费用等）；为债权人、债务人、第三人之间的利益平衡，各国立法出现了法定担保类型的增加,② 也存在法定担保类型被限定的情形;③ 基于政策考量，英国法在浮动抵押中为无担保债权人利益考虑，特别预留了

① 其中，通过司法承认方式的德国，非典型担保获得了迅速的发展，但对非典型担保与立法中相关制度和理论的协调问题，尚待解决；采取立法规范的法国，非典型担保被明确纳入民法典中，增加了新型的法定担保类型（留置所有权担保和担保名义的让与所有权）；非典型担保的学理认可仅具有指导性意义，能否被各国立法采纳仍是未知数；日本法的立法建议虽最终未被立法采纳，但"动产让与登记制度"的建议对公示的解决适应了实践需求，也使非典型担保获得了学理和判例认可。而英美法中的 PMSI 可解决非典型担保规则适用问题，从而被各国广泛认可。相关论述参见本章第一部分。

② 如法国法增加了租售合同不动产优先权；日本法将受雇人工资一般优先权改为雇佣关系优先权，增设"财产开示程序"，便利一般优先权人实现债权，建筑物区分所有中形成依善意取得成立的优先权；美国法增加享有优先受偿权的薪金和雇员利益请求权上限。相关论述参见本章第二部分。

③ 如法国法中不动产出租人担保范围限定，德国法中税收债权和雇员债权不再作为优先破产债权，日本法也缩小了租税优先权范围。相关论述参见本章第二部分。

一定利益作为担保，从而使无担保债权人在破产时可获得优先受偿；各国从特殊行业发展角度出发，分别在民法、商法、特别法增加了多种优先权类型，其中在破产程序中的优先权增加是一大趋势。

在经济发展与立法改革及理论革新的推动下，各国立法对法定担保的规范模式呈现出了明显的相互融合趋势。这些趋势背后的驱动因素包括：公示制度完善、特种债权的程序性保护、金融发展与国家干预、非典型动产担保发展以及民事留置权与商事留置权的效力趋同。

通过立法、司法与实务的多重作用与影响，近现代两大法系中法定担保形成了固定类型下的各种调整与整合，以及固定类型外的新发展。依法定担保客体类型及客体范围不同，以上变化对比详见表4。

表4　两大法系法定担保（特种债权）类型发展对比一览表 ①

	动产	不动产	一般财产
罗马时期	寺院、城市土地出租人、乡村土地出租人、受监护人、受遗赠或遗产信托受益人、房屋出租人等主体就其债权对相应动产形成法定特别质权担保。	修缮房屋贷款的出借人、贷款盖成的建筑物的贷款人等主体就其债权对相应不动产形成法定特别担保。	国家、妻子、受监护人、丧葬费用债权人、未适婚子女、寺院等就其债权对债务人一般财产形成的一般法定担保。
法国近代情况	民法：房屋与土地的租金、旅馆经营人服务、运输费用、第三人民事责任保险赔偿金、保存物件支出的费用、质权人就占有押物形成特别动产优先权等。 商法：因船舶拍卖和拍卖金分配而产生的司法费用的请求权、吨税、港口费、其他公共税金以及类似性质的费用的请求权引航费、船舶看管费及保护费的请求权、船长、船员及其他由雇佣契约而产生的赔偿请求权、援助和救助报酬的请求权、船舶共同海损分摊的请求权、因碰撞或其他航海事故造成的损失引起的请求权、因碰撞或其他航海事故造成港口、船坞和其他可航水道的设施损失引起的请求权、旅客和船员人身伤害索赔的请求权、货物或行李损害的请求权、船舶驶离所属国港口之后，因为保护船舶和续航的需要，船长在其授权范围内所签契约或所作出的行为而产生的请求权。	不动产特别优先权：不动产出卖人就价金债权、前类为受让人支付购买不动产价金提供资金的债权、共同继承人继承分割，补偿分配份额与差额、建筑师、承包人、瓦工及其他受雇施工的人等。 法定抵押权：夫妻一方对另一方财产的权利与债权；未成年人与受监护的成年人对监护人或法定管理人的财产的权利与债权；国家、省、市镇行政区、公共机构对税收人员与会计人员的财产的权利与债权；出租人的租金等。	民法：动产一般优先权：丧葬费用、最后一次生病的医疗费用、各种工资、报酬及补贴金、事故受害人的治疗费用以及向债务人及其家庭提供的货品等。 不动产一般优先权：以上动产一般优先权，除丧葬费用、最后一次生病的医疗费用外其他费用等（修正前）。 特别法：被保险人对于人寿保险公司的债权、家庭服务津贴、国库与税收(遗产税及有价证券税)、海关关务行政费用优先权。

---

① 囿于材料，本表的内容以本书中所提及的相关立法、司法和实务变化对比为主，并非完全归纳。其中以法国、日本、英美的立法变化为主要参照。

续表

	动产	不动产	一般财产
法国现代变化	租售合同受让人就相对方应返还其收取租金之外款项的债权优先权。（新增）留置所有权担保（新增）	共有物分割人补偿金（判例新增）留置所有权担保（新增）担保名义的让与所有权（新增）配偶的法定抵押权、未成年人和受监护成年人的法定抵押权、某些公共团体的抵押权、受遗赠人的法定抵押权、原不动产一般优先权中除司法费用及受雇人工资外其他债权（修正后）。	不动产一般优先权：司法费用及受雇人工资（修正后）破产法：税款债权与社会保险机关债权等。（新增）
日本近代情况	民法：不动产租赁、旅店宿泊、旅客或货物之运送存在于携带物上、公务人员职务上的过失、动产的保存、动产买卖、农工业的劳役等。	不动产之保存、不动产之工事以及不动产之买卖等不动产交易中相关债权。	民法：共益费用、受雇人的报酬、殡葬费用、日用品的供给、家庭抚养债务等。生命保险契约的缔约人和保险金请求权人债权、特殊公司、公团、公库、事业团等发行的债券债权。
日本现代变化	民法：公务人员职务上的过失（删除）建筑物区分所有人就建筑物安装的动产取得债权。（扩张）民法相关制度：林木地租债权、土地所有人的建筑物地租债权、罹灾建筑物的宅基地或其置换的土地所有人的地租债权、强制借地权转让时出让原借地权的对价债权、特定农业经营贷款。（新增）与民法、商法相关制度：储户存款债权、煤矿业受害人的损害赔偿请求权、委托证券交易所会员从事证券交易的委托人的债权、受益人对信托业者的债权等。由政府主导的健康保险、国民健康保险、劳动者灾害补偿保险、厚生年金保险、失业保险等社会保险的保险费、原子被害人损害赔偿请求权。（新增）商法：船舶债权人和海难救助人债权、商事留置权在留置物所有人破产程序中被视为"特别先取特权"等。（新增）	建筑物区分所有人就共用部分或建筑物的基地上取得债权。（扩张）	特别法：租税债权。（范围缩小）针对"自家保障人"的损害赔偿请求权，在"自家保障人"的总财产上具有优先权、国税、地方税等税金。（新增）商法：职工雇佣债权。（范围扩大）

	动产	不动产	一般财产
意大利	与法国相同	不动产特别优先权：国家特定债权。 法定抵押权：因履行转让行为产生的债务、被转让的不动产上的出让人，共同继承人、合伙人和为支付指定给共同分割人的不动产进行现金结算的共同分割人，以及按照《刑事法典》和《刑事诉讼法典》规定，国家作为被起诉者和民事责任人的物的法定抵押权人。	动产一般优先权为主，不动产一般优先权例外成立。
德国	民法：土地出租人法定质权、耕作地用益物出租人法定质权、承揽人法定质权、店主法定质权、承运人的法定质权、仓储人的法定质权等。 商法：船长及其他船员工资债权、船舶航行费用和港口费用请求权、船舶引起的人身伤亡及货物损坏或灭失引起的赔偿请求权、救助报酬请求权、共同海损分摊的请求权、运费、清除沉船或杂物费的请求权、社会保险人向船东提起的请求权、因放射性元素或毒品、易燃品及其他危险品所致的损害赔偿请求权等。	法定抵押权：建筑工程或建筑工程一部分的承揽人，因合同所产生的债权。	在破产法中列入，与法国法一般优先权范围基本相同的特种债权。特别的是：税收债权、雇员债权（已废止）。
瑞士	妻之携入财产返还优先权，被监护人对监护人或监护主管官厅官员的财产享有损害赔偿请求优先权。	法定抵押权：土地上的建筑或其他工程提供材料及劳务或单纯提供劳务的职工或单纯提供劳务的职工或承包人债权；出卖人对于出卖的土地债权；共同继承人及其他共同权利人因分割而对原属于共同所有的土地的债权等（还包括公法债权）。	—
中国台湾地区	(1) 民法：不动产出租人的法定留置权、运送人法定抵押权、店铺主人法定留置权等。 (2) 特别法：海商法：船长、海员及其他在船上服务之人员，因为雇佣契约所生的债权、因船舶操作直接所致人身伤亡，对船舶所有人之赔偿请求、救助的报酬、清除沉船的费用及船舶共同海损分摊额的赔偿请求、因船舶操作直接所致陆上或水上物物毁损灭失，对船舶所有人基于侵权行为的赔偿请求、港埠费、运河费、其他水道费及引水费。矿产法：矿工工资债权。 (3) 其他：民事诉讼法：法定质权；住宅条例：住宅法定抵押权；劳务契约法：劳动报酬债权。	法定抵押权：承揽关系所生之债权。	与德国法类同

	动产	不动产	一般财产
英美现代变化	动产担保的可能法定扩张适用：买卖价金担保（PMSI）（包括其他依 UCC 中登记在后规则产生的其他各类动产担保优先受偿顺位）。1993 年《综合预算协调法》国民存款人优先条款。	技工留置权的扩大适用。	破产法中工资优先权；企业法中浮动抵押的保留份。

第四章 法定担保类型配置之标准选取：
外在标准与内在标准

前文依从古代至现代的时间轴就法定担保制度的类型、模式进行了纵向剖析。法定担保以罗马法中"pignus obligatum"和"exceptioduli"为样本演化至今，形成了包含优先权、法定质权、法定抵押权、留置权在内的繁杂类型和两种不同的规范模式。不同模式内法定担保的性质、类型、内容等范畴存在极大的差异。在现代社会中，这种差异选择存在一定程度的淡化，但尚未消失。法定担保类型在历经萌芽、形成与调整的动态发展过程后，仍呈现出形态各异的状态。立法对各类法定担保的认可和保护，也即法定担保类型的配置问题，是一个涉及复杂法律规制体系和多重利益衡量的问题。可以说，立法对法定担保类型配置仅是法律工具性的一种表现，除去这层实证性表现外，法律中配置结构背后所蕴含的标准选取，是更深层次的影响配置的因素。本章即将从选取法定担保类型配置的外在标准和内在标准两个角度加以分析。

下文论述将以本书第二章与第三章所列举的法定担保相关的类型演变、发展过程为范本（参见前述章节内表1—4）进行探讨。

第一节 法定担保类型配置之外在标准

法定担保配置的外在标准是关于各类法定担保如何被区隔的理论依

据，以及法定担保类型体系定位（即法定担保是否被分为物权或债权体系）和模式选择（即法定担保是否需与其他程序制度并存的模式）的理论铺垫。

一、类型划分标准的选择：担保的法律构成与特种债权的保护

（一）法定担保类型划分的复杂性

各国法定担保表现为不同的类型，但各类法定担保并非完全可以被区隔，而是存在交叉和融合之处。如某些国家将特殊留置权以优先权的模式加以规定，使优先权也以占有为要件，如不动产租赁、旅客宿泊、旅客或货物运送等优先权，从而使优先权丧失了追及力。如"动产给付的债权和动产保存与改进费用的债权对该动产享有优先权，但是以这些动产尚由进行给付或者支付费用的人占有为限"①。这些并非为特殊留置权的优先权，也以债权人占有标的物为要件。以占有为成立要件的优先权，使之与同样以动产为标的的移转占有性法定担保，如留置权或法定质权的区分变得困难。此外，日本的留置权客体还包括不动产，存在所谓不动产留置权，基于不动产移转占有缺乏外观判断，使之与不动产优先权和法定抵押权难以区分。而德国法中的法定质权，又与法国、日本民法中规定的相关不动产出租人优先权、旅店主优先权以及特定动产的优先权十分相似。即便是一国之内的法定担保也存在这些夹缠不清的状况，典型的如法国法中的不动产一般优先权、不动产特别优先权与法定抵押权。造成以上混乱局面的因素是多方面的，其中最为难以捉摸的是各国不同的立法政策考量。因此，若想寻找到区分不同法定担保类型的标准并非易事，甚至是不可能的任务。下文将从不同角度提出两个可能的区分依据，但并非完全列举。

---

① 《意大利民法典》，费安玲等译，中国政法大学出版社 2004 年版，第 733 页，第 2756 条第 1 项规定。

（二）标准之一：担保的法律构成

大陆法系各国在继受罗马法的非占有型质权时，基于不同的性质归属形成了各类功能相似、宗旨雷同的法定担保类型。一类严守物权债权二分体系，形成了具备物权属性的法定质权、法定抵押权；另一类并不遵循该体系，或遵循并不彻底，产生了不明确区分性质的各类优先权。尽管表现为法定担保性质归属的不同，但隐藏其中的是决定各种性质归属的分类标准选择。具体表现为：依权利限制型担保或非移转占有型担保的不同划分。

从继受来源的特质和继受轨迹的变化来看，法定担保类型异化归属的理论支撑一直相伴着。罗马法上并无物权与债权的区分，作为保障债权清偿的担保被依法律构成的不同分为权利移转型担保和权利限制型担保。所谓权利移转型担保是将担保物的所有权移转给债权人，由债权人取得担保物的所有权；而权利限制型担保则是对他人所有的物上设立有限制的担保。后者即为法定担保在罗马法中的上位概念。但在罗马法上用来描述权利限制型担保的词汇"pignus"和"hypotheca"易造成混淆。这种混淆影响深远，不仅在罗马法文本的使用上可寻找到类似的依据，① 而且在后世的立法例和学界研究中，质权和抵押权是因标的物和是否移转标的物作为区分的不同担保方式成为通识，也与之不无关系。实际上，"hypotheca"是继"pignus"之后，从萨维尼时代起才开

---

① 　如乌尔比安在《论萨宾》第 28 卷中以是否移转担保物的占有为标准来区分二者："我们确实将物之占有移转于债权人的称为'质押'（pignus），而将物之占有不移转于债权人的称为'抵押'（hypotheca）"。盖尤斯在《论十二表法》第 6 卷中分析 pignus 即为动产担保物权："'质押'（pignus）一词源于'拳头'（pignus）。因为用于质押之物要被亲手交付，所以一些人认为质权（pignus）本身被设定于动产之上。可以认为此观点是正确的。"引自 [意] 桑德罗·斯奇巴尼选编：《物与物权》，范怀俊、费安玲译，中国政法大学出版社 2009 年版，第 335 页。再如优士丁尼的论述载："朕严格地说，'质押'的名称，只包括同时也交付物于债权人的情况，尤其在物为动产的情况下；而未经交付、根据裸体协议持有的物，朕严格地说它包括在抵押的名称之内。"引自 [古罗马] 优士丁尼：《法学阶梯》，徐国栋译，中国政法大学出版社 2005 年版，第 461 页。

始用于描述不移转物占有的质，在这一希腊词源用语被使用前，"pignus"则一直是描述质权的唯一词汇。①

后世立法中一类依罗马法中对担保区分的实质来塑造法定担保，即将法定担保定位为权利限制型担保物权，包括质权、抵押权在内，而另一类则依罗马法中文本词汇区分的表征来仿造法定担保，将法定担保定位为依非移转占有型担保，即抵押权（优先权）。前类划分依据中，存在着担保的法律构成从权利移转型担保向权利限制型担保演化，以及重新向权利移转型担保复归的近现代担保法发展轨迹。最初的权利移转型担保，如买卖式担保（sicherungskauf）、让与担保（sicherungubereigung）和所有权保留（Eigentumsvorbehalt），普遍存在于前近代法中。而在近现代法中，存在着对以上担保的认可与否的争议，尤其是让与担保。从让与担保在担保法体系内存在的合理性论证来看，其理论聚焦于非移转占有型担保存在形式选择、所有权观念的依存两个重要方面。随着经济发展对担保物价值的利用需求增强，移转占有型动产质押因其造成了资源的浪费，又无法通过占有改定予以公示而逐渐被舍弃。为应对这种需求，法律分别选择了在权利限制型担保物权内承认动产抵押、非占有质权或在权利限制型担保物权外承认让与担保两种方式。

第一种方式的选择成为各国设定非移转占有型担保的理论依托，而具有保障特种债权实现功能的法定非移转占有型担保即可依此分为法定质权和法定抵押权两种类型。两种类型的区分，并不在于标的物是否移转占有，而在于标的物是动产抑或不动产。同时，鉴于与权利移转型担保的法律构成区分，这种类型也严格遵守物权客体特定和公示规则。

第二种方式的选择带来了非移转占有型担保之间的规制制约与协调问题。即让与担保与其他权利限制型非占有动产担保物权间功能的替代问

---

① 参见徐同远：《担保物权论：体系构成与范畴变迁》，中国法制出版社 2012 年版，第 30 页。

题。让与担保可通过占有改定使债权人获得担保物所有权，又可通过占有改定使债权人获得间接占有，完成拟制的物的交付。其功能与其他非移转占有动产担保物权重合，存在功能替代的可能。如此，若某种非移转占有型担保被立法所禁止，则不能对让与担保进行功能代替，从而可使让与担保获得生存空间。这一点可从德国法对让与担保的承认中予以推导。德国法中的让与担保基本适用于动产，与其立法对非移转占有型动产担保的否定存在直接联系。此外，这种选择也关涉所有权观念的依存问题，即让与担保中概念性的所有权观念能否被认可的问题。这种暂时性的所有权转让与买卖合同中以最终所有权转让为目的，明显存在区分，是一种以移转"所有权"为手段担保债权实现的方式。显然这与所有权的统一性、以他物权实现对他人所有权的参与的民法基本法律技术是格格不入的。① 所有权和他物权的区分还存在着与物权法定主义之间的联系，所有权需借助于物权法定主义完成对其依照法律的终结性分割，从而形成封闭性的物权体系。所以让与担保是否为物权，成为其是否违反物权法定主义的关键。从所有权统一性构造来看，依照这一规则设定的非移转占有型担保，当然应当符合物权的属性，并需遵守物权的相关规则。基于同样的原因，尽管存在替代让与担保的非移转占有型担保，但随着法国法在 2009 年修改后将信托纳入民法典，对所有权统一观念的松动使让与担保被当然承认。

在后一类划分依据中，一开始遵循的并非是担保的法律构成要素，而仅从是否移转占有标的物来区分不同的担保类型。依此建立的担保体系并未从实质上区分质权与抵押权，从而在后世的继受中依然保持着可统一担保于一体的模式。法国法上使用了"优先权"这一名称来描述几乎所有的法定非移转占有型担保，甚至其他移转占有型担保（质权），构建了一个

---

① 参见徐同远：《担保物权论：体系构成与范畴变迁》，中国法制出版社 2012 年版，第 195 页。

以"优先权"为统领的担保物权体系。由此，法定非移转占有型担保（具体的优先权）、法定移转占有型担保（留置权）、意定非移转占有型担保（抵押权）、意定移转占有型担保（质权）构成了其担保体系。这种一体化的构造，也使其中基于不同客体范畴（类型）设立的混杂优先权难以归纳出统一的性质。物权与债权区分的规则无法被加以严格的运用。但随着经济发展和社会变迁，仅依是否移转占有作为区分担保的标准被日益诟病，从而出现了遵循客体特定和公示规则的一元模式的修正。如对不动产一般优先权的限缩、法定抵押权的修改和补充等。

（三）标准之二：特种债权的保护

1. 优先权与开放式的特种债权保护

人们利用优先权方式对特种债权加以保护是否得宜，以及这种保护方式对特种债权选择的要求如何，均需从优先权本身的特质来加以分析。从法国法模式中对优先权的规定来看，优先权具有法定性、优先受偿性、追及力、从属性等特征，被定位为独立于特种债权的担保物权。其中法定性要求优先权的内容、种类以及实现顺序均需法定。这就决定了能作为优先权保护的特种债权必须符合严格的法定性，不得自由创设；而优先受偿性决定了优先权的价值权性，这使特种债权可获得更实际的保护，即便担保标的物被毁损或灭失，都可就其替代物或价金受偿。追及力表明优先权具有某些物权的属性。但在日本法上，动产之上的优先权没有追及力。而在不动产上存在的优先权，可以追及至没有登记的第三人，不动产特别优先权人按照法律规定的期间和方法进行登记后，具有很强的追及性，甚至可以对抗抵押权人，[①] 这使特种债权可获得更强的优先效力。从属性是指优先权是其所依附的特种债权的从权利，因其设立而设立、因其灭失而灭

---

① 参见《日本民法典》，陈国柱译，吉林大学出版社 1993 年版，第 336—340 页。

失。这表明了二者之间的主从关系，也即选择某种特种债权，即相应地产生某种优先权。同时也说明特种债权本身并无优先效力，需借助优先权完成这一效力升级程序。优先权不遵循客体特定，可在债务人一般财产上设立，从而可容纳在不同客体范围上形成的特种债权。由于优先权模式具有体系开放性、对特种债权选择的标准宽泛，容易造成大量特种债权涌入，而其中一般优先权不具备公示性，对交易安全造成了极大的威胁。为此，在选择特种债权时，该模式多在种类、期限和顺位上加以限制。

2. 法定抵押权、法定质权和留置权与封闭式特种债权保护

优先权外其他法定担保方式对特种债权的保护表现为依标的物客体不同的封闭式保护。如德国、瑞士、韩国等国家的法定抵押权一般对应不动产之上设立的特种债权保护；法定质权和留置权一般对应动产之上设立的特种债权保护。

(1) 法定抵押权为担保物权，具有法定性，不经登记即生效力

但多数国家规定了法定抵押权未经登记，不得对抗第三人。在法定抵押权中的特种债权限定于不动产标的之上产生。且需依法定抵押权成立时间先后决定与一般抵押权的受偿次序，并不能使特种债权获得如优先权一样的直接优先受偿顺位。法定抵押权为担保物权，需遵循物权客体特定原则，通常不能在债务人一般财产中的动产上设立。因此，那些体现社会公共利益、维护公平正义的特种债权，通常需在债务人一般财产上设立的特种债权不适宜选择此种方式加以保护。

(2) 法定质权源于德国民法的规定

依德国物权法规定，质权按照成立方式分为约定质权、法定质权和扣押质权三种。[①] 法定质权与意定质权不同，是不以移转质物的占有设定于

---

① 参见 [德] 鲍尔·施蒂尔纳：《德国物权法（下册）》，申卫星、王洪亮译，法律出版社2006年版，第540页。

动产之上的担保物权。此外，法定质权通常以债务人提供一定给付义务为前提，且与法定抵押权一样属于担保物权，标的物只能是特定动产。因此，需设立于债务人一般财产上的特种债权也不能采取此种法定担保方式保护。

(3) 法国法上的特别优先权与留置权内容相似

与优先权不同的是，留置权标的物一般只能是动产，且为移转占有型法定担保；留置权的产生需债权发生或标的物之间存在牵连关系；留置权无追及力，一旦丧失对留置物的占有，留置权即消灭；留置权依法发生，但也可依约定排除。由此，那些非在动产之上产生的，债权发生与标的物占有不具有牵连性的特种债权不能采取留置权方式担保。

在采取某种法定担保方式对特种债权加以保护时，若仅因某种法定担保违背了立法所依赖的理论基石而予以排斥的话，将可能出现应该得到优先清偿的特殊债权人因为法律取消了这一制度，其债权可能完全得不到清偿而陷入生活困境，法律也因此缺少实质的公平和正义。因此，各国立法在社会利益博弈的平衡中，会选择既能满足需保护的重要利益实现，又尽可能少对现有制度体系造成破坏的方案。如，由于对优先权的性质定位不一，各国对该权利采取了不同的立法技术：对在特定财产上设定的优先权，不违背担保财产特定的原则，一些国家法律中将之以法定质权、法定抵押权予以规定，这些制度名称虽与优先权立法例不同，但从实质来看，差别不大；因此，在已有法定抵押权、法定质权和留置权等法定担保类型的国家，这些权利对特种债权的保护几乎能够替代特别优先权，相应地优先权的立法空间就变得极为狭小。不同于优先权立法例的立法理念，对在一般财产上设定的一般法定担保，在严格遵守担保财产特定的国家，无法将之纳入属于物的担保体系。因此，无法由其他替代的法定担保制度规范的特种债权保护，则考虑用程序制度或社会保障制度等代替。

二、类型体系定位的依据：发挥功能的媒介选择与权利体系的和谐要求

（一）依据之一：法定担保的功能媒介

法定担保最主要的功能在于保障特种债权。为实现这一功能，可通过不同的媒介实现。通过设定担保，可分别依担保标的物或其交换价值获得优先受偿。[①] 以债务人一定标的物为媒介设定的法定担保，属于物的担保。德国法依此定位法定担保，因此不符合物权客体特定的权利难以纳入其中。而以债务人担保标的物交换价值为媒介设定的法定担保，基于交换价值并无特定与否的区分，无论物权或债权，均可属于担保权利。法国法依此定位法定担保，故可在债务人一般财产上设定，并无遵循物权客体特定的约束。同时，其他基于物权客体特定要求所产生的物权规则，也无须强加适用。由此，法国法中庞大的优先权体系可容纳各类一般客体或特别客体的法定担保，而无体系违和之感。

同样，在并无物权与债权之分的英美法系中存在着对"担保利益"功能性媒介的认定。任何能通过标的物交换价值发挥担保债权功能的制度均可划入担保权之列。如美国《统一商法典》中对"担保权益"和"担保约定"的设计，挣脱了传统法律概念的束缚，"不管当事人将自己的交易贴上何种标签，也不管交易采用何种表现形式，如果根据案情本身判断，该笔交易实际上具有担保的效果，那么此笔交易将被定性为担保交易，如果当事人不依法进行登记，则将失去担保优先权"[②]。这样，通过程序性规定将各类意欲设定担保权益的行为的个性弱化，统一于担保交易体系内。在对能发挥担保功能的媒介的选择上，选择所谓的交换价值或"担保利益（权益）"，将弱化

---

① 此外，还包括标的物收益价值为媒介，将在下文予以介绍。此处所涉及的两类媒介，是法定担保类型体系最初定位的选择。

② 徐洁：《简评美国〈统一商法典〉第九篇担保制度》，《当代法学》2007 年第 7 期。

或消除这种担保类型在法律上的区别，建立一个开放的可容纳不同类型的担保。美国《统一商法典》中对担保统一的模式较法国法为先进的是其对程序法定和客体特定的要求。通过统一程序及其效力的赋予，担保优先性的获取克服了私人自治的任意性，从而达到了与大陆法中物权法定同样的效果。基于对担保客体特定的要求，使在债务人概括财产上的担保无法获得完全的优先性，需考虑到雇员优先权和无担保债权人的保留份等情况。并且由破产法规定代替在非特定财产上担保特种债权人利益的破产债权优先顺位制度成为当然之选。同时，需注意"担保权益"属于一个不确定概念，可以被约定，也可以依法创设，甚至被撤销或解除。如卖方可以留置卖出的财产以确保买方按买价支付价款，[①] 即所有权保留的创设。同时，担保权益与其担保的债务之间存在密不可分的关系，[②] 也即担保权具有牵连性。

从"担保利益"的不确定性和复杂性来看，英美法系中法定担保难以用类型化思维来进行归类。鉴于其无体系化的特征，将之与大陆法系同类法定担保进行类比时，相似处较少，而差异颇大。可以说，从大陆法系法典化的立法传统和物债二分等法学理论观点来看，由于英美法系传统上不采用法典形式，其法律渊源以司法判例为主，英美法系中的法定担保难以找到统一的体系。但从功能主义的视角来看，这种不区分权利类型，不设定权利性质的做法，保持了体系的开放性，也充分发挥了制度的功能优势。

（二）依据之二：权利体系的和谐要求

1.物权债权区分与法定担保体系的关联性

各国对组成其私法体系的民事权利，都强调内在的逻辑性和统一性。

---

① See S. Worthington, *Proprietary Interests in Commercial Transactions,* Clarendon Press, 1996, Pt Ⅱ.

② 参见［英］艾利斯·费伦：《担保债权的经济优势及担保利益之确定——以英国普通法为视角》，罗培新译，《江淮论坛》2012 年第 2 期。

各种民事权利依一定的规则组成"权利束"，彼此协调发挥实现利益以及利益平衡的作用。法定担保属于民事权利中财产权的基本构成部分，其存在理由、效力、体系构成方面具有不同于其他财产权的方面，是民事权利体系的特殊安排。为此，在相应财产权体系内的相容性检测，是对法定担保进行选择时需考量的重要因素。

财产权是通过对有体物和权利的直接支配，或者通过对他人的请求为一定行为而享受生活中利益的权利。① 这是按照权利内容，即权利所保护的利益为标准对民事权利进行的分类。通常财产权中仅包括债权与物权，并被作为当然的两造区分。但最初在罗马法并无对物权与债权的明显区分，而是在后世发展中逐渐系统化和逻辑化的。时至今日，在大陆法系形成了物权法与债权法的抽象法律制度。即"以所有权为中心，加上用益物权、担保物权和作为事实状态的占有所组成的抽象的物权体系；而契约作为债权债务发生的主要原因，与不当得利、无因管理和侵权行为等产生的债权债务关系一并构成更为抽象的债权体系"②。即便在并无物债概念区分的英美法系，也存在与之类似的制度，如所有权制度和契约制度。物权与债权被从性质、客体、效力、设定和期限方面加以区分，并因此产生了不同的规则。如物权强调物权法定，在种类、内容、效力等方面需符合立法规定，此外物权公示公信规则、物权客体特定规则等均为物权所需遵守。而债权仅强调意思自治，更注重当事人的自由。但随着民法从近代到现代的发展演变，尽管二者的区分已成定制，但在某些特定的情况下，债权物权化或物权债权化的趋向，也并不少见。③ 二者趋同的现象如："买卖不破租赁""第三人侵害债权""有价证券物权化""双重所有权（信托所有权、

---

① 参见谢怀栻：《论民事权利体系》，《法学研究》1996 年第 2 期。

② 刘保玉、秦伟：《物权与债权的区分及其相对性问题论纲》，《法学论坛》2002 年第 5 期。

③ 参见刘保玉、秦伟：《物权与债权的区分及其相对性问题论纲》，《法学论坛》2002 年第 5 期。

所有权保留）"等。这对表现为严格的"物权—债权"区分理论形成了挑战。

特种债权的出现，因其具有不同于普通债权的特殊存在理由和立法目的，而被予以特别保护，其结果是使之最终通过各种制度性安排获得了优先受偿的效力。这与传统债权平等、债权效力弱于物权，以及债权设定的意思自治形成了鲜明的对比。因此，特种债权对依物债二分为基准的民事权利体系也带来了冲击。为了将这种影响降到最低，在进行具体权利配置时，必须考虑到相应的体系调和需要。尤其是将对特种债权保护纳入物权法体系进行规范时的体系相容性检测。

2. 物权债权区分与法定担保体系定位

德国民法体系最主要的特征之一，即将物权与债权的区分作为权利体系构建的基础。德国学者的学说对这一抽象理论体系的形成影响重大。如康德主要从绝对权与相对权角度区分物权与债权的要素。其认为物权人与其他人处于一种集体意志之中，"处于由此种集体意志而形成的'共同占有状态'之中"①，正是在此种集体意志或共同占有状态之中，物权人才得以对物进行排他使用，具有对抗一切他人的权利。② 而对人权则是"'对他人自由意志的占有'，是针对'他人行为'、'要求他人履行的权利'，并且只能要求'特定人履行'，'而不能像对物权人那样对抗物的一切占有人'"③。通过这些区分，对物权与对人权由三种因素构成：即绝对权与相对权的区分；支配权与请求权的区分；物权变动建立于交付合同之上。④

萨维尼则从客体的区别上区分物权与债权，以支配权与请求权为构成因素。物权是"以占有或者对物的事实支配（faktische Herrschaft）为其

① 金可可：《债权物权区分说的构成要素》，《法学研究》2005 年第 1 期。
② 参见金可可：《债权物权区分说的构成要素》，《法学研究》2005 年第 1 期。
③ 金可可：《债权物权区分说的构成要素》，《法学研究》2005 年第 1 期。
④ 参见金可可：《债权物权区分说的构成要素》，《法学研究》2005 年第 1 期。

材料"①，而债权则"以对他人行为的部分支配为其材料"②。此外，萨维尼还将物权行为理论作为彻底分离债法与物法、债权与物权的工具，③从而建构了完整的现代债权物权区分说。

由以上两位学者的观点，以及后继邓恩伯格、贝克尔、温德夏特和鲁道夫·索姆等学者的演进，德国民法典最终依物债二分的理论，将债法与物权法分别进行规定。在依此学说构建起来的严格财产权体系，一切财产权均被纳入，要么归入物权，要么纳入债权，别无他选。但债权物权区分说表现为两类构成要素，其侧重点并不相同。绝对权与相对权的区分，强调的是二者的效力差别。支配权与请求权的区分，强调的是债权与物权的客体区分以及物权行为的独立性。因此，物权与债权可做出四种不同的排列组合：即绝对的支配权（有体物上的物权）、相对的请求权（债权）、绝对的请求权（预告登记）、相对的支配权（对行为的债权）。④

依此推定，特种债权首先应为对债务人请求给付的请求权，即债权。但特种债权本身又被法律赋予优先保护，即优于其他债权人，甚至担保物权人获得优先受偿效力，具有了绝对权的特征。但在德国法严格的物债二分体系中，这种效力的强化也只能使特种债权突破绝对权这第一层防线，当遇到请求权这面"南墙"时，最终只能被作为"债权优先权"由商法、特别法加以规范。因此，德国法上的法定担保，如法定质权、法定抵押权、留置权，只有极少数规定在其民法典中，多数被纳入德国商法、特别法中。而对那些需建立在不特定客体之上的特种债权，既需被优先保护，

---

① Friedrich Carl von Savigny, *System des heutigen römischen Rechts*, Erster Band, Berlin 1840, S.367.

② Friedrich Carl von Savigny, *System des heutigen römischen Rechts*, Erster Band, Berlin 1840, S.369.

③ Friedrich Carl von Savigny, *System des heutigen römischen Rechts*, Erster Band, Berlin 1840, S.312.

④ 参见金可可：《债权物权区分说的构成要素》，《法学研究》2005 年第 1 期。

又无法符合支配权与请求权划分的基本构成要素，只能被剔除出民事权利体系规范，由程序法加以调整。

与德国民法体系的严格物债二分不同，《法国民法典》在体例上采用了罗马法上不区分物权与债权做法，以《法学阶梯》为范本，分编为人法、物法和诉讼法。因此，虽然《法国民法典》中已存在"债"的概念，但债权未独立成编，其物权与债权的区分并不明显。在法国法上，特种债权本身并不被认为具有优先效力，而要使其获得优先保护，则需加以外援。由此，作为特种债权优先效力"外衣"的优先权被抽象出来，作为担保物权存在于其物权法体系中。同时，由于并不遵循支配权与请求权区分及其物权客体特定原则，在债务人一般财产上设立的优先权也并不违背物权的基本属性。最终优先权得以一统所有对特种债权保护的制度，形成一元的法定担保物权制度。

3. 物权债权区分的相对性论争与法定担保类型体系定位

随着现代社会发展，财产权利关系日益复杂，大量新型的权利出现，带来了权利之间相互渗透和融合的现象，使德国法上财产权二分体系面临着被解构的威胁。[1]

为此，学者从多个角度提出了物权债权区分的缓和或相对性理论，试图论证对这一权利分类体系进行的修正，甚至解构的可能方案的合理性。

学者认为，民法权利的既定类型体系具有相对封闭性，勉强纳入复杂社会生活中类此似彼的权利，自然会造成权利的交错和融合。[2] 这种权利界限模糊的根本原因不在于被严格划分，而是传统的、封闭的大陆法系的

---

[1] 相关论述参见余能斌、王申义：《论物权法的现代化发展趋势》，《中国法学》1998 年第 1 期；马俊驹、曹治国：《守成与创新——对制定我国民法典的几点看法》，《法律科学》2003 年第 5 期；冉昊：《论"中间型权利"与财产法二元架构——兼论分类的方法论意义》，《中国法学》2005 年第 6 期；刘德良、许中缘：《物权债权区分理论的质疑》，《河北法学》2007 年第 1 期。

[2] 参见李开国：《物权与债权的比较研究》，《甘肃社会科学》2005 年第 2 期。

物权理论导致的后果。① 一方面，物权是对特定物直接支配的财产权，但涉他性效力（包括对世性、排他性、优先性效力）并不是物权固有的效力，随着公示技术发展，债权在很多情况下也具备涉他性效力。物权并不当然优先于债权，应依公示与否、公示先后来判断权利效力先后。另一方面，物权与债权在本质上都是支配权，其区别仅仅在于支配的客体不同而已。因此，物权与债权区分的两个依据均不充分。② 此外，债权具有不可侵性也难以解释为相对权的债的概念。③ 因此，随着中间型权利对财产法二元架构的冲击，须从实证意义上弱化这一区分，反向认定权利。④ 甚至有人认为，物权是由债权转换而来的实质债权，二者具有互换性，物权法定是将债权转化为物权的技术手段。因此，二者的区分仅具形式意义，并无实质差别。⑤ 对于这种形式主义法学方法，虽可依公示形式来判断权利的性质，但无视权利实质内容，通过物权变动三阶段理论可解决这种物债二分理论论证方法的缺陷。⑥

面对众多质疑之声，多数学者仍认为应坚持物权与债权区分的理论，同时正视财产权利体系的新发展。在物权与债权的区分中，真正的基础应为支配权与请求权的划分。物权与债权仍为彼此独立、界限分明的两种权利。应理清分析的方法逻辑，而非采弱化区分理论的权宜之计，或彻底否认之。物债区分是财产权的基本而非周延性分类，因此，所谓的二者趋同

---

① 参见张锡鹏、刘丽敏：《传统物权、债权二分法理论面临的挑战——兼论重构开放的物权、债权概念》，《河北法学》2005 年第 2 期。

② 参见刘德良、许中缘：《物权债权区分理论的质疑》，《河北法学》2007 年第 1 期。

③ 参见李锡鹤：《对债权不可侵性和债权物权化的思考——兼论物权与债权之区别》，《华东政法学院学报》2003 年第 5 期。

④ 参见冉昊：《论"中间型权利"与财产法二元架构——兼论分类的方法论意义》，《中国法学》2005 年第 6 期。

⑤ 参见申政武：《物权的本质论与物权法定原则——近代日本法与现代中国法的双重视点》，载渠涛：《中日民商法研究（第六卷）》，北京大学出版社 2007 年版，第 88—90 页。

⑥ 参见陈永强：《物权变动三阶段论》，《法商研究》2013 年第 4 期。

权利现象均可在体系内找到相应的定位。①

从中国民法体系的学理和立法渊源来看，一直仿照德国法的五编制，也认可了物权与债权的划分。在财产权的外在逻辑体系上，物权与债权的区分已经根深蒂固，表现在各个方面。未来中国民法典物权制定中必然要遵循这一划分，与此相关的原则，也不能随意破除。但从该体系的内在逻辑角度看，中国现有规定与德国法的差别明显。德国法中的物债二分，与其债权行为与物权行为的划分及物权行为的无因性紧密相连。若无这些因素的支持，这种权利划分体系难以充分地体现出来。② 目前中国立法中显然并未完全接受这些因素，尤其是物权行为的无因性，因此，对相应的物权公示公信原则贯彻并不彻底。立法中许多物权仅具有公示对抗效力，使得此类物权并不具有物权的绝对效力，而被质疑其物权属性。

从法定担保角度来看，各国对其公示性构建非常重视。如德国民法典因优先权缺乏公示性并没有单独对此规定，仅在民法典中规定了相当于动产特别优先权的法定质权；法国民法针对优先权制度缺乏公示的缺陷，对优先权的行使加以限制，规定一般优先权应先就债务人的动产受偿，不足部分才能就债务人的不动产受偿；法国、日本对于不动产优先权要求需在一定期限内进行优先权登记予以保存。③

在这样的背景下探讨法定担保的体系定位，需注意若能通过其他方式达到保护特种债权目的，又无须与现有理论冲突，应为更为适宜的选择。那种违背基本物权法理，将所有法定担保类型（主要是指一般优先权）一概强塞入物权法进行规范的做法，危害极大。为此，在对法定担保类型体

---

① 参见温世扬、武亦文：《物权债权区分理论的再证成》，《法学家》2010 年第 6 期。

② 参见李永军：《物权与债权的二元划分对民法内在与外在体系的影响》，《法学研究》2008 年第 5 期。

③ 参见李建军：《优先权制度研究——兼论我国优先权制度的民法构建》，博士学位论文，复旦大学，2004 年，第 13 页。

系定位上，可从如下几个角度加以协调：

第一，应坚持中国一直以来的物债二分权利体系划分，不应随意将具有优先效力的特种债权一概划归物权，而应依照其是否具有请求权的本质来抉择。

第二，应注重体系内的协调，即物债二分理论下的物权公示公信要求以及物权客体特定原则。可通过公示手段、符合客体特定要求的法定担保当可归入物权体系，但对无法作此处理的法定物权，需谨慎纳入。那种认为依法律直接规定的一般优先权，法律规定本身比登记、占有具有更强烈的公示效力，所以并不与物权公示原则相违背的说法，未免有牵强之嫌。依此推论，约定的担保物权也需遵循物权法定原则，其设立和变动等都需遵循法定要求，是否也可认为法律规定也是其公示方法？在一贯采取物权变动公示原则的物权法领域，若出现如此多的例外规定，有将该原则束之高阁之忧，违背基本物权法理，破坏整体物权体系的和谐性。

第三，对可归入物权体系的法定担保，若已在特别法中予以规制，可遵守原有立法规定，无须另行纳入物权法中，以避免物权体系过于庞杂。在特别法中进行规制的法定担保，具有一定的灵活性，可作为对无法完全被物权法所接纳的法定担保类型的立法定位选择。

三、类型模式选择的标尺：体系内固有理论引导与体系外制度功能协调

（一）标尺之一：体系内固有理论的引导

影响法定担保类型模式选择的因素，首先来自一国基本的权利体系。从大陆法系权利体系的固有理论来看，对法定担保类型模式影响较大的，主要的是指物权公示原则和物权客体特定原则，以及基于物权属性所设定的其他相关理论。

1. 物权公示原则与法定担保秘密性的冲突

物权公示原则，系指物权的各种变动必须以可以公开的能够表现这种物权变动的方式予以展开，并进而决定物权的变动效力的原则。物权公示制度是一种兼顾财产静的安全与动的安全的物权变动机制。① 因为物权的本来性质就是对物的支配权，而这种支配权必须也应当以一种公开可见的方式表现出来，使得人们从这种表现方式得知某物上有物权的存在。所以，它要求将物权用某种便于以外观表象进行判断的方式对外界加以公示，从而使物权人负有公示其物权的义务，只有履行公示义务，才能有效地保全其物权，否则将不能得到公认和法律的充分保护。② 对于由法律行为所引起的物权变动一般以占有或者登记为公示方法。作为法定担保方式，若定位为担保物权，欠缺上述登记或交付公示方法，将被认为是对其他债权人甚至其他担保物权人的一种潜在的威胁。

2. 物权客体特定原则与一般客体上法定担保的冲突

物权客体特定，指物权只能设定在特定的、单一标的之上的原则，这是由绝对权性质决定的。作为一项可以排斥任何他人的支配权，物权的支配范围必须明确肯定。每一项物权的行使，都只能对一个特定的标的物进行支配，所以每一项物权的客体必须与其他物权的客体区分开来，即必须成为特定的单一物。③ 对于物的特定含义，在理解时应注意以下两点：首先，应明确并不是只有属于单个个体的物才能被特定，客体特定并不是个体的特定，总体也可以特定。无论是在集合物还是在物的某一部分上都能设定物权，因此物的特定应理解为一种思想性的概念，而不能理解为一种物理空间的特定。若观念上可确定为物权的客体，可与其他物相区别，具有交换和使用价值，就应理解为特定化的物。其次，物的特定不等于特定

---

① 参见谢霜：《优先权与物权公示原则的冲突与规制》，《经济与社会发展》2008 年第 12 期。

② 参见王泽鉴：《民法物权（1）》，三民书局 1992 年版，第 75 页。

③ 参见胡晓薇：《试论一物一权主义的舍弃与替代》，《新疆社会科学》2003 年第 3 期。

物。所谓特定物是相对于种类物而言的，指不能由其他物代替的，世界上独一无二的物。① 因此，若将法定担保设定于债务人的一般财产上，由于担保客体无法被特定化，将违背物权的基本属性。

3. 理论冲突在法定担保类型模式选择上的表现

德国法之所以不采纳统一的优先权模式作为规范法定担保的选择，而采取二元模式，尤其是从程序法上实现特种债权平等保护，"一方面是要维护物权与债权的分类，在某类财产权利无法适用物权的各项原则时，不因为仅仅具有优先受偿这一个特征，就武断地将之归入物权的范畴；另一方面，为了体现对公共利益和社会正义的维护，有必要打破债权一律平等的原则，将应当优先受偿的债权作为债权的例外来看待，在不改变该债权性质的前提下，通过程序法中关于清偿顺序的规定来解决"②。同时，德国民法强调物权客体特定原则，该原则又与作为《德国民法典》指导思想之一的物权公示原则相关联，而优先权制度缺乏公示方法。事实上，德国法对因优先权缺乏公示而加以否定经历了一个变动的过程。在最初继受罗马法的法定担保制度时，德国法并未否定优先权。但当抵押权因公示缺陷而遭到立法改革时，原有的继受罗马法路径被否定，逐步建立了抵押权登记公示制度。在 1750 年普鲁士的《抵押权令》中明确享有优先受偿权的抵押权必须登记，且以登记先后决定抵押权的顺位，彻底贯彻了公示原则。③ 随之，与此原则相左的类似于法国法的一般优先权、不动产优先权被废止。综合以上因素，优先权所展示的特性与德国民法的基本理论格格不入，导致难以立足于德国民法中的结果。此外，在德国民法中明确了特种债权的优先效力，从而无须借助优先权担保即可实现优先受偿的效果，

---

① 参见彭万林主编：《民法学（修订版）》，中国政法大学出版社 1998 年版，第 268 页。

② 陈本寒：《优先权的立法定位》，《中国法学》2005 年第 4 期。

③ 参见韩清怀：《中国民法典应否设立优先权制度的思考》，载吴汉东主编：《私法研究（第三卷）》，中国政法大学出版社 2003 年版，第 76 页。

可在特别法中作为债权优先权加以规定。①

　　而从罗马法上的"优先权"观念到法国民法典中的"优先权"制度，经历了一个法律"角色"的演变。② 因为，罗马法上的"优先权观念"不是物的担保，只是允许某些债权优先于其他债权受清偿。但法国法除继受了罗马法中的"优先权观念"外，还通过公证文书的方式，将财产拨归清偿某些债权的概念，使优先权从债权人间的分类规则转变为物的担保。③《法国民法典》在第 2095 条④ 中将优先权作为一种物的担保法律角色进行了明确规定。⑤ 此外，法国法对罗马法并未改变原有的继受轨迹，与德国法不同，其在抵押制度的建立上完全移植了罗马法上无须公示和无客体特定的原则。由此，罗马法中可在债务人总财产上建立的一般抵押权被原样再生。而立法思想上一直偏重于对财产静的安全的保护，也使之未受交易动态安全要求的影响。即便在学界和司法实务的推动下，最终采用了抵押的公示和客体特定原则，但对此贯彻并不彻底。因此，不具有公示性的优先权在法国法中没有太多与理论体系的冲突。

---

① 因此"在重视公示制度的机能（近代化方向的机能）构成了民法制度的德国民法中，废除了与此相悖的特权制度（以罗马法为基础的普通法时代曾被承认），在不影响公示原则的情况下，优先受偿权作为法定质权只不过分布在几个规定中"。转引自韩清怀：《中国民法典应否设立优先权制度的思考》，载吴汉东主编：《私法研究（第三卷）》，中国政法大学出版社 2003 年版，第 76 页。

② 参见韩清怀：《中国民法典应否设立优先权制度的思考》，载吴汉东主编：《私法研究（第三卷）》，中国政法大学出版社 2003 年版，第 76 页。

③ "公证文书证实的一切债权有一般的抵押权予以配合，许多由于它们的性质属于优先债权的债权，由于使用公证文书，同时成为抵押债权。两种担保的效力逐渐混合在一起，把财产拨供清偿债权，即抵押权的效力被授予优先权，优先权的优先清偿效力同财产的拨归结合起来。"引自沈达明编著：《法国／德国担保法》，中国法制出版社 2000 年版，第 91 页。

④ 该条的内容为："优先权为按照债务的性质给予债权人优先于其他债权人，甚至抵押权人在内受清偿的权利。"

⑤ 参见鲍轶欣：《民事优先权性质研究》，博士学位论文，中国政法大学，2008 年，第 26 页。

日本与法国一样采取了优先权统一立法模式，个中原因颇为复杂。立法的传承历经漫长的国家政府更替和人文发展，可左右这一承继轨迹的因素极多，多数有迹可循，但也有各种偶然因素穿插其中。如由于罗马法上的法定担保并未形成独立的担保制度，对于尚未定型的制度萌芽，其观念被后世所接受理所当然，但鉴于无体系的固化状态，各国对该制度存在不同理解，从而易形成各色立法例。作为同样接受物权概念的日本，却从法国民法中继承了优先权制度。① 这种异化轨迹究竟如何发生，其真正原因无从得知。《日本民法典》采用德国法的概念和体系，但是却采用法国法的实质性制度和内容。现行日本民法典是以法国法和德国法为基础而制定的混合型法典，但日本民法典在制定之时，并未完全接受概念法学的严格逻辑与体系化思想，而是在法国法的生活逻辑与德国法的体系逻辑基础上进行了包含矛盾因素的"兼收并蓄"。进一步说，日本民法典是在法国法的实质影响下规定了优先权制度。②

两国立法在不坚持物权客体特定和不承认特种债权优先效力上达成了一致，最终导致了二者在对特种债权保护上采取了优先权统一的立法模式。不遵循物权客体特定，对债务人一般财产上设立的担保即可堂而皇之被纳入物权体系；不承认特种债权的优先效力，即可另行规定外在的优先权来担保特种债权，从特种债权外抽象出独立的"担保物权"形成了在债务人不特定财产上担保特种债权的一般优先权；一般优先权不具备客体特定性以及其他物权的基本属性，仍被纳入了物权体系，在德国法看来，有掩耳盗铃之嫌。③

---

① 参见［日］近江幸治:《担保物权法》，祝娅译，法律出版社 2000 年版，第 32—33 页。

② 参见［日］近江幸治:《担保物权法》，祝娅译，法律出版社 2000 年版，第 32—33 页。

③ 参见左平良:《关于特种债权之物权担保的否定性思考——兼论特种债权的优先效力》，《云梦学刊》2006 年第 2 期。

（二）标尺之二：体系外制度功能协调

哈耶克认为，"由于业已确立的行为规则系统都是以我们只是部分知道的经验为基础的，而且也是以一种我们只是部分理解的方式服务于一种行动秩序的……那么为改进某些特定规则而做的批判和努力，就必须在一个给定价值框架内展开……根据特定规则在促进型构某种特定的行动秩序的过程中与所有其他为人们所承认的规则是否一致或是相容（consistency and compatibility）来判断这些特定规则的"①。法定担保制度是作为对特种债权加以认可和保护而产生的，但在法律体系内还存在其他制度同样可以达到这一目的或发挥相似功能。为此，法定担保制度若想达到既定的目标，实现特定的效果，必须接受与其他对特种债权保护制度相容的检测。

对于税收、司法费用、劳动工资等特种债权的优先保护，各国采取了不同的模式。德国、瑞士等国是在破产法、执行程序法中采用清偿优先顺位②或禁止扣押制度③予以规制，而法国、日本等国则通过在物权法等实体法中采用优先权模式加以规制。④ 采程序模式保护特种债权，可分为四种具体形式：其一，以先行或优先拨付的方式，使之优先于一般清偿顺序；其二，于无担保债权中规定享有优先清偿次序；其三，以对特殊财产不能采取执行措施的方式，如保留生活必需品等，保障特殊债权人的利益；其四，随时支付，即一旦特种债权发生，即获得随时的清偿。因此，在程序保护中特种债权获得了直接的优先顺位，或特定的可获偿财产。这与需借助担保方式获得优先清偿的法定担保方式不同。

---

① ［英］弗里德利希·冯·哈耶克：《法律、立法与自由（第二、三卷）》，邓正来、张守东、李静冰译，中国大百科全书出版社 2000 年版，第 34—35 页。

② 参见《瑞士联邦债务执行与破产法》第 68 条、第 144 条、第 157 条；《德国破产法》第 53 条、第 170 条。

③ 参见《德国民事诉讼法》第 811 条、第 850 条；《瑞士联邦债务执行与破产法》第 92 条。

④ 参见《法国民法典》第 2095 条以下；《日本民法典》第 303 条以下；《意大利民法典》第 2745 条以下。

具体而言，清偿顺序与法定担保的区别在于：清偿顺序等程序制度，仅表明权利的受偿顺序，尚未构成一项具有优先受偿权的实体权利。在法律效力上，劣后于担保物权，仅能优先于普通债权。[①] 而从国外立法例来看，法定担保通常可享有较强的优先效力，甚至可优先于在先设立的担保物权；由于清偿顺序等仅为程序安排，在优先效力实行上，若其他债权人已经寻求救济的情况下，同一债务人未进入破产程序，则该优先清偿顺序人无法真正启动优先权利的救济程序；在债权范围上，优先清偿顺序人可就某类债权居于优先顺序，若无对债权的金额或期限的明确限制，导致处于优先顺序的债权范围过大，易造成与其他债权人之间基本利益的失衡。优先支付、随时支付对特种债权的保护比清偿顺序的保护力度大，可使之获得几乎最优先清偿顺序，但一般仅限于清算费用、破产费用等为多数债权人利益支出的与程序运行相关的特种债权。此外，程序保护中所选取的特种债权具有两个基本特性：一是特种债权通常是基于社会公共利益或国家利益等理由设立；二是特种债权可在债务人一般财产上设立。

由于程序保护的直接性，需与实体法中的间接保护相衔接。直接保护的好处在于可节约立法成本，减少需另行设立担保的麻烦。但其所造成的后果是，某些特种债权不仅优先于一般担保，且优先于法定担保。进一步说，即特种债权仅因程序的安排，而具有了可优先于一切担保的效力。若将过多的特种债权纳入直接的程序保护中，由于其可被赋予最优先的清偿顺序，且仍为债权属性，将对其他由担保方式保护的特种债权和普通债权实现形成冲击。这不仅将使其他担保方式无从立足或被束

---

① 如中国《破产法》《保险法》中破产费用、职工工资和劳动保险费用、税款优先于破产债权受清偿，乃一种程序性的权利，无法对抗一般担保物权。工资、税金等债权只能在没有设定担保的财产中优先受偿，效力位于享有别除权的债权之后，不利于对工资和税金等特殊债权的保护。

之高阁，且会造成程序法对实体法的过多僭越，架空实体法相关制度。因此，各国在选择对特种债权的程序保护时，一般需从法政策、法技术角度考虑。

第二节　法定担保类型配置之内在标准

法定担保类型配置的内在标准，即各类法定担保中的主体、客体类型、客体范围、担保范围等内容的确定依据。

一、法定担保的主体选择

法定担保的相关法律对行使该担保的主体选择包括两个方面的衡量：一是主体的身份范围；二是某类主体的具体范围。下文分述之。

（一）法定担保主体的身份选择

法定担保的主体身份选择与各类法定担保本身的范围有关，取决于社会的发展程度、各国的立法政策考量等因素。具体来讲，在罗马法时期的国家、妻子、受监护人、劳工等较为简单的主体组成到后世囊括了特殊身份在内的国家、公共团体、家庭身份关系等和一般身份在内的劳动者及扩大解释的劳动者、共有关系主体及扩大的共有关系主体、交易关系主体等。这种纵向和横向的发展，是法定担保功能所需，也是各国立法基于社会发展和政策倾向综合衡量的结果。相关具体选择的决定和影响因素，将在下文特种债权部分加以详述。

（二）法定担保主体的具体范围

本部分选取立法发展和实务探讨较多的两类主体范围为例，以论证主体范围选择的标准：实质认定原则。

1. 工资一般法定担保的主体范围

日本民法中对劳动者进行了广义的解释，认为雇佣关系只要是"在雇主指挥监督下提供劳务，而报酬是对于从属性劳动提供的对价"[1]，即有"实质上的雇佣关系"，都应受优先权的保护。[2] 无论签订契约的是专职、兼职[3]，或雇佣契约无效，或契约证书名称为"承揽"或"委任"等，均不影响成立此种债权。[4] 退休金[5]以及劳动灾害时，对公司的损害赔偿请求权，亦均受优先权的保护。[6]

德国法中认为劳动者与雇主之间应存在持续性的、双务的债务关系，依双方签订的劳动合同而定。雇佣关系为劳动合同的上位概念，仅指简单的给付交易关系，包括如加工承揽人、承包人在内。在德国司法实务中采用"自愿承受企业经营风险"来认定劳动者身份。由此，劳动者身份可扩张至具有一定经营决策地位的自主者，如独立承包人。美国在其判例中也认为报刊发行者和代售者之间可能是劳动关系。[7]

---

① ［日］远藤浩、镰田薫：《别册法学セミナー　基本法コンメンタール No.188 物权》，平田春二执笔，新条文对照补订版，日本评论社 2005 年版，第 192 页。
② 参见［日］田井义信、冈本昭治、松冈久、矶野英德：《新物权·担保物权法》，法律文化社 2005 年版，第 389 页。
③ 参见［日］小野宪昭ほか：《講説物権法》，加藤辉夫执笔，不磨书房 2005 年版，第 176 页。
④ 参见［日］山野目章夫：《物権法》，日本评论社 2005 年版，第 201 页。
⑤ 最判昭和 44 年 9 月 2 日民集 23 卷 9 号 1641 页。相关讨论，参见赤西芳文：《退職金債権と一般の先取特権》，载小野寺规夫：《现代の民事裁判課題担保》，《新日本法规》1990 年第 7 期。
⑥ 参见［日］高木多喜男：《担保物権法》，有斐阁 2005 年版，第 45 页。
⑦ See NLRB v. Hearst Publications, Inc., 322 U.S.111 (1944) (No.336).

美国在 2008 年的联邦破产法修正中，针对工资优先权的次序问题进行了修改，规定了十种费用或债权享有优先次序，其中第四位为工资报酬，包括了休假、被隔离与病假时应得的工资在内。① 美国铁路退休委员会在 2008 年修正的雇员利益部分，就雇员含义进行了界定。雇员的含义是指：任何为获取报酬而为雇主服务，或者与一个或多个雇主或雇主的法定代表人存在雇佣关系的个人。但雇员并不包括任何参与采煤、煤矿探测和控制（不是通过铁轨运动的标准铁路机车）煤炭不超出矿业翻车机或将煤炭装载到翻车机上的实际运营者。②

中国台湾地区在其"破产法"第 11 条第 3 项规定了破产管理人或监督人的报酬有优先权。在"债务清理法草案"第 21 条第 6 项规定了此项报酬，由法院认定，可享有优先受偿的权利。与此类似的包括"公司法"第 325 条第 2 项的清算人报酬优先权和"保险法"第 149 条第 5 项第 1 款的监管人、接管人、清理人或清算人报酬的优先权。③

法国在 1957 年 3 月 11 日文学艺术作品财产法第 58 条规定了文艺作品作者的优先权，使作者的版税获得优先权保障。但法国最高法院判决认为，所有因契约而生的著作权费用均可获得优先权担保，但不包含因赝品的伪造行为而生的债权。④

综合来看，各国对工资一般法定担保享有主体之劳动者的具体范围认定存在不同认识，但该范围呈现了扩大趋势。不仅包括一般意义上的存在劳动关系的劳动者，且包括广义雇佣关系中的"承揽""代售"等具有经营性的主体。同时还向破产管理人、监督人、自由职业者等提供脑力劳动

---

① 　See 11 U.S.C. § 507（2008）.

② 　See 45 U.S.C. § 203.1（2008），20 CFR，203 2008 Ed，Employee's Benefits Part：203 Employees under the Act.

③ 　参见黄健彰：《工资优先权》，《财经法与经济法》2008 年第 15 期。

④ 　参见于海涌：《法国工资优先权制度研究——兼论我国工资保护制度的完善》，《中山大学学报》2006 年第 1 期。

的主体。但究其实质，获得工资一般法定担保的劳动者认定，均需具有提供"劳动"的实质，而无论以何种形式存在。

2. 建筑承包工程法定担保的主体范围

在建筑承包工程上设立的法定担保，为多数国家所采。但其中的行使主体承包人范围是实务中认定最为复杂的一部分。

日本法上认为主张不动产优先权的主体，限定于直接与不动产所有人存在契约关系的人。而次承揽人因不存在与不动产所有人的债权债务关系，不得行使该权利。但可依《日本民法典》第 423 条规定，代位行使承揽人的债权。这赋予了次承揽人附随性行使优先权的情形。但若"承揽人供给全部或主要部分的材料，而由承揽人先取得所建建筑物所有权"时，次承揽人则取得对于建筑物的优先权；其后再移转该不动产所有权给定作人的情形，承揽人则对定作人就其取得不动产出卖人优先权。①

《瑞士民法典》第 837 条第 1 项第 3 款规定的法定抵押权的担保债权包括"为在土地上的建筑或其他工程提供材料及劳务或单纯提供劳务的职工或承包人，对该土地的债权；土地所有人为债务人，或承包人为债务人的，亦同"②，将次承揽人也纳入承揽抵押权的保护范围。

美国"mechanic's lien"，类似于承揽人的抵押权。但各州对之规定并不一致。得克萨斯州财产法、佛罗里达州不动产及动产法等多数州法都承认次承揽人（sub-contractor）得主张该权利。③且马里兰州等大多数州甚至完全不对之加以限制，而使任何从事特定工作的人都享有此类权利，并可延展至次次承揽人（sub-subcontractor, third tier subcontractor），如材料

---

① 参见[日]林良平：《民法を注释する（物权）》，甲斐道太郎执笔，有斐阁 1970 年第 6 版，第 163 页；[日]远藤浩、镰田薰：《别册法学セミナー 基本法コンメンタール No.188 物权》，平田春二执笔，新条文对照补订版，日本评论社 2005 年版，第 201—202 页。
② 《瑞士民法典》，殷生根、王燕译，中国政法大学出版社 1999 年版，第 237 页。
③ See Tex.Prop. Code § 53.021(a)(2)(2007); Fla. Stat. § 713.02(4), § 713.06(1)(2008).

提供人。① 但为避免该权利主体范围过分宽泛，以上各州对材料提供人的身份进行了限定。②

而对次承揽人或材料提供人的权利本质，即属于直接的或派生的承揽人抵押权，各州意见不一。主张为直接的承揽人抵押权的，是基于将所有权人与承揽人的法律关系看作类似代理，甚至赋予次承揽人在一定情形下优于承揽人的权利。由此，极大地保护了实际付出劳动的人，但却可能造成对同一增值的双重给付。主张为派生的承揽人抵押权的，次承揽人是代位行使承揽人的权利。因此当承揽人支付不能时，次承揽人可能完全无法受偿。但也使所有权人不必担心双重给付。③ 还有州将以上两种做法结合，一方面将次承揽人承揽人抵押权的数额限制在承揽人债权届清偿期的范围内，另一方面，认定次承揽人的优先权独立于承揽人。

《荷兰民法典》第 285 条第 1 项规定："基于承揽契约在物上加工而有债权之人，在该物上享有优先受偿权，但以其系通常亲自参与执行其营业所承接工作之完成或其为公司或法人，而通常由一或数个执行业务无限责任股东或董事为之者为限。"④ 其中采取了实质认定的原则，即将主张权利的主体限定为实际参与的人。

中国台湾地区"民法"第 513 条关于承揽人的抵押权的规定，于1999 年修正后规定了承揽人就建筑物或其他土地工作物，或为重大修缮时，就其报酬债权享有法定抵押权。并明确了无论是否完成工作，均需就

---

① See Md. Real Property Code Ann. § 9–102 (2008); Steven G.M. Stein, Construction Law v.2 9–7, 9–10 (2003).

② 如各州成文法将民用航空器留置权人限定为为飞机提供燃料或服务、维修或维护主体之内，或因付出劳务或服务提高了特定财产价值的主体，排除了非改善性的劳务或服务主体等。

③ 相关争议详情见黄健彰：《法定优先权制度研究——两岸物权法修正草案刍议》，博士学位论文，中正大学法律学研究所，2008 年，第 107—108 页。

④ 杨宏辉译、苏永钦审订：《荷兰民法（德文版）》，法务部编印 2005 年版，第 60 页。

抵押权为登记。此外，在该条第4项规定："……就修缮报酬所登记之抵押权，于工作物因修缮所增加之价值限度内，优先于成立在先之抵押权。"①以上规定并未涉及次承揽人能否作为承揽抵押权的主体。实务中认为，抵押权需基于"承揽人与定作人"的关系，次承揽人不能主张法定抵押权。②但学界对此存在争议。

中国在《合同法》第二百八十六条也规定了建筑工程优先受偿权，但立法和司法解释均未明确其主体范围，导致司法实践中各地法院做法不一。有法院认为，基于《最高人民法院关于审理建设工程施工合同纠纷案件适用法律问题的解释》第二十六条，合法分包人或实际施工人应有条件享有优先受偿权。③此类条件包括：分包人或者实际施工人完成了合同约定的施工义务且验收合格，在总包人或非法转包人怠于主张工程价款优先受偿权时，可支持。也有法院基于合同相对性原则，对此不予支持，但对总承包人怠于行使优先权损害分包人利益的，可在承包工程价款内依《合同法》第七十三条向发包人直接主张权利。④还有观点认为，建设工程价款优先受偿权属于法定担保物权，可以由实际施工人基于物上追及力突破合同相对性原则。⑤

从建设工程价款优先受偿权的立法宗旨来看，其具有保障劳动者工资债权实现的政策导向。实际施工人是最终付出劳动并完成工作的主体，既

---

① 杨与龄：《承揽人法定抵押权之成立与登记》，载苏永钦：《民法物权实例问题分析》，五南出版公司2001年版，第29页。
② 转引自黄健彰：《法定优先权制度研究——两岸物权法修正草案刍议》，博士学位论文，中正大学法律学研究所，2008年，第105页。
③ 参见尹显忠：《新合同法审判实务研究》，人民法院出版社2006年版，第576—577页。
④ 参见王永起、李玉明：《建设工程施工合同纠纷法律适用指南》，法律出版社2013年版，第426页。
⑤ 参见仲伟珩：《建设工程价款优先受偿权若干疑难问题分析》，载中华人民共和国最高人民法院民事审判第一庭编：《民事审判指导与参考》（总第43集），法律出版社2011年版，第108页。

然立法直接赋予了承包人优先受偿权，若将该权利扩及实际施工人，自无须再遵从合同相对性原则。

基于提供生产的效率和公平原则，以上荷兰法的做法值得赞同，对法律的解释应当采取"实质认定原则"。[1] 但对全部转包的情况，存在不同见解：有学者认为应当慎重赋予次承揽人法定抵押权，以免侵害房屋购买人权益。[2] 也有学者认为即便次承揽人享有法定抵押权，也只表示优于定作人的普通债权人，而不得对抗可享有买受人优先权的购房人。[3] 此种见解，值得赞同。

二、法定担保的客体界定

法定担保的客体不同，与可保障的特种债权范畴存在关联，也将影响到立法在何种法律体系内安排各类法定担保。本部分将分析法定担保的客体类型、范围，探讨一般法定担保与特别法定担保的客体及其标准，进而提出二者区分的实质标准。

（一）客体类型的划分

法定担保的客体，即法定担保的标的物。作为一种担保权利，其客体可包括物，如动产与不动产，当无疑问。在债务人所有财产上设立的法定担保被各国立法认定为一般法定担保。既然是债务人所有财产，就应当包括除物以外的其他财产，如权利。依 2013 年 7 月 29 日《最高人民

---

[1]　参见黄健彰：《法定优先权制度研究——两岸物权法修正草案刍议》，博士学位论文，中正大学法律学研究所，2008 年，第 108 页。

[2]　参见林诚二：《民法债编各论（中）》，中国人民大学出版社 2007 年版，第 57 页。

[3]　参见黄健彰：《法定优先权制度研究——两岸物权法修正草案刍议》，博士学位论文，中正大学法律学研究所，2008 年，第 109 页。

法院关于适用〈中华人民共和国企业破产法〉若干问题的规定（二）》第一条①的规定，若中国立法认可一般法定担保，则也可在债务人的权利上设立，形成权利法定担保。如中国学者在物权法草案中建议增设的知识产权优先权。在权利上形成的法定担保，各国立法中也不乏其例，如日本旅行业法和矿业法中的旅客和被害人对相应保证金或损害赔偿担保金享有优先权，即被认为是在债权上设立的优先权。②

（二）客体范围的界定

在法定担保的客体是否必须为债务人所有的问题，引发了学界争议。原则上法定担保应在债务人所有的财产上设立，但若发生追及效力的情形时，也可能存在于第三人的财产之上。而对无追及力的留置权而言，客体若非债务人所有，就产生了所谓留置权的善意取得问题。中国立法中对此态度也并不明确。③ 本书认为，留置权无所谓善意取得，只要债权的发生与标的物占有间存在牵连关系，即便在第三人财产之上，仍得设立留置

---

① 即"除债务人所有的货币、实物外，债务人依法享有的可以用货币估价并可以依法转让的债权、股权、知识产权、用益物权等财产和财产权益，人民法院均应认定为债务人财产"。参见法释〔2013〕22号。

② 参见〔日〕我妻荣、有泉亨、清水诚補订：《コンメンタール担保物権法》，日本评论社2004年版，第42页。

③ 最高人民法院《关于贯彻执行〈中华人民共和国民法通则〉若干问题的意见》第一百一十七条规定了留置物折价变卖的催告程序，债权人可享有留置财产折价或变卖价款的优先受偿权。《最高人民法院关于适用〈中华人民共和国担保法〉若干问题的解释》第一百零八条规定了债权人可在合法占有的债务人无处分权的动产上行使留置权，学者称之为留置权的善意取得；第一百零九条规定了债权人占有动产与其债权之间需存在牵连关系。最高人民法院《关于国内水路货物运输纠纷案件法律问题的指导意见》（法发〔2012〕28号）规定进一步表明了，除非运输合同当事人另有特殊规定外，债务人对留置货物是否具有所有权对承运人留置权行使不具有必然的影响。此处明确了承运人留置权客体范围可包括债务人不享有所有权的财产，但仍未明确指出留置权是否可在第三人财产上成立。

权。理由如下：

第一，从价值平衡角度来看，无论是牵连关系存在使债权人得以对动产享有比债务人更强大的物权，还是债权人在该留置财产之上付出的增值或保值的劳动，若将留置财产限于债务人所有的财产，都将打破这一平衡。而对因经营性合同产生的费用的债权保护，也是国家对劳动债权保护的宗旨体现。动产占有的物权表征功能，也使债权人判断留置财产的权属关系，不仅耗时耗力，且不太实际。但这不是说，留置权也可恶意取得。若债权人与债务人恶意串通留置财产，损害所有人利益的，也不得成立留置权。

第二，对债权人任意留置或与债务人串通损害第三所有权人利益的情形，可通过立法设计避免。如非经所有权人授权或同意，不对其生效，但可对债务人主张。此时，无须追问债权人是否知晓标的物真实权属，否则对受益一方保护过剩，将失之公平。若所有权人因留置债权人的劳务或服务获益的，可通过返还不当得利来平衡与债权人的利益失衡。

第三，将债务人合法占有他人财产作为合同留置权的特别成立要件可避免对留置权善意取得的无谓争议。许多学者认为，中国担保法司法解释第一百零八条是关于留置权善意取得的规定。[1] 但也有少数学者认为，此处可解释为只要是基于合同约定占有债务人的动产，债权人无论是否知晓该动产的权属状况，都可取得对占有物的留置权。[2] 但将物权法所规定的所有权善意取得制度运用于留置权之上，因存在巨大的制度差异，学者已对此提出了质疑。[3] 以上分析也表明，实践中证明债权人的善意难度过高，最终该制度将被束之高阁，成为一纸空文。若将以上

---

[1]　参见郭明瑞：《担保法（第二版）》，法律出版社 2004 年版，第 224 页；费安玲：《比较担保法》，中国政法大学出版社 2004 年版，第 460 页。

[2]　参见熊丙万：《论商事留置权》，《法学家》2011 年第 4 期。

[3]　参见高圣平：《物权法担保（物权编）》，中国人民大学出版社 2007 年版，第 407—409 页。

司法解释规定理解为担保法中关于留置权标的范围的特别规定对待，以上问题将迎刃而解。

（三）一般法定担保与特别法定担保的客体及标准

1.一般法定担保的客体

债务人的一般财产（总财产）上成立的一般法定担保，被依一般财产的不同分为动产与不动产一般优先权，如法国。也有不加以区分，统一规定的，如日本的一般优先权。由此，是否有必要依一般财产客体不同分别设定一般法定担保？答案是否定的。理由是：

第一，区分的做法，将严重影响交易的安全。不动产一般优先权效力强大，优先于抵押权和一般债权、不动产特别优先权，其无须公示性对交易安全影响极大。为此，法国法将之进行了限定债权种类（诉讼费用和工资）和总额（期限）及遵守补充适用规则的改革。

第二，区分的做法，浪费了立法资源，产生了新的修法成本。仍以法国法为例，由于不动产一般优先权数量不多，且无须公示，立法者不得已将大部分不动产一般优先权修改为需经公示的法定抵押权，从而使该类法定担保几乎被架空。法定抵押权的客体也是一般性的，包括债务人现有和将来可划归入债务人财产的不动产，并不受物权客体特定原则的约束。从这个角度看，其完全可取代不动产一般优先权。

第三，不区分的做法，并无不妥。以日本和法国立法中都存在的丧葬费用优先权为例，法国担保法改革前将之列入一般动产优先权，而日本则直接列为一般优先权。

依法国法，丧葬费用不能就债务人的不动产优先受偿，并无合理的理由。从罗马法时期起，丧葬费用即与善良风俗和社会伦理相连。将经济价值较大的不动产剥离，而仅剩经济价值较小的动产，难谓合理。而将一般优先权客体扩张到不动产，是否会影响抵押权的受偿次位，而使银行放贷额度骤降，降低抵押权融资的功能？① 以上法国法的修改方案说明通过立法技术完全可以解决。即可通过适用的顺序等限制来加以防范。《日本民法典》第三百三十五条第 1 项、第 2 项也采用了由一般优先权人先就不动产外财产受偿，不足部分方才就不动产受偿等方式将这种风险降至最低。

此外，应当区分在一般法定担保中债务人的一般财产与破产法中债务人的财产。通常后者被称为"破产财产"。尽管破产财产也指债务人的全部财产，但其受一国破产程序的限制，在财产的所属、存在时间、具体范围上与实体法中所指的债务人一般财产不同。如中国《企业破产法》第三十条② 明确了债务人的全部财产是特定时间段"属于"而非债务人"所有"的财产。而在相关司法解释中，如《最高人民法院〈关于审理企业破产案件若干问题的规定〉》第七十一条规定了不属于破产财产的财产，③ 这些财产有些并非完全是破产人的财产，有些是属于破产人的财产但不能用于分配的财产。破产程序是属于一般程序，需受法律的一定限制。因此，其中所表明的"债务人的全部财产"不能等同于实体法中的"债务人的一般财产"。

需注意的是，特别法定担保的客体不属于破产财产的范围，但从相关立法例来看，一般法定担保的客体一般不享有破产财产别除权。

2. 特别法定担保的客体

特别法定担保的客体可分为动产与不动产或权利。首先需明确何谓特

---

① 转引自黄健彰：《法定优先权制度研究——两岸物权法修正草案刍议》，博士学位论文，中正大学法律学研究所，2008 年，第 115 页。

② 第三十条规定："破产申请受理时属于债务人的全部财产，以及破产申请受理后至破产程序终结前债务人取得的财产，为债务人财产。"

③ 如债务人的他人享有取回权的财产；破产人的他人享有担保权的标的物，但权利人放弃优先受偿权的或者优先偿付被担保债权剩余的部分除外；担保物灭失后产生的保险金、补偿金、赔偿金等代位物，享有法定担保的财产，但权利人放弃优先受偿权或者优先偿付特定债权剩余的部分除外等。参见李雪田：《破产财产范围评析》，《长白学刊》2008 年第 3 期。

定"财产"。即特定财产是否需有数量的限制。关于特别法定担保可否在债务人数个特定财产上存在，还是仅可在特定的单一财产上存在，多数立法例给出了肯定的回答。① 以船舶优先权为例，中国台湾地区立法中海事优先权中的客体② 包括了船舶、运费和报酬请求权等债权。学者认为，这属于船舶抵押权及证券质权、债权质权的综合体，③ 因此海事优先权为可在数个客体上存在的特别法定担保；英国法中船舶优先权的标的为船舶、船舶的设备属具、货物、运费及曾与船舶组合的其他财物；④ 美国《联邦海事优先权法》（*Federal Maritime Lien Act*）规定，船舶优先权产生于船舶及其附属物、货物、船货残存部分、变卖价款和运费。⑤ 中国船舶法定担保为就具有海事请求的船舶上设立的船舶优先权，但中国《海商法》第三条第二款中船舶仅包括船舶属具。因此，中国船舶优先权为单一财产上设立的特定法定担保。从各国立法例看，船舶优先权客体范围均表现为数个财产，这符合该权利立法宗旨，更有利于充分保护优先权人的利益。

3. 二者客体区分的标准

第一，能否将债务人的财产特定为法定担保的标的。一般法定担保是

---

① 如依《德国商法典》第 755 条第 1 款、第 756 条、第 758 条、第 771 条第 1 款、第 764 条第 2 款和第 777 条规定，德国的船舶优先权的标的是：船舶、属具、运费、船舶卖得之价金及货物。依《日本商法》（海商编）第 842 条、第 843 条，船舶优先权的标的是船舶、属具及运费。参见陈显荣：《从比较法论我国船舶优先权》，联经出版事业公司 1987 年版，第 86 页。

② 中国台湾地区"海商法"第 27 条第 2 项、第 4 项、第 5 项规定了海事优先权的标的可为：发生优先债权之航行期内之运费；船舶所有人因本次航行中船舶所受损害，或运费损失应得之赔偿；船舶所有人因共同海损应得之赔偿；船舶所有人在航行完成前，为施行救助所应得之报酬。参见北大法宝，2014 年 3 月 10 日，见 http://www.pkulaw.cn/fulltext_form.aspx?Db=twd&Gid=939528085&keyword=%e6%b5%b7%e5%95%86%e6%b3%95&EncodingName=&Search_Mode=accurate。

③ 参见刘宗荣：《新海商法》，新学林出版股份有限公司 2007 年版，第 115 页。

④ 参见冯辉：《论船舶优先权》，博士学位论文，对外经济贸易大学，2006 年，第 32 页。

⑤ 参见冯辉：《论船舶优先权》，博士学位论文，对外经济贸易大学，2006 年，第 33 页。

存在于债务人一般财产（总财产）之上的，对于债务人和其他债权人有较大的影响。故设立一般法定担保需有更为强大的正当理由。因此只有当无法在债务人特定财产上设立特别法定担保时，方才考虑是否设立一般法定担保。二者在客体上区分应以"能否特定某财产作为法定担保的标的"为标准。特定法定担保往往是因与特定财产或提供服务相关财产中形成的对价请求权而设立，如保存的财产、完成的工作物、买卖的标的物、出借的资金等。因而，法定担保在这些相关财产上设立，合乎情理。而若无法识别出特定财产的情况，如工资法定担保，其提供劳务的标的并不一定能够特定化，只能在债务人一般财产上设立。如在美国佛罗里达州法院判例中确立的"交叉附属规则"[①]将法定留置的客体范围扩大至债务人任何用于商业的占有或借用的财产上成立。但根据该州法律规定，"交叉附属"规则仅限于劳动报酬纠纷中适用，一般技工留置权仅依附于提供了劳务或服务的特定财产。以上规则的适用考量即依客体"能否特定"来决定是否成立特别法定担保。

第二，是否基于重大立法政策考量。也即一般法定担保与特别法定担保得以设立的立法政策与价值目标衡量标准。相关论述详见下文关于特种债权选择的衡量标准。但这仅为辅助的标准，并非二者区分的实质。

三、法定担保的担保范围

（一）法定担保的担保范围与法定担保类型配置的关联性

法定担保作为法律配置的对象，必然来自其自身的特殊性。这种特殊性的存在，法律才对其在特定规则系统内加以专门规范，也是对其进行配置研究的意义所在。在对法定担保进行类型配置时，作为资源被配置的并

---

① See Southern Attractions Inc. v Grau 93 So 2d 120, 123（Fla 1956）.

非各种以法定担保面目呈现的抽象类型，而是各类型中所依法保护的主债权范围以及该特种债权所代表的社会利益或个人利益。各类特种债权被选择的理由以及这些理由的不同衡量标准，是作为法定担保中子类型和总类型配置的内在标准和前提基础。这种被赋予优先受偿效力的债权是基于何种原因产生，应限定于何种规模或受到何种限制，需加以分析论证。

　　各种特种债权通过不同法定担保类型在法律上加以配置，从而形成了法定担保的规范体系。在特种债权中蕴含的利益实现以及利益冲突的调和，需要通过法律为其提供合理且正当的途径。这些利益不仅在特种债权体系内存在冲突，还与设立于特种债权之上的整个法定担保体系和其他相关制度存在各种冲突的可能。因此，特种债权的不同选择对法定担保配置的结果和效果的影响是全局性的。也可以说，法定担保的配置，也即法律对其中受保护特种债权中所包含利益的认可、界定、选择、分配和制约的一种制度性安排。

（二）特种债权的基本范围划定：理由与标准

1. 特种债权存在的理由

　　特种债权的存在使法定担保得以区隔于依附于普通债权的意定担保，成为民法中国家干预私人生活的特例。作为私法规范的法定担保，需要置于私法的基本范畴加以考量。纵观各国关于法定担保类型的立法规定、司法创设和学者建议，特种债权种类所基于的理由各不相同，大致可以分为如下几类：

　　第一，基于国家利益或公共利益设立。[①] 如国家税款债权、司法费用债权等。

[①]　参见申卫星：《信心与思路：我国设立优先权制度的立法建议》，《清华大学学报（哲学社会科学版）》2005 年第 2 期。

第二，基于债权人的利益或债务人的需要而设立。① 这些特种债权中有的还包含了对善良风俗的考量，如丧葬费用。

第三，基于质权观念、共有关系或财产增值关系设立。如质押担保的债权、共同继承人继承份额债权、买卖价金债权、种苗或肥料的供给费用债权等。可以再细分为两类：当债权人占有债务人特定财产时，法律推定当事人之间有设立质权的默示意思而给予的特殊保护，② 或者债权人与债务人对同一财产存在共有关系，或者由于债权人的行为使得债务人特定财产的价值得以增加，从而允许债权人对债务人的特定财产优先受偿。③

第四，基于一定的社会政策的要求设立。如设定劳动工资或报酬法定担保的目的在于推行保护劳工这一社会政策。

第五，基于特殊行业发展的需要设立。如日本新近在民法与商法中为支持特殊行业发展而进行的部分优先权立法。

第六，基于交易发展的需要设立。如美国《统一商法典》中的买卖价金债权、各国立法或司法中的非典型担保，如所有权保留中债务人（买受人）未付价金债权（或第三人之价金债权）。

第七，基于调和社会中利益冲突而设立。如法国法中对租赁合同标的上所设的受让人就租金外余款债权的不动产优先权、美国学者建议的侵权损害赔偿债权优先受偿权和英国法中浮动担保为无担保债权人创设的"保留份"（carve-outs）等。

第八，基于公平正义观念或因一定事实发生而设立。如动产买卖价金债权、农工业劳务工资、加工承揽人费用或报酬债权以及留置权。

---

① 如共益费用债权、受雇人及劳工工资薪金债权、医疗费用债权、抚养和赡养费用债权等。参见陈本寒：《担保法通论》，武汉大学出版社1998年版，第131页。

② 例如不动产出租人和旅店主人法定担保。参见孟繁超、顾国平：《论特种债权的优先权》，《江南大学学报（人文社会科学版）》2004年第6期。

③ 参见陈本寒：《优先权的立法定位》，《中国法学》2005年第4期。

以上仅为基于本书所列举之法定担保中所涉特种债权设立理由的一种大略归类，随着社会发展，不排除其他理由出现的可能。某类特种债权内的设立理由并非独立、唯一存在，更多的是多种理由的重叠、交融。如基于债务人的需要或社会政策要求的劳工工资债权，基于质权观念、财产增值关系与公平正义观念、一定事实发生的加工承揽人费用或报酬债权等。

2. 特种债权的决定因素

以上特种债权在各国立法中的具体配置不同，其选择的决定因素如下：

(1) 基本利益格局的维护

无论何种社会制度，为了维护社会的稳定性，都需要对社会关系进行调整，而利益是人们之间产生社会关系的纽带。"人们之间的社会关系说到底是一个利益关系问题。人要生存、发展，必须要从事获取利益、满足自身生存需求的社会活动，在获取利益以满足自身需要的社会活动中，彼此之间必然发生一定的社会关系，这种社会关系归根到底是一种利益关系。"①既然如此，为了实现社会统治目的，就需要对这些利益关系加以调整。法律制度作为调整和调和利益冲突的工具性存在，在维护统治阶级所划定的基本利益格局上发挥了最根本的作用。利益以权利的形式呈现在法律制度内，通过权利的配置，形成稳定的利益分配格局和社会凝聚力。但利益是一种变动的要素。当某种资源出现稀缺时，人们原有的利益预期变化，形成对已生成社会关系的排斥力。这时，当原有利益格局不再适应社会的变化时，通过制度设计对利益进行重组的过程随之启动，直至形成新的稳定利益格局。利益分配的合理与否，决定了社会基本秩序的样态，并推动人类社会逐步向前发展。因此，一个社会最基本的利益格局如何，就决定了其权利如何加以选择和分配，进而形成适应这种基本利益格局的制度性协调机制。

---

① 参见王伟光：《利益论》，人民出版社 2001 年版，第 134 页。

从特种债权及其维护的基本利益格局来看，无论何种社会，均将国家利益、社会公共利益作为最基本的利益加以保障。如税收债权、共益费用等属于这种情况。基本利益格局的维护反映了一个社会基本的社会价值观念，如公平正义、伦理维系等。因此，代表这些基本利益的特种债权被纳入特别优先保护制度之中，是必然之选。而如劳工工资、医疗费用、抚养和赡养费用等则属于维护弱势群体利益的考量，也是基于维护基本利益格局平衡做出的必要倾斜性调整。

（2）社会形态发展变化的影响

不同的社会形态意味着存在不同的社会政治体制、社会政策倾向和社会文化观念。以罗马社会为例，立法选择妻子嫁资特种债权加以特别保护，与当时社会处于转型期有着极大关系。经过3个多世纪的对外征服战争，罗马最终确立了对地中海世界的霸主地位，并使"罗马政府从共和体制转向君主政体"。① 在这一社会转型时期，随着不断的对外扩张，原有的家庭制度被破坏，女子逐步取得相对独立的法律人格。而婚姻中的道德沦丧造成离婚率的上升，加之家父权对婚姻的支配，使罗马法为保护婚姻中的弱者，妻子，一改其私法领域内守夜人的角色，主动加以干预。

社会形态发展变化，也带来了不同社会时期的不同政策倾向。国家通过干预私法，形成政策性立法推行其社会政策。如对劳工工资债权、劳动保险费用的选择，反映了国家对劳工权益保障的政策导向。而对于保险业、金融业、采矿业、林业等行业相关债权的选择，也是基于国家的产业支持政策。这些基于社会政策而被选择的特种债权，是该权利体系中变动最快、最具灵活性的部分。此外，社会理念也会随着社会发展而变化。以罗马法的监护制度为例，其完善的监护制度对被监护人形成了严

---

① See Sarah Shaver Hughes and Brady Hughes, *Women in World History—Readings from Prehistory to 1500*, New York: M E Sharpe.1nc, 1995, p.114.

密的保护。这与当时的社会理念有着直接的关系，即将保护未成年人作为国家和社会的义务，而非家庭的责任。由于家父权和宗族制的解体带来的财产私有观念，监护制度以保护子女财产利益为宗旨而建立。为防范监护人私吞被监护人财产、不尽管理之责导致财产减损等情况，最终受监护人的债权被选为特种债权加以保护。与罗马法时期以自然伦理为基础的家庭观念相比，现代商品交换社会发生了巨大变化的观念转变，未成年人保护完全被委诸家庭。随着国家干涉的减少，相关的特种债权也被加以调整。

（3）经济发展动态的抉择

从各国对特种债权的发展和扩张的立法领域来看，主要集中于商法和特别法。这些特种债权变化所反映的是各国背后的经济发展动态。如船舶运输和航空运输发展，使其中相关的船舶债权、海难救助债权、民用航空器债权、机场管理费用债权等得以成为特种债权；现代金融发展，使其中的证券交易债权、信托受益人债权被纳入特种债权保护；保险业发展，也使各类保险中保险费债权成为特种债权。尤其是随着商事交易的发展壮大，各国依其经济需求对商事留置权加以规定，使其中的各类商事相关债权得以摆脱严格的牵连关系限制，成为新的特种债权。而随着土地交易和房地产业的发展，其中各类土地所有人地租债权、出让土地对价债权以及建筑物区分所有人取得的债权，也纷纷登上了"特种债权"这艘航空母舰。各种新型共有关系和财产增值关系的出现，也离不开经济发展的助力。可以预见，在未来的新交易方式出现和新行业发展，或许将涌现更多新型特种债权。此外，经济发展对交易安全的需要，也促使立法对缺乏公示性的法定担保进行范围限定，如日本、德国等国家对税收一般优先权的限缩等。

（4）国家干预的经济成本效用的衡量

对于行政管理和法律制度等制度层面的公共产品，只能由政府（或权力机构）提供。个人在非排他性地使用公共物品时应不影响对其他人的效用。在理性假设模式下，个人在使用公共物品时无给付相应对价的激励。① 由于公共物品的提供极易形成垄断，同时也关系到公共利益，规范不当会引起过高的社会成本。因此，供应何种公共物品需从经济学的角度加以衡量。成本和收益是衡量效用的两个方面。成本是指付出，对应于功利原则的痛苦，从社会整体来看包括个人成本和社会成本（负外部性），而以实现程度为标准则可分为现实成本和机会成本或者直接成本和间接成本。收益即获得，对应于快乐和满足，同样地也可分为个人收益和社会收益（正外部性）。法经济学视野下的成本和收益分析意在最大化二者之差，即达到边沁所指功利原理的"最大幸福"，② 最终实现社会财富最大化。

特种债权几乎无一例外地属于民法体系中的重要权利，其最终能否实现或者现实利益能否得以满足都体现在权利人的经济利益能否实现。③ 正如波斯纳所言："当法律不能被解释成矫正外在性或促进效率的手段时，经济学家就习惯它们的下一种可能性，即它们的目的在于对财富进行重新分配（也许是出于一些利益集团的要求）。"④ 对某些特殊债权的保护，也就是国家通过对社会生活的适度干预从而影响社会资源的有效分配，使得社会资源不会完全掌握在一部分人手中。特种债权一般是基于国家政策、社会公平的需要，它所考虑的是更广泛意义上的社会成本，如诉讼费用、医疗费用、丧葬费用、受雇人员的工资和各种补贴、补偿金、税收、各种保险费等，这些费用涉及社会生活中很多有重大影响的行业，体现了劳动者的劳动或服务供给，其实质上是一种无形的交付。特种债权被赋予的优先受偿性正是保护了这种无形的交付，也即保护了劳动者提供的劳动或者服务提供者的利益。通过特别的保护，避免了重大行业中无形交易的失

---

① See Thomas Saulen, *Rational Chioce Theory in Law and Economics*, 2014 年 1 月 3 日，见 http://www.law-economics.cn/list.asp0 unid=910。

② 参见 [英] 边沁：《道德与立法原理导论》，时殷弘译，商务印书馆 2000 年版，第 57 页。

③ 参见宋宗宇：《优先权制度研究》，博士学位论文，西南政法大学，2006 年，第 86 页。

④ [美] 波斯纳：《法律的经济分析（上）》，蒋兆康等译，中国大百科全书出版社 1997 年版，第 204 页。

败，从社会的角度来看，即社会交易成本的降低。

3.特种债权选择的衡量标准

从法定担保的历史发展脉络来看，各国在不同历史时期所保护的特种债权种类并非一成不变，而是存在着不断的调整与整合。

(1) 依客体不同形成的衡量标准

设立于动产、不动产或债务人一般财产之上的特种债权，其所考量的因素并不相同，各有侧重点。

第一，设立于不动产上的特种债权，多基于公平正义观念。个中因由，似可推测一二。因不动产所生之债权，多属为该不动产付出了劳动、技术和其他费用的支出，或者存在共有关系。其中涉及劳工者生存权益保护、共有关系中的基于家庭关系或其他伦理关系的考量等公平理念。

第二，设立于债务人一般财产上的特种债权，其立法政策与社会价值目标通常较为重大，多基于国家利益、社会公共利益或保护弱者、基本生存保护与善良风俗等。典型的如劳工工资、丧葬费用、日用品的供给、家庭抚养债务以及税收等，都明确表明了国家对这些属于弱势群体利益或国家利益、公共利益的倾斜性保护。当然，这种考量中也暗含着公平价值理念。各国对这部分特种债权的态度完全不同：有国家进行了种类调整，如法国，有国家则增加了相应的种类，如日本，还有国家进行了限缩，如德国。

第三，设立于动产上的特种债权，所包含的理由较为综合，包括了公平正义观念、质权观念、特殊行业发展、当事人意思推测等。究其缘由，是由于在动产上所形成债权的多样性决定的。不同于对不动产的利用，动产因其种类繁多、标的可移动性等特性，人们对其利用形态多样，因之可产生更为复杂的法律关系。

(2) 依法律渊源不同形成的衡量标准

若依据特种债权发生的法律渊源不同，还可将之分为公法特种债权和私法特种债权。鉴于公法与私法的划分，多采取利益说，公法债权与私法债权中所代表的利益也相应分为国家或公共利益与私人利益。公法债权本采公法手段保护为常态，采私法手段保护为特例。为此，在各国选择公法特种债权加以特别保护时，其衡量标准显然与私法特种债权有异。其一，多选择代表国家或社会公共利益的债权，如税收、共益费用；其二，多涉及税务、保险和海关等包括税收和费用等国家机关或政府机构职能方面；其三，多由特别法加以规范或纳入破产程序调整。而法国法现今更是将之分别由特别法和破产法规范。总的来说，呈现日益限缩趋势，不仅涉及具体的税种限制（多为国税、地方税，租税债权则被限缩），且包括了具体的期限限制。但一般具有优先于普通债权的效力。

（3）依法定担保类型不同形成的衡量标准

从罗马法到现今各国立法例，特种债权种类变化呈现不同的样态，具体表现为：罗马法中设定于不动产特别法定质权（抵押权），其特种债权主要表现为不动产施工、修缮等承揽关系中所生债权。在后世的承继中，除增加了几类因不动产交易及共同继承人继承分割的特种债权外，并无太大变化。而设定于不动产一般法定质权（抵押权）的特种债权，一部分由不动产一般法定担保保护，另一部分则划归法定抵押权保护。随着社会发展，在法定抵押权中的特种债权，有所扩张。如增加了土地出卖人债权；共同继承人土地分割、公法债权、建筑物区分所有人债权、公共团体债权等。在不同法定担保中的特种债权选择的变化，反映了两类法定担保类型不同的衡量标准。法定抵押权中，虽同样以不动产为标的，但选择特种债权的标准较不动产一般法定担保更为广泛。其中包括了公平理念、社会政策的考量。

除以上变化外，特种债权类型变动最大的领域在于动产特别法定担保中。罗马法中的动产上所生特种债权人主要涉及有限的几类交易主体和特殊身份主体，如寺院、土地或房屋出租人、受监护人、受遗赠或遗产信托受益人，其衡量标准也限于公平、质权观念或债权人或债务人需要。随着动产担保市场日渐繁荣，其中特种债权延伸到多数提供服务、买卖、保险、证券等交易关系以及纯粹的商事关系中，主体身份也不再限定特殊身份，包括了体力（劳工）和脑力（律师）劳动者在内。因此，动产特别法定担保中选择特种债权的理由更加复杂、多重。尤其是倾向于经济考量和利益衡平因素，如特殊行业发展、交易发展需要和社会利益冲突调和的综合衡量。

（三）公法特种债权选择理由：争鸣与正当性

公法特种债权是以私法手段保护公权的特例，其存在理由引发了人们的探讨，下文将对其被选入法定担保保护范围的正当性加以论证。

1.公法特种债权是否正当的观点争鸣

上文所列诸多种类的特种债权并非私法上的制度，而是税法、劳动法、诉讼法等公法上的债权，能否用私法手段来保护公法债权，值得深入考量。对此，学界形成了两种不同的观点。

一种观点认为，公法上的特种债权可以用私法手段进行救济。理由是：第一，公法债权除法律渊源与私法债权存在不同外，其基本内容并无差别，均为包含一定请求给付的法律关系；第二，复杂的社会关系无法由单一的法律部门加以调整，往往涉及多个法律部门职能发挥和协作保护，公私法之间的救济交融早已成为常态。因此，公法债权在本质上并不排斥私法的保护与救济；[1] 第三，私法方法的多样性对保护公法债权效果更佳，且可通过私法精神对公法渗透，使公法领域更符合现代法治发展的要求；[2] 第四，公权私法保护还体现了政府管理方式的革新和减少了权力运行的国家干预，有利于改善和融洽政府与公民关系等；[3] 第五，对人类公

---

[1] 如公法中存在的私权保护：刑法和行政法对公民财产权利的保护以及私法中存在的公权保护，物权法对国家与集体财产权利的保护等。参见范海林：《对我国确立优先权制度的立法思考》，硕士学位论文，华侨大学，2003年，第76—77页。

[2] 参见申卫星：《中国物权立法中论争焦点问题探讨》，《法学杂志》2006年第4期。

[3] 参见石佑启：《论私有财产权的私权属性及公、私法保护》，《江汉大学学报（社会科学版）》2007年第3期。

共欲望的满足，通过公权私法保护，可以满足公共欲望和公共利益。①

另一种观点认为，公法上的特种债权不宜由私法手段加以调整。理由是：首先，公私法划分是源于古罗马法并受大陆法国家广为采纳的制度基础。其中关于国家事务的为公法，有关个人利益的是私法。而国家税收债权和共益费用债权的主体为国家，应属于公法债权。鉴于公私法划分在现代民法体系的传承，不宜由私法对公法债权加以调整。② 其次，保护特种债权的法定担保制度并非全为私法制度，具有优先受偿效力的诸多权利（如税款、司法费用、劳动保险费用等），其本身是否属于民法上的债权，值得怀疑。③ 再次，民法只应调整私权关系。虽然基于公共利益的需要设立的债权也应得到优先保护，但在作为私法的民法中加以规定是不合适的，④ 如日本法未将诉讼费用列入一般优先权，其原因包含了诉讼费用是为国家公共利益收取，属于公法债权的考虑。

2.公法特种债权存在的正当性理由

针对以上学界的观点分歧，公法债权是否应被选为特种债权，并通过法定担保方式加以保护，应综合如下几个方面加以分析：

第一，从法律所追求的最终价值来看，公法债权保护符合公平与效率。基于公共利益原则承认公法特种债权，如税收特种债权，是为了健全国家财政以促进效率，并谋求财富重新分配的公平目标。且从风险转

---

① 参见柴振国：《论税收债权的一般优先权》，《社会科学论坛》2005 年第 3 期。如税收优先权，即国家向营利的私人经济主体课征，借此提供社会公共物品。这使得税收成为满足公共需要的主要手段，从而使其具有很强的公益性。参见张守文：《财税法教程》，中国政法大学出版社 1996 年版，第 8—13 页。

② 此类观点参见刘保玉、吕文江主编：《债权担保制度研究》，中国民主法制出版社 2000 年版，第 257 页；董开军：《担保物权的基本分类及中国的立法选择》，《法律科学》1992 年第 1 期。

③ 参见郭明瑞、仲相、司艳丽：《优先权制度研究》，北京大学出版社 2004 年版，第 45 页。

④ 参见《优先权——中国立法模式之选》，2013 年 11 月 5 日，中国论文下载中心，见 http://www.studa.net。

嫁的角度看，若政府在特定案件中所遭受的损失，通过增加税率或税额等方式外化为其他纳税人的损失，这对其他无辜分摊损失的纳税人也是不公平的，① 而且，分摊风险的其他纳税人也不会因为分摊了这些风险，而增大对特定债务人的监督力度或者作出特定的努力，故也无助于效率。② 因此，公法债权中体现的最终利益，存在公共利益与私人利益的融合。虽然公法与私法的利益倾向不同，但均旨在平衡各种利益关系。因此，从利益角度划分公法债权和私法债权，进而否定通过私法规范保护公法债权的理由并不充分，公法债权中也存在对私人利益的考量。

第二，从公私法体系划分维护的角度看，公法债权的私法保护并不当然对其造成破坏。公法和私法二元模式是大陆法系国家法律制度构建的基础，在漫长的历史历程中发挥了不同的规范功能，并依此建立了相应的规范原则、法律管辖和救济程序。任何可能使该体系瓦解的权利划分或规范调整必须谨慎为之。随着社会的发展，在法律体系内出现了众多的公法私法化或私法公法化现象，如经济法、社会法及其中相应权利的出现，已使这一体系的划分标准变得模糊。但从大陆法系立法整体现状来看，这些中间地带和边缘地带的出现，并未使公私法划分的体系崩溃，反而当人们不再严格遵循最初的公私法划分后，法律体系更为适应社会变化，更具灵活性和包容性。依此，公权的私法救济也不再是否定公法特种债权私法保护的充分理由。但需要思考的是这种特种债权是否需具有优先性、其具体范围以及优先的顺位。

第三，从公法债权产生方式看，依法设定的经常性公法债权成为特种

---

① 中国台湾地区"司法院"释字第 224 号解释："……规定应连同税捐之保全与优先受偿等问题，通盘检讨修正，以贯彻宪法保障人民诉愿，诉讼权及课税公平之原则。"也认为该特种债权的理由是基于"课税公平"相关。转引自黄健彰：《法定优先权制度研究——两岸物权法修正草案刍议》，博士学位论文，中正大学法律学研究所，2008 年，第 104 页。

② 参见宋宗宇：《优先权制度研究》，法律出版社 2007 年版，第 136—137 页。

债权具有合理性。公法债权的产生分为三种情形：一种是依法设定，经常发生的，与公共物品提供有关的，如税收、行政收费（包括公有公物许可使用的收费：排污许可、交通营运线路经营许可、无线电频道经营许可、空中航线飞行许可等）；① 一种是依权力设定，如行政处罚后应缴纳的罚款，这种公法债权具有偶发性，一般只针对违法行为方能发生；② 一种是依合同设定，如公有公物的合同使用（如土地出让等）、行政事务的委托执行所产生的费用主张等。③

虽然对公法债权可分别采取私法和公法手段加以保护，但基于私法手段的灵活性、自治性和更佳的社会效果，公法债权的私法保护具有合理性。如代位权和撤销权的行使，即为公法主体运用私法手段实现债权的必要方式。但公法债权中毕竟包含了较强的公益性，当发生权利冲突时，并不能当然适用债权平等原则。但是否需赋予其较其他权利更强的优先效力，是其成为特种债权优先权的基础。

以上公法债权中最常见的税和费，是由法律直接加诸公民的金钱给付义务或债务履行义务，这种负担具有无偿性、强制性，因此"势必对人民自由财产造成侵害，税收由此成为国家对人民关系中最为经常也是最大的不利益"④。但其中的收费债权通常是即时发生，国家债权一般不会受到太大的影响。而税收中不仅包含较强的国家和社会公共利益，且是国家生存的物质基础，地位显著。为此，划为特种债权保护更具合理性。但基于其对私人权利的直接强力干预，为避免公权力的任意侵犯应严加规制。依行政权设定的债权，其偶发性和较弱的公共利益构成不适宜成为一类特种债权。而依合同产生的公法债权本身就是公法私法化的表现，

① 参见吴珏：《论公法债权》，《苏州大学学报（哲学社会科学版）》2008 年第 5 期。
② 参见吴珏：《论公法债权》，《苏州大学学报（哲学社会科学版）》2008 年第 5 期。
③ 参见吴珏：《论公法债权》，《苏州大学学报（哲学社会科学版）》2008 年第 5 期。
④ 钱俊文：《国家征税权的合宪性控制》，法律出版社 2007 年版，前言。

强调公法领域的私人自治性，并不具备太多直接的社会公益性，划入特种债权保护不仅破坏了这种安排，也将造成法定担保中过多公法债权涌入，不堪重负。

第四，从国外立法例来看，否定公法特种债权的立法例仅为少数。以税收优先权为例，许多国家和地区都规定了税收优先权。这些国家和地区或在其特别法中，或在其民法中，分别对税收优先权予以了规定，包括：法国①、美国、日本、中国台湾地区、②中国澳门地区、③意大利④、加拿大⑤和德国⑥等国家和地区。

---

① 法国税法规定了国库一般优先权。

② 美国《内地税法》第6321条规定："应纳税捐经催缴后仍不缴纳者，联邦政府对欠税人所有之全部财产包括动产、不动产及各种财产权享有留置权。"日本《国税征收法》第8条规定："除本章另有规定外，国税就纳税人之总财产优先于一切公课及其他债权征收之。"韩国《国税征收法》第5条规定："国税、加算金及滞纳处分费，优先于其他公课金及其他债权征收之。"中国台湾地区参考美国和日本的做法，增列"税捐征收法"第6条第1项规定："税捐之征收，优先于普通债权。"引自刘剑文：《国税法对国外税收优先权制度的借鉴》2013年12月14日，见http://www.civillaw.com.cn/article/default.asp?id=21524e。

③ 《澳门民法典》第七百三十一条规定：（一）澳门地区具有动产一般优先受偿权，以保障由间接税而产生之债权，亦保障由为着于查封日或等同行为日当年及前两年征收而已被登记之直接税而产生之债权。（二）上述之优先受偿权，并不包括任何享有特别优先受偿权之税项。其第七百三十六条也就房屋税及转移税而生之债权，规定了特别优先受偿权。

④ 《意大利民法典》第2752条（国家直接税、增值税和地方政府税的债权）：国家对个人所得税、法人所得税、地方所得税的债权，享有对债务人动产的一般先取特权，但是仅限于未列入不动产所得税和地籍登记未确定的土地税或者上述税款的份额的、记入现年度及上一年度的主要目录、增补目录、特别目录或者临时收税目录中税款。其第2757条和第2758条也分别就间接税和所得税的债权规定了动产先取特权。

⑤ 《魁北克民法典》第2653条规定：国家就依税法对应纳税款的优先权，可以执行动产。

⑥ 德国法上与优先权制度功能相似的法定抵押权在产生原因为公法原因时，如基于财政部门的申请，可在税收债务人的土地上登记一个担保性抵押权（《纳税法》第322条）。参见［德］鲍尔·施蒂尔纳：《德国物权法（下册）》，申卫星、王洪亮译，法律出版社2006年版，第196页。

第五，从对公法特种债权的规范来看，对其加以种类、期限和顺位限制是合理的。国家权力来自人民的授予，为此，任何权力的滥用都是不被允许的行为。对公法债权的设定必须加以限制，而具有优先受偿效力的公法特种债权更是在严控之列。从以上各国立法来看，此种控制包括了公法特种债权的种类、期限和具体的优先顺位方面，且有总体呈缩小的趋势。除了已依法设定的、强制性的公法债权可以采取私法保护方法外，对其他的都加以了限制。因而，对公法特种债权无论采取公法或私法保护方式完全取决于国家立法的选择问题，在学理上并无太大的障碍。

（四）特种债权的基本范围限制：表现与理由

1. 特种债权基本范围限制的表现

各国对特种债权除种类有异外，还存在对所选特种债权的范围、期限、行使期间等限制。从根源来看，特种债权的选择决定了法定担保的基本类型和具体种类。因此，那些对特种债权选择限制产生作用的因素，也决定了法定担保类型配置的不同结果。二者之间是一种表里关系。

特种债权的限制表现在：首先，特种债权范围、期限的限制；① 其次，

---

① 如《法国民法典》第 2101 条中列举的优先权相关范围限制：诉讼费用优先权排除了债权人为实施执行证书的个人利益范围内起诉的诉讼费用保护；丧葬费用特种债权需与债务人社会地位相称；医疗费特种债权为债务人死亡之前最后一次的费用；报酬债权为受雇人过去一年及当年的报酬、农业方面的为过去一年及当年迟延支付报酬的债权、雇工及学徒为最后 6 个月的报酬。参见《法国民法典》，罗结珍译，法律出版社2005 年版，第 2101 条。其他国家也有类似的限制，如《日本民法典》第 308 条也将工资特种债权限定为最后 6 个月的工资额。中国台湾地区"劳动契约法"第 29 条规定了劳动报酬特种债权为雇方破产及其歇业前 1 年内到期的请求权。《德国破产法》第 61 条规定雇主破产时，破产前 1 年到期之工资等特种债权的优先受偿。英国破产法规定了财产接管令发布前四个月中应支付给职员的工人工资、薪金、医疗费用、劳动保护费等特种债权，但每人总额不得超过 800 英镑，超过部分为普通债权；美国联邦破产法规定，破产申请或业务停止前三个月内雇员的工资、薪金和佣金为有优先权的无担保债权，但每人不超过 2000 美元。参见顾培东：《破产法教程》，法律出版社 1995 年版，第 293 页。

特种债权程序的限制；① 再次，特种债权效力的限制。②

2. 特种债权基本范围限制的理由

对特种债权基本范围的限制，除各国经济发展水平、历史传统、制度环境、社会政策和现实需要所导致的不同表现外，主要是考虑到利益平衡的需要。

在社会科学领域，研究的对象不是物质关系而是人与人之间的关系。"人的本质不是单个人所固有的抽象物，在其现实性上，它是一切社会关系的总和"③，"人不是实体，人是关系，更明确地说：他是关系和关系者的结构统一"④。这种人与人之间关系存在本身的矛盾，在矛盾的客观存在下，为了实现社会的稳定发展，必须均衡各主体间的自身利益主张，建立一种均衡的观念和相关实现均衡的机制，使大多数人利益达致均衡状态。为此，在最大限度满足社会不同主体需要情况下，牺牲少部分人的利益，是一种合理的社会态度。当然，这种均衡观念和非均衡观念间也要保持一定的均衡，否则，可能构成新的不均衡。⑤ 在原均衡状态不再适合社会需要，或者社会发展在客观上需要对原有均衡状态进行调整时，及时调整现有均衡状态，使之不断达到新的更合理的均衡。⑥ 在现实法律生活中，要获得权利（权力）、义务（职责）关系的最佳组合，必须确定可能实际执行的权利、义务数量，以此作为合理权利选择的基础。这也是一种历史经

---

① 如法国税法规定，法国国库特种债权的优先权只有在事前予以公告时，才能适用于债务人被宣告进行裁判重整的情形；1966 年 12 月 28 日法国税法。参见尹田：《法国物权法》，法律出版社 1998 年版，第 459 页。

② 各国立法对特种债权是否优先于担保物权规定不同，如法国规定的工资优先权优先；美国、英国、德国、日本规定的担保物权优先等。

③ 《马克思恩格斯选集》第 1 卷，人民出版社 2012 年版，第 139 页。

④ ［德］阿图尔·考夫曼：《后现代法哲学》，米健译，法律出版社 2003 年版，第 51 页。

⑤ 参见刘少军：《法边际均衡论——经济法哲学》，中国政法大学出版社 2007 年版，第 42 页。

⑥ 参见贾玉娇：《利益协调与有序社会》，博士学位论文，吉林大学，2010 年，第 3 页。

验和合理预期，确定每项权利义务的综合社会效果值。然后，依次测算不同可能组合的预期综合社会效果。①

　　法定担保中对某些特种债权的优先保护牺牲了其他普通债权人的利益，表面看构成了失衡，但若忽视这些特定债权的保护，又将构成新的不均衡。如此往复，均衡与失衡状态的更迭是正常的格局。但作为债权平等原则这一旧有均衡被打破之前，需要考虑如何建立新的均衡状态。

　　特种债权的存在，在破除债的平等性后所形成的均衡，就是一种调和了由于社会差异存在形成不同利益矛盾的更为合理的均衡。但法均衡论不是主体间价值主张的平均，也不仅仅是主体间价值主张的简单、抽象的均衡，而是主体间价值主张的边际均衡。② 因此，在对特种债权基本范围的各种限制，就是注意到了现实的社会生活中受保护利益的差等性，注意到其主体的起始状态、过程状态和结果状态的差别，以及由此产生的法边际均衡的综合效果的变化，而后再进行不同的安排。

　　以上特种债权的限制，如对工资债权的限制，在中国现行法律中尚未规定。中国现行立法中工资优先权的规定，凌乱无章，如：中国《企业破产法》第一百一十三条、第一百三十二条规定的工资债权优先受偿顺位、过渡性规定；《民事诉讼法》第二百零四条规定的职工工资优先受偿的顺序；《海商法》中的船员工资优先权等。以上规定中并未限定工资债权的期限，也无数额限制。为平衡债权人与债务人之间的利益，对相关特种债权进行范围或其他限制是合理的。

---

① 参见刘少军：《法边际均衡论——经济法哲学》，中国政法大学出版社2007年版，第46—47页。

② 参见刘少军：《法边际均衡论——经济法哲学》，中国政法大学出版社2007年版，第47页。

（五）法定担保的担保范围扩张：边界与标准

中国《物权法》第一百七十三条 ① 的担保范围规定对于法定担保来说，能否参照适用，学界存在不同见解。尤其是对利息、违约金或损害赔偿金是否能作为法定担保的债权范围，争议极大。有关对担保范围的边界和标准的争议围绕着"能否体现法定担保的功能""对交易安全的影响"和"利益平衡"三个标准展开。

1. 利息

《国家税务总局关于税收优先权包括滞纳金问题的批复》明确了《税收征管法》第四十五条规定的税收优先权执行时包括税款及其滞纳金。这一批复是基于税款滞纳金在征缴时与其他税收程序的同时进行的法律精神而做出的。中国立法对滞纳金作为税收优先权的担保范围规定，立法位阶较低，且仅从税收业务程序，而未基于税收优先权的特殊立法目的来考虑。从税收优先权的立法功能和利益平衡角度来看，对于税收优先权担保范围扩展至滞纳金等具有"惩罚"性的债权，应加以限制，以免对私人主体权益过多的影响。应将之限定于当事人合理预期的时限内，当滞纳金超过应补缴税款本身，且数额过高时，即为超出合理预期。

从其他立法例来看，对税收优先权等法定担保，多将担保范围扩及利息。如中国台湾地区"税捐稽征法"第 49 条准用第 6 条规定，以及"加值型及非加值型营业税法"第 57 条规定的税捐优先权担保的债权均包括利息。税捐等债权会有利息，通常是相关当事人可合理预期的，故优先权担保的债权常包括利息。实际上，税收征缴中的"滞纳金"与"利息"之间存在区别，前者具有未按期申报税款的"惩罚"意思，后者为特别纳税

---

① 该条属于担保物权的担保范围包括："主债权、利息、违约金、损害赔偿金、保管担保财产和实现担保物权的费用。"

调整时补征税款的利息，具有政策性。① 因此"利息"与"滞纳金""罚款"等具有惩罚不遵守税收缴纳规则的规定法律含义不同，应加以区分。此外，其他法定担保的担保范围也多包括利息。如《日本民法典》第321条、第328条、第322条规定，出卖人优先权担保的债权和种苗或肥料供给的优先权债权均包括利息。中国《最高人民法院关于审理建设工程施工合同纠纷案件适用法律问题的解释》也明确将迟延支付的工程价款的利息作为法定孳息对待，作为优先受偿权的保护范围。

2. 违约金或损害赔偿金

各国立法中对意定担保的债权范围包括损害赔偿金，大多一致。但就法定担保而言，差异颇大。如美国用于担保价金的买受人优先权除了让买卖价金的回复原状外，也担保金钱赔偿。日本劳动灾害后，雇员对公司的损害赔偿请求权，也为《日本民法典》第308条雇佣关系优先权的保护范围。② 中国台湾地区"海商法"第24条第1项第2款至第4款规定，将与船舶相关的人身伤亡赔偿请求、救助报酬、清除沉船费用及船舶共同海损分担额赔偿请求、财物毁损灭失赔偿请求，均纳入海事优先权担保债权范围。但基于保护交易安全，立法也对有可能使赔偿金额较大的损害赔偿排除在外，这一做法较为普遍。如中国台湾地区的"海商法"第26条将船舶有毒化学或油污损害、船舶核损害等的赔偿排除在担保债权范围之外。

而中国《最高人民法院关于建设工程价款优先受偿权问题的批复》（法释〔2002〕第16号）中第三项对建筑工程价款的优先受偿，仅为劳动报酬和材料费用债权，而不包括承包人因发包人违约所造成的损失。对此，在中国台湾地区亦有同样规定，如其"民法"第513条第1项规定在修法时

---

① 参见中国《企业所得税法》第四十八条和《税收征管法》第三十二条关于滞纳金与利息征缴的规定。

② 参见〔日〕高木多喜男：《担保物权权法》，有斐阁2005年版，第45页。

将承揽人抵押权担保的债权修正为"承揽关系报酬额",也未明确是否包括损害赔偿在内。而修法理由表明,因原条文抵押权范围为"承揽人就承揽关系所生之债权",其债权额于登记时尚不确定,故修正为以订契约时已确定之"约定报酬额"为限,不包括"不履行之损害赔偿"。但有学者指出,损害赔偿为与主债权(原债权)有相当关联的债权,原则上应为优先权担保范围所及。且从制度功能宗旨出发,为使承揽人不至于担忧影响工作,损害赔偿亦应在担保范围之内,在增加价值的范围内的优先受偿的效力,也不会危害到交易安全。且修正后的条款其实仅表明"承揽关系报酬额"得登记而已,不代表"其他承揽关系所生之债权"必然不在担保的债权范围之内。①

中国学界和实务上对建设工程价款优先受偿权的债权范围是否包括损害赔偿金或违约金,也存在很大争议。有人认为,该法定担保是对发包人违约行为的担保措施,不应将违约损失排除在外;也有人反对,认为违约金和损害赔偿金需要法院审理方能确定,而承包人主张建设工程价款法定担保时,很难直接确定违约金数额,缺乏实务操作可行性。还有人提出,对承包人因停工、窝工、倒运、机械设备调迁、材料和构件挤压造成的损失,可能是由于承包人违约或其他原因造成的,依《合同法》第二百八十四条规定,可属于承包人为建设工程实际支出的费用,故应纳入建设工程优先受偿权的保护范围。②

以上观点从实务操作的角度出发,构想了各种将违约金或损害赔偿金纳入保护范围后的种种不便,但缺少从制度功能发挥的考量。从本质上来

---

① 参见林诚二:《民法债编各论(中)》,瑞兴公司 2002 年版,第 121 页;林诚二:《论法定抵押权新旧法之适用问题》,载《黄宗乐教授六秩祝贺——财产法学篇(一)》,学林公司 2002 年版,第 91—92 页;温丰文:《费用性抵押权优先效力之要件》,《月旦法学教室》2003 年第 4 期。

② 以上观点详情参见王永起、李玉明:《建设工程施工合同纠纷法律适用指南》,法律出版社 2013 年版,第 442 页。

看，该种优先受偿权是因发包人违约不支付工程价款而产生的，目的是为使承包人在被迫垫资等情况下仍可积极参与工程承揽业务，在完成标的物增值的前提下，最终可依此对提供实际劳动给付义务的施工者的生存利益加以维护。因此，将违约金限定在合理范围内作为优先受偿债权，有利于以上目标实现。鉴于中国目前建设工程价款优先受偿权无须登记设立，对交易安全存在影响，若贸然将其保护范围扩大，无异于雪上加霜。但此问题的存在根本并不在于优先受偿权保护范围大小，而在于公示机制的欠缺。为此，有学者建议采用法国、日本、瑞士、德国等对不动产优先权或法定抵押权的预告登记制度加以解决，颇值赞同。[①] 唯工程价款及其增值额难以提前确定，有待登记技术方式的改进。

本章小结

本章主要论证了法定担保类型配置的外在与内在标准。

外在标准包括法定担保类型划分、体系定位、模式选择三个角度。

首先，法定担保类型划分的标准之一是在对罗马法中担保区分的不同继受途径而形成的差异化结果。依权利限制型担保标准可包括质权、抵押权，从而形成法定质权、法定抵押权。依非移转占有型担保标准，即仅形成抵押权（优先权）。在非移转占有型动产担保发展趋势下，前者可选择体系内承认动产抵押、非占有质权或体系外承认让与担保两种方式，后者下仍可选择"优先权"（担保）体系，增加留置所有权保留和担保名义的

---

① 参见曾文忠、肖斌：《建设工程优先权与其他权利的冲突及解决》，《江西理工大学学报》2006年第5期；王淑华：《工程价款优先受偿权之预告登记制度构建》，《法学论坛》2008年第2期。

让与所有权作为新型的担保物权类型。而对让与担保物权性的承认与否，还与对所有权统一观念的态度有关。但后一划分标准，面临着与客体特定和公示规则的协调问题。标准之二是与特种债权的保护方式有关，分别为开放式的优先权保护和封闭式的法定抵押权、法定质权与留置权保护。其次，法定担保类型体系定位的依据之一是对法定担保发挥功能的媒介不同选择，依担保标的物或担保标的物交换价值形成物的担保体系和担保权利体系。前一体系内严格依物权债权区分法定担保，后一体系内可不依物权或债权区分法定担保。英美法中功能化体系采取的"担保利益"媒介，与"担保权利"体系有异曲同工之妙。依据之二是权利体系的和谐要求，即物权与债权区分的相对性对法定担保类型体系定位的协调。目前最佳的选择是既要坚持物债二分划分体系，又要适应新发展趋势对物权公示和客体特定的挑战。再次，法定担保类型模式选择的标尺之一是体系内固有理论的引导，即物权公示原则和物权客体特定原则对法定担保秘密性和一般客体设立的处理。标尺之二是体系外制度功能的协调，即法定担保的程序保护功能替代的处理。

内在标准包括法定担保类型的主体、客体、范围。

首先，法定担保主体身份选择与社会发展和政策衡量有关，具体范围应遵循"实质认定原则"。其次，法定担保客体类型除动产、不动产外，还包括权利，但其客体并不一定为债务人所有。在第三人财产之上，可依客体扩张设立留置权，而非留置权善意取得问题。一般法定担保的客体无须区分为动产与不动产。特别法定担保客体的区分标准为：依财产能否特定及是否基于重大立法政策考量。再次，特种债权的决定因素各不相同，包括基本利益格局的维护，社会形态发展变化的影响和经济发展动态的抉择。可依客体、法律渊源和法定担保类型不同形成不同的特种债权衡量标准。而公法特种债权存在具有正当性：符合公平与效率价值，并不破坏公私法划分体系，国外立法也多对公法特种债权加以保护，但应对其加种

类、期限和顺位限制以防权力滥用。对特种债权的范围和期限限制，当事
人之间的利益平衡是主要根源。法定担保担保范围扩张应遵循"能否体现
法定担保的功能""对交易安全的影响"和"利益平衡"三个标准。依此
可考虑是否将利息、违约金或损害赔偿金纳入担保范围。

第五章　法定担保类型配置之法政策考量：评价基准与立法框架

立法对法定担保类型的配置并非某种抽象理论逻辑推演的必然结果，而是包含了各个历史时期客观经济、政治和社会环境的应对性选择。这一选择中所包含的法律与政策的冲突与互动引起了人们对法律制度决策过程中法政策的关注。本部分将论述基于法政策的评价基准的法定担保类型配置的不同应对，以及立法框架的应对选择问题。

第一节　法政策与法政策学方法论

一、法政策的含义与作用解读

学者认为法政策"是一种宪政原则下内存于法律文本的规则条款和外生于法律文本的权威性行动原则、准则或具体措施"①。法政策可分为广义与狭义。狭义的法政策，即指国家于立法文本中所确认或认可的政策性法

---

① 刘小冰、陈盛、宋伶俐：《中国法政策的现实观照》，《唯实》2008 年第 8 期。

律规范。广义的法政策，即指国家、政党或社会组织于法律文本外形成的，为实现相应社会目标而提出或确定的影响法治活动的权威性原则、规则或措施。

法政策是区别于政策、公共政策、政策法或政策法律化的概念。这一概念，是随着公共政策理论而产生，在学界"政策法学派"对古典理论主张的反动中被提出的。美国学者认为，"在政策决定过程中，我们主要的兴趣是在法律过程，亦即产生具有权威性和控制性的决策过程"[①]。其所重视的是法律与政策的互动过程，提出了对法律技术规则制定新的参考视角。法政策的独特视角，为研究法律现象本身与一国特定时期的社会政策提供了新的思路。一个理想的立法应同时包含政策和规则两个层面。"政策要么本身是一种法律渊源，要么是法律的内在构成要素之一"[②]，"当政策被定义为影响价值分配的重要决定时，没有一个处理法律问题的人能够脱离政策"[③]。任何国家在立法政策中都需要重视影响规则选择的政策因素。立法政策是"在立法上为解决各种社会问题，达到一定社会目的而采取的对策"[④]。为此，立法者必须从一定社会目的出发，因应特定时代社会状况的变化，来考虑影响立法的社会效果，定位价值标准和功能发挥的立法政策，从多个备选规则群中作出合理选择。[⑤]

[①] Myeres S., McDougal and Harold D. Lasswell, *The Identification and Appraisal of Diverse Systems of Public Order, in M. McDougal and Associates, Studies in World Public Order*, New Haven: Yale University Press, 1960, pp.3–41.

[②] [美] E. 博登海默：《法理学——法律哲学与法律方法》，邓正来译，中国政法大学出版社 1999 年版，第 413—415、463—468 页。

[③] 舒国滢：《战后德国法哲学的发展路向》，《比较法研究》1995 年第 4 期。

[④] [美] 史蒂文·J. 伯顿：《法律和法律推理导论》，张志铭、解兴权译，中国政法大学出版社 1998 年版，第 1 页。

[⑤] 参见曹兴权：《"非公 36 条"的民商法意义：法政策视角的解读》，《学海》2006 年第 3 期。

二、法政策学方法论及其评价基准

"处理相互对立之价值的纷争，数千年来一直就是法律工作者的中心工作……能够弥补位于系统分析之顶点的目的—手段思考模式的弱点的，只能是法的思考模式和法律工作者的工作"①。依此，日本学者平井宜雄提出了法政策学研究方法，用以解决与价值判断的主观性和客观性相关的法解释问题。② 而所谓法政策学，是"从法的角度对意思决定理论进行重构、并与现行的实定法体系相联系，设计出法律制度或者规则，由此控制当今社会面临的公共问题、社会问题，或者提供解决这些问题的各种方法、策略，或者就这些方法、策略向法律意思决定者提供建议"③。从法政策学的视角研究法律现象的法政策学方法，是一种不同于立法学、法解释学的法学研究方法。

对资源分配型法律制度的设计，既要从分配资源角度设计权利义务关系，又需使制度符合公平、正义的理念。"法治应包括两重意义：已成立的法律获得普遍的服从，而大家所服从的法律又应该本身是制定得良好的法律"④。法治，即法政策学希望法律制度设计能达到的终极效果。

由于政策与法律思维关注的角度不同，一为社会公共性问题，一为个体之间关系问题，从政策到立法的转型需依托一般的评价基准。为此，平井宜雄进一步提出了评价法律制度的一般性基准：正义与效率。前者源于资源分割与剥夺需有的正当性要求；后者源于资源的稀缺性，需尽可能满足个体的效用。

对这两种评价基准，平井宜雄作出了不同于一般法律价值的分析。

① ［日］平井宜雄：《法政策学——法制度设计の理论と技法》，有斐阁 1995 年版，第 22 页。
② 参见段匡：《日本的民法解释学》，复旦大学出版社 2005 年版，第 316—318 页。
③ 解亘：《法政策学——有关制度设计的学问》，《环球法律评论》2005 年第 2 期。
④ ［古希腊］亚里士多德：《政治学》，吴寿彭译，商务印书馆 2006 年版，第 199 页。

首先，正义性基准是归结为基于分配关系和交换关系"平等命题"的具体化基准。分配关系中的平等命题，依是否关注被分配人的特性，分为分配取向平等和财产状态取向平等。前者包括客观平等和机会平等。后者包括主观的平等、序列的平等和比例的平等。交换关系中的平等命题，依是否存在报酬交换，分为互酬型主观交换比率正义与无酬型恢复均衡正义两种基准。①

其次，效率性基准仅为设计法律制度的基准之一，而非唯一。对此，需明确其与福利经济学有关效率性理论的差异，不能任意加以套用，因为：若存在市场费用的考虑，依帕累托最优基准不能得出是否满足效率性的要求；完全竞争市场的假定，无法解释等级构造的存在为何有时更有效率；法政策学的思考模式是帕累托基准所禁止的个体间的效用比较。② 因此，当不存在最终的效率性理论工具时，应选择达到解决问题相关指标的费用与收益比最低的类型作为法律制度设计的基础。

以上两种基准在法政策的形成过程中彼此对立，中立的立法者需要在公共性目标与个体利益之间反复观察、比较、衡量并艰难地作出抉择。③

三、法政策学方法论的决定类型（模型）

平井宜雄认为，决定是主体为满足其欲求而设定目标并且有意识地从诸多可能的行动中作出选择的过程。④ 平井宜雄的法政策学中的社会是个

---

① 相关分类的具体含义参见解亘：《法政策学——有关制度设计的学问》，《环球法律评论》2005 年第 2 期。

② 参见解亘：《法政策学——有关制度设计的学问》，《环球法律评论》2005 年第 2 期。

③ 参见［日］平井宜雄：《法政策学》，有斐阁 1987 年版，第 66 页。

④ 例如，作为政策决定要处理社会多元利益冲突，而社会公共性问题原本就非常复杂。当公共政策转化为立法的场合，则要接受更加复杂的法律标准的评价和考量。参见［日］平井宜雄：《法政策学》，有斐阁 1987 年版，第 205—216 页。

体之间形成的网络式结构关系，当对资源分配不能由两人依谈判完成时，需由资源分配决定者依市场、权威或程序作出决定。其一，市场决定类型。是以广义的市场交换为基础，并不以货币为交换唯一的尺度，由个体在市场中作出决定。① 其二，权威性决定类型。即由分配决定者利用组织作出的决定。② 其三，程序决定类型。是前两类决定之间存在的"中间组织"为基础的分配财产决定。中间组织等级构造较弱，等级构造上层的人资源拥有并不处于绝对优势，可形成下位的人之间的自律交换和与上位的人一起作出分配决定两种选择。③

第二节　从身份到契约再到身份的运动：正义驱动下法定担保类型配置的应对

一、立法理念变迁与法定担保类型配置的关联性

英国法学家梅因在其《古代法》中将法律从古代向近代资本主义社会的发展概括为"从身份到契约"的运动过程。身份，在"人法"范围内，

---

① 此类型重视资源分配效率、保障决定的自由和个体自主信息发现和扩散，具有革新的诱导和竞争结果的不可预测性。其法律框架应包括："确立排他性权利的制度（所有权法、不动产登记制度等）、契约自由的原则、统一的货币制度、可使财富在法律上得以转让的制度、在一定情形否定合意效力的制度（行为能力制度、公序良俗等）和维持竞争秩序的法律制度（反垄断法）。"引自解亘：《法政策学——有关制度设计的学问》，《环球法律评论》2005 年第 2 期。

② 其法律框架包括很多与组织法、组织规范相关的法律技术，如法人制度、破产管理人制度等。

③ 其法律框架"主要有有关合伙和持续性契约的私法制度、行政指导、行政程序法等"。引自解亘：《法政策学——有关制度设计的学问》，《环球法律评论》2005 年第 2 期。

是以古罗马社会"家父权"为基础发展起来的"家族"人格对个人人格的吸收。随着时代发展，罗马法中的人格独立愈加明显，典型的如女性在人身和财产上的独立地位获取。作为权利和责任标签的"身份"由此摆脱了限制而可作为独立"个体人"标志的"契约"①，"用契约取代身份的实质是人的解放，是用法治取代人治，用自由流动取代身份约束，用后天的奋斗取代对先赋资格的崇拜"②。

但 20 世纪以来，出现了契约到身份的回归。如以合同正义代替合同自由的现象：强制缔约、格式条款的规制、集体缔约机制等，使某些社会领域内人的权利、义务已不再是经由契约来分配，而是由人的身份如消费者、雇员等来决定。③由此，民法需要将"身份"因素导入，给"弱者"群体以特殊的保护。这一运动反映了从抽象人格到具体人格，从一体保护到区别保护，从自由放任到国家干涉的法律政策取向变化的过程。特别是法律人格从"自由的立法者向法律的保护对象""从法律人格的平等向不平等的人""从抽象的法律人格向具体的人"的转变，以及其反映出"从理性的、意思表示强而智的人向弱而愚的人"的转变，④需要政府通过法律对公民施予强制的"爱"在特定领域，如特种债权保护，成为必要。而从契约到身份回归的理念变迁中，在法定担保制度形成中运用最多的是正义性基准，即对资源分配的正当性考虑。

---

① 参见时亮：《"从身份到契约"：梅因说什么?》，《中山大学法律评论》2011 年第 9 期。

② 张清：《从身份到契约：当代中国社会分层结构之变迁》，《江苏社会科学》2002 年第 3 期。

③ See Geoffrey MacCormack, "Status: Problems of Definition and Use", *Cambridge Law Review*, 1984 (43) 2, pp.61–376.

④ 参见 [日] 星野英一：《私法中的人》，王闯译，中国法制出版社 2004 年版，第 50 页。

二、正义驱动下法定担保类型配置的应对

(一)基于"父爱主义"的应对:避免弱势群体保障的过度国家干预

国家对社会关系基于身份因素的强行干预,其中的法政策因素之一是对法与道德两大规则体系的共生共荣关系的考虑。如法定担保中对工资债权的优先保护,表现出了保障基本人权,维持人类基本生存权利等国家政策功能的考量。"父爱主义"[①]作为政府对公民关爱的集中理论体现,是在对个人"具体人格"认可基础上,法定担保制度得以建立的最为显著的法政策因素。但随着现代社会法的发展,从大政府到小政府的变化,使私人领域内的国家干预被限定在更小的范围内。由于对个人自治的提倡,使那些基于"父爱主义"形成的对具体人格特别保护的功能可被不同制度所分担或替代。

从政府基于"爱"的施用,通过法律强制性规定设置某种法定的负担来看,采取立法的直接规定保障某些特定债权优先受偿,实现了财产状态取向的主观平等。但对其他债权人施加了这种"不利益"的理由,必须充分且必要,否则有违财产状态取向的序列平等。这些理由,也即在法定担保中"父爱主义"政策适用的理论前提。在对作为人的基本价值的自治、自由与权利尊重角度观察,任何对其施以限制的负担都需进行论证。如尊

[①] 父爱主义(paternalism)又称家长主义,它来自拉丁语 pater,意思是指像父亲那样行为,或对待他人像家长对待孩子一样。当然,这里是指具有责任心和爱心的父亲或家长。该理论假定在社会生活中存在弱小如"孩子"的公民,强大如"父亲"的政府可以为了这部分民众的幸福、利益和价值对其生活进行法律干涉,在一定程度上强迫他们促进自我利益或阻止他人对其的伤害。最早的西方法律父爱主义理论主张政府在某些领域为了公民自身的利益可以不顾其意志而限制其自由或自治。虽然传统的自由主义法学思想对父爱主义持否定态度,但父爱主义政策在诸多方面存在已久。参见张文显:《二十世纪西方法哲学思潮研究》,法律出版社 1996 年版,第 549 页;赫然、亓晓鹏:《法律父爱主义的可能困境及保障策略》,《长白学刊》2010 年第 5 期;孙笑侠、郭春镇:《法律父爱主义在中国的适用》,《中国社会科学》2006 年第 1 期。

重个人选择与自治利益的价值对比，并对灰色区域，如年老、贫穷、柔弱等的特殊考虑；又如近代法律中的"人"是源自经济学中理性经济人的假设，是"利己的、理性的、运动着的""自由而平等"的人。[①] 但事实证明，这种假设与现实严重脱节。人由于各方面的不平等而需要特殊关照和保护与自由行动、平等的法律人格难以画等号。无论是财富还是信息，人们之间无法实现真正的平等占有，因此，法律中人的形象从理性的、强而智的人转变为在一定程度上弱而愚的人，[②] 由国家进行干预保护，也就顺其自然了。如法定担保中所涉及的如在雇佣契约、供求关系极不平衡的当事人之间，特定行业领域中，都包含了法律人格变迁所带来的需施用这种"爱"的空间和通过限制特定主体权利来保护弱势群体的间接父爱主义。

但这种以"父爱"为名的政策导入，"应是在尊重公民人格与主体性基础上的、为相对人自身的利益而对其自由进行温和限制的理论主张"[③]。其介入的限度，不能超越对社会已有控制方式的颠覆，也要衡量法律权威所依托的社会正义、公平观念。因此，对人性尊严的尊重，是避免国家过度干预的基本前提。任何对公民权利过度侵害的所谓"国家关爱"，表面是为解决"弱而愚"的现代人所面临的困境，但违背了尊重人格平等的前提，依旧是不可取的。[④] 为此，法定担保对人们自治的干预也需考虑到这一限制。

各国在对法定担保类型的选取和范围划定上，基于以上的考虑，做出了不同的应对。以工资保障为例，其中所包含的假设前提是劳动者与雇主间在财富分配和信息占有存在的弱强对比，因此国家需倾向性保护处于弱势的一方。而保障的方式在民事立法中可分表现为工资一般法定担保的直

---

① 参见 [日] 星野英一：《私法中的人》，王闯译，中国法制出版社 2004 年版，第 34 页。

② 参见夏勇：《中国民权哲学》，生活·读书·新知三联书店 2004 年版，第 8 页。

③ 宁洁：《法伦理学：学科抑或思想》，博士学位论文，湘潭大学，2011 年，第 132—133 页。

④ 参见孙笑侠、郭春镇：《法律父爱主义在中国的适用》，《中国社会科学》2006 年第 1 期。

接认可（如工资一般优先权），或在存在劳动增值关系的客体上依法设定特定法定担保加以间接保护（如各国立法上加工承揽人优先权或法定抵押权）。此外，为达到更好的保障效果，也为防止国家在私人自治领域过度干预，一些国家在工资保障上，还采取了直接的程序优先顺位保护或社会保障制度加以辅助。甚至有的国家为减少这种打着"国家关爱"旗号的自治干预，废止了工资债权优先保护。

这些多样化的手段，分散了民事立法直接国家干预所造成的对行为自由的限制，并降低了民法中人格区别对待可能产生的违背交换关系中序列平等的概率。

（二）基于"身份连带关系"的应对：国家干预的法律制度多元化

迪尔凯姆的法社会学以探讨社会连带关系及社会分工与法律之间的关系为理论中心。在这一理论体系中，其不仅用社会的关联性分析了不同的社会关联有着不同的法律类型，而且在他看来法律和道德不仅随着社会类型的变化而变化，就是在同一个社会类型里，如果集体生存条件发生了变化，法律和道德也要发生变化。① 这种变化的根源在于，现代社会的关联方式是个人分化的有机关联，不同群体间存在异质性，但又需要彼此依存，因此不同社会群体所代表的各个差异化的价值观念应当予以调和，在调和中社会与法律的关联走向了进化的过程。

依社会关联性理论对存在身份连带所形成的法律关系（如企业成员之间、家庭成员之间、合伙人之间、邻里之间、共同行为人之间，都存在着基于法律规则和社会规范的身份连带及连带责任）。② 进行调整时，存在

---

① 参见 [法] E. 迪尔凯姆：《社会学方法的准则》，狄玉明译，商务印书馆1995年版，第88页。

② 又如合伙人之间、半紧密型的联合组织之间、建筑工程共同承包人之间、共同承揽人之间、有限责任公司出资人之间等，都广泛存在着基于法律规则的身份连带。

不同的法律手段。

当这些身份连带关系以特定债权形式存在时，立法提供了基于国家干预的调整手段，即法定担保。法定担保采取了对存在身份连带关系中的特定债权优先于一般债权实现的方式保护（如雇佣关系优先权、共同分割人优先权等），从而防止基于不同社会需求产生的利益冲突无从疏导割裂了社会有机体间的正常有机联系。但这一调整并不能包括所有的身份连带关系，例如日本民法删除了公务员保证金优先权，改由国家赔偿法规范，从而使基于公务员与国家的身份连带关系不再由法定担保加以调整。除此之外，责任机制是另一种同样可对身份连带关系进行国家干预调整的法律手段。

责任机制在"从身份到契约再到身份"的运动中，存在动态变化。随着现代社会将个人人格从身份束缚下解脱，在责任承担机制上的变化是从古代身份社会的连带责任到现代人格平等的责任自负的变迁。与以身份依附的熟人社会不同，以契约为标签的熟人社会更强调个人责任与过错责任。但当目光投向作为整体的社会机体时，不可否认人的具体性存在中的连带关系和连带责任。特别是当从契约到身份运动中，虽然古代不平等的身份连带已被平等商品交换中合意的连带责任所代替，[1] 但还保存了依法直接设立，体现立法政策考量的法定连带责任。

法定连带责任即是对社会连带关系的客观认可，随着国家被定位为为公众服务的主体，非发号施令者而出现的。但这种连带责任更多表现为国家对其所负担的团结、平等、责任等道德义务的承担，体现了一定的政策导向和政策效应，对社会当下的关注较多，因此是基于特定身份下的连带关系方可存在。特定身份所反映的是民事主体的经济实力或信息占有上的强弱差别，如雇主与雇员，生产者、销售者与消费者，国家与公民等。对

---

① 参见阳雪雅：《连带责任研究》，博士学位论文，西南政法大学，2010 年，第 52 页。

定在保护重大身份连带关系的适用范围内。对利益影响范围较小或较为集中的身份连带社会关系调整，可采取其他制度进行规范。

第三节　从商品经济到市场经济的变迁：效率主导下法定担保类型配置的应对

一、经济发展变化与法定担保类型配置的关联性

法律制度作为上层建筑，终归要与其相应的经济基础相适应。罗马社会以奴隶制简单商品经济为主，其法律的构建在保持商品流通和保护私人利益的基础上，侧重于对物的保护，发展了物权制度。罗马社会在法定担保的萌芽中即呈现了当时经济状态的法政策与法技术要求。如非占有质的出现，就是为了更充分利用担保物的经济价值的法技术安排。非占有质最初仅存在于土地之上，而后随着经济形势变化，逐渐用于设定担保的物种类增多，以全部财产设定担保也成为可能。① 而妻子嫁资法定质权也是随着经济发展，嫁资数额巨大后才出现的。通过在嫁资上依法设定担保的负担方式，防止丈夫为贪占妻子嫁资而离婚的行为，从而达到维护婚姻神圣和良好社会风气的政策目的。但限于简单商品经济基础，罗马法主要围绕着不动产和少数动产的利用之上设定法定担保，而并未形成体系化和规模化。

西方商品经济发展，历经了资产阶级自由竞争时期和资产阶级垄断时期两个阶段，而相应的法律制度的重心也从对物的绝对保护转为对人的自

---

① See Prichard Liege, *Roman Private Law Founded on the Institutes of Gaius and Justinian*, Macmaillant and Co.Ltd., 1930（2）, p.193.

由尊重和保护。如 1804 年《法国民法典》中将取得财产的方法单列一编，即体现了对债权的重视。立法中的优先权被作为特种债权的效力纳入物权体系加以规范，即以债权为目的的物权保护手段。1900 年《德国民法典》则是在资产阶级垄断时期颁布的。此时，随着公权力的无限膨胀，导致了极权政府的形成和世界大战的爆发，以个人自由为本位的法律传统被以社会为本位的法律传统所取代。① 因此，德国法中对基于国家干预保护的特种债权被分散规定在民法、商法、特别法和程序法中，分别采取了物权、债权和程序保护手段，协同发挥破除债权平等的功能。

当西方社会商品经济发展到发达的市场经济阶段时，以不动产收益价值为重心的抵押制度不断发展壮大，动产担保制度的蓬勃发展等，使各国对担保制度通过立法或司法实践进行了各种修补、调整等改革运动。其中最为主要的是将不动产的重点从土地转向建筑物、公示规则的建立以及动产担保的革新。这些因应经济发展的担保改革运动也带动了法定担保的类型调整和模式变动。

可以说，法定担保的类型配置总是与一定的经济状态相伴而生，相动而变的。从法政策学角度看，为适应经济发展形成的内在规律与外在规则，立法需从交易角度出发，考虑各种法律制度的效率价值，作出应对。

二、效率主导下法定担保类型配置的应对

（一）基于担保投资功能转换的应对：需对法定担保进行限制或调整

1. 担保功能的转换与担保立法价值

正如第三章所述，现代担保制度的功能发生了质的飞跃。随着金融业

---

① 参见吴　裕：《论西方社会变迁中法律传统的转变》，《宁波大学学报（人文科学版）》2014 年第 1 期。

的发展，物的担保制度功能多以收益或交换价值优先受偿为主，而传统的收益冲抵债务和对债权人施加心理压力的功能则逐渐退化。确切地说，现代担保的职能和理念正从用益担保向交换价值担保，进而向收益价值担保变迁。① 从担保功能定位的转换来看，未来的担保市场将涌现出多种以金融工具面目出现的担保产品，以收益价值为重心的担保将使那些不适应这一转变的担保逐渐淡出人们的视线。

担保立法价值从近代以来被分为两类：一类以1804年的《法国民法典》为代表，较为忠实地承袭了罗马法传统，将担保物权的重心定位于保全债权功能上，并以担保物权的附随性理论加以支撑。② 另一类以1900年的《德国民法典》为代表，将担保物权的重心定位在投资功能上，保全债权功能则退居次要地位。③

2. 担保附随性理论的缓和与不动产抵押权的发展

抵押权立法价值的不同取向左右着担保制度发挥了不同的功能，其背后所依托的是各国对担保与其债权关系的不同定位。担保物权的附随性基本含义是设立担保物权应以相应债权存在为基础，并附随于该被担保债权存在。由此，被担保债权的变化或消灭将直接影响到其上担保物权的变化或消灭。法国民法中在抵押权中特别强调这种附随性，不仅源于对罗马法抵押权制度的全盘承受，也与抵押权制度建立时处于法国资产阶级革命胜利初期，并无建立经济信用的工业社会基础有关。当然，法国民法一直所秉持的以个人本位为基础建立的"所有权绝对"调整财产法的理念，也是其将他物权定位于暂时性、依附于所有权存在的有期限权利的理由。依附

---

① 参见近江幸治：《担保法理念的变迁》，载渠涛：《中日民商法研究》（第三卷），法律出版社2005年版，第66页。

② 参见刘得宽：《抵押权之附从性与特定性》，载刘得宽：《民法诸问题与新展望》，中国政法大学出版社2002年版，第347—348页。

③ 参见陈本寒：《担保物权法比较研究》，武汉大学出版社2003年版，第23页。

随性理论建立起来的抵押权和其他担保物权极大地保护了财产的静态安全，也使担保功能多被限定于保全债权实现上。这一理论传播甚远，包括法国法系的意大利、西班牙、葡萄牙等国以及德国法系的日本都不同程度地采纳之或受之影响。随着金融投资的巨大需求和担保证券制度的不断完善，因有违担保物权价值权的本性，不利交易动态安全，附随性理论被学界和立法者广为诟病。随之，立法者基于德国法中"不动产担保的独立性理论"，提出了担保物权的附随性缓和理论。如日本法中在应对金融危机时起到关键作用的抵押证券流动化做法，即在承认担保物权附随性的基础上，当依担保物权获得担保标的的交换价值时，担保物权与债权同时存在即可。无须对担保物权设定、移转和消灭上的附随过于苛求。① 但其中的抵押证券只是债权证券而非物权证券，仅具有媒介融资功能而不能使抵押权具有独立的流通性，相关的登记公信制度也并不完善，最终导致实践效果不尽如人意。最终，该理论仅是在一定程度上缓解了不动产融资的需求，并不能彻底解决不动产担保证券化和流通的难题。

3. 担保独立性理论与不动产抵押权的流通性

担保物权独立性理论，即指担保物权可以独立存在，而不依附于任何其他权利。担保物权的效力也不受其他行为效力的影响。德国法在其不动产担保制度中十分重视担保物权独立性。这一理论的诞生，与德国自19世纪上半叶起经济飞速发展的背景相关。随着融资需求的增强，不动产抵押从以保全债权为目的的保全抵押，发展成具备流通和融资功能的投资抵押。此外，德国法中固有制度也为担保物权独立性理论的产生奠定了基础。普鲁士法中的抵押权制度否定了罗马法中法定抵押及特权抵押的效力，并确立了公示公信原则。这些均构成了19世纪德国投资抵押制度

_____

① 参见〔日〕柚木馨：《担保物权法》，有斐阁1958年版，第191页。

的基础。而从思想文化角度看，德国并无法国那种自由主义和个人主义思潮，而更多的是绝对主义的传统。因此国家通过公示登记干涉私人交易活动，尤其是对不动产交易的监督和介入，并无太大阻力，而公示公信原则的遵守恰恰是确保抵押权具备流通性和投资功能的关键。通过投资抵押的设立，将担保的信用关系由债务人的信用转变为物的信用，不仅反映了担保的价值权本质，且开发了担保的投资功能，有利于交易的动态安全。这种转变实现了财产权的自由流通，并使投资的客体延伸至不动产担保权。从实践中的借贷关系来看，凡持有资金的市场主体都存在投资的可能，而经营主体都希望获得资本，而抵押权可作为这种借贷关系的媒介，通过金融机构的操作实现连续的抵押转让，形成资本的高度流通。为此，通过担保物权独立性理论，最终实现了抵押权与证券的结合，建立了可形成投资信用关系的担保物权证券化的模式，满足了融资目的。"抵押制度从金钱借入为中心过渡到以金钱投资为中心，只能说是导入抵押权投资流通性的结果，只有这种抵押权的流通性才是直接间接促进近代法抵押权制度重大进步的原动力"①。亦即，担保物权独立性理论的形成是现代担保制度功能优化的支撑，而以投资为导向的现代担保功能对所有传统担保提出的挑战是不容忽视的。此外，除担保物权证券化外，担保物权公示公信原则、担保物特定原则、担保物权顺位固定原则，也是独立性理论得以实施的必要制度配备。

4. 担保附随性理论的式微与法定担保类型的限缩与调整

从以上两种理论发展的分析来看，随着担保物权的融资功能和投资功能日渐增强，其保全功能已退于次要地位，附随性理论似乎已无用武之地。以保障特种债权优先实现为目的的法定担保制度，是否需因应这一转

---

① ［日］我妻荣：《债权在近代法中的优越地位》，王书江译，中国大百科全书出版社 1999年版，第 52 页。

变而加以调整或修改，值得思索。从附随性影响的担保物权范畴来看，法定担保的附随性显然比意定担保要强。后者因还具备媒介融资的功能，为适应交易资金融通的需要，故其附随性呈逐渐减弱趋势。因此，从法政策的效率性基准来看，法定担保的附随性提高了该制度运行的费用，同时其效益也相应降低。从各国在现代立法和司法实践中对法定担保类型的调整整合和规范的动态来看，过于强调附随性且无投资功能的法定担保被限定或调整是必然趋势，也符合制度的效率价值。

附随性理论的式微在法定担保中的反映十分明显。从法国法近来的立法改革中可窥一斑：法国法基于公示公信原则，增加对不动产优先权登记对抗力的要求，明确不动产优先权顺位登记固定化，扩大了法定抵押权的适用空间，甚至呈现了法定抵押权大部分代替不动产优先权的趋势；基于担保物客体特定原则，限缩了不动产一般优先权适用范畴；在对附随性最强的留置权上，也采取了程序手段予以控制，并限定在较小的适用范围内。而在强调独立性理论的德国法中，法定担保发展程度十分有限。在《德国民法典》中没有相应的优先权制度，但实际内容与法国、日本民法中规定的不动产出租人优先权和旅店主优先权十分相似的名为质权的法定担保并不少见。这是因为，德国民法所规定的以不动产担保权为主的担保物权较为重视担保权的价值权性质，实现了担保物权的高度流通性。因而以确保特殊债权人利益、实现社会正义以及享有特权为主要目的的优先权在《德国民法典》中没有专门规定。也就是说，德国民法典的担保制度设计的指导思想，强调担保的附随性为主导，因而优先权制度在《德国民法典》上没有被大量采用。[1]

法定担保仅具保全特种债权功能，即使被定位于担保物权，也只有保全债权的功能，融资和投资功能是断然没有的，这显然与各国担保物权制

---

[1]　参见史尚宽：《物权法论》，荣泰印书馆 1979 年版，第 230 页。

度的发展趋势背道而驰。① 未来是否仍需将所有法定担保定位于担保物权之列，是值得商榷的。

（二）基于担保标的客体转换的应对：法定担保类型扩张路径选择

1. 动产概念的拓展与应对措施

从商品经济时期的以不动产为主要财产，现代社会财富结构已经变为不动产和动产同等重要，甚至动产为主要的财产形态的市场经济时期。尤其是在不动产资源日益匮乏的当代，对多数亟须融资的中小企业而言，最重要的资产是其所拥有的存货和应收账款等动产。知识经济时代财富的非物质化也已蔚然成风，若仍固守传统担保客体有体化，将造成法律制度与社会的严重脱节，使大量有价值财产无法参与担保交易。为此，现代担保制度在不违背传统动产与不动产客体划分基础上，将更具包容性的动产概念拓展至以权利凭证表征（票据债权等）的非物质财富上。由此，在现代市场经济下，动产俨然已经蜕变为包括无形财产和有体物在内的财产概念，② 从而使无形财产之上设立的权利质权可仿照适用动产质权的相关规则。由于在动产担保中对动产监管困难，金融机构对动产担保采取了更为谨慎的态度，只对信誉好的企业发放贷款，且条件严苛。为此，现代融资担保更倾向于非移转占有的方式设定担保，除免除风险控制的成本，也可最大程度发挥动产的效用。故而，传统动产担保制度应经济发展，对规则加以革新。当担保的功能由保全债权转为融通资金，不动产担保从保全型担保变为流通型担保，动产担保也出现了应对的措施，以增强该制度的收益效率：动产担保利用形态从移转占有型担保（质权、留置权）推移至非移转占有型担保（动产抵押权、动产优先权、法定质权）；动产担保

---

① 参见陈本寒：《优先权的立法定位》，《中国法学》2005 年第 4 期。

② 参见张晓娟：《动产担保法律制度现代化研究》，中国政法大学出版社 2013 年版，第 48 页。

手段从权利限制型担保（抵押权、质权）演进为权利移转型担保（让与担保、所有权保留）；动产担保规范从典型担保缓和为非典型担保或变相担保。

2. 法定担保类型扩张的路径选择

动产概念的拓展使传统的移转占有型质权与留置权得以在权利等无形财产上设立，且还发展出其他新型的非移转占有型动产担保物权或非典型的权利移转型担保物权，以弥补原有类型无法满足社会经济生活需要的不足。各国分别通过立法抑或司法两种不同路径做出了如上动产担保的应对措施。但囿于大陆法系概念法学的制度设计，各种应对措施与原有物权法律体系存在不和谐的声音，每种选择都面临着需克服的难题：立法的路径，将面对建立动产担保物权的合理高效公示机制问题以及法律权利的适当边界划定问题；司法的路径，将面临与物权法定主义的协调问题以及动产担保类型的选择问题。以上的问题在两种路径选择上是交织存在而难以剥离的。

从立法角度看，对非移转占有型担保的承认与发展态度较为一致。如在不承认动产优先权和动产留置权的德国和瑞士，依法发生的动产质权被作为替代功能的制度，以法定质权的形式存在。其中法定的权利质权也可采取非移转占有的方式成立，采取登记方式进行公示。由于权利质权的客体广泛，既可以是绝对权也可以是相对权，尽管目前在经济生活中法定权利质权并不重要，[①] 但随着权利种类的发展，法定权利质权也可获得极大的适用空间。

各国立法对动产抵押的态度，存在变化的过程。《法国民法典》于第2119 条规定了"动产不得设定抵押"，《德国民法典》于第 8 章和第 9 章

---

① 参见 [德] 鲍尔·施蒂尔纳:《德国物权法（下册)》，申卫星、王洪亮译，法律出版社 2006 年版，第 736 页。

中明确抵押权以不动产为客体，质权客体为动产和权利。因此，虽然动产抵押权兼具资金融通和物尽其用的功能，依然被法国和德国民法所禁止。但随着经济发展和资金需求的驱动，各国对动产抵押的立法态度发生了逆转，纷纷在其特别法①中发展了相应制度。从各国对动产抵押的态度来看，由于其所具有的极强商业习惯色彩和与传统物权公示制度的冲突，因此难以被物权法定原则规制下的制定法，尤其是民法（物权法）所容纳，而多由特别法单独规范。

鉴于动产抵押的缺陷，法国、德国等国通过立法或司法发展出了一类权利移转型担保，即动产让与担保，代替动产抵押，以适应经济发展的需求。如法国法在 2006 年的担保法改革中通过特别法承认了所有权保留，又于 2009 年民法典修订中认可了让与担保。但在立法的认可之前，也经历了较长时间的司法裁判的否定和部分否定时期。德国则是通过司法裁判认可了这类权利移转型担保。这种司法认可新物权的行为并未遭到学界的一致反对和抵触。这反映了人们对物权法定主义的认识变化，即为一项对当事人的要求，而非对立法者和法官的要求。同时，物权法定并非使物权体系僵化，而是避免当事人任意创设导致物权关系的混乱和不安。为此，与时俱进地补充立法与法官造法创设新物权，有利于缓和物权法定主义的弊端，适应社会"活法"发展的需要。但德国并未通过司法裁判认可动产抵押，其主要原因可能在于动产抵押需要有别于一般所有权变动的特别公示方式，而非以既有的所有权变动规则为基础，超出了司法裁判的权限范

---

① 如法国在《海上抵押权法》(1882)、《河川船舶之登记与河川抵押权法》(1917)、《农业担保证券法》(1906)、《旅馆业担保证券法》(1913)、《航空法》(1924)、《收获物证券担保法》(1935) 等特别法中规定了于特定动产之上可设定动产抵押权。德国、日本和中国台湾地区也在各自的特别法上规定了与法国法类似的动产抵押制度。立法详情可参见李钰：《动产抵押研究》，博士学位论文，吉林大学，2013 年，第 13—14 页。在 2006 年法国担保法改革以后，还出现了"不移转占有的质押"这种类似动产抵押的方式。参见王利明：《试论动产抵押》，《法学》2007 年第 1 期。

围。[1] 因此，德国司法裁判只能认可权利移转型担保物权。日本也将动产让与担保作为动产抵押化的代替方法，在判例中多予以认可。日本典型担保制度在法律适用对象上存在严格限制，当出现新的财产权，如集合动产、流动动产、集合债券、流动债权等时，难以适应经济发展的需要。因此，使用对象广泛和灵活性较强的让与担保得以在民事法律规制外发展。此外，让与担保可避免因法定的拍卖等实行程序的烦琐手续和较高费用，在经济上较为高效，也是其被司法青睐的理由。随着公示制度的完善，动产让与担保入法的最大障碍被扫除，未来对该制度的立法认可，仅存在一些如客体特定、登记效力等技术性问题。

所有权保留是另一类权利移转型担保，可通过使出让人保留标的物所有权保障出让价金的清偿，以达到担保债权实现的功能。最初所有权保留被作为保障不动产买卖价金清偿的非占有型担保对待，但随着抵押等不动产担保的出现，所有权保留被更多用于动产之上。各国对所有权保留的认可存在不同的过程。如德国民法最初并未重视所有权保留，现行规定是在民法典第二次草案中增加规定的。该制度的发展更多得益于判例和学说的努力。司法实践中对所有权保留的性质认识也存在一个曲折的过程。最初，所有权保留被认为是期待权，随后判决中否认这一期待权的物权性质，直至 1957 年德国联邦法院第六民事法庭方才在判决理由中指出"担保标的物取得之物权性期待权属于《德国民法典》第 823 条第 1 款意义上的其他权利"[2]。至此，所有权保留的物权性质方逐步获得认可。在《意大利民法典》、日本《分期付款买卖法》和中国台湾地区"动产担保交易法"中也有所有权保留的规定。此外，法国法也于 2006 年的担保法改革中通过特别法承认了所有权保留。

---

[1]　参见徐同远：《担保物权论：体系构成与范畴变迁》，中国法制出版社 2012 年版，第254 页。

[2]　王泽鉴：《民法学说与判例研究（一）》，中国政法大学出版社 1998 年版，第 124 页。

　　与以上大陆法两种路径的动产担保发展轨迹不同，在美国，UCC颁行后动产担保发展一直是由立法引导而非司法创设的。而在此之前，则是通过各州立法来进行的。美国在UCC中继受了英国普通法中动产抵押的规定，建立了以担保权和所有权为基础的两类动产抵押，且将所有担保形式统一于"担保约定"之下，由当事人自由选择适宜自己的担保方式。英国也通过成文法创设了浮动担保制度（the floating charge），以适应工业革命带来的财产结构变化。浮动担保既能保障企业获得充足资金，也可使企业在设定担保的企业财产上继续经营，达到物尽其用的效果。这一设计使动产担保的标的延伸至变动中的集合财产，具有相当大的弹性。但是在动产担保交易中浮动担保存在一定的缺陷，遭到学者的反对。此外，英国在其《货物买卖法》和《商品售卖条例》中均肯定了所有权保留制度。

　　总体而言，在动产担保形式上由移转占有型担保向非移转占有型担保发展，是多数国家动产担保发展的趋势，也是立法应对经济发展做出的必要调整。但就非移转占有型担保中权利移转型担保的发展来看，大陆法中多为民法典外的特别法发展或仅为司法适用。主要原因可能是因为其面临着与传统民法中以所有权为中心建立起来的物权体系的冲突与调和难题。为经济发展实践的需要，对固有传统的突破可达到何种程度，需慎重考量。

　　动产担保对经济发展的应对措施选择影响了法定担保类型的扩张路径。当立法通过技术设计、制度完善或理论发展将某类新型动产担保纳入其体系时，可否使其依法直接发生，是动产法定担保类型扩张的可能法律渊源。若采非移转占有型担保路径，依法直接发生动产法定抵押权，将扩充法定抵押权的客体范围，并形成动产与不动产法定抵押权并立的制度。而未认可动产抵押权的立法例，则可能选择动产优先权或法定质权作为动产之上形成的非移转占有型担保。若依权利移转型担保路径，依法直接发生的让与担保或所有权保留，将增添全新的法定担保类型。但从目前各国立法发展来看，以上两种路径被选择的可能性大小均仰赖于相关立法制度的完善，尤其是保障交易安全的公示机制的完善。从债权保障来看，非移转占有型担保是以担保标的物交换价值作为债权实现的保障，而权利移转型担保则由标的物的所有权完成这一使命。因此，从实行成本看，前者存在变价的成本和变价的风险，效率较低；从公示成本看，前者需突破现有的公示制度，建立特别的所有权变动公示方式，后者则可援用现有的所有权公示方式。因此，从效率性基准看，非移转占有型担保的市场成本和监督成本较权利移转型担保为高。

第四节　法定担保类型配置的立法框架：
正义与效率的双赢选择

鉴于动产之上法定担保的规范差异较大，本部分以之为例，予以分析。

一、民法外法律调整动产担保的局限性

各国立法中的担保制度多依担保客体，即动产与不动产，分别加以规范，形成不同的立法框架。由于不动产的价值和重要性，立法多将之纳入民法中加以系统规范，而动产担保相对而言不那么重要，多由民法之外的其他法律加以调整：在民商分立的国家，由商法予以规范；在民事合一的国家，由特别法予以规范，如法国法中的动产质押。即便是在无明显学科划分和民商分立的英美法国家，动产担保也由商法典所规范。

当动产价值与日俱增并有取代不动产之势时，原有商法或特别法中为

单一动产担保形态设计的规则难以适应这一转变。经济发展对动产担保的影响在法律上主要表现为商法和特别法中。但动产担保的发展是否必须在商法框架内完成，存在异议。首先，大陆法系的民商合一体系中，并无真正的商法领域，而是表现为商法化的民法。因此，对动产担保这一新兴领域并无明显的发展框架限制。其次，大陆法系的民商分立体系中，如德国商法仅有法定质权的规定，无太多其他的类型存在。因此，对立法中从未出现过的新型动产担保是否必须纳入某个框架，并无前例可循。只要充分考虑到动产担保交易的商事性特征，无论是通过商法框架或民法框架对其进行规范，都是一种商事精神的渗透。但是从立法例来看，选择商法化民法或商法框架对动产担保发展的支持力度不一。商法化民法的框架显然受到传统民法规则的桎梏，难以突破如所有权观念、动产的分类、登记的设立等基础理论的束缚，新型动产担保类型若被立法肯认，难以被直接纳入民法体系。而在商法框架内，相关规则被突破，仅考虑商事交易的便利性、效率性和安全性，从而更容易纳入符合这些要求的新型动产担保类型。但例外的是德国商法，其商法问题具有民法特征，而所谓真正的商法较少，因此通过商法发展动产担保受民法的束缚较多。

与之不同的是，美国在其 UCC 第九编中所采取的立法路径，由于并不坚持大陆上物权法定的要求，因此，可通过对当事人设立担保程序进行限定，容纳当事人意思自治创设的担保类型。一旦具有担保功能的交易发生，无论采取动产抵押权、让与担保或所有权保留等哪种形式，均可适用统一的动产担保规则，从而形成了一个由程序（包括公示机制）控制的适度开放担保体系。美国 UCC 的框架，是基于商业实践的现实需要而创设的，强调了交易的迅捷、效率和安全。因此，这一功能化体系得到了世界各国的普遍认可，代表了当今世界动产担保制度发展的趋势。

二、民法外法律调整动产之上法定担保的双赢构想

两种不同立法框架的选择，在法定担保类型配置上相应地形成了不同的方案。若在商法化民法框架中配置新型动产法定担保，由特别法予以规范，与现行法体系冲突较小，但分散的规定也缺乏体系逻辑，只是求稳的权宜之计。若在商法框架中，由商法予以规范，采功能主义进路，可容纳多种类型，但由于对"担保权益""所有权"等概念的模糊处理，无法完全融入大陆法体系中。尽管功能主义路径尊重了私人自治，提高了效率，但其对交易结果的功能限定难以被以形式主义确认担保类型的大陆法系所接受。此外，功能主义路径还存在自身难以克服的缺陷，如需确认"担保权益"是否存在，法官需探求当事人的意图等形成的不确定性因素。因此，各国在对动产担保制度改革时采取功能主义做法并非简单重复或效仿，多依各国实际情况或经济需要加以改造。①

从两种配置框架选择来看，商法化民法框架满足了法定担保类型增多的形式化要求，对交易安全保障较强，但法律体系较为封闭和僵化；商法框架尊重了当事人意愿，有利于及时吸纳多种新型法定担保类型，但过于灵活的担保形式容易对交易安全造成影响，影响交易的效率。因此，两种框架都无法全部满足经济社会所需要的安全性和效率性的要求，或达到形式和功能兼备的完美效果。若将二者结合起来，取长补短，构建多元化的动产法定担保规范框架，是较为适宜的选择。

从法定担保的客体角度进行制度构建时，多倾向于效率性考量。但从该制度目的来看，最终是要达到由特殊债权主体接受财富的效果，实现正

---

① 如《魁北克民法典》中采取了"担保物权"（hypothecate）代替多数担保形态，但又并未完全舍弃类型化的形式主义路径，从而形成了功能主义与形式主义交融的多样化规则体系。参见美国法学会、美国统一州法委员会：《美国〈统一商法典〉及其正式评述（第三卷）》，高圣平译，中国人民大学出版社 2006 年版，第 41 页。

义与公平的法终极价值。在这一立法政策目标明确的情况下，当达到目标的手段并不明确时，应当采用市场性决定。采取市场性决定就需构建相应的诱导竞争的法律制度，而对关乎人生存的基本财富分配，若使用纯粹性市场决定，可能违背正义性基准，必须采用经过修正的市场性决定。因此，以上动产法定担保类型配置框架中确立了排他性权利制度、完备的程序规则、尊重了契约自由等法律制度，符合市场决定类型的基本要求，但因法定担保中存在人权保障等因素，不能采取纯粹的市场决定类型。将基于程序决定的破产清偿顺位规则和基于市场决定修正的社会保障制度引入，对法定担保所保障的权利进行立体化法律制度规范，似可兼顾正义与效率，走向双赢。

本章小结

法定担保类型形成和选择一直伴随着法政策的衡量，作为一种新颖的法学研究方法，平井宜雄提出了法政策学方法，用于分析立法决策过程中的法律与政策互动，包括这种互动中法律制度制定的评价基准，效率与正义，以及决定的三种类型，市场、权威或程序。

从身份到契约再到身份的运动中存在的"父爱主义"观念和"身份连带"关系，对国家干预私人自治提出了不同的程度要求，基于正义驱动下法定担保类型配置应避免对弱势群体保障的过度国家干预并采取多种法律制度加以调整。因而针对弱势群体保护的法定担保类型应有所限制，并采取多种保护手段以分散国家干预对个人自由的影响。在对利益影响范围较小或较为集中的非重大身份连带关系保护上，国家赔偿、法定连带责任可部分取代国家干预程度高、效力较强的法定担保。

从商品经济到市场经济的变迁，将以效率为导向的价值标准纳入各国的担保物权制度中。随着担保投资功能转换和担保客体转换，法定担保需做出一定的应对。担保独立性理论支撑了流通性担保发展，适应了担保投资功能需求。担保附随性理论的缓和为不动产抵押权的发展扫除了一定障碍。最终强调担保附随性且无投资功能的法定担保，无法适应这一趋势，如不动产优先权、留置权，或被限制或被调整，以适应担保物权制度对效率的追逐。社会财富结构的变化使动产概念扩张至无形财产，各类新型动产担保物权以非移转占有的利用形态或权利移转的手段达到提高投资效益的目的。新型的动产非移转占有担保可纳入原有的替代功能制度（法定质权发展出法定的权利质权）内；新型的权利移转担保，如动产让与担保、所有权保留，需克服原有制度概念体系的束缚。为此，各国或通过立法，由特别法予以规范，或通过司法路径，由司法予以创设。

依传统客体的立法规范轨迹，法定担保类型配置的立法框架相应地形成两种方案。商法化民法框架内的特别法规范，符合形式化要求，但较为封闭；商法框架内的商法规范，符合功能化要求，但影响交易安全。基于安全和效率的双赢效果，将两种方式结合为最佳方案。而依正义与效率基准，从法定担保制度目的出发，应采用经过修正的市场性决定，引入多种替代功能制度。

第六章　中国法定担保类型配置之完善：
模式抉择与类型权衡

第一节　中国法定担保之历史梳理

一、中国古代社会中的法定担保现象：优先承买权与优先受偿权

虽然从现代法的视角来看，中国古代法无论是微观构造还是宏观结构均与现代法存在天壤之别，但中国古代社会也存在广泛的交易关系，因此也需要维护稳定债的秩序，保障债权实现的秩序性规范。作为债的担保的一类，法定担保所具有的特征，在中国古代社会中不仅局限于当时简单的债权关系，也受制于其家族制度和乡村自治的社会基础。这是在探讨中国古代法定担保时所必须注意到的。最为突出的一点是，中国古代社会中与现代民法意义上的担保制度类似或接近的制度形式，包括保、典、质、抵、当多种类型，主要存在于习惯和习惯法而非成文法之

中。担保的规范，在唐以前各代几乎在官方文件上无从体现，直至五代以后，才出现有关担保的官方记载，明朝以后，才有对典卖关系的官方规范，到清代，这种成文法规范才逐步增加。① 官方成文法对民间存在的担保关系的关注主要出于：一是维系社会秩序的需要；二是税赋征收的需要。由于成文法与习惯和习惯法对担保关系态度不同，导致了后者呈现了复杂的局面，不仅概念表述难以有效统一，且这种不协调性还导致了习惯和习惯法上担保处于不成熟和模糊不清的状态。但这些缺陷不能成为在研究中国古代法定担保时，绕开习惯和习惯法的正当理由。

中国古代社会中广存民事立法于习惯中，符合"破除债权平等原则"，以"对等对待"取代"平等对待"等价值目标，具备"优先性"的权利现象，从价值和宗旨角度看，可以说与法定担保最为接近。以法定担保对形式正义到实质正义的皈依为依据，揆诸中国古代社会中民事法律和习惯及习惯法，这类法定担保现象的基本种类可包括：优先承买权与优先受偿权两类。优先承买权包括亲族优先权、邻业优先权、上手业主优先权、共产业主优先权、承佃人优先权、承租人优先权、信用买卖特殊债权人优先权② ；优先受偿权包括三类：基于债的担保行为而产生的债权人的优先

---

① 参见赵晓耕主编：《身份与契约：中国传统民事法律形态》，中国人民大学出版社 2012 年版，第 558 页。

② 亲族优先权，即亲族相互间相关亲族财产所享有的优先权利；邻业优先权，主要表现为不动产物业之变更方面；上手业主优先权（含地基业主优先权）；承佃人优先权，即佃户对东家的产业有优先购买权；共产业主优先权，该类优先权可细分为家庭、家族共有财产优先权，合伙共有优先权以及公产、祖业共有人优先权三种；承租人优先权，主要有两种：一种是承租人对不动产物业之优先承租权，另一种是当业主出卖出典其物业时，承租人有优先购买承典权；信用买卖特殊债权人优先权，古代信用买卖主要指预买与赊买两种，其契约债权人享有的是一种优先购买权。参见叶孝信主编：《中国民法史》，上海人民出版社 1993 年版。转引自孙东雅：《民事优先权研究》，博士学位论文，中国政法大学，2003 年，第 34 页。

权；由于赊买而引致的特殊债权人的优先权①；古代的民事法律、司法审判实践或惯例中确定的特殊债权的优先权。② 其中典权与亲邻优先权是两种典型的优先权，其成立、行使、限制、时效及相关程序律条中均有明文规定，且自后唐至民国经历了不断完善的过程③。而其他如典当、质举等担保权和赊买契约债权人优先受偿权等均长期处于习惯法层面。实际上，若从本书所界定的法定担保特征来判断，除了具备优先性以及部分具有法定性以外，以上中国古代法定担保现象中很难找到其他与之相同的性征。其中优先承买权仅属于债权而非担保方式，优先受偿权虽与法国法上的动产和不动产优先权类似，但也只是具备其中优先受偿的这一特质而已，且多不具有依法发生的法定性。

由是观之，中国古代社会中存有产生法定担保的社会需求，但鉴于成文法发展的滞后性与习惯和习惯法存在天然弱势和混乱状态，以及特有的社会基础，只能找到与之宗旨和价值目标类似的若干现象，与作为类型的法定担保相去甚远。

---

① 第一类是抵押、典当、留置、质举之类的担保权。第二类是赊买契约债权人优先受偿权。即债权人（出卖人）在交付货物后，其所有权亦随之转移给债务人（买受人）。当债务人不能如期清偿债务，其只能行使债上请求权，而不能要求债务人返还货物，因为货物已按契约规定移转至赊买人之手，而赊买人则有权对货物进行处分并承担相应风险，故赊买人实际上已成为货物的实际所有人。出卖人此时享有的较一般债权人为优位的权利仅是一种债权请求权而非物权支配权和返还请求权。就优先权而言，如债务人（买受人）于所买受货物上设有抵押等担保物权，则债权人（出卖人）得就该担保物权所实现之收益优先于其他债权人受偿。易言之，出卖人得就所售货物之价金优于其他债权人享有优先受偿权。参见刘云生、宋宗宇：《中国古代优先权论略——概念·源流·种类》，《重庆大学学报（社会科学版）》2002 年第 3 期。

② 第三类是由古代的一些民事法律、司法审判实践或一些惯例所确定的特殊债权优先权。主要包括官债优于私债、无息之债优于有息之债等。参见孙东雅：《民事优先权研究》，博士学位论文，中国政法大学，2003 年，第 35 页。

③ 参见刘云生、宋宗宇：《中国古代优先权论略——概念·源流·种类》，《重庆大学学报（社会科学版）》2002 年第 3 期。

二、中国近代社会中的法定担保现象：典权改造与留置权引入

清末时期政府大规模的立法运动将西方担保法律制度大量引入，使担保制度逐步走上现代化轨道。1911 年完成的《大清民律草案》中将中国古代社会固有的典权制度代之以不动产质权，将典权定性为担保物权。由黄右昌先生负责起草的《民国民律草案》（1925—1926，北洋政府时期，未颁布）于物权编第八章中将典权列为第九百九十八条至第一千二百零四条，随后于 1930 年颁布的"民国民法"第八章中规定典权（并未规定不动产质权）① 并纳入物权编作为担保物权。此外，"民国民法"将典权与不动产质权区分开，明确典权"虽有用益物权之法律形式，而实含有强烈之担保物权性，故以之列于抵押权及质权之后，而置于留置权之前"②。但这种安排中的典权是作为意定担保物权存在，而不具有法定性。

基于工商业社会的理想设计的"民国民法"物权编，舍弃了中国古代社会中的以民事习惯形式存在的相关法定担保现象，仅承认了典权人的先买权一种优先承买权，③ 而关于合伙人、上手业主、亲族、地邻人先买权被法典否认。在当时的司法实践中，对承租人的先买权也加以了否定。④ 故此，"民国民法"的规定，大大缩减了法定担保现象，那些未被

---

① 参见谢在全：《民法物权论》，中国政法大学出版社 1999 年版，第 545 页。

② 史尚宽：《物权法论》，中国政法大学出版社 2000 年版，第 473 页。

③ 人们认为"典主的优先出价权与亲邻不同，不是出于习俗或制度的制约，而是由于经济权力的关系，因为典主对这块土地已经付出了部分价值，有了一部分所有权"。引自史建云：《近代华北土地买卖的几个问题·乡村社会文化与权力结构的变迁》，人民出版社 2002 年版，第 88 页。

④ "民初大理院所承认的'房屋承租人得依习惯而有先买权'只有发生在民法典施行之前，且以'租期较长或无期'的承租人为限。"引自江琳：《〈中华民国民法〉中的民事习惯——以物权编为考察中心》，《中国政法大学学报》2008 年第 3 期。

纳入的具有"优先性"的权利多为习惯所发展，并蕴含"祖遗"产业眷恋或地缘、血缘伦理价值。① 因此，立法的规定被认为严重脱离了社会生活。

《民国民律草案》于物权编规定了留置权，但留置权仅具有消极的履行拒绝效力，而无优先权和追及权。留置权的客体限于物（第三百五十四条第一项）。在《商行为草案》中为商人间的事实需要，于第二十条至第二十四条详细规定了留置权。但《商行为草案》第二十四条规定，留置权人就留置物受清偿需依民法中关于质权的规定。此类留置权的客体，可及于动产及有价证券（第二十条第一项）。此后颁布的"民国民法"中债编（第九章）规定了留置权，并将之客体限定为动产（第九百二十八条）。至此，中国历史上第一次以立法的形式认可了留置权。

第二节　中国法定担保之现状概述

新中国成立后，随着担保立法的推进，法定担保及相关法定担保现象②在立法、司法和实践中被认可、扩展，形成了多种类型交织的复杂局面。依本书第四章法定担保之客体类型与客体范围划定标准，本部分将中国立法、司法实践中主要的法定担保（包括法定担保现象）分为一般法

---

① 江琳：《〈中华民国民法〉中的民事习惯——以物权编为考察中心》，《中国政法大学学报》2008 年第 3 期。

② 即并非本书所界定的法定担保权利，但通过立法规定、司法解释及实务操作发挥了使特种债权人获得优先受偿效力的内容。包括程序性权利与相关实践中的现象。此种现象有可能通过立法纳入有关法定担保中，故加以列举。

定担保、特别法定担保（包括不动产、特别动产和动产法定担保现象）进行类型梳理和评议。为使相关梳理清晰、明确，下文的法定担保（现象）的列举尽量采用所引法律文本中使用的词汇。

一、一般法定担保（现象）

一般法定担保是指在债务人的一般财产上或无法特定的财产上形成的法定担保类型。

（一）类型

1. 程序费用优先支付或（优先）清偿顺序

首先，代位诉讼费用优先支付。即"在代位权诉讼中，债权人胜诉的，诉讼费由次债务人负担，从实现的债权中优先支付"。[①]但对债权人行使撤销权提起的撤销诉讼费用并未规定可获优先受偿。

其次，强制执行费用优先清偿。如"保留价确定后，依据本次拍卖保留价计算，拍卖所得价款在清偿优先债权和强制执行费用……"[②]

2. 共益债务（优先）清偿顺序

共益债务优先清偿：《保险法》（2009 年修订）第九十一条、全国人大常委会关于批准《移动设备国际利益公约》和《移动设备国际利益公约关于航空器特定设备的议定书》的决定（2008 年发布）第一款对公约第三十九条第一款的声明、《农民专业合作社法》（2006 年）第四十八条，以及《企业破产法》相关司法解释（4 个）和保监会所发布的部门规章。以上立法中所涵盖的共益债务多为《企业破产法》第四十二条所规定的六类

---

① 《最高人民法院关于适用〈中华人民共和国合同法〉若干问题的解释（一）》第十九条。
② 《最高人民法院关于人民法院民事执行中拍卖、变卖财产的规定》（法释[2004]16 号）第九条。

定了用人单位未及时足额支付的处罚措施，地方法规还规定了相应的"工资保证金"制度。①

5. 税收（款）优先执行

中国《税收征收管理法》（2013年修订）第四十五条第一款、第二款明确了除法律另有规定外，税收优先于无担保债权、其他担保物权执行，甚至优先于罚款、没收违法所得的公法债权。《企业破产法》中也通过破产清偿顺序将税收置于普通债权之前受偿。但立法并未区分不同的税种，且无一般与特别执行客体的区别。

6. 保险赔偿或保险金（优先）清偿顺序

《保险法》（2009年修订）第九十一条规定，当保险公司破产时，破产财产在优先清偿破产费用、共益费用以及职工工资和相关保障费用、补偿金后，赔偿或者给付保险金作为第二顺序获得优先于普通破产债权的清偿。通过这一规定，形成了保险金破产优先清偿顺序的特别保护，但并未创设一项实体的法定担保权利。

7. 个人储蓄存款优先支付

在商业银行破产清算时，"支付清算费用、所欠职工工资和劳动保险费用后，应当优先支付个人储蓄存款的本金和利息"②。2001年《金融机构撤销条例》进一步确认了以上个人储蓄存款在商业银行破产中的优先序位。

8. 受托人费用补偿优先受偿权

"受托人因处理信托事务所支出的费用，对第三人所负债务，以信托财产承担，受托人以其固有财产先行支付的，对信托财产享有优先受偿的权利。"③

---

① 目前主要包括白银市、商洛市、福州市、三亚市、中卫市、萍乡市、山东省等省市通过地方性法规为在建筑行业从事工作的农民工提供了这种"工资保证金"救济，辐射的行业和人群均十分有限。

② 《商业银行法》第七十一条。

③ 《信托法》第三十七条第一款。

这属于受托人在信托财产上享有的基于补偿的优先受偿权。《信托法》第五十七条规定受托人在信托终止后，就报酬和信托财产中获得补偿的权利，可以留置信托财产。这表明受托人享有的费用补偿优先受偿权属于一种支配权而非请求权。

（二）规范

对由一般法定担保所保障的特种债权，中国主要采取了由程序法、特别法及司法解释加以规范。其中运用了清偿顺序（随时清偿）、优先支付、优先清偿、优先执行、保留等程序性方式最终实现特种债权的优先受偿。

（三）评议

中国立法中一般法定担保表现为种类单一、名称杂乱、类型缺失、布局混乱、重复颇多的状态。

第一，现有部门法中的一般法定担保种类有限。主要为《税收征收管理法》中的税收（款）优先执行、《信托法》中的受托人费用补偿优先受偿权。而在《保险法》中的共益债务、保险赔偿或保险金，《农民专业合作社法》中的共益债务，以及《公司法》等中的劳动报酬等特种债权，多是特别法中通过程序性的规定而使特种债权获得优先保护。现有规定缺少在其他国家立法中普遍规定的共益费用、丧葬费用、最后一次生病或事故医疗费用、日用品供给一般法定担保，应否增设，需慎重考虑。现有规定是否存在需调整之处，以及学界所探讨的人身损害赔偿是否需纳入一般法定担保，值得斟酌。

第二，对共益费用、程序费用、劳动报酬债权、生活必需费用（品）通过程序法中清偿顺序或优先支付、随时支付或扣留手段进行保护。以上债权在法国、日本法中是被纳入民法中作为一般优先权对待。而德国、瑞士等国除清偿顺序制度外，还通过扣押保护或禁止扣押制度加以保护。

第三，立法并未采取统一的名称指代一般法定担保（现象），而是使用了诸如优先清偿、优先执行或（优先）清偿顺序的描述。尽管通过立法解释可明确此类规定中赋予了对特种债权人法定担保权利或法定优先受偿顺位，但立法中所使用的各类称谓缺乏科学性，容易引起不必要的误会。立法存在重复，如通过程序方法保护的相同特种债权，以共益债务为例，被分别纳入了特别法、程序法以及司法解释中加以规范。由于缺乏一般性规定，在程序法或者特别法中零散规定，法条间矛盾重重。法定担保的效力各不相同，也容易产生适用冲突。从国外立法例来看，宜设立一般性规定来统一规范，避免无谓的争议和立法重复、冲突，节约成本。

第四，立法并未对一般法定担保（现象）的客体范围进行限制。如保险业和银行业中两类特种债权采取破产清偿顺序或优先支付方式加以保护，是基于对保险受益人、个人储户等特殊主体的保护，也存在对金融秩序维护的政策考量。但从利益衡平角度看，以上特种债权均无数额、期限等限制，对其他利益相关主体而言，有失公平。类似的情况也表现在税收一般法定担保和劳动报酬债权一般法定担保现象中。而《信托法》中受托人费用补偿优先受偿权与日本、韩国《信托法》的信托优先权规定类似。该权利客体范围不确定，且信托财产具有独立的法律地位，被作为一般法定担保加以规范，是否适宜，存在商榷的余地。

第五，金融（保险）系统中对个人金融（保险）债权的优先支付规定，主要是基于对弱者利益的保护和维护系统信用和安全而设。在日益发达的金融市场之下，对于除个人外的机构金融债权，如存款保险机构，能否授予优先受偿权？对此，需从体系协调、安全、公平与效率等多重角度考虑。

二、特别法定担保（现象）

（一）类型

特别法定担保是指在债务人特定不动产或动产（包括特别动产）之上

形成的法定担保。

1. 不动产特别法定担保（现象）

其一，建设工程价款优先受偿权。《合同法》第二百八十六条规定发包人逾期不支付工程价款时，承包人对其建设工程价款享有就该工程折价或拍卖价款优先受偿的权利。[1] 其二，法定的建设用地使用权抵押权。依《物权法》第一百八十二条规定依法直接形成的建设用地抵押权。其三，法定的国有土地使用权（房屋）抵押权。国有土地使用权（房屋）抵押权，完全是基于法律的直接规定，不依当事人双方的意志为转移，伴随抵押权成立的以国有土地使用权或者以地上房屋为客体的抵押权，属于法定形成的抵押权。[2] 其四，土地使用权出让金优先受偿权。拍卖划拨国有土地使用权所得的价款，在依法缴纳相当于应缴纳的土地使用权出让金的款额后，抵押权人方有优先受偿权。[3] 拍卖划拨方式取得土地使用权之上房地产的，其土地使用权出让金也应优先缴纳。[4] 以上规定，属于对公法债权的保护，是出于公共利益的考量，形成的"土地使用权出让金优先受偿权"。其五，补偿安置房屋优先取得权。依 2003 年《最高人民法院关于审理商品房买卖合同纠纷案件适用法律若干问题的解释》中第七条[5]规定，被拆迁人对补偿安置房屋的拆迁补偿债权优先于补偿安置房屋买受人的房屋买卖合同债权，属于就补偿安置房屋上成立的法定担保。其六，临时住

---

[1] "建筑工程承包人的优先受偿权优于抵押权和其他债权。建设工程承包人行使优先权的期限为六个月，自建设工程竣工之日或者建设工程合同约定的竣工之日起计算。"参见《最高人民法院关于建设工程价款优先受偿权问题的批复》（法释 [2002] 16 号）。

[2] 参见《担保法》第三十六条。

[3] 参见《担保法》第五十六条。

[4] 参见《城市房地产管理》（2007 年）第五十一条。

[5] 该条规定："拆迁人与被拆迁人按照所有权调换形式订立拆迁补偿安置协议，明确约定拆迁人以位置、用途特定的房屋对被拆迁人予以补偿安置，如果拆迁人将该补偿安置房屋另行出卖给第三人，被拆迁人请求优先取得补偿安置房屋的，应予支持。"

房租金债权优先扣除当被执行人被强制迁出设定抵押的房屋时，由申请执行人为其提供临时住房，并收取租金。对已经产生的租金，从设定抵押房屋的拍卖或变卖价款中优先扣除。[①] 被执行人应支付的租金，属于强制执行所产生的费用，即程序费用，因此获得优先保护。其七，（国有）企业破产职工安置费用优先支付。《国务院关于在若干城市试行国有企业破产有关问题的通知》（国发 [1994] 59 号）第二条以及《国务院关于在若干城市试行国有企业兼并破产和职工再就业有关问题的补充通知》（国发 [1997] 10 号），规定了（国有）企业职工在（国有）企业依法取得（划拨）的（国有）土地使用权拍卖（或招标）所得中优先拨付，用于职工的安置。此即为基于国家政策考虑为职工安置费用债权而设立的不动产特别法定担保。

2. 特别动产法定担保（现象）

（1）船舶法定担保（现象）

诉讼费用和共益费用先行拨付。诉讼费用的先行拨付是指行使船舶优先权的诉讼费用从船舶拍卖款中先行拨付（《海商法》第二十四条）。共益费用的先行拨付，指《海商法》第二十四条、《海事诉讼特别程序法》第一百一十九条的规定。[②] 此外，清除搁浅或者沉没船舶所产生的费用，也可先行拨付。

船舶优先权。指因船舶营运产生的相关海事请求权（费用债权与赔偿、缴付或给付请求权）就该船舶享有的优先受偿权（《海商法》第二十二条至第三十条）。[③] 此外，船舶油污事故的应急处置、清除污染必要费用，

---

① 参见 2005 年 12 月 21 日起施行的《最高人民法院关于人民法院执行设定抵押的房屋的规定》第三条第二款、第五条第一款和第二款。

② 即为保存、拍卖船舶和分配船舶价款以及为海事请求人（债权人）共同利益所产生的费用，从船舶拍卖款中先行拨付。

③ 其中特种债权包括：船长、船员和在船上工作的其他在编人员的工资、其他劳动报酬、船员遭返费用和社会保险费用；在船舶营运中发生的人身伤亡的赔偿请求；船舶吨税、引航费、港务费和其他港口规费的缴付请求；海难救助的救助款项的给付请求；船舶在营运中因侵权行为产生的财产赔偿请求；一定范围内的船舶油污损害的赔偿请求。

应在船舶油污损害赔偿中优先受偿，① 也属于船舶优先权的范畴。设定于船舶之上的船舶吨税优先权，属于有别于其他海事请求权的税收特别优先权（《海商法》第二十二条第一款第三项）。

船舶留置权。包括所有就船舶、与船舶相关的货物、财产或因船舶所产生的收入之上设定的留置权。依享有留置权主体划分，可包括四大类：其一，造船、修船方留置权（《海商法》第二十五条第二款）。其二，船舶承运人留置权（《海商法》第八十七条）。承运人就其运费、共同海损分摊、滞期费及承运人垫付必要费用和其他费用债权，对一定范围内货物享有的留置权。其三，船舶承拖方留置权（《海商法》第一百六十一条）。其四，船舶出租人留置权。指承租人欠付租金或其他款项时，出租人就船舶上相关财产或船舶转租收入所享有的留置权，又可分为：为船舶出租人就船载属于承租人的货物或财产享有的留置权（《海商法》第一百四十一条前段）；为船舶出租人对承租人转租船舶收入享有的留置权（《海商法》第一百四十一条后段）。转租收入属于债权，因此该留置权属于在债权之上设定的法定担保，即权利法定担保。

此外，《国内水路货物运输规则》第四十条还规定了船舶承运人对保管费的留置权。

（2）民用航空器法定担保（现象）

民用航空器优先权。指债权人就援助、保管民用航空器费用的赔偿请求，就该民用航空器享有优先受偿权② （《民用航空法》第十八条至第二十五条）。

程序费用先行拨付。为债权人共同利益而产生的执行判决和拍卖所产

---

① 参见 2009 年《防治船舶污染海洋环境管理条例》第五十五条。

② 民用航空器优先权限定于自援救或者保管维护工作终了之日起三个月内，向相关主管部门登记。此三个月为除斥期间，未依法登记的，该权利消灭。

生的费用，应从民用航空器拍卖款中先行拨付。①

机场留置现象。武汉中院［2009］武民商字第4—38号东星航空破产清算程序中涉及机场留置现象。东星航空拖欠了广州白云机场的管理费，机场留置了债务人所租赁的他人的飞机。该飞机虽后来被取回，但债务人仍向机场提起了损害赔偿诉讼。该案例因中国立法尚无机场留置的法律适用依据，存在司法审判的困惑。②

（3）汽车经销商销售款优先受偿（现象）

汽车赊销抵押贷款在实践中属于常态，其中存在着经销商就其借款债权（无约定担保）对购买人无力清偿贷款需实行抵押权时，就汽车销售款优先受偿的做法。借款人在商业银行确认的汽车经销商处选定车型后，通过经销商办理借款手续，同时从经销商处赊欠部分价款后购买车辆，并获得车辆的所有权。商业银行作为抵押权人（借款债权人），经销商作为债权人（部分借款债权人，也可以设定抵押权）。当债务人在抵押贷款到期未能清偿时，对汽车销售款（价金）经销商享有优于除银行外其他债权人的优先受偿权。此做法赋予经销商一项自动形成的担保，目前仅为行业习惯，尚未获得立法或司法的认可。

3. 动产特别法定担保（现象）

从国外立法例来看，动产之上设定的法定担保包括动产优先权、法定质权和留置权三类。依扩大的动产概念，还可以包括权利法定担保。中国的相关类型如下。

（1）程序费用优先清偿顺序

程序费用也可就债务人特定动产获得优先支付。如2000年《最高人民法院关于适用〈中华人民共和国担保法〉若干问题的解释》第六十四条

---

① 参见《民用航空法》第二十一条。
② 相关争议情况参见张杰：《东星航空破产案法律问题研究》，《证券法苑》2011年第4期。

规定的抵押物被扣押后，抵押权人收取孳息的费用和第七十四条规定的实现抵押权费用，均属于程序费用，就抵押物折价或拍卖、变卖所得价款，获得优先于主债权利息、主债权的清偿顺序。同时该司法解释规定，动产质押和留置权适用上述规定。在《物权法》第一百九十三条中抵押权保全中抵押权人请求或处分所产生的费用，也属于程序费用。依此而论，该费用也可获得优先清偿顺序保护。

（2）收费权优先债权

《关于印发商业银行资本监管配套政策文件的通知》（银监发〔2013〕33 号）中规定："……其他实物抵押品的认定还应满足下列要求：（1）优先债权：只允许优先受偿权或收费权，以保证商业银行对抵押品已实现的收益拥有超过其他所有贷款方的优先权。"[①]该部门规范性文件表明收费权属于优先债权，对抵押品的收益可优先于银行等贷款方的优先权实现。

（3）留置权

按留置权产生的法律依据不同，可将中国立法中的留置权分为：一般留置权、合同留置权、特别留置权和商事留置权。

一般留置权：即《物权法》第二百三十条规定基于合法占有债务人财产所产生的留置权。将留置权发生原因扩大至合同关系外其他法律关系，并明确债权人就留置物享有优先受偿权，学界称之为民事留置权或一般留置权。

合同留置权：即《民法通则》第八十九条规定基于合同关系占有债务人财产所产生的留置权。《担保法》第八十四条明确了合同关系包括：保管合同、运输合同、加工承揽合同以及法律规定可以留置的其他合同。《合同法》在第二百六十四条、第三百一十五条、第三百八十条、第四百二十二条分别规定了承揽人留置权、承运人留置权、保管人留置权和行纪人留置权。

特殊留置权：中国地方法规与行业指引文件中曾规定了特殊留置权，

---

① 2013 年《关于印发商业银行资本监管配套政策文件的通知》中《资本监管政策问答》第 23 问。

属于有别于一般民事留置权的特别留置权。如代理商对委托人的债权，可留置委托人货物或有价证券。① 中国证券业协会发布的《关于发布〈证券交易委托代理协议指引〉的通知》中也有类似规定：证券账户开户人（委托人）账户资金或证券不足，因非正常原因成功交易的，受托人对委托人所应承担的透支资金或卖空证券归还责任，可对委托人的资金或证券采取留置措施。② 但以上留置并未明确赋予债权人就留置物的优先受偿权。

商事留置权：《物权法》第二百三十一条，企业之间留置无须遵守留置动产与债权属同一法律关系的规定，学界称之为商事留置权或企业留置权。

（4）应收账款转让中的法定担保现象

指与应收账款转让形成的权利冲突中可享有法定优先受偿顺序的特种债权。中国《合同法》第七十九条至第八十一条规定了"债权转让"，《物权法》第二百二十三条第六项、第二百二十八条明确应收账款债权可以出质，且出质后经出质人与质权人协商同意的，可以转让。这些规定为银行界开展与应收账款转让融资业务，如保理，提供了基本的法律依据。③ 应收账款转让融资业务（保理），尤其是国际保理中，存在着若干法定担保现象。

保理商应收账款法定优先受偿顺序：为了追逐利润最大化，保理业务中的供应商有可能违反约定将其同一应收账款多次转让或设定多个质权，使保理商对应收账款绝对的排他权利与多个应收账款受让人债权或质

---

① 《深圳经济特区商事条例》第二十六条："因代理或促成交易代理商对委托人享有债权，但清偿期届满而未获清偿的，可以留置所占有的委托人的货物或有价证券，双方另有约定或法律禁止留置的除外。"但条例已由深圳市第五届人民代表大会常务委员会第26次会议于2013年12月25日废止。

② 《关于发布〈证券交易委托代理协议指引〉的通知》第五十五条。该行业规定已被中国证券业协会关于发布《证券公司客户账户开户协议指引》及《证券交易委托代理协议指引》的通知（中证协发〔2014〕27号）所代替。以上留置规定在新行业规定中被取消。

③ 梁慧星：《对物权法草案（第五次审议稿）的修改意见》，《山西大学学报（哲学社会科学版）》2007年第3期。

权人权利并存。中国《物权法》第一百八十一条、第一百八十九条、第一百九十六条规定了浮动抵押制度。因此，在同一应收账款上还可能存在与浮动抵押权人的权利冲突。若供应商到期无力清偿债务需实现质权时，保理商与以上应收账款受让人、质权人、浮动抵押权人之间将发生权利冲突。以上权利冲突中，可依法定担保方式赋予保理商优先受偿地位。

保留所有权人或买卖价金提供人法定优先受偿顺序：当供应商采取分期付款方式购买的货物中存在扩张的所有权保留，或金融机构就其发放给供应商的贷款所购货物出售后的应收账款上设定了质押或享有其他权利时，保理商还将与供应商的出卖人（前手卖方）以及供应商的贷款人（金融机构）就货物出售后的应收账款发生权利冲突。以上权利冲突中，前手卖方或贷款人也存在依法定担保获得优先清偿顺位的可能。

（二）规范

从上文的列举来看，中国立法中特别法定担保的规范体系相当混杂。

1. 不动产特别法定担保主要由民法规范

这些规范包括《合同法》《担保法》《物权法》等，但也存在由特别法和司法解释进行个别调整的现象；特别动产法定担保由特别法加以规范，其中的特种债权由程序性规定、优先权、留置权分别加以保护；动产特别法定担保依类型不同，由不同的法律进行规范。合同留置权、一般留置权、企业留置权由民法规范；与日本《信托法》中信托优先权法类似的受托人费用补偿优先受偿权也由特别法规范；商事交易中存在的特别留置现象，目前仅由地方性法律规范调整，立法位阶过低，适用范围过窄。

2. 程序费用特殊债权规范多元化

程序法主要规范与破产程序相关的程序费用的优先清偿，采取程序性方法，且可设立于债务人一般财产之上；其他非破产程序中与启动、执行某种程序（诉讼、强制执行、保全）使债权人获利相关的程序费用，多由司法解释规范，表现为优先扣除、（优先）清偿顺序或优先支付等方式。此外，非破产程序中程序费用法定担保可在债务人的特定动产（如被扣押或保全的抵押物）或特定不动产（抵押的房屋）之上设立。与船舶或航空器法定担保相关的诉讼费用、共益费用等程序费用，被作为特别法中程序性权利加以保护。由于特别法中集实体与程序规范一体，其所运用的先行拨付方式，也属于程序性方法。以上程序费用法律基础相同，存在统一规范的可能。

3. 保存（管）费用债权的差异化规范

特别动产中的保存费用、保管费用均具有"维持物的价值"的效果，但前者采用先行拨付方式保护（船舶保存费用先行拨付），后者被赋予了优先权或留置权（民用航空器保管费用优先权、船舶承运人保管费用留置权）。其分歧的根源似可追溯至中国立法并无保存法定担保的一般规定上。若立法认可基于公平、共益性考量和鼓励"维持物的价值"特种债权的保护，则可将所有与动产、不动产保存、保管、保全所产生的费用，通过保存费用债权法定担保加以统一规范。在《民法总则》中增设保存费用债权法定担保一般条款，可涵盖以上所有类型的一般规则。

（三）评议

第一，中国立法对实践中出现的提供价金债权以及买卖价金债权能否作为特种债权获得法定担保保护，存在立法空白。如汽车经销商、保理商等提供购买价金债权以及所有权保留人、不动产分割人、不动产购买人就标的物的买卖价金债权的法定担保，均付之阙如。以经销商对汽车销售款享有优先受偿权为例。赋予汽车经销商此项法定担保可鼓励其向购车人提供资金融通，促进中国汽车销售业发展。美国 UCC 中通常对此类提供购买价金所形成的债权提供一项法定的优先序位担保，即便登记或公示在后，也可优先于其在先成立的担保，以肯定其中经销商合理期待权，满足市场交易习惯。中国是否可以引入，需探讨其可行性。以上债权中包含共有关系或财产增值、保值关系，具备成为特种债权的理由。

第二，现有的建设工程价款优先受偿权规定较为粗糙，其主体、客体和担保范围在司法实践中均存在争议，亟待予以明确。如其主体是否包括次承揽人，建设工程合同是否包括建设工程勘察、设计合同等并未明确；其客体是否限于已竣工验收合格的建设工程，其担保范围是否包括利润、垫资款等均存疑问。法定的建设用地使用权抵押权与相伴而设的建设工程价款优先受偿权之间属于何种关系，并不明确，常造成司法适用中的困惑。为此，能否将二者结合起来，以建设工程价款优先受偿权客体扩张的方式，统一规范，可予以考量。此外，以上法定担保属于何种类型，法定抵押权？留置权？不动产优先权？立法并未明确，在学界也引发了极大争议，需明确应以哪种法定担保类型对其进行配置。

第三，对司法实践中认可的对被拆迁人特定权益保障的建设工程价款优先受偿权，缺乏明确的立法规范。从中国目前经济发展状态来看，此类烂尾楼问题处理关系到社会的安定以及弱者权益保障。其中存在多种利益冲突，除银行和国家利益外，如何处理与担保物权、其他普通债权人之间的利益关系，个案衡量方式无法达到统一处理的效果。司法解释中所认可的补偿安置房屋优先取得权，提供了可统一立法规范的思路。但该司法解释属于事后救济，存在对第三人利益的不利影响，实行条件尚未明确，与《物权法》规定之间存在冲突，需要予以完善。未来，可考虑将被拆迁人的拆迁补偿、安置补偿等费用债权在立法中加以统一规范。

第四，民用航空器优先权仅针对援助、保管费用债权加以保护，担保范围较窄，未考虑到修理费用、维护费用以及机场费用等情况，存在漏洞。如由于中国立法中并未规定机场留置权，对机场是否能以债务人拖欠管理费为由，留置非债务人所有的飞机，审理中因缺乏法律依据，难以定夺。此外，因立法中留置权规定主要针对民事领域，对商事领域的特殊情况考虑不周延，造成了诸多纠纷，① 无法适应日益繁荣的国际航空业发展需要。

第五，中国动产特别法定担保类型繁多，分别包括了国外立法例中的民事留置权、商事留置权、动产优先权，但以留置权为主。从留置权来看，中国立法中留置权多具有法定性、价值权性和优先受偿性，属于物权性留置权。中国留置权以合同留置权为重，并形成了由民事一般法和特别法共同搭建的民事留置权的类型体系。相应的规定具有如下特征：

首先，中国留置权的规定可以被当事人约定排除，充分尊重了当事人的自由意愿，同时实践中留置权的约定也被司法认可其效力。由此可见，中国留置权的法定性主要表现在内容的法定而非发生的法定上。

其次，中国留置权规定较为粗糙，许多内容欠缺细致规定或存在重合、冲突，造成实践中运作的困难。如合同法中用笼统地"当事人另有约定"来排除承运人的法定留置权，容易产生法律判断上的问题。② 又如《最高人民法院关于适用〈中华人民共和国担保法〉若干问题的解释》第一百一十二条规定了债权未届清偿期可行使留置权的特别条件，属于留置权行使的例外，学界称之为"紧急留置权"。但在《物权法》中留置权行使要求债权已届清偿期，并未认可"紧急留置权"。

由于对留置权的概念界定与优先权之间存在模糊地带，使得二者在立法中同一规定在学界研究中常常因观点不同而换化成不同的名称：如特别法中的海事留置权与海事优先权、航空器合同留置权与航空器优先权等；

① 例如法国 A 公司租用英国 B1 公司和美国 B2 公司各一台飞机引擎，在租赁期间，A 公司请求中国 C 公司为其维修该两台引擎，维修完成后，A 公司由于运营不善无力承担修理费，因此 C 公司留置了 B1 和 B2 两家公司的引擎。后由于留置的两台引擎价值远超过维修费用，C 公司自行向 A 公司归还了 B2 公司的引擎，但仍留置了 B1 公司的引擎，作为 B1 和 B2 两个公司引擎维修费的留置物，由此引发纠纷。参见锦天城律师事务所：《民用航空器部件维修留置权问题研究案例分析》，《上海法治报》2011 年 8 月 3 日。
② 参见常厚玉：《论我国留置权制度的立法创新与完善》，硕士学位论文，安徽大学，2008 年，第 5—6 页。

留置权体系混乱，逻辑不清，适用法律复杂。随着《物权法》将留置权统一规定后，原先在《民法通则》《担保法》中类似的规定被加以整合规范，但仍有些内容尚未明晰。如《海商法》中第一百四十一条规定的出租人转租金留置权，学者认为，"鉴于《海商法》作为民法的特别法之属性，在《海商法》无明确规定时，应适用《合同法》第七十九条至第八十三条之规定，以求权利的有效行使。"[①]以解决特别法与普通法之间的冲突，为租船合同中的习惯性条款提供法律依据。但这种办法显然只是权宜之计，根本的出路仍是找到一个弥补制度漏洞的方式，提供直接的法律适用依据。

再次，留置权种类缺漏，缺少基于商事交易考量的商事留置权具体类型，仅有《物权法》中一个条文的规定和分散各处的商事留置权难以撑起整个制度。由于商事留置权在中国仅有一个条文规定，因此学界多认为应加以完善。商事留置权缺漏原因主要是：一是概念不清导致类型划分标准模糊。从《物权法》第二百三十一条本身来看，结合中国"民商合一"的立法体系，商事留置权似乎是民事留置权的一个特别规定，其在适用上应当与民事留置权有很多共通的地方。加之对商事留置权的概念界定不清，导致哪些留置权应当划入商事留置权存在争议。如中国《合同法》中未区分民事合同与商事合同，在加工承揽合同、保管合同、仓储合同、货物运输合同以及行纪合同中的留置权无须区分债权人的商主体身份，均被认为属于商事留置权。但在司法实践中存在民事合同与商事合同的区分。其中争议在于是否需限定债权人身份来界定商事留置权。二是商事留置权标的物范围过窄限定了商事留置权类型。《物权法》将留置权的标的限定为动产，作为一般规定。由于中国没有另外规定商事留置权的标的范围，这一规定也适用于商事留置权，使得商事交易中除动产以外的其他物无法成为留置标的物，如有价债券、不动产

---

① 王恒斯：《困境与出路：中国法中的"转租收入"留置权——以〈中华人民共和国海商法〉第 141 条为视角的解释论》，《中国海商法年刊》2011 年第 4 期。

等。对此，各国和地区立法例上有对商事留置权的留置标的物范围规定为动产、财产或有价证券在内，而不动产的价值一般是比较大的，若予以留置，不符合商事留置权的价值与制定目的，多数立法予以排除。

此外，与其他国家、地区相对比，特别留置权类型几乎为空白。如日本在其商法中为代理商、行纪人、运输承揽人等特殊商事交易主体设置了特别留置权，中国均未规定。为尊重交易习惯、提高交易效率，商事交易中存在各类特别留置权现象需进行立法规范。

第六，从留置权以外的动产特别法定担保来看，均属于无法被纳入留置权体系加以规范，存在于特定动产之上的法定担保现象。

首先看部门规范文件中收费权优先债权，其中的收费权是指："权利人基于法律的直接规定或者政府的行政特许而享有的就特定的基础设施或者公共服务等收取费用的权利，例如高速公路的收费权、非义务教育机构的收费权等等。"[1] 收费权属于对抵押品收益的收取权，即债权取得权，无法纳入留置权的范畴，遂作为债权优先权。其中包含了对"提供了一定的服务"事实行为的考虑，赋予服务提供者对提供服务后就与提供服务相关不动产收益的优先，属于法定担保现象。但对收费权优先债权的规定，目前仅为部门指导性文件，适用范围过窄，且无具体权利内容的规范，十分粗糙。

其次看应收账款转让中的法定担保现象，中国立法尚无明确的法律规范。由于《物权法》并未明确认可未来应收账款的转让，因此，保理商获得法定优先受偿顺序无立法依据。对无追索权的保理商而言，其对应收账款的所有权获取应享有绝对的权利，若无法律上的优先保护，有违实质公平，也不利于保理业务的展开和交易安全。目前保理商对应收账款的法定优先受偿已作为一项国际惯例被普遍接受。

由于中国《合同法》第一百三十四条规定的所有权保留并未要求公示，

---

① 王利明：《收费权质押的若干问题探讨》，《法学杂志》2007 年第 2 期。

第三人可依善意取得买卖标的物所有权，保留所有权人的所有权取得期待权不能对抗善意第三人的所有权。出卖人可在买受人"将标的物出卖、出质或者作出其他不当处分"时行使标的物取回权。[①] 虽然司法解释并未赋予保留所有权人法定的优先受偿权，但其可因行使取回权而对抗标的物上存在的其他债权、质权的优先效力。因取回权受到善意取得规则的限制，以上权利冲突问题仍无法被彻底解决。为满足动产交易市场需求，国外有赋予所有权保留权人或买卖价金提供人（金融机构、保理商）以优先地位的做法加以解决。[②] 这一优先地位的获取，可以通过法定担保的方式。因此，供应商出卖人（保留所有权权人）、贷款人（金融机构）、保理商以及上述其他权利主体间的权利冲突问题，可考虑是否通过赋予法定担保加以解决。

第三节　中国法定担保类型配置之必要性考量

一、成文法法典化的需要

法定担保的类型配置，将之统一于一个合理的体系框架内，符合中国成文法法典化建设的趋势和宗旨。中国属于大陆法系，一直秉承成文法、

---

① 2012 年《最高人民法院关于审理买卖合同纠纷案件适用法律问题的解释》第三十五条第一款第三项。

② 除优先地位外，还存在其他做法，一是如中国台湾地区的"动产担保交易法"，将所有权保留与其他动产担保方式作统一规定，并规定所有权保留的登记对抗原则，当所有权保留与担保物权竞存时通过登记公示来确定优先受偿顺序。二是以德国为代表，虽未规定所有权保留的登记制度，但可通过判例、程序法与破产法维护所有权保留的优先受偿顺序。参见关涛：《关于所有权保留与质押权竞存时的优先受偿问题》，《烟台大学学报（哲学社会科学版）》2013 年第 4 期。

法典化的传统，在立法中分散、凌乱的制度规定，不符合法典化的要求。这也是完善社会主义法治体系的必然要求。中国现行立法对于法定担保并未系统化，对于其仅有的几条立法规定也是松散的分布在个别的部门发展，造成了司法的适用困惑。另外，中国现行立法中法定担保规定仅为有限的几类，尚未对诸多应予优先保护的社会关系做出相应的调整。

二、厘清理论争议的必要

法定担保的类型配置，有利于明确各类法定担保在立法中的位置，可以绕开理论界对某些法定担保性质的无休止的争论，减少此类混乱局势带来的问题。随之，相关的法定担保之间，以及法定担保与其他权利之间的运行规则也得以在一个科学体系内加以设计。如在实践中建设工程的发包方为了获取资金，往往已在建设工程上设有抵押权。在同一建筑物上承包人优先受偿权和抵押权人的优先受偿权发生竞合时二者的受偿顺序怎样确定。[①] 另外，在实践中还有一种现象，有的工程发包方在承包方行使优先受偿权时已将建成的房屋出卖他人，有的甚至在尚未完工时就已将房屋预售出去，这时承包人是否还能行使优先受偿权？[②] 若明确了此类法定担保的类型，则在以上权利行使发生冲突时，可径行依据相关规则予以处理，避免具体案件审理中不同处理的现象。

三、基于立法协调的考量

在各个部门法中对各类法定担保的适用条件和范围分别予以规定，容

[①] 参见张晓永：《工程承包合同中优先受偿权问题浅析》，《北方交通大学学报（社会科学版）》2002 年第 2 期。

[②] 参见魏秀玲：《论建设工程承包人优先权》，《政法学刊》2003 年第 2 期。

易产生立法重复与冲突，立法浪费也不可避免，难以形成体系化的制度。并且，各个部门法中分别规定各类法定担保，容易使各法定担保之间顺位模糊不清，形成适用冲突，给司法实践带来困难。法定担保类型配置，有利于对法定担保类型进行查漏补缺，统一规则。中国目前立法体系的混乱，类型交错的状态，难以查找到各类法定担保规定的缺漏之处。而构建一个合理的类型体系，各种配置之间的配合与重合将一目了然。哪些种类应当纳入体系内，哪些应当进行排列组合等，均需要在进行类型化之后方可加以衡量。

建立完善的法定担保制度可以增强法律适用的明确性和便捷性，规范民事主体的行为，解决司法实践的冲突。此外，程序法与实体法的衔接，也需要法定担保类型进行合理配置。鉴于目前关于法定担保规定在程序法和实体法中交叉规定的局面，尤其是在程序法有关规定缺少实体法依据，使其中的债权优先受偿无法获得权威保障，从而影响了对其中特种债权的保护效果。[①] 而在类型化之后，这种程序法规定得到实体法依据，增强了权利的保护力度，提升了立法的效率。

四、制度功能实现的要求

作为具有保障公共利益、实现政策要求、保护弱势群体利益等功能的制度，为了更好发挥各项功能，应当剔除类型设置中不合理因素，进行更为合理的配置。[②]

[①] 参见左平良：《我国一般优先权立法的宏观思考》，《当代法学》2009年第4期。

[②] 如破产企业职工安置费用优先权。作为养老金、失业金等社会保险费提取的费用以税收或利润的形式早已上缴财政，因而由国家财政负责安置破产企业的职工，而非其他债权人承担安置职工的义务。破产职工的安置实际上是国家对作出"超额贡献"的老职工的补偿问题，这一带有全局性的问题，不应仅通过提取安置费的方法来解决，而应纳入产权制度改革中，在国有企业实行公司制转变的过程中得到解决。参见杨冬梅：《破产法与破产企业职工安置》，《政法论丛》1998年第2期。

而对法定担保进行科学的类型配置，有利于提升其立法层次和增强效力，更好地发挥制度的功能。如国务院用通知的形式规定了破产企业职工安置费用优先权，但国务院的通知并非严格意义上的法律，这种政策性文件，不能对抗法律规定。此外，该通知与《担保法》第五十六条规定的土地使用权出让金优先权存在矛盾，其合法性存疑。如上问题的解决，均有赖于立法是否将相应法定担保纳入实体法，为其中特种债权的保护提供更有力的法律依据。

综上所述，中国现行法律关于法定担保的规定存在一定的缺陷与不足。在中国未来民法典中，有必要从相关的法定担保类型配置标准与立法定位选择等角度出发，结合中国的实际情况构建科学完整的法定担保类型体系。

第四节　中国法定担保类型配置：基于外在标准的模式抉择与立法定位

从本章第一节、第二节对中国法定担保之历史梳理与现状概述来看，法定担保的社会基础一直存在并不断发展变化着。古代社会中受制于成文法的滞后性和习惯法的缺陷，无法形成法定担保的立法类型，遑论类型模式建构。近代的立法改革虽重视物权设计，但大量模仿引进他国立法例的所谓理想设计与现实社会脱节，传统的法定担保现象多不复存在，仅余典权人的先买权一类，也未形成固定的类型模式。中国现有立法类型各行其是，性质不明，内容缺漏，名称混乱，学界争议不止。民法、特别法与程序法规定之间存在冲突不断，夹缠不清的现象。司法实践与实务操作中涌现的法定担保现象，存在与立法协调和亟待立法规制等问题。

如上问题的解决，需对中国法定担保类型进行科学配置。在进行具体类型的查漏补缺之前，需明确中国未来民法典究竟应采纳哪些具体类型，这些不同类型在立法中应以何种模式呈现，在立法中的定位如何。为明晰以上问题，下文将从中国学者的观点出发，结合本书所提出的法定担保类型配置的外在标准，在适应现代担保制度发展及立法政策转变的基础上，遵循正义与效率的法政策衡量基准，提出中国应有的法定担保类型模式和各类型的立法定位建议。

一、中国法定担保类型配置模式选择的争议与评析

学界对中国留置权属于法定担保物权并无争议，但对特别法、司法解释中建设工程价款优先受偿权等不动产之上形成的优先受偿权，以及以优先执行、（优先）清偿顺序、优先支付等在债务人一般财产或特定动产上存在的法定担保应属于何种类型，存在极大的争议。从国外法定担保类型选择来看，在不动产之上形成的法定担保分为法定抵押权和不动产优先权两种类型，在债务人一般财产上或特定动产上形成的法定担保为优先权、法定质权或留置权。中国学界依此也形成了不同的学说。此外，对实务中出现的非典型担保中存在的法定担保现象应当如何加以规范，也存在不同见解。

从以上分歧点出发，中国学界对法定担保的具体类型配置观点，依"破除债的平等性"方法，在比较法国法统一法定担保模式以及德国法非统一法定担保模式基础上，相应地形成了两种不同的类型配置模式，即：优先权配置和法定抵押权配置。其中依据法定担保类型的多寡配置，优先权配置又可分为优先权一元配置、优先权二元配置。具体内容分述如下。

（一）优先权配置模式

在《物权法》制定过程中，就中国应否规定统一的优先权制度，学

者之间的争议很大，形成了肯定说和否定说两大派系。① 在立法制定过程中，相关物权法建议稿中对是否建立优先权制度，态度也是摇摆不定，多有变动。②

1. 优先权一元配置

该种配置方案以法国法统一优先权作为整个法定担保制度构建的蓝本，将立法中原有的留置权用特别优先权代替，而留置权成为特别优先权的一项权能，将优先权与质权、抵押权组建成担保物权体系。③

在王利明教授主持起草的《中国物权法草案建议稿》中，即依此模式对法定担保作出了系统规定。该草案借鉴日本民法"先取特权"的立法体例，在第四章担保物权项下设立"优先权"专节。④

学界认为此种设计逻辑严谨，有助于中国物权种类的体系化。但是，此种方案取消了中国已有的留置权规定，不仅成本过高，不易操作，而且由于留置权制度在他国都或多或少均有规定，完全取消将影响国家间的交流。⑤ 同时还有学者指出，在法国法的优先权制度是排除债权平等原则的法定方法，但与中国法不同，其并非对应约定担保，法定担保和约定担保之间有着千丝万缕的联系。在法国法上，质押和抵押也被认为

---

① 肯定说认为中国应规定统一的优先权制度。代表人物有：郭明瑞、温世扬、王全弟以及申卫星等。王利明教授也持肯定说，并对优先权制度的构建提出了具体详尽的立法建议。否定说认为，中国可以在特别法上规定优先权，而不需要在民法典上进行统一规定。

② 在梁慧星教授主持的物权法建议稿中没有优先权的规定，在王利明教授主持的物权法建议稿主张建立优先权制度，而人大法工委的草案则一波三折，一稿主张建立优先权制度，二三稿又废弃优先权制度。

③ 参见申卫星：《我国优先权制度立法研究》，《法学评论》1997年第6期。

④ 具体内容包括：优先权的一般规定、一般优先权、特别动产优先权、特别不动产优先权、知识产权优先权，优先权与其他担保物权的关系等。将一般优先权分为优于所有债权人的优先权和优于普通债权人的优先权。参见王利明：《中国物权法草案建议稿及说明》，中国法制出版社2001年版，第513页。

⑤ 参见宋宗宇：《优先权制度研究》，博士学位论文，西南政法大学，2006年，第162页。

是优先权制度的部分内容，^① 从而中国法中的约定担保在法国法上也属于法定担保。^②

2. 优先权二元配置

该种配置方案仍模仿了法国法统一优先权模式，但同时借鉴了德国等国家和地区的做法，采取了两种方式来安排立法中的法定担保类型：其一是将一般优先权纳入物权法中，而特别优先权则分别以法定抵押权、法定质权、法定留置权的名义并入担保物权体系中。^③ 即一般优先权＋特别优先权模式。其二是在物权法中设立统一的优先权制度，同时保留留置权，使优先权作为一项与抵押权、质权、留置权并存的独立担保物权，^④ 即优先权＋留置权模式。

有学者认为一般优先权＋特别优先权模式简单易行，但鉴于该方案将改变中国已有的意定担保物权体系，违背物权法定原则，且新创概念难被接受，以及体系冲突和立法逻辑问题，对之进行了改良：首先，设立一般优先权。采取普通立法与特别立法相结合的立法方案。分别在物权法和特别法中对一般优先权作出一般性规定；或在民法典的债法篇或权利保护方法篇中就一般优先权的一般性问题作出规定。其次，改造特别优先权。区别对待普通法与特别法中的特别优先权。即由物权法中担保物权体系吸收普通法中特别优先权，建立法定和约定并存的二元担保物权体系。其中

---

① 参见尹田：《法国物权法》，法律出版社 1998 年版，第 459 页。

② 参见孙新强：《破除债权平等原则的两种立法例之辨析——兼论优先权的性质》，《现代法学》2009 年第 6 期。

③ 参见申卫星：《我国优先权制度立法研究》，《法学评论》1997 年第 6 期；陈本寒：《担保法通论》，武汉大学出版社 1998 年版，第 135 页；王利明：《中国物权法草案建议稿及说明》，中国法制出版社 2001 年版，第 93—141 页。

④ 参见王全弟、丁洁：《物权法应确立优先权制度》，《法学》2001 年第 4 期；郭明瑞、仲相、司艳丽：《优先权制度研究》，北京大学出版社 2004 年版，第 174—201 页；曹艳芝：《优先权论》，湖南人民出版社 2005 年版，第 133—138 页。

增设法定抵押权、法定质权和债权性留置。同时，保留部分特别法上的优先权。①

改良方案虽然通过在不同立法中分设一般优先权一般性规定的方法克服了原有方案的体系违和问题，但分散规定不仅立法成本高，且再次产生冲突的可能性也随之增加。同时其对特别优先权的改造仍产生了新创概念，仅具留置功能的留置权与现行法中已被普遍认可的担保物权性留置权形成冲突。且未充分说明为何由法定抵押权代替不动产优先权、法定质权代替留置权的理由。其所构建的法定担保体系中冲突与逻辑问题依旧存在。

优先权 + 留置权模式既保持了优先权的统一体系，又与现行担保物权体系相融合，保持了现有体系的完整性，立法成本较低，便于接受。但该方案没有考虑到优先权与其他担保物权的调整范围的交叉问题，缺乏逻辑性，同时对在物权法中统一设置优先权的做法考虑不周，未注意到一般优先权与特别优先权间性质的巨大差异，如此安排也将使物权法体系庞杂，臃肿不堪。

（二）法定抵押权配置模式

该种配置方案采《德国民法典》的做法，鉴于德国法中物债二分和物权客体特定的原则，只能将法国法上的特别动产优先权规定在物权编中，并被命名为法定质权。法国法上特别不动产优先权则由法定抵押权代替，规定在特别法中。而以债务人一般财产作为担保财产的一般优先权，因违反物权特定原则，这些债权与特定财产并无牵连，最终无法通过物权法上的法定担保制度来解决，而交由破产法等程序法加以

---

① 以上内容整理自宋宗宇：《优先权制度研究》，博士学位论文，西南政法大学，2006年，第177页。

解决。① 据此，由移转占有型法定担保（法定质权或法定抵押权）代替法国法上的特殊优先权，结合中国已有的留置权（移转占有型法定担保）再加上特别法中规定的非移转占有型法定担保（如船舶优先权、航空器优先权和建筑工程优先受偿权），构成了由移转占有型法定担保 + 非移转占有型法定担保组成的法定担保制度。而法国法上一般优先权的功能则由破产法中清偿顺序来完成。

就法定抵押权的具体类型，有学者通过分析法定抵押权的起源与近现代民法法典化的过程中的分化，以德国、日本和瑞士为代表的三种立法体例为标本，将"由法律规定而发生的抵押权，其成立无须有当事人之合意，某种情事只要符合法律规定的条件，债权人便当然取得抵押权"，② 依据不同的基础进行了分类。在分类中将法国法在债务人不特定不动产之上设立的法定抵押权和在特定不动产之上设定的不动产特别优先权统一纳入法定抵押权体系，克服了法国法中法定抵押权与不动产特别优先权的重复与冲突问题，值得赞同。

法定抵押权模式充分考虑到了中国立法的传统和现状，在维护现有法

---

① 中国学者孙新强发表了一系列文章说明了其依法定担保的移转占有与否构建该体系的理由。具体论证参见孙新强：《大陆法对英美法上 LIEN 制度的误解及 LIEN 的本意探源》，《比较法研究》2009 年第 1 期；孙新强：《破除债权平等原则的两种立法例之辨析——兼论优先权的性质》，《现代法学》2009 年第 6 期；孙新强、秦伟：《论"优先权"的危害性——以船舶优先权为中心》，《法学论坛》2010 年第 1 期；孙新强：《我国法律移植中的败笔——优先权》，《中国法学》2011 年第 1 期。

② （1）以对社会弱者进行保护的观念为基础分为：为保护无行为能力人和限制行为能力人利益而设立的法定抵押权；为保护被扶养人利益而设立的法定抵押权。（2）以特殊牵连关系为基础分为：新建或为重大修缮建筑物或其他工作物的承揽人增值部分就法定抵押权；金钱出借人就借贷关系产生的债权对于以该金钱取得的不动产享有法定抵押权；不动产出卖人就不动产出卖享有的债权对于不动产享有法定抵押权；不动产共有人就不动产分割产生的分割补偿金对于不动产享有法定抵押权；被继承人的债权人与受遗赠人，就其权利对于负担债权和遗赠的财产有法定抵押权。参见李建华、董彪：《我国法定抵押权制度的若干立法构想》，《当代法学》2006 年第 2 期。

定担保体系逻辑的情况下，跳出了法国法上关于优先权性质无休止的争议，在解决与之同类的问题上，采取了更为适宜的方式，科学合理地安排了法定担保各种类型，颇为科学。其中的法定质权，鉴于种类较少，从中国现有立法来看，其功能完全可以被留置权或扩大的留置权所代替，因此在中国并无存在的必要。但对该模式有疑义的是，将在债务人一般财产上的法定担保一概推诿至程序法加以解决，是否适宜，需从长计议。

二、中国法定担保类型配置模式选择的借鉴与调整

(一) 应选择一般优先权作为一般财产之上的法定担保类型

中国学界对在债务人一般财产之上设定的法定担保，究竟属于何种类型，存在不同的看法。观点的主要分歧在于对于债务人一般财产上成立的，如共益费用、工资报酬、丧葬费用、生活必需品费用等特殊债权，是在民法典中建立统一的优先权制度予以保护，还是分由特别法或程序法规范。优先权的性质认定对解决以上争议十分关键。

给优先权定性远比认识它要困难得多，[①] 以本书对法定担保制度的历史嬗变和各国立法例来看，至今并未有统一定论。从目前两种法定担保的立法模式来看，不同立法模式下对优先权的性质界定存在差异。

1. 一元模式下统一优先权性质

以法国法为典型的统一优先权模式下，各种类型的优先权具有统一的本质。但基于此模式下不同国家将优先权规定在立法中的位置不同，学界依次将这种统一的优先权本质进行了不同的划分：担保物权说、特种债权说、准担保物权说、债权说、权利保护方法说。

担保物权说认为，优先权属于典型担保物权。从立法例看，法国、日

---

① 参见申卫星：《优先权性质初论》，《法制与社会发展》1997 年第 4 期。

本等国家将之作为与抵押权并列的规定，或在物权法中设专章规定，即是其基本的论据。① 从学者观点看，法国学者将优先权与抵押权等同视之，日本学者也认为法国民法以法定抵押权的形式认可了优先权。② 从属性看，优先权对抵押权和无担保普通债权同样具有效力，具有排他性和对世效力，原则上也具备担保物权的三大属性即依附性、不可分性和物上代位性。③ 从历史上考察，自法国古代法以来，随着特别优先权制度出现，尤其是不动产特定优先权，也把特定的物用于担保享有特权的债权，与抵押权十分相似，因此人们已经倾向于把这些优先权视为物权。尤其是法国 1955 年 1 月 4 日法令将原来在债务人总财产上的一般优先权转化为法定抵押权，④ 如果不动产一般优先权不具有物权性质，恐难以转化为法定抵押权这一物权形态。

特种债权说认为，优先权只是法律上基于特殊政策性考虑而赋予某些特种债权或其他权利的一种特殊效力，以保障该项权利能够比普通债权优先实现。⑤ 这种特殊效力即优先受偿效力。也有人认为，优先权不是一独立的债权，而是债权的效力。⑥ 也即，优先权体现的是某些债权特别的效力，而不是与物权或债权同日而语的权利。⑦

准担保物权说认为抵押权、质权等典型担保物权在立法目的、特性、成立要件、基本规则等方面与优先权存在重大差别。优先权的性质仍未完全脱离其所强化的权利本身的性质，故不宜与担保物权相提并

---

① 参见陈本寒：《担保物权法比较研究》，武汉大学出版社 2003 年版，第 342 页。
② 参见［日］近江幸治：《担保物权法》，祝娅译，法律出版社 2000 年版，第 32 页。
③ 参见［日］近江幸治：《担保物权法》，祝娅译，法律出版社 2000 年版，第 32—33 页。
④ 参见于海涌：《法国不动产担保物权研究》，法律出版社 2006 年版，第 20—26 页。
⑤ 如德国民法明确认为优先权是特种债权所有之一种效力。智利民法则将优先权与其所担保的债权合并规定，将优先权作为特种债权的一部分，不认为其是一种单独的权利。参见申卫星：《优先权性质初论》，《法制与社会发展》1997 年第 4 期。
⑥ 参见陈本寒：《担保物权法比较研究》，武汉大学出版社 2003 年版，第 343 页。
⑦ 参见梅夏英、方春晖：《优先权制度的理论和立法问题》，2013 年 2 月 13 日，见 http://www.civillaw.com.cn/article/default.asp?id=196580。

论。① 但是，被法律赋予优先受偿效力的特种债权，其性质和特点毕竟与普通债权有了相当差异，而具有了物权的某些效力特点，② 因此将之定位为准担保物权。

债权说认为，优先权无论从客体还是效力来看，均为债权。一般来说，债权是以债务人的存在为前提，而物权是成立于有体物之上的权利。而与有体物无关的先取特权和债权质权，违背了这一概念性的定义。因此，日本学者指出：物权中所涉及的物，只限于"有体物"，一般先取特权和特定的债权质权"并非物权"。③ 而就债权效力角度看，在法律明确规定的情况下，即使是发生在后的债权，也可以具有优先于物权的效力，④ 同时，由于债权是一种请求权，在债权中规定优先权，使排在前序的债权就比排在后序的债权更容易得到满足，有利于实现社会利益保障和实质公平。⑤

---

① 如优先权既可以在债务人的特定财产上成立，也可以在债务人的一般财产上成立，有违物权标的特定的原则；优先权的设立无须公示，有违物权公示的原则；法律虽然赋予某些特种债权以优先受偿性，但这只不过是出于推行社会政策和维护社会公益的考虑，并不改变该特种债的债权性质。参见陈本寒：《担保物权法比较研究》，武汉大学出版社 2003 年版，第 344 页。

② 参见刘保玉：《试论优先权在中国物权法上的取舍》，载刘保玉：《担保法疑难问题研究与立法完善》，法律出版社 2006 年版，第 67—84 页。

③ 参见［日］加藤雅信：《财产法理论的展开——物权债权区分论的基本构造》，渠涛译，载渠涛：《中日民商法研究（第二卷）》，法律出版社 2004 年版，第 111—112 页。

④ 如劳动法、海商法等特别赋予优先效力的债权，可以优先于物权。如为保障特殊群体的利益，在劳动法等法律中明确规定特殊群体的债权，在企业破产的情况下工人劳动工资的债权享有优先权，在海商法中"船舶优先权"中规定船长以及船员的工资优先权等。参见孙宪忠：《中国物权法原理》，法律出版社 2004 年版，第 37—39 页。孙宪忠在该书内指出，债权可以具有优先于物权的效力："第一，根据'为债权的债权'优先的原则，新设定的债权具有优先于原来的债权以及为这些债权进行担保的物权的效力。第二，根据'买卖不破租赁'的原则，依据租赁合同所享有的债权，具有对抗物权变动的效力。第三，纳入预告登记的债权，在任何情况下均优先于物权。"

⑤ 参见陈焜如：《试论民事优先权的性质》，《经济与社会发展》2006 年第 2 期。

权利保护方法说以《意大利民法典》的安排为依据，认为关于优先权的性质争议仅是在物债二分体系下的概念正名需要。该法典将优先权与担保物权一起归为权利的保护一编，与债编和所有权编并列。这种体例安排揭示了优先权与其是一种权利，毋宁是一种权利的保护方法。①

2.二元模式下的非统一优先权性质

以德国法为典型的二元模式下，优先权以及类同优先权功能的法定担保，根据不同的区分依据，其性质差异颇大，难以统一。

债权物权二分说认为，优先权应视具体情况，分为债权性质的优先权（程序性优先权）与物权性质的优先权（实体性优先权）。② 债权优先权，其效力本应劣后于抵押权，只是基于法律的例外规定才优先于抵押权。两类优先权之间的效力存在差异。由于担保物权具有对世效力，因此原则上债权优先权仅优先于一般债权，但其效力应在担保物权之后。在债权优先权与物权优先权发生冲突之际，除非法律另有特别规定，原则上应当以物权优先权为优。③ 债权性优先权所享有的优先受偿权利并不改变其作为债权的特殊效力，变为独立的担保物权，因此主要规定于破产法、民事诉讼法和强制执行法等程序法中。④ 例如，《瑞士联邦债务执行与破产法》第219条规定的家庭赡养及扶助费用，于破产执行时具有优先权。由于这类优先权被视为债权在破产或诉讼执行阶段的特殊效力，故其只具有程序性

---

① 从优先权能否独立存在看，它是依附于特定种类的债权存在的，脱离了特定的债权，优先权自身不具有任何意义，因此它与物权或债权并非位于相同位阶。但优先权自身又并非完全虚无，它的本体就是"优先受偿"。所以优先权是一个"标签"，它在需要对债权进行排队的情况下才有实际意义，贴上了这种标签的债权就可以"插队"，但在优先权被粘贴到特定债权上之前，它本身没有任何意义。参见鲍轶欣：《民事优先权性质研究》，博士学位论文，中国政法大学，2008年，第18—19页。

② 参见郭明瑞、仲相、司艳丽：《优先权制度研究》，北京大学出版社2004年版，第39—41页。

③ 参见于海涌：《法国不动产担保物权研究》，法律出版社2006年版。

④ 参见宋宗宇：《优先权制度研究》，法律出版社2007年版，第50页。

意义，不构成独立的实体权利。① 物权性优先权（实体性优先权）与债权性优先权（程序性优先权）不同，为独立的担保物权，其相关规定散见于德国模式下各国家和地区的民法典、商法典和其他单行法中。同时，物权性优先权本质上与法国模式下的优先权相同。②

独立权利非独立权利二分说认为，实体法中规定的优先权为权利的效力或权能，而非权利。③ 而对在程序法中以债权清偿顺序表现出的优先权内容，多不被认为属于独立的权利，而是特种债权之间的清偿顺序。④ 这种清偿顺序说（效力说）遭致许多学者的反对。有人认为清偿顺序只是权利效力的表象，而不能说明权利的性质。若没有实体法的相应规定，程序法何以赋予不同债权以不同的清偿顺序？因此，对能够直接影响当事人的利益应为实体性权利，应当在实体法中予以明确规定。⑤

3. 一般财产之上法定担保选择一般优先权类型的理由

综合而言，无论一元模式还是二元模式，对优先权的性质争议存在两个层次：一是优先权是否为权利？二是优先权属于物权或债权？实际上两个层次的问题均围绕着立法是选择一般优先权，还是程序性优先权作为在债务人一般财产上设立的法定担保类型。

---

① 参见韩长印：《破产优先权的公共政策基础》，《中国法学》2002 年第 3 期。学者在文内指出，破产程序除将债权的个别实现程序转化为总括执行程序之外，原则上不应改变破产程序开始前后各种实体权利既定的优劣地位。然而，一方面，破产法之外的其他实体法并没有也不可能穷尽对各种实体权利的优劣排序；另一方面，有些实体权利的特殊救济也只有在破产事件发生之时方才凸显出来，这就需要破产法规范在一般实体法之外创设一些法定优先权。

② 参见宋宗宇：《优先权制度研究》，法律出版社 2007 年版，第 91—92 页。

③ 这种观点认为优先权是物权间的效力，即在同一物上，先设定的权利优先于后设定的权利，有担保的权利优先于无担保的权利。参见江平主编：《中国司法大词典》，人民法院出版社 2002 年版，第 451 页。

④ 参见于海涌：《法国不动产担保物权研究》，法律出版社 2006 年版，第 20—26 页。

⑤ 参见鲍轶欣：《民事优先权性质研究》，博士学位论文，中国政法大学，2008 年，第 20 页。

中国应选择前者，同时不区分动产一般优先权与不动产一般优先权，具体理由如下：

第一，两类模式下的优先权性质争议并不妨碍中国引入一般优先权。从前述学界争议来看，无论一元模式的优先权性质还是二元模式的优先权性质，均与一国本身的立法例具体选择和安排相关，而非权利自身所能自我证明的。如一元模式下的优先权，从法国立法例来看，是作为担保物权对待的。无论一般优先权还是特别优先权，在立法中均被作为与抵押权、质权并立的担保物权。具备优先权具备物权的两大基本特性：物权性，包括法定性、优先性、对世性、支配性、排他性、追及性等；担保性，包括从属性、不可分性、物上代位性、价值性。[①] 而认为此立法例中优先权为债权的观点难以充分论证。当优先权存于债务人不特定的总财产时，财产在实现时可以确定。由于浮动担保、财团抵押类似制度的存在，这种相对的不确定性也不构成优先权非物权的理由；基于交易安全的考虑，优先权也需要逐步公示，尤其是其中不动产客体存在可予以登记公示的有利条件，以无须公示否定优先权物权性的观点不足取；此外，从排他性、优先性和独立的产生和消灭原因等担保物权的特性看，优先权也非债权。

而二元模式下否定一般优先权为权利的观点，显然也难以成立。优先权内容包括优先权的顺位、优先权的物上代位性、优先权在一定条件下的追及性、优先权与其他担保物权的竞合等，并非清偿顺序所能涵盖的。因此，从二元模式看一元模式的一般优先权，并将之与清偿顺序画等号，本身就犯了逻辑错误。正如有学者提出的，不同范式之间具有不可通约性，拿法国法中的一般优先权与德国法中的清偿顺序做对比，除功能性雷同

---

① 此类论述较多，在此不赘述。参见孙守官：《我国优先权制度构建研究》，硕士学位论文，中国政法大学，2008年，第8—10页。

外，毫无意义。

二元模式下的程序性优先权非属于权利。其特点是，优先权人仅得于分配债务人之特定财产或一般财产时享有较其他债权（一般为普通债权）优先的顺序，而无对标的物价值的支配权或变价权。因此，所谓程序性优先权为伪论，一项权利仅具有在破产程序中清偿次序的优先性，而非可使权利主体直接享有利益，且权利内容几乎不存在。非在破产及执行程序中，并有多数债权人参与情形下，所谓程序性优先权人也不得主张其权利。如此安排，该种所谓权利的仅剩一点可怜的对世性，而这种对世性还是由简单的清偿序位安排的。将程序法中的清偿顺序作为权利，确无实体法的基本权利依据，从而程序法侵入实体法，代行其权利设定功能，也与法理不合。

当然，在二元模式下的实体性优先权，应当属于权利。原因在于，否定优先权为权利的观点，未能涵盖债权领域特殊债权的优先效力，其优先效力仅限于物权领域，失之过窄。同时先设立的权利并不一定优先于后设立的权利，有担保的权利也不一定优先于无担保的权利。[1] 优先权（特别优先权或实体性优先权）不是债权的特殊效力，而是与债权相互独立的物权。在担保物权从属性的范围内，其权利有独立的产生、消灭原因。优先权的权利人得就标的物的价值进行支配，并于债权不能实现时，行使变价权及优先受偿权。其优先权的行使期间，不限于破产或执行阶段，亦不以其他债权人的存在为必要。

综上所述，优先权主要表现为一种序位的优先，其本身的性质，应取决于各国立法采取的具体规范模式，尤其是在立法中具体的位置安排，以及优先权背后所依附的权利的性质。对一国立法而言，选择一般优先权还是所谓程序性优先权，无须受制于以上权利性质争议，而应注重以上模式

---

[1]　参见陈焜如：《试论民事优先权的性质》，《经济与社会发展》2006 年第 2 期。

中不同选择的制度功能的类比上。

第二,二元模式下的程序性优先权不适合中国对特种债权保护的实际需要。选择程序性清偿顺序对特种债权保护,将使其优先受偿限定在债权范围内,当优先权与担保物权发生竞合时,债权的效力必然弱于担保物权,不利于对特种债权的保护,如中国立法中的劳动报酬债权,劣后于担保物权和破产费用等;多数清偿顺序只是规定在特定程序法中,如中国仅在企业破产程序中规定了破产清偿顺序,而无其他程序法的规定。因此若想实现对债务人一般财产上特种债权的保护,需将各类特种债权的优先清偿顺序在相应的程序法或特别法中逐一加以规定,如基于诉讼、执行、保全等共益费用,稍有疏漏,则相应特种债权将得不到特殊保护;此外,程序性清偿顺序,其所限定的债务人财产为破产财产,与实体法中所规定的债务人一般财产相比,范围上较为狭窄,降低了特种债权人优先清偿的几率。由于没有相应的实体法依据,程序性优先权犹如"无本之木",法理上也难谓圆满。① 由于二元模式中并无存在于债务人一般财产之上的法定担保,以上所谓程序性优先权又存在难以克服的缺陷,中国在对债务人一般财产上形成的法定担保类型选择上,只能退而求其次,选择一元模式下的一般优先权。

第三,一元模式下的一般优先权符合对特种债权的充分保护和效率价值要求。选择一般优先权对特种债权保护,具有较强的优先性,可对抗设立在后的担保物权;一般优先权为实体权利,可以解释为何某类特种债权可获得优先受偿,并可形成完整的权利内容体系;选择一般优先权可将中国立法中分散规定于特别法和程序法中的优先顺序等程序性规定进行合理整理、安排,形成如程序费用优先权、保全优先权、共益债务优先权等;选择一般优先权还可以统一立法中混乱的一般法定担保名称,消除不必要

---

① 参见申卫星:《优先权性质初论》,《法制与社会发展》1997年第4期。

的误会，减少各类规定间重复和冲突现象。尤其是可将现有立法中缺少的一般法定担保，如共益费用等难以通过程序法全面予以规制的特种债权，通过简洁的一般性规定加以规范，避免立法重复和成本叠高的问题。

第四，通过一般优先权的部分公示制度和限制性规定可符合安全价值要求。由于一般优先权客体范围不特定，又无公示要求，且具有强大的优先效力，对交易安全影响甚巨。基于此种担忧，选择一般优先权立法的各国做出了不同的应对。除将可设定一般优先权的特种债权严格限定于对弱势群体利益保护、国家重大利益或重大社会政策考量等理由上，还分别通过缩小已有一般优先权的适用范围、减少不动产一般优先权适用的债权种类、调整一般优先权实行的担保客体的顺序、增加不动产之上设立优先权公示要求等措施，降低了其秘密性对交易安全的影响。[1] 如上类型缩减、担保范围限定、实行限制和公示完善可在一定程度上消减一般优先权欠缺公示和客体不特定对交易安全的影响。但存在可能的疑义，即制度的部分修葺补缀，不能改变其本身存在所具有的缺陷，即一般优先权突然出现，对其他债权人甚至担保物权人利益的影响和冲击。实际上，任何制度安排都不能实现绝对的公平，一种利益的保护总是以另一种利益的牺牲或受影响为代价，但从制度总体而言，更为宏观角度观之，应当是正义的。为了保持这种正义，对一般优先权适用范围的限制应为最容易采取的方案。

第五，选择一元模式中一般优先权之"模"，以制定民法典为契机，打造中国独有的一般优先权之"核"。中国学者对一般优先权引入的反对理由[2] 主要是，中国一直仿效的是《德国民法典》的模式构建的民法体系，其中物债二分为基本要求。而一般优先权违反了物权公示和客

---

[1]　参见本书第三章第一节（二）和第二节对各国相关立法改革动向的介绍。

[2]　以下反对理由总结自陈本寒：《优先权的立法定位》，《中国法学》2005 年第 4 期。

体特定原则，不符合这一体系的要求。因此，中国在破除债的平等性上，对特种债权加以保护的两种立法模式上，所采纳的显然是法定担保＋破产债权清偿顺序二元模式，这与中国一直延续的德国法立法脉络相一致。

但采纳一般优先权，并不代表一般优先权就必须纳入物权法中作为担保物权规定。在上文关于一般优先权的性质探讨中，可以看到优先权的性质基本取决于立法的具体安排和设计。中国立法体系中应坚持物债二分划分，因此，一般优先权不能贸然划归物权之中。即便各国对一般优先权进行了公示设计和为化解客体不特定威胁交易安全的各种限制性安排，但仍无法改变一般优先权对物权公示规则和客体特定规则的违反的事实。但一般优先权不被纳入物权法中，也并不意味着其不属于担保。这一点，从学界对担保的性质争议可推知。只要一项权利设定，是直接依法产生，以保障特种债权优先受偿为目的，破除债权平等性为目的，具备法定性、政策性、秘密性和优先性特性，就可作为法定担保，而无论其被作为物权或债权对待。本书即采此开放式的类型化思维来对法定担保进行类型配置。

但是，为防止体系的割裂，可将在民法总则中规定一般优先权的一般规定，纳入无法在特别法规定的一般优先权内容，而现有特别法中的一般优先权，可继续存在，不必纳入物权法体系中。

此外，学者所认为的在程序法中规定清偿顺序与一般优先权之间存在立法重复问题，并不存在。如上文所述，清偿顺序并非实体权利，效力优先，且并不全面，而一般优先权可对清偿顺序中的分散规定进行整合，甚至加以取代。

（二）应选择法定抵押权作为特定不动产之上的法定担保类型

建设工程优先受偿权及与之相关的其他不动产之上类似法定担保现

象，应采取何种法定担保类型模式，与该权利的性质定位相关。

关于建设工程优先受偿权的性质之争，最大分歧是优先权说与法定抵押权说。

优先权说认为，建筑工程优先受偿权既不同于留置权，也不同于抵押权，而是建设工程承包人所享有的承包之债优先权。① 王利明教授主持的《中国物权法草案建议稿》设有优先权制度，并将《合同法》第二百八十六条规定的权利性质设定为建筑物承包人的优先权（第五百四十三条），属于特定不动产优先权。② 人大法工委拟订的物权法草案上也采用了这一观点。③

学界对优先权说提出了若干质疑，认为中国尚未建立独立优先权制度，其他特别法中的优先受偿权仅为特例，将建筑工程优先受偿权作为立法体系外的不动产优先权，于法无据；④ 赋予承包人优先权与优先权制度保护弱者的本意不符，承包人非弱势群体。⑤

法定抵押权说认为，抵押，一般来说，都是当事人双方通过订立抵押

---

① 参见谢怀栻等：《合同法原理》，法律出版社 2000 年版，第 488 页。

② 其立法理由是承包人的价款债权是因不动产的建设直接发生的，所以应允许其优先从该不动产的价值中受偿。但王利明教授在 2000 年《法学》发表的《抵押权若干问题的探讨》一文中，却很明确将《合同法》第二百八十六条规定的权利解释为法定抵押权。参见王利明：《民商法研究（修订本）》第 1 辑，法律出版社 2001 年版，第 442 页。此观点还可见李国光主编：《合同法解释与适用》，新华出版社 1999 年版，第 103 页。

③ 其观点主要是：建筑工程优先受偿权符合优先权的特种债权保障目的性、非移转占有性、标的特定性、秘密性和优先受偿性等特点。作为优先权也可解释该权利为何是依法直接取得的权利，而非约定取得的抵押权所能代替的问题。同时《合同法》草案中原条文设定有法定抵押权，但后来条文中却未再出现法定抵押权，而只表明优先受偿权，因此，不能根据现有《合同法》第二百八十六条的规定就推定该条权利就是法定抵押权。参见杨永清：《合同法第 286 条若干问题之我见》，发表于最高人民法院内部资料。

④ 参见宋宗宇：《建设工程优先受偿权的法律性质》，《西南政法大学学报》2001 年第 2 期。

⑤ 参见史浩明：《论建设工程承包人的法定抵押权》，《苏州大学学报（哲学社会科学版）》2001 年第 S1 期。

合同并通过登记而取得的，但是在特殊情况下，法律为保障债权人的利益
设定了法定抵押权。① 法定抵押权是基于法律规定而发生，由于此种抵押
权不须登记即产生效力，故称其为特殊抵押权之一种，其设定带有立法政
策的倾向性及充分考虑社会经济利益的公平性。② 梁慧星教授主编的《中
国物权法草案建议稿条文、说明、理由与参考立法例》在"抵押权"一章
中并未明确法定抵押权和约定抵押权之区分，且在该章第一节"一般规
定"的最后一条（第三百三十八条）规定："本章关于抵押权的规定，适
用于其他法律所规定的抵押权。但其他法律所规定的抵押权不同于本章
规定的，从其规定。"③ 所谓其他法律所规定的抵押权，即为海商法、民用
航空法所规定的抵押权等。④ 依此推定，《合同法》第二百八十六条是特
别法上的法定抵押权。该说的主要理由是：建筑工程优先受偿权为法定
抵押权符合立法的本意；⑤ 合同法中未直接表明其为法定抵押权是基于立
法技术和法律适用的问题；⑥ 现有立法的规定符合抵押权非移转占有担保

---

① 参见王利明：《民商法研究（修订本）》第1辑，法律出版社2001年版，第442页。
② 参见史浩明：《论建设工程承包人的法定抵押权》，《苏州大学学报（哲学社会科学版）》
　　2001年第S1期。
③ 梁慧星：《中国物权法草案建议稿条文、说明、理由与参考立法例》，社会科学文献出
　　版社2000年版，第68页。
④ 参见梁慧星：《中国物权法草案建议稿条文、说明、理由与参考立法例》，社会科学文
　　献出版社2000年版，第670页。
⑤ 在《合同法》的起草过程中，1993年10月，立法机关委托学者拟定的合同法立法方案，
　　针对社会上严重存在的拖欠承包费问题，规定："为保护承包人利益，可规定承包人对
　　建设工程有法定抵押权。"以后推出的合同法学者建议草案第306条的标题明确为"承
　　包人的法定抵押权"。可以说《合同法》第二百八十六条，从设计、起草、讨论、修改、
　　审议直至正式通过，始终是指法定抵押权。参见梁慧星主编：《民商法论丛》第4卷，
　　法律出版社1996年版，第496页；梁慧星：《合同法第286条的权利性质及其适用》，
　　《中国律师》2001年第10期。
⑥ 具体内容的形成过程介绍参见梁慧星：《合同法第286条的权利性质及其适用》，《人民
　　法院报》2000年12月1日；梁慧星：《合同法第286条的权利性质及其适用》，《中国
　　律师》2001年第10期。

的性质以及从属性、不可分性和追及性等抵押权一般属性；各国立法例通例也采取了该做法：《法国民法典》第 2103 条第 4 项和《日本民法典》第 327 条将之界定为不动产优先权，但《日本民法典》第 337—339 条规定的内容虽名为不动产优先权实为法定抵押权。① 《德国民法典》第 648 条 ②、《瑞士民法典》第 837 条、第 839 条、第 840 条 ③ 和中国台湾地区"民法"第 513 条 ④，均认可承揽人在其营造或添附的建筑物上可享有法定抵押权。⑤

尽管法定抵押权说得到多数学者赞同，但仍有质疑。法定抵押权不遵循物权设立的"先来后到"原则，违背了物权登记公示规则，将造成与在

---

① 王书江：《日本民法典》，中国人民公安大学出版社 1999 年版，第 337—339 条。

② 第 648 条规定："建筑工程或者建筑工程一部分的承揽人，以其因合同产生的债权，可以要求定作人让与建筑用地的担保抵押权。工作尚未完成的，承揽人可以为了其已提供的劳动的相应部分的报酬以及未包括在报酬之内的垫款，要求让与担保抵押权。"引自郑冲、贾红梅：《德国民法典》，法律出版社 1999 年版，第 648 条。有学者认为德国法上这种规定应当是将之定位为让与担保。让与担保需要将担保物的所有权人登记为担保权人，故担保权人享有所有权，其效力当然优先于抵押权。参见赵许明：《建设工程款优先受偿权与抵押权冲突研究》，《华侨大学学报（人文社会科学版）》2001 年第 4 期。

③ 第 813 条规定："不动产担保，限于登记时标明的担保次序"；第 839 条规定："(1) 职工及承包人的法定抵押权，自发生给付劳务义务之时起，在不动产登记簿上登记。(2) 前款情形，法定抵押权最迟须在劳务义务终止后的三个月内登记。(3) 登记，仅在债权为所有人承认或经法院确定后，始得进行。但所有人以申请登记的债权已提供充分担保的，不在此限。"第 840 条规定："职工及承包人的若干法定抵押权均已登记的，即使其登记日期不同，其对抵押物仍有受同等清偿的权利。"引自《瑞士民法典》，殷生根、王燕译，中国政法大学出版社 1999 年版，第 813 条、第 839 条、第 840 条。

④ 第 513 条规定："承揽人之作为建筑物或其他土地上之工作物，或为此等工作物之重大修缮者，承揽人得就该承揽关系报酬额，对于其工作所附之定作人之不动产，请求定作人为抵押权之登记；或对于将来完成之定作人之不动产，请求预为抵押权之登记。前项请求，承揽人于开始工作前亦得为之。前二项之抵押权登记，如承揽契约已经公证者，承揽人得单独申请之。第一项及第二项就修缮报酬所登记之抵押权，于工作物因修缮所增加之价值度内，优先于成立在先得抵押权。"引自赵许明：《建设工程款优先受偿权与抵押权冲突研究》，《华侨大学学报（人文社会科学版）》2001 年第 4 期。

⑤ 参见宋宗宇：《建设工程优先受偿权的法律性质》，《西南政法大学学报》2001 年第 2 期。

先已登记抵押权之间的权利冲突；[①] 依法直接设立的法定抵押权，造成担保物权体系的冲突，违背抵押权只能约定产生的既有规则；[②] 法定抵押权归入债法中，与作为担保物权的抵押权性质不符；立法体系仅有一种法定抵押权，难以构成一项独立制度等。

　　相关争议还包括以上两种不同制度是否存在差异的见解上。有学者认为二者差异明显：在适用范围上前者显然大于后者，后者仅能在不动产之上设立，而前者的客体不限于不动产；在效力上前者效力更为强大，不仅优先于普通债权，且优先于一般抵押权，后者则需依成立时间先后，决定其与一般抵押权的受偿次序。[③] 也有学者指出，从立法例来看，德国、瑞士以及中国台湾等国家或地区的民法将该权利确认为法定抵押权，而意大利、法国、日本等国家的民法将该权利确认为优先权，无论是将该权利界定为法定抵押权还是优先权，均无不妥。[④] 两种制度均具有法定性和优先受偿性，属于依特殊原因成立于特定财产之上的权利，本质上差别不大。因此，在中国的民法典尚未出台前，中国法定担保物权体系的具体设计决定了该权利的性质若何。

　　学界对二者差异的认识值得认同，若法定抵押权与优先权无实质差异而仅为立法选择的问题，为何各国在立法中存在各种不同的规则设计，在立法改革中又做出与之前不同的选择？只有建立在对不同制度差异认识的基础上，方能根据各自不同的国情做出最佳的选择，作为建立在不动产之上的法定担保而言，这种选择更需慎重。

　　除学者已提出的理由外，本书认为，中国选择德国法模式下的法定抵

---

① 　参见郭明瑞、王轶：《合同法新论·分则》，中国政法大学出版社1997年版，第250页。
② 　参见李万林：《留置权、法定抵押权、优先权?》，硕士学位论文，厦门大学，2002年，第5—12页。
③ 　参见张旺：《〈合同法〉第286条性质及效力探析》，《经济研究导刊》2007年第10期。
④ 　参见易军、宁红丽：《合同法分则制度研究》，人民法院出版社2003年版，第198页。

押权作为在特定不动产之上设立法定担保的类型，还存在如下因素：

1. 现代不动产担保发展对公示规则的要求

如本书第三章所述，随着不动产担保功能的转换和公示制度的发展完善，原有的不动产一般优先权被限制，同时在存在重合的法定抵押权与不动产特别优先权之间，选择了安全性更高和信用性更强的法定抵押权。学界也预计到随着普遍公示制度的建立和资讯时代的到来，未来不动产一般优先权也有被之代替的可能，从而形成由法定抵押权一统不动产之上法定担保的体系。因此在公示制度的促动下，法定抵押权取代不动产优先权将成为普遍趋势。

2. 不动产投资功能对抵押权的需要

现代担保制度日益从原有的保全债权功能转向获取收益价值的融资功能。在此趋势下，各国对抵押权及抵押权证券化的需求不断增加。作为最具价值的不动产被作为当然的抵押权客体之选，而日益被重视。尽管法定担保一直是作为保障特种债权，实现国家政策和人权保障等政府职能、人伦道德等非市场功能。但作为担保而言，同时具有保全债权和融资功能并非异数，且后一种功能的提升也将使前一功能更加强大。因此，在不动产之上依法设定的抵押权，在承担传统保全债权功能时，同时可被赋予融资功能，符合效率价值。且为达到流通目的，法律设定了完善的公示规则、客体特定规则等，也有利于整体的安全价值。这一点可从法国法立法对不动产优先权的改革动向及德国法对抵押权流通性的重视推知。

3. 物权与债权二元体系对担保物权法律构成区分的要求

中国一直以来是仿照德国法中物权与债权二元区分构建的民法权利体系。即便在当今各种权利爆炸和权利融合趋势下，二元权利体系需做出相应的调整、变通下，仍应坚持这一区分。二元权利体系要求担保物权需坚持物权支配权的属性，遵循物权客体特定和公示规则等。在区分不同担保时，依是否移转占有标准时，并不遵守如上物权属性要求，从而无须将担保分为物权或债权；若依权利限制标准，则需遵守这些规则。因此，依前一标准形成的非移转占有的不动产优先权不符合二元权利体系的要求。中国应选择权利限制标准形成的非移转占有型不动产法定担保，即法定抵押权，并为之设计符合担保物权属性的配套机制。

4. 中国现有法定担保模式选择的当然推定

中国立法在法定担保构建上基本采取了德国法的非统一模式，既有各类特别法上的优先权规定、留置权、特别留置权、商事留置权，而且在程序法中也有关于法定清偿顺序的规定。主张法定担保一元优先权体系的国家，均将建筑工程的优先受偿权定性为优先权；而主张法定担保二元体系的国家和地区，均将建设工程优先受偿权定性为法定抵押权。[①] 从这一体系模式对建筑工程优先受偿权的性质界定来看，在中国立法中的建筑工程优先受偿权应采纳法定抵押权类型模式。

（三）应选择特别优先权和留置权作为特定动产之上的法定担保类型

从现有立法对动产特别法定担保类型的选择来看，中国并未选择德国法中的法定质权，而是采用了物权性的留置权和特别法中的优先权。未来民法典中国也无须引入法定质权。中国立法中在特定动产上的法定担保类型，以特别优先权和留置权为宜。理由如下：

1. 中国立法中并无德国等国家中选择法定质权的制度空间

由于并无动产优先权的规定，也不承认动产留置权，德国法选择了法定质权作为在动产上设定的一种独立担保物权。[②] 中国台湾地区"民法"中规定了依法发生的法定质权（第881条、第899条）和留置权（第861

---

① 参见房绍坤：《建设工程合同中的物权法律问题》，商品房买卖合同与建设工程施工合同实务研讨会论文，2002年4月于厦门。

② 参见陈本寒：《担保物权法比较研究》，武汉大学出版社2003年版，第313页。

条、第 887 条和第 928 条），因此在动产上设立的法定担保功能可由这两种类型所替代，优先权立法空间很小。中国立法中是否选择法定质权或优先权，取决于完成类似功能的制度是以何种方式存在的。从目前来看，中国已有留置权制度，成立法定质权的情况也可以设立留置权，可被留置权功能替代的法定质权，① 在中国目前立法体系中并无太大的存在空间。若盲目引入，将与现有的留置权调整范围发生冲突。同时，法定质权这一陌生概念的引入，也将挑起人们对传统担保物权意定性的质疑。与法定抵押权中对价值较大的不动产利用考虑而需单设一类不同，法定质权为对经济价值较小的动产之上设定法定担保，其所能保障的特种债权重要性和程度也较低，在已有留置权和特别优先权代替的情况下，不值得立法将之单设为一类新的法定担保。

2. 中国现有的留置权规定存在无法取代特别优先权的调整空间

由于留置权可依约定排除适用，且受牵连关系的限制，并非所有特种债权的发生都符合留置权的成立要件。因而，无法被留置权完全替代的动产优先权，获得了一定的生存空间。立法中规定的受托人费用补偿优先受偿权，以及部门指导文件中的收费权优先债权均不属于留置权，而属于动产非移转占有型法定担保。应收账款债权转让中的保理商、保留所有权人的特种债权，涉及未来应收账款债权，也无法满足留置权的牵连性要件。由于立法缺失，这两类特种债权只能仰赖于当事人的意思自治或者行业惯例加以协调保护。若未来选择依法定担保方式加以保护，从其自身的法律构造及其与中国相似制度的功能对比上，在特别法中增设为优先权为较为适宜的选择。

---

① 如土地出租人法定质权、旅店主人法定质权、行纪人法定质权、运输代理人法定质权、承运人法定质权、仓库营业人法定质权等。

3.动产担保交易多样化态势需要特别优先权加以应对

随着动产交易市场的发展，各类新型动产担保涌现，带来了其中可以法定担保加以特别保护的特种债权问题。在赊购、赊销、寄售买卖、融资租赁、保理等特殊交易中存在的让与担保、所有权保留等非典型担保，均存在可以扩张适用法定担保的空间。由于这些特殊交易中采取了所有权保留、让与担保、"外观所有权"或"应收账款债权收取权"等方式对其特殊债权加以担保，以上非典型担保不仅存在于债务人的无形财产（债权、所有权等）之上，且无法从外部识别担保标的物是否移转占有。因此，传统的需移转占有标的物方可成立的留置权，无法被法定扩张适用之。而法定质权虽无须移转标的物占有即可设立，但被限定在担保物权范围，遵循严格的物权法定主义，也无法适应变动不居的非典型担保需求。美国UCC中，基于"担保利益"的宽泛概念，对动产担保交易形式不以类型划分，而是通过程序法定加以统一规范，从而形成了一个开放的功能化体系。在大陆法系同样发达的动产担保交易中，也需要一个具有开放性的体系容纳各类层出不穷的非典型担保。优先权，以其对"担保权利"的广义理解，可担当此大任。作为优先权中的一支，特别优先权是可存在于特定动产（广义的）之上的非移转占有法定担保，可以突破物权债权的固有框架限定，在特别法中依需要设立，为纷繁复杂的动产交易中所生的各类非典型担保提供了立法规范空间。从国外立法对特殊优先权的规定来看，多为特殊行业发展所设，可量身定做相应的特殊规则，引导协调当事人利益，体现了政府的立法政策导向和对经济生活的干预。通过具备灵活性的特别法和开放性的商法规范特殊优先权，顺应变幻莫测的政策需求。

（四）应选择民事留置权和商事留置权作为留置权的类型配置

就留置权而言，在《物权法》出台前，中国民事立法关于留置权的规定相对滞后，比如《担保法》等将留置权的适用范围限制于法律所规定的几种合同之债、对企业间牵连关系规定过于严格等。《物权法》的出台，扩大了留置权的产生和适用范围，对企业间牵连关系进行了松动，明确了担保物权竞合时留置权的效力优先于抵押权和质权等。由此中国立法形成了一般留置权制度与特别留置权制度相结合的体系。其中民事留置权与商事留置权的划分成为学者议论的焦点。尤其是对立法中如何规定特别留置权，商事留置权的类型完善等问题，仍存疑义。

1.民事留置权应区分为一般民事留置权和特别留置权，分别加以规范

中国立法规定中一般民事留置权较为全面，在《担保法》《物权法》中均有体系性的规定。但对民法典物权编中担保制度以外的民事留置权，即特别留置权，仅有《合同法》第三百一十五条一类。国外特别留置权，如不动产出租人的留置权、旅店主人的留置权、运输承揽运送人的留置权等多散见于民法典和担保法以外的法律部门之中，理解和运用都有诸多不便，学界认为有必要将其统一加以规范。但就哪些特别留置权应当予以规定，争议颇多，可从特别留置权与一般留置权的区别，及其与中国立法体例的协调等方面予以考量。

特别留置权对物与债权之间不存在牵连关系或牵连程度要求较低。一般留置权要求债权人占有属于债务人的特定物，与该物之间存在牵连关系（甚至同一法律关系）；不以留置权人已经占有标的物为必要要件。一般留置权要求债权人占有标的物，丧失占有即丧失留置权；特别留置权可因债务人另外提供价值相当的担保物权而消灭，具有可分性，与一般留置权具有不可分性存在着明显的区别。

特别留置权是留置权的一种特殊形式，二者具有一些共同点，但在构成要件和效力方面存在较大的差异。因此，不能将一般留置权的规定直接适用于特别留置权。

（1）基于对自力救济的肯定

在注重效率的市场经济社会中，尤其是在不能及时得到公立机关救助的情况下，特别留置权作为对债权人合法权益的自力救济方式，值得肯定和提倡。

（2）推定当事人意愿的考量

作为古老担保法中典型法定担保的存在，特别留置权虽然在现代担保物权领域处在一个不太引人注目的角落，但在一般的市民生活中却发挥着积极作用，受到市民社会的普遍欢迎。原因即这种法定担保的产生是对当事人意愿的理性推定，在漫长的历史传承中得以留存，使得这一制度在崇尚当事人意思自治的民法体系中不仅不与民法相冲突，反而更体现了民法深层次本质特性。

（3）特定债权优先保护的选择

特别留置权作为法定担保的一类，是通过立法直接设定的担保，可对特定的债权达到优先于其他普通债权受偿的特别保护目的。因此，在进行选择时，只要规范特定债权的合理标准，就可对具体特别留置权类型进行取舍。

（4）降低交易风险的需要

这表现在特别留置权对牵连关系的扩张适用上。特别留置权对于牵连关系的要求比一般留置权低，其并不要求留置物和债权基于同一法律关系而产生，甚至不以同种类法律关系为限。[①] 此种安排可以降低特定行业的交易风险，加强对特定行业的支持和保护。

（5）行业规则变迁的考虑

以上不动产出租人的留置权，营业主人的留置权，是源自罗马法一直

---

① 如台湾地区法上的不动产出租人可以就损害赔偿之债主张对承租人置于不动产之物主张留置权。

奉行的服务债务后付的风险而设定的，但随着如登记身份、信用卡、预留押金或先交租金等行业规则的逐步建立，以上风险已经大为降低，从而使这些特别留置权存在的必要性也随之降低。①

(6) 立法模式协调的必要

如何在中国立法中规定特别留置权，需考量其与中国现有及将来立法模式的协调性。可以作为考虑借鉴的立法例包括：中国台湾地区债权编模式；日本、法国的优先权的处理模式。从目前中国立法来看，对海商法中的船舶优先权应当纳入优先权或留置权体系仍存争议，学界对这种权利的位列仍无定论。但可以肯定的是，鉴于特别留置权对留置权构成要件和效力方面的特殊性，在特别法中予以规定，是保持立法体系逻辑完整的可行之策。

2. 民事留置权与商事留置权可并存，但应注重二者的差异，分别加以规范

《物权法》第二百三十一条规定中的但书条款，被学界认为是中国以立法形式承认了商事留置权。② 除此之外，《海商法》第八十七条、《海事诉讼特别程序法》第四十四条等规定也被学界认为属于商事留置权。中国立法中应对商事留置权与民事留置权分别加以调整，理由如下：

(1) 二者存在显著差别

从历史渊源上看，民事留置权最早可以追溯到罗马法上的恶意抗辩权，属于人的抗辩，而非担保方式。而商事留置权，通说认为其发源于中

---

① 参见陈龙业：《留置权若干问题研究》，硕士学位论文，山东大学，2006年，第27—28页。

② 《物权法》第二百三十一条的规定是对前条第二百三十条所规定的留置权的适用范围的限制，第二百三十一条但书部分是对商事留置权的特别规定，规定商事留置权并不严格要求留置财产与担保债权的牵连性，修正了《担保法》第八十四条中关于留置权的适用范围的规定，扩大了留置权的适用范围，这样的规定有利于企业之间进行交易往来发生纠纷时，及时解决交易矛盾，有利于维护债权人的合法权益，保证了交易的安全与效率。

世纪意大利商人团体的习惯法，是维系持续交易关系中商人间的信用，保障商事交易稳定和安全的制度；从权利义务主体要求的差异看，现有立法并未限定民事留置权中主体的条件，但商事留置权中，主体应为企业；从牵连性要求的差异看，基于民法公平正义原则的考虑，民事留置权要求留置财产必须与债权具有同一法律关系，而在商事留置权中，为适应商事活动的特点和商业交易习惯，考虑到债权人证明其占有的财产与每次交易所产生的债权之间存在牵连关系的困难，放宽了牵连关系的要求。从适用范围的差异看，民事留置权是基于一般的民事行为而产生的，其适用范围较广。商事留置权则仅适用于企业间的商事经营活动之中，适用范围较窄。

（2）商事留置权的特殊价值需要

商事留置权有利于交易安全。商事留置权的作用是维持商人交易时的信用，目的就是为了确保交易的安全顺利进行。信用是商事交易的基础，商事信用的存在，简化了商事交易程序，促进了商事交易的总量，推动了社会经济的发展。[1] 对于商事留置权的适用不要求债权与所留置标的具有牵连性，其实质上是在留置权的适用范围上的一次扩张，这样可以尽量减少由于拖欠应付账款而给债权人带来的不必要的损失，有利于保障债权人的正常经营活动。[2] 商事留置权作为法定担保物权，具有法律强制力，可以保障双方利益，使得双方达到公平状态，从而维护了商人之间的信用。通过商事留置权的行使，可以迫使债务人尽快采取措施履行义务，从而保障了债权人的利益，进而维护了交易安全。

商事留置权有利于交易效率。交易简便、快捷是商事立法的一个重要原则。适用商事留置权时不需要证明留置财产与债权之间存在牵连关系，这样降低了债权实现的门槛，简化了债权追偿程序，节省了债权人为解决

---

[1]　参见李璐：《商事留置权研究》，硕士学位论文，郑州大学，2011年，第11—13页。

[2]　参见李爽：《商事留置权成立要件研究》，硕士学位论文，中国社会科学院研究生院，2012年，第4—6页。

债务纠纷所负担的成本和时间，保证了商事活动的快速进行。同时，由于商事留置权不同于其他担保物权，商事留置权赋予债权人只要在占有债务人的动产或是有价证券的情形下就可优先受偿的权利，大大提高了债权的实现效率。

（3）民商合一立法体系的考量

从《物权法》第二百三十一条本身来看，结合中国"民商合一"的立法体系，商事留置权似乎是民事留置权的一个特别规定，其在适用上应当与民事留置权有很多共通的地方。依民法的一般规定，如《物权法》第二百三十条，其所产生的留置权，只要符合留置权成立条件即可，而不限于特定的法律行为。学界将其定性为普通（民事）留置权。依民法或民事特别法的专门或特别规定所产生的留置权，限于特定的法律行为，相对于普通（民事）留置权而言，属于特别留置权。如依《担保法》《合同法》中关于留置权的特别规定所产生的留置权，大都发生在涉及商事交往活动的经营性合同中，包括运输、保管、加工、承揽、行纪等共五类合同中，被称之为合同留置权。除使用范围和牵连关系要求不同外，立法中并未基于商事留置权的特殊性设定更多适应其商事性特征的规则。① 基于商事交易的特殊性和交易安全、便捷的需要，应为商事留置权设定有别于民事留置权的特殊规则。从各国民事留置权与商事留置权的统一规范趋势来看，可通过对特别法中特别留置权和商事留置权规则的完善，填补民法中商事留置权规则的欠缺。

（五）中国法定担保类型配置模式的理想方案

通过以上对法定担保类型配置模式的设计，中国未来民法典中可形成

---

① 如对非属于债务人所有财产的留置以及担保不属于留置物上的多次连续交易形成的债权等规则，尚付阙如。

有别于大陆法中法国法统一法定担保模式和德国法非统一法定担保模式的新模式，亦即，一般优先权＋法定抵押权＋特别优先权＋留置权（民事留置权＋商事留置权）。该模式不局限于大陆法系两类模式的限制，也不同于中国学者所探讨的优先权配置模式和法定抵押权配置模式。而是在立法模式和学理模式基础上，根据中国具体国情和现代担保制度发展设计的，顺应了现代法定担保模式融合趋势的新方案。该方案以多元化、开放式的法定担保为宗旨，在尊重中国现有的法定担保类型的基础上，以不割裂中国固有的二元权利体系设计为限，对存在争议的法定担保类型以及缺漏的法定担保进行的立法借鉴和调整。其具体特点如下：

1. 维护了物债二分的权利体系，建立了开放式的法定担保类型体系

基于维护社会公平和社会正义的理念，确有必要打破债权平等原则，赋予某些特种债权以优受偿的效力。各国在立法设计中采取了不同的做法，使此类债权获得了优先受偿效力。这是基于维持大陆法系民法中物债两分的传统体系而创造出来的。其补缀修葺工作在一定程度上维护了民法理论的统一性，但由此也可以看到大陆法系民法理论在对社会经济发展的适应性方面是较为被动的。可以说，本书采法定担保这一概念更贴切的理解应是"债权的法定保护"，即将其定位为"保护"或"保护方法"，以回避物权债权之争。法定担保是一种技术性规定，是强加给特定债权的某种特性，它与物权和债权本非一个层级上的概念。因此，将法定担保归为债权或物权都是不合适的，毋宁将其归为一种权利的保护方法。依此理念设计的如上配置方案，可将各类对特种债权保护的实体法定担保权利纳入，而并不违背中国已有的二元权利体系划分。

2. 调整了中国混乱的非移转占有法定担保体系，具有更灵活的实践实用性和立法技术效率性

根据标的物是否需移转占有，法定担保可分为移转占有型和非移转占有型法定担保。前者包括各类留置权，后者包括一般优先权、特别优先

权和法定抵押权。其中一般优先权的引入，可通过一般性规定整理、整合立法中分散规定的一般法定担保现象，简化立法，消除冲突。特别优先权则可容纳实践中各类新型动产担保进行法定扩张适用，而不违反物权法定主义。法定抵押权纳入物权法规范，与物权法现有规定不存在冲突，且可依此适用不动产登记公示规则，提高交易安全性。同时可与物权中现有规定融合，扩张法定抵押权的适用空间，充盈中国不动产法定担保体系。

3. 顺应了两大法系法定担保类型配置模式融合的趋势

将不动产之上设定的法定担保采用法定抵押权是各国基于对不动产担保利用重视的一大发展趋势。同时也与不动产的公示制度和担保证券化发展相关。对一般优先权的少量引入，是在考察规定该制度的法国法和日本法近年来对一般优先权修正基础上做出的选择。即在这些国家存在一般优先权的基础上，仍旧规定了程序性方法保障特种债权。由此可见，程序性法定序位保护与实体性法定担保权利保护，可以并行不悖，前者是后者的功能补充。特别优先权的引入，是两大法系非典型动产担保类似规则的模仿，可解决中国实践中动产交易中出现的一些无法可依的法定担保问题。民事留置权与商事留置权的并立，一则符合中国"民商合一"的立法体系，二则也可通过民事留置权一般规则的强化，完善商事留置权的效力。

综上所述，该模式是依法定担保标的物性质及范围不同进行的综合类型设计。依动产与不动产为标准，分为不动产法定担保（法定抵押权）+动产法定担保（特别优先权 + 留置权）；依一般财产与特定财产为标准，分为一般法定担保 + 特别法定担保（法定抵押权 + 特别优先权 + 留置权）。

三、中国法定担保类型配置的双赢立法定位设计

中国法定担保（现象）从近代立法引进至今，分别是由民法、特别法和程序法加以规范的。通过对法定担保类型配置模式的慎重选择，各种法定担保类型在这一配置框架内可被增设、调整，形成在中国商法化民法框架内的合理立法定位。根据各类法定担保的特点，以正义与效率为衡量基准，中国法定担保各类型在未来民法典中大体立法定位如下：

第一，民法典总论中设定关于法定担保的一般规定，即一般优先权及其一般规定，如程序费用优先权一般规定、保全优先权一般规定、保存费用优先权一般规定等。通过引入一般优先权及其一般规定，可调整整合立法中分散的规定，并使体系不囿于物债二分，具有适度的开放性。但应将一般优先权限定在有限的必要范围内，从正义与效率角度出发加以增设，并与程序性保护、其他制度功能间进行充分协调，既不过度干预意思自治，又达到了立法保护特种债权的宗旨。

第二，物权法中保持现有的留置权规定，将商事留置权一般规定放入物权法。商事留置权的特殊规则通过特别法加以发展，同时通过留置权本身的规则调整使之完善，提高立法的稳定性和效率性。即通过在特别法中增设特别留置权、商事留置权，完善物权法中商事留置权一般规定。

第三，调整特别法中法定抵押权的规定，纳入物权法。特别法中完善增补动产特别留置权、特别优先权规定，调整现有特别优先权规定。将各种新型动产法定担保由特别法予以规范，以免对中国固有的二元权利体系造成破坏。具体如何安排，需考虑到立法者的立法宗旨、原有立法体系的和谐性和参考他国的立法例等多重因素。综合观之，多元的法定担保类型模式和商法化民法的立法定位，是在对现有制度冲击最小的，经过修正的市场性决定类型，为较为适宜的法定担保配置方案（如图 2 所示）。

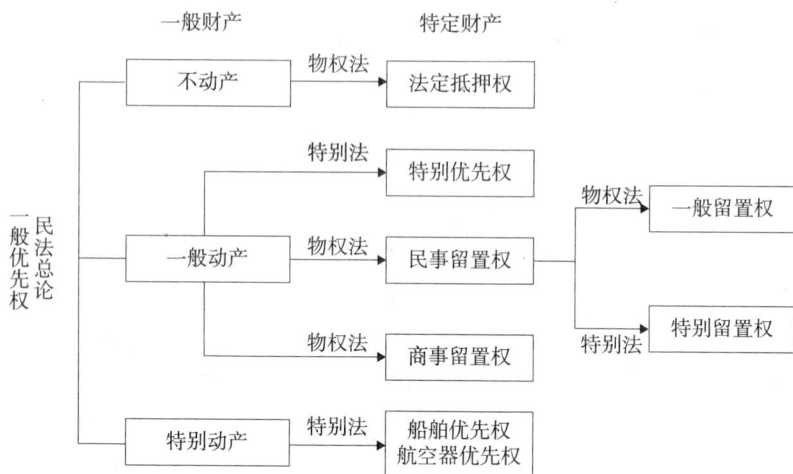

图2　中国法定类型配置模式与立法定位

第五节　中国法定担保类型配置：基于内在标准的增设、调整与斟酌

　　从中国法定担保应有的类型配置模式和立法定位来看，现有的法定担保类型存在不少立法的疏漏之处，尚待填补。本节将依法定担保的不同客体范畴，以法定担保类型配置的内在标准为主，附之以法政策衡量的正义与效率基准，提出中国立法中需增设、调整与斟酌的法定担保类型。在此基础上，构建由民法（物权法）、特别法组成的实体法定担保权利体系与程序法、其他法律制度构成的立体化功能体系，实现对特种债权保障的立法宗旨。

一、应增设的法定担保类型

（一）应增设的一般优先权类型

从一般优先权与特别优先权区分的标准，即财产能否特定及是否基于重大利益的立法政策考量，中国应考虑增设如下一般优先权。

1.共益费用一般优先权

共益费用，是为全体债权人利益而支出的费用。该费用通常是对债务人的财产实行保存、管理、变价、分配、诉讼等行为而产生的费用或相关人员执行职务所需费用、报酬等。中国目前的共益费用一般法定担保仅包括代位诉讼费用、破产程序中的清算费用和破产费用，尚未辐射至所有的司法费用，如第三人撤销之诉诉讼费用等其他诉讼类型，以及除司法费用外因共益行为而产生的费用，如继承财产分配中发生的制作财产目录的费用、遗产分配的诉讼费用、遗产管理人的报酬等等。对此，国外通常规定了设立于债务人一般财产之上的共益费用优先权。如《日本破产法》第49条规定的财团债权、《日本民法典》第307条第1项的共益债权，中国台湾地区"强制执行法"第29条的费用、"破产法"第95条第1项、第96条的财团债权、"公司法"第312条的重整债务，中国《澳门民法典》第七百三十三条的司法费用，《魁北克民法典》第2651条第1款的诉讼费用与共益费用等均属于共益费用，并设定了一般优先权。

由于共益费用是为全体债权人实现债权而发生，从公平角度来看，费用应由所有受益主体分担，而不应由某一发动程序之债权人或提供管理、劳动的无关之人负担。由于破产法中主要包括与破产程序相关的共益费用，而其他程序费用无法被纳入。若由特别法分别加以规范，不仅造成重复立法，且易挂一漏万。因此，于债务人财产之上设立共益费用一般法定担保，为最佳方案。但需注意共益费用一般优先权为设立于债务人一般财产之上，而非特定财产之上。对于在可确定的特定财产之上因保存或修缮、拍卖或保全等所产生的费用，如海商法、民用航空法等，应属于特别法定担保。

2. 丧葬费用一般优先权

基于公序良俗和人权保障的原则，应增设丧葬费用优先权。丧葬费用优先权是为使逝者安息，生者安心的公益理由而设。丧事礼仪自古以来就属于公序良俗的范畴，限于时间紧迫，殡仪服务及物资提供者的债权通常无法设定任何担保。为防止因担心债务人无法清偿而拒绝提供服务，维护良好风俗，各国通过提供优先权来保障此类特种债权人债务清偿，于债务人一般财产之上受偿。以下各国在立法中采取了一般优先权的方式对丧葬费用予以特殊保护：如《日本民法典》第309条规定了殡葬费用（直接必要费用）① 债权人于债务人（死者或继承人）的财产（遗产或继承人财产）上享有优先权；《法国民法典》第2101条第2项规定、《意大利民法典》第2751条第1项、中国《澳门民法典》第七百三十二条第二款第四项以及中国台湾地区程序法（"破产法"第95条第2项、第97条、"消费者债务清理条例"第106条第2项、"债务清理法草案"第133条第2项、第134条第2项第1款）和"海商法"第24条第1款第1项等均直接或间接规定了丧葬费用一般优先权。

中国《企业破产法》中未将丧葬费用列为破产费用或共益债务，《海商法》中第二十二条第一款第一项关于船长、船员及其他工作人员的海事给付请求中也未保护丧葬费用。因此，可通过将丧葬费用作为破产费用或共益债务在破产程序中加以保护，也可在相应特别法中进行增设。非破产情形的丧葬费用在中国台湾地区已被实务所认可，② 顺应了现实的需要。

---

① 通常丧葬费用法定担保的担保范围仅为丧葬直接必要费用，而不应包括为葬仪排场所花费的祭典司仪、建立石碑等间接非必要费用，以防铺张浪费之风。参见［日］林良平：《民法を注释する（物権）》，甲斐道太郎执笔，有斐阁1970年版，第115页。

② 中国台湾地区高雄地方法院诉字第2321号民事判决，认定丧葬费用于遗产纠纷中优先于遗产管理、分割及执行遗嘱等费用清偿。

基于特殊职业的丧葬费用考虑（如海员、国企职工等），有身份差等之嫌，不符合中国国情。因此，以上措施均无法将非破产情形以及一般主体（非特殊职业）的丧葬费用保护纳入，属于权宜之计，最终仍需设立丧葬费用一般优先权。

3. 存款保险机构一般优先权

有学者提出，为增强存款人风险保障和银行业信心，规避金融风潮，中国立法应引入存款保险机构优先受偿权制度。[①] 本书认为，基于公平与效率，中国立法应规定存款保险机构一般优先权，而非代位的优先权。原因如下：

首先，无论美国还是英国，存款保险机构被视同于存款人，而被直接赋予优先保护。美国为处理金融危机后的存款危机，专门建立了联邦存款保险制度，并成立了联邦存款保险公司（以下简称 FDIC）。为防止保险基金长期减少的危险，又通过《金融机构改革、复兴和强化法》设立处置信托公司，并于 1993 年《综合预算协调法》规定国民存款人其存款债权于破产金融机构资产债务偿付中享有优先受偿权。FDIC 的受偿优先权有利于减少基金支出，维护保险基金稳定和安全，建立安全的金融网络等优势。此外，英国于《2009 年银行法》及相关法律规定中也通过对合格存款人的制度规定，将金融服务赔偿计划（FSCS）保护的存款人，无论自然人还是法人，均作为享有存款债权优先受偿权的主体。

其次，直接赋予存款保险机构一般优先权，可避免与代位权优先权的理论冲突。中国合同法司法解释中关于代位权的规定，明确了若代位权成立时，次债务人可向债权人履行清偿义务，随后三方主体间的相应债权债务关系消灭。但采取的直接受偿规则，已被学界广为诟病。从结果来看，

---

① 陈向聪：《存款保险机构代位受偿优先权立法探究》，《国际金融研究》2006 年第 7 期；徐冬根、刘兆昕：《存款保险机构代位受偿优先权及其导入我国的必要性和可行性分析》，《武大国际法评论》2011 年第 2 期。

依代位权的优先受偿剥夺了其他债权人的参与分配机会，有违债的平等性，对其他享有意定或法定担保的主体来说，这种直接受偿非常不合理。代位权人享有的是代位权而非代位权的客体。① 同时将一项为全体债权人利益所设置的债的保全制度变为债权人金钱债权私的执行手段，有失妥当。② 既然为代位追偿权，只能代替债权人的地位向次债务人请求给付，但不能受让专属于债权人身份的权利（即优先权）。否则不仅与以上代位权法理存在冲突，也与司法实务见解形成对立。

最后，中国存款保险基金存在数额较少，收费较低的状况，亟须被赋予直接的机构优先受偿权。与美国国情不同，中国尚未建立强制的存款保险基金。1993 年 12 月，国务院在《关于金融体制改革的决定》中提出要建立存款保险基金的决策，但目前仍为政策指导，未上升为立法。同时，中国目前该业务还处于摸索阶段，各大银行的存款保险意识还不高。若赋予存款保险基金直接的优先权，可打消存款人顾虑，保护存款保险基金，增加资金回收，减少投保金融机构的相关收费，最终维护了金融安全，保障了公共利益。符合公平与效率的基准。

为此，中国需修改现行的《商业银行法》第七十一条的规定，将存款保险机构扩充为与个人储蓄存款人同等的受偿顺位。并在《企业破产法》中反映个人储蓄存款的优先受偿顺位或者依特别法优先于一般法的规则，直接适用修改后的《商业银行法》。

（二）应增设的特别优先权

特别优先权设定可依"公平正义观念""增值观念"和效率与正义基准进行增设。

---

① 参见黄立：《民法债编总论》，中国政法大学出版社 2002 年版，第 505 页；陈美伶、李太正、陈连顺：《民法入门》，元照出版公司 2008 年第 6 版，第 200 页。

② 参见 [日] 内田胜一：《債権総論》，弘文堂 2000 年版，第 206—207 页。

1. 买卖价金优先权

买受人购买货物的购置款与出卖人出售货物的应收账款在相应的货物上形成的特定动产优先权，被称为买卖价金优先权（又称买卖优先权）。买卖价金优先权是在动产交易中，因一方完成给付义务，使标的物增值或增加财富，而赋予债权人在债务人违约时的救济措施。根据行使主体不同，可分为出卖人价金优先权和买受人价金优先权两类。前者指当标的物所有权已移转于买受人时，出卖人对买受人未支付的部分与全部价金债权享有法定的优先受偿权。[①] 但该买卖价数额应可得确定，且支付义务不是基于偶然事件。[②] 大陆法中，《日本民法典》于第 311 条第 5 款、第 321 条、第 325 条第 3 款与第 328 条以及《法国民法典》于第 2102 条第 4 款、第 2103 条第 1 款中均规定了出卖人价金优先权。后者指在买受人依合法买卖契约，已支付标的物全部或部分价款后，出卖人因违约无法移转完整的无瑕疵权利或并未移转标的物于买受人时，就买受人已支付价款对该买卖标的物享有的优先受偿权。该权利并不受出卖人不能清偿债务的影响。[③] 且不影响第三人于买卖契约成立时已存在于该标的物上的权利。[④]

中国立法中尚无此规定，应予以增设。理由如下：

首先，买卖价金优先权中存在着"增值观念"和"公平正义"的考量。由于标的物所有权已移转于买受人，出卖人若只能依普通债权求偿，对其不公。而买受人在未付全部价金情况下增加了财富，是以出卖人财富

[①] See David Mellinkoff, *Mellinkoff's Dictionary of Amercian Legal Usage*, Saint Paul: West Pub. Co., 1992, pp.384–385; Lord Hailsham of St.Marylebone, *Halsbury's Laws of England*, Butterworths, 1988 (4), p.247.

[②] See 92A C.J.S. Vender and Purchaser § 531 (2008).

[③] See 92 C.J.S. Vender and Purchaser § 556 a. (1983).

[④] See Villone v. Feinstein, 132 A.D. 31, 116 N.Y.S. 2d Dep't 1909, p.384; 92A C.J.S. Vender and Purchaser § 653 (2008).

减少的方式产生的，应赋予出卖人对此标的物优先于其他债权人的优先受偿权。对买受人价金优先权而言，也存在这种价值增加与公平的考量。

其次，买卖价金优先权具有独特的制度存在空间。出卖人优先权与中国合同法中所规定的依当事人自治的所有权保留买卖意旨不同，是在未约定所有权保留买卖时的法定救济方式。有日本学者提出质疑，认为实践中为确保价款债权实现，卖主多适用保留所有权或委托销售制度，设立卖主优先权作用何在？① 其实，所有权保留与出卖人优先权适用角度不同，不存在并存的冲突。中国司法解释中规定："所有权保留买卖合同解除的，出卖人取回标的物价值明显减少给出卖人造成损失的，出卖人可从买受人已支付价款中优先予以抵扣……"（第三十八条第二项）② 即反映出司法对出卖人价金法定优先保护理念的肯定。③

在实践中，二者并存的机会也并不多见。如前文所述的保理中供应商与其前手卖方及后手买方之间的权利冲突，属于连锁的赊销赊售行为所引起的纠纷。当出现保理时，基于成本考量，人们一般不会另行设立所有权保留，此时出卖人优先权的作用即可发挥。

买受人价金优先权与买受人权利瑕疵担保不同，后者指标的物所有权发生移转后存在的违约情形，仅为债权。同时，买受人价金优先权有利于解决"一物二卖"中的权利冲突问题。由于前买受人存在优先权，对后买

---

① 参见〔日〕我妻荣：《新订担保物权法》，申政武等译，中国法制出版社 2008 年版，第 64 页。

② 《最高人民法院关于适用〈中华人民共和国企业破产法〉若干问题的规定（二）》（法释〔2013〕22 号）。

③ 以下司法解释中对买受人的法定保护手段也与买受人优先权理念相关：《最高人民法院关于建设工程价款优先受偿权问题的批复》中关于承包人工程价款优先受偿权不得对抗已付全部或大部分购房款消费者的规定；《最高人民法院关于人民法院民事执行中查封、扣押、冻结财产的规定》第十七条规定，对已付全部价款并实际占有的未办理过户登记的无过错第三人，该财产不得查封、扣押或冻结。

受人形成权利限制，有利于减少此类违背交易道德的行为。但后买受人为善意情形时，买受人价金优先权也不会影响到其合法权益。原因在于前买受人价金优先权的行使需已支付价金且后买受人知情。因此，对知情的买受人而言，若前买受人行使优先权的，由于并非对标的物的优先购买权，后买受人仍可取得标的物所有权，只是付出更高的代价而已。此时也可由出卖人返还前买受人已付价金，赔偿其损害，消灭标的物上的优先权，承担"一物二卖"的不利后果。

此外，买卖价金优先权与物权变动模式也存在一定的关联。如法国和日本采取意思主义物权变动模式，只要当事人达成物权变动合意，即完成交易，因而亟须为保护出卖人的债权设定优先权。而在德国和瑞士，虽然采取的是形式主义物权变动模式，附加了除债权合意外的登记与交付要件，但在"一物二卖"情形，仍有适用买受人优先权的余地。

再次，买卖价金优先权符合效率与正义的基准，在中国有广阔的实践适用空间。美国衡平法中的买卖优先权，是为免除先为给付一方后顾之忧，促进交易而设。赋予先给付一方优先权，不仅符合公平原则，且可使其尽早完成交易，与同时履行抗辩相比，更有助于交易效率。在中国设立买卖价金优先权也存在着同样的正义与效率价值。

保理商、供应商前手卖方及后手买方之间的权利冲突，当无所有权保留情形时，前手卖方可享有出卖人优先权；若保理商在受让应收账款时对前手卖方的所有权保留不知情的，保理商可继受买受人价金优先权，享有优先受偿权。供应商也可从保理商处将所得的价款支付给前手卖方或银行，并将从债务人处收取贷款的权利转让给保理商。[①] 依此，如上连环纠纷可得以高效解决。

[①]　参见 [英] 弗瑞迪·萨林格：《保理法律与实务》，刘圆、叶志壮译，对外经济贸易出版社 1995 年版，第 151 页。

中国征收、拆迁纠纷中的权利冲突，也需要通过赋予被征收人、被拆迁人或第三权利人优先地位加以解决。现有的司法解释中已赋予被征收人补偿安置房屋优先取得权和被拆迁人的特定权益建设工程价款优先受偿权，虽保护了弱势群体利益，但未考虑到与第三人之间的利益冲突，且与现有立法规定存在冲突。如被征收人通过补偿安置协议取得了对特定回迁房屋的请求权，即可获得该项优先权，并阻止任何第三人就该房屋获得与被征收人相同的权利，[①] 但被征收人补偿安置房屋优先取得权属于买受人的优先购买权，依此对抗已依法取得房屋所有权的善意第三人，将出现请求权对抗所有权的诡异现象。若赋予其以出卖人价金优先权，遵守物权变动规则和第三人善意取得规则，不仅可依法保护作为出卖人的被征收人权益，且与现有制度间的冲突可适当化解。

此外，不动产分割人就出售标的物价金债权，也可采取赋予不动产共有人出卖人价金优先权加以保障。融资租赁中供货商或出租人作为所有权人也可获得出卖人价金的担保。

2. 贷与资金优先权

美国 UCC 中规定的 PMSI，即当出资人与债务人间签订了担保协议，则出资人享有购买价金担保权益。[②] 其中的贷与资金依此获得了优先于债务人其他普通债权人甚至后位担保物权人的优先受偿序位。此外，该贷与资金者还可继受出卖人的优先权，担保其借款债权。《法国民法典》第2103 条第 2 款、第 5 款规定了不动产出资人优先权的一般规定。[③] 以上立法例中对贷与资金债权的保护，反映了增值观念和效率、正义等价值考量。

---

① 参见李建华、王国柱：《论回迁安置优先权的司法解释完善》，《山东社会科学》2012 年第 6 期。

② See Douglas J. Whaley, *Problems and Materials on Commercial Law*, Little, Brown & Company, 2005, p.998.

③ 参见于海涌：《绝对物权行为理论与物权法律制度研究》，北京大学出版社 2006 年版，第113 页。

如若无贷与资金的提供，债务人将无力购置财产，也无法享有取得财产后的财富增加效益以及市场增值利益（如房产升值等）。因此，贷与资金者受优先权的保障，可不必担忧债务人欠账不还，有利于融通资金，刺激消费，带动经济增长。而若不赋予该项优先权，则有违公理，若无资金贷与，债务人的财产不会增加，其他债权人也无法享有更多的可受偿财产。因此，依贡献分配原则，也应当赋予贷与资金者就增值部分优先受偿权。

但该权利要求认定贷与资金于债务人特定的财产上设立，需通过相关的技术手段加以辅助，如法国法中要求借款证书与出卖人的收据需采取"公证书"形式，并且借款证书中应当明确该笔借款指定用于某一不动产，在出卖人的收据中亦应声明价金在支付中所使用的即为所借贷的某笔资金，以避免欺诈行为。

中国立法若认可该优先权，也需解决其中的证明问题。对此，中国汽车在赊销业务运作中曾付出过惨痛的教训。为刺激消费，融通资金，实践中银行提供了最高 70% 汽车消费贷款，并将相关的放贷权限授权给汽车经销商。汽车经销商通过伪造购车者材料骗取银行贷款，导致银行发生大量呆账、坏账。因此，若认可银行对所购汽车的贷与资金债权优先权，须证明相关材料的真实性方可成立，可对以上恶意套贷行为加以遏制。

对于汽车经销商对消费者提供的银行贷款外的借款而言，其销售款优先受偿权并无法律依据，经销商债权将无法对抗所购车辆上后续成立的担保物权。实际上，即便经销商享有汽车抵押权，也要受抵押权登记对抗规则的约束，在司法判决中尚无对其权利优先性的考量。[①] 如是，赋予汽车

---

① 如上诉人郑州新佳汽车销售有限公司与被上诉人朱永军、原审被告陈辉、马磊占有物返还纠纷案中法院最终认可后位抵押权人对抵押物（汽车）的合法占有权，要求经销商对擅自占有的车辆予以返还。从法院判决的理由来看，虽然未涉及抵押物折价、拍卖价款的分配顺位，但作为经销商，即便享有抵押权，仍不能对抗善意第三人。参见 [2013] 许民一终字第 235 号。

经销商贷与资金优先权，可使其依法取得对抗后位担保物权的效力，保障所贷资金的安全，也间接支持了中国汽车销售业的发展。

一般而言，保理商与其他应收账款受让人权利序位取决于对应收账款转让时间的认定规则，依"先来后到"排序。但各国所采取的认定规则各异，使得排序结果差异颇大。当存在在先的浮动抵押权，若保理商不知情的，保理商应收账款转让行为有效，但浮动抵押权人享有优先权。当存在成立在后的诚信浮动抵押权时，一揽子保理协议中，因对未来应收账款设定了发生即转让的协议，保理商享有当然的优先顺位。但逐笔保理协议中，须认定每次应收账款发生时，保理商对浮动抵押权存在与否的状态来判断其能否享有优先顺位。因此，实践中多由浮动抵押权人与保理商达成协议，由前者做出弃权声明后，保理商方可享有优先顺位。以上情况中，若保理商享有贷与资金优先权，则可更为快捷地解决多重转让中权利序位问题和与浮动抵押权人权利冲突问题。当供应商破产时，银行对其设定了信托所有权的货物销售款享有权利，由此主张保理商受让的应收账款无效。保理商与银行（供应商贷款方）之间的权利冲突，一般采用优先序位安排解决，或者是银行优先，或者是保理商优先。[1] 但若无事先的安排，易形成纠纷。此时，若银行无信托所有权的设定，也可依贷与资金优先权享有货物销售款优先受偿权。与保理商所继受的买受人价金优先权相比，前者为直接的贷与资金优先权，当与后位诚信浮动抵押权冲突时，效力更强。

由于贷与资金优先权在产生应收账款时即可依法自动享有，因此其他应收账款受让人权利自然受此约束。法律所拟制的设立优先权的瞬间性，也不存在判断保理商对浮动抵押权存在知情与否的问题。需注意，除用于

---

[1] 参见陈巧玲：《国际保理中应收账款转让的优先权问题研究》，硕士学位论文，厦门大学，2006年，第27页。

购买特定动产形成特定动产优先权外，贷与资金在购买不动产上所形成的优先权更为常见，而一般动产上，因价值较低，设立该优先权的意义不大。此外，贷与资金优先权的存在是对出资人并未设定意定担保的救济补全，并非常态。由于无须登记发生，若发生债权争执时，仍需由债权人提起确认之诉，方可依法行使该优先权。

3.代理商、行纪人、运输承揽人留置权

中国现行法中并无基于代理商、行纪人及运输承揽人的法定担保规定。这些权利在日本、法国以及意大利民法中被称为特别优先权，在德国民法中被称为法定质权，在中国台湾地区民事法律中则被称为特别留置权。

以上所列代理商、行纪人及运输承揽人的主体，属于从事需特殊技能或业务知识的独立商业或独立营业人。以代理商为例，代理商是为提供商品或服务销售的效率目的而产生的独立于供应商的第三人，可使供应商减少行销人员选任成本以及免去对行销失败的负担。广义的代理商可包括行纪人、居间人在内。代理商作为独立第三人，与制造人之间并非单纯买卖关系，而是被纳入供应商的行销体系内，并形成亲疏不一的依存关系或合作关系。① 由于行销成本在现代经济体制中甚至高于生产成本，此类生产与销售分工状态已成常态，法律规范也需依此加以调试。对于独立的商品销售的行销而言，可能由买卖、代理商、居间及行纪等合同关系调整。在现代销售货物的体系中，居间的作用不再，而行纪在艺术品、古董与有价证券仍存在一定的地位。

代理商作为独立的商事主体，需在一定的处所或地域内办理事务，与企业存在劳动合同关系的经理人不同。其代理行为属于商事代理，与民事代理不同，具有商人性、独立性、职业性、代理形式灵活性、有偿性、原

---

① 参见陈自强：《从欧盟及德国代理商法看中国民法之代办商》，《政法法学评论》2010年第113期。

则上不受自己代理与双方代理的限制、连续性等特征。① 基于主体的特殊性和代理的特殊性，此类特别留置权在各国立法例中通常散见于"民法典"或"担保法"以外的其他法律部门之中，② 主要规定于商法或债法中，且被设计了不同于一般留置权的规则。特别留置权所担保债权与标的物间不以存在牵连关系为必要；无须留置权人占有标的物为成立要件；具有可分性，可因债务人提供价值相当的担保而消灭单个留置物上的特别留置权等。

中国目前并无现行的代理商留置权规定。在地方法规和行业指引中曾规定的代理商留置权，只具有留置效力，并无优先受偿权，与各国立法中债权性留置权功能相同，是基于双务契约的拒绝给付权，而非物权性留置权。此种代理商留置权在大陆法系中多有规定，如《日本商法典》第51条、《韩国商法典》第91条、《德国商法典》第86a条、第88a条等。以上立法例的代理商留置权中，明确了代理商可因代理等交易所产生的费用或佣金债权，留置其所占有的物或有价证券，直至获得清偿为止。但可留置的范围有所不同，德国法中仅为代理商所占有的企业所提供的活动必要文件，而日本法和韩国法均将留置范围扩展至所占有的有价证券。从动产概念扩张的趋势来看，应包括无形财产在内，对代理商而言行使该留置权的目的更易达成。此外，《德国商法典》第369条至第372条规定的留置权，要求当事人双方为商人，但不要求一定的牵连性，债权人还可更换所留置之物，以满足其债权（换价权，Verwertungsrecht），性质上虽非担保物权，但已经接近质权。③ 中国台湾地区"民法"第558条、中国《澳门商法典》

---

① 参见任先行、周林彬：《比较商法导论》，北京大学出版社2000年版，第391页。

② 参见蒋新苗、朱方毅、蔡唱等：《留置权制度比较研究》，知识产权出版社2007年版，第147页。

③ 参见陈自强：《从欧盟及德国代理商法看中国民法之代办商》，《政法法学评论》2010年第113期。

第 40/99/M 号法令中也规定了代办商留置权，即代办商对代办商活动所生债权，对基于合同占有的物品及有价证券享有留置权。

因与代理商留置权类似，《日本商法典》第 557 条、第 558 条、《韩国商法典》第 111 条中所规定的行纪留置权，均可准用相应的代理留置权。二者除主体不同外，后者主要是就其行纪费用或行纪行为所生债权，对依委托合同持有的委托人之货物享有留置权。但对行纪行为所产生的债权，德国商法并未采取留置权方式加以保障，而采法定质权为担保。对此，二者并无区分必要，中国也并未存在法定质权。应采纳日、韩做法，依广义的代理商概念，将行纪留置权一并纳入特别留置权。

中国实践中关于承运人留置权的适用困惑并不少见。如在航空客运中从旅客已付款项中扣除费用的现象。① 扣除约定与一般留置权不同，该扣除行为的对象与其债权间并非基于同一法律关系；且行使扣除可使债权人直接获得清偿，类似于自力救济行为。此类现象已成为航空业的惯例，由于扣款行为合理性和合法性争议，亟待明确其中航空承运人是否享有特别留置权。此外，尽管依据合同法规定，中国立法中存在"承运人留置权"，但未区分承揽运送人和实际运送人。《海商法》和《国内水路货物运输规则》均规定了"实际承运人"，《中华人民共和国国际海运条例》规定了"无船承运业务经营者"。因此，实际承运人与无船承运人能否享有运送货物留置权，存在争论。②

---

① 《中国国际航空股份有限公司旅客、行李国际运输总条件》（2007）中规定："旅客负责支付罚金、留置费等费用。对于此种检查过程中产生的任何损失或损害，或您未遵守这些要求而产生的任何损失或损害，我们不承担责任。因您未能遵守有关国家的法律、法规、命令、要求或者其他旅行规定，或您未能出示所要求的证件，造成我们被要求支付罚款或罚金，或者承担任何费用，您应偿还我们所支付的任何款项或承担的任何费用。我们可以从您未使用航段的票款或者我们所掌管的您的款项中扣除以上费用。"

② 周新：《"两岸四地"海上货物运输留置权法律冲突初论》，《中国海商法研究》2012 年第 1 期。

中国台湾地区民事法律区分了承揽运送人和实际运送人。《德国商法典》《日本民法典》和《瑞士债法典》也存在此类区分。实际运送人为真正完成运送货物的人。依现行法将留置标的物限于"债务人所有的相应货物"，无法适应运输业的实际情况，从而引发了诸多司法适用的问题。[①]为更好地保障承运人的运费债权，各国立法中一般并不要求留置物与债权间存在确定的牵连关系。最后运送人可就全部运送人的运费或其他费用就运送货物行使留置权；[②]多式联运中运输承揽人留置权可为自己或他人的债权就留置标的物主张，且具有可分性，需按其债权额比例实行留置。[③]承揽运送人留置权留置的标的物为承揽运送的货物，所有权则非所问；可按债权比例留置运送货物；通过实际运送人的直接占有实现占有。这些特殊安排有利于交易效率，也符合公平原则。

为尊重交易习惯、提高交易效率，应对如上特别留置权予以立法规范。

4. 民用航空器留置权

中国民用航空法中并未明确规定民用航空器留置权，因民用航空器的保管、维护所产生请求权仅为航空器优先权，据此有学者认为，此两类债权请求权不能同时成立留置权。[④]此外，在实务中机场航空性费用债权有

[①] 如海南省高级人民法院审理的 [2011] 琼民三终字第 34 号案，涉及水路货物运输合同中实际承运人的留置权问题、托运人与无直接合同关系的收货人之间的关系如何确定等无法定论的问题。此类案例在类似的运输承揽业务中十分常见。引自李庆、高俊华：《水路货物运输实际承运人留置权问题研究》，《法律适用》2013 年第 1 期。

[②] 参见蒋新苗、朱方毅、蔡唱等：《留置权制度比较研究》，知识产权出版社 2007 年版，第 161、163、164 页。如《法国商法典》第 108—1 条规定，对签发人、托运人或收货人拥有的一切运输债权，即使产生于以前的运输服务，承运人对其义务标的货物的价值及相关材料，享有留置权。引自金邦贵：《法国商法典》，中国法制出版社 2000 年版，第 45 页。《日本商法典》第 562 条、第 589 条规定也存在类似内容。

[③] 参见蒋新苗、朱方毅、蔡唱等：《留置权制度比较研究》，知识产权出版社 2007 年版，第 164 页。

[④] 参见孟繁超、顾国平：《论民用航空器优先权》，《中国民航飞行学院学报》2006 年第 4 期。

频发趋势，对机场债权人而言，若无法定的留置权，将面临产生大量坏账的风险。[①] 东星航空公司破产案中，尽管白云机场为了保护自己的权益"扣留"了其所占有的飞机，但因东星航空公司的全部飞机都是租赁而来的，与中国民事立法中留置权成立的牵连性要件不符，从而引发了其留置权合法与否的争议。对已存在航空器优先权的债权人而言，因优先权有期限限制及仅有扣押后的实行期待利益，也难以有效保护频繁发生的民航业务所产生债权。

对此，有人提出应构建完善的民用航空器留置权，即"当债务人不履行到期债务，为债务人的航空器提供直接服务的债权人有权留置其已依法占有的航空器，以清偿与使用该航空器或者债务人的其他航空器的服务直接有关的欠款"，[②] 用以解决以上机场留置无法可依的状态并填补民用航空器优先权的规范漏洞。从国外立法例来看，各国多将民用航空器留置权与优先权并立，综合调整与航空器运营相关利益主体的权利冲突。如美国各州分别规定了占有型技工留置权与非占有型技工留置权使对飞机等提供服务、劳务或材料的债权获得担保。其中前者对应中国物权法中留置权，后者则为民用航空器优先权。中国立法中也可增设民用航空器留置权，与民用航空器优先权并立，以满足实践的需要。

依法律渊源不同，民用航空器留置权分为民用航空器合同型留置权与民用航空器商事留置权。此两类均属于特别留置权，是为民用航空业务需要而设定的具有特别法律构成的留置权。

依类推适用，民用航空器上可成立相应的合同留置权，但与一般的合

---

① 根据中国民用机场协会统计，2008 年全年国内 31 家机场被拖欠的费用总额高达 18.7 亿元，其中三大机场更是成为"被欠费"大户。2008 年白云机场被拖欠的机场费用更是高达 6.76 亿元，为全国的 1/3。引自《东星航空破产　白云机场 5295 万欠款成坏账》，2013 年 3 月 4 日，见 http://finance.ifeng.com/air/hkxw/20090622/821712.shtml。
② 彭国元：《航空器留置权法律问题研究》，博士学位论文，武汉大学，2013 年，第 16 页。

同留置权不同，应适用特殊的规则。基于增值或保值理念，民用航空器合同型留置权可在第三人航空器或部件上设立。即债权人可依其提供的服务、劳务或材料所产生的费用债权对其合法占有的非属于债务人所有的航空器及其部件上成立留置权。国外立法例中多数并未将留置物限定为债务人所有，如《日本民法典》第 295 条、《瑞士民法典》第 1020 条第 2 款和第 1033 条第 1 款和中国台湾地区"民法"第 934 条等。随着航空器跨国租赁市场的迅猛发展，债务人通常采取租赁方式而非自购方式经营飞机已成为实践中通常的做法。若严格坚持牵连关系，否定债权人对其提供的增值或保值债权对非债务人所有航空器享有留置权，不仅有失公平且对跨国航空服务业务发展十分不利。此外，由于航空业务频繁发生，债权人获取航空器权属资讯也不太现实。若适用所谓留置权善意取得规则解决，又将面临证明债权人对标的物的权属知情与否的难题。因此，在该特别留置权中不应再坚持适用严格的牵连关系。但对债务人与债权人串通恶意留置第三人的行为，得否认其合法性。

合同留置权毕竟需限定于立法所要求的严格牵连关系内，并不能适应基于频繁商事交易的航空业实践需要。鉴于中国立法中合同留置权为有限列举立法，而民用航空法中又无民用航空器留置权的规定，无法准用物权法中商事留置权的规定。因此，应在民用航空法中增设民用航空器留置权，依准用形成民用航空器商事留置权①，填补立法空白。

---

① 从上文所述民用航空器跨国租赁市场的实际需要及相关分析来看，民用航空器商事留置权具备如下特点：（1）无须坚守严格牵连关系，可留置他人动产并可担保非同一法律关系所生的债权。（2）适应多次类似交易单次债权结清，符合效率价值。（3）允许在营业关系内所生债权和动产设定留置，可避免债权人恶意移转标的物所有权的道德风险，符合安全价值。同时可减少牵连关系举证困难，节约成本。

二、应调整的法定担保类型

依据法定担保类型体系的配置设想，对中国现有立法中已有法定担保的主体、客体和担保范围等需加以调整，以使之与相应的类型构造相匹配。下文列举几例主要的法定担保类型说明之。

（一）劳动报酬债权优先权内容的调整

中国立法对劳动报酬债权的保障尚未形成统一的法定担保类型，但程序法与特别法中分散规定的劳动报酬债权（优先）清偿顺序、船舶优先权与建筑承包工程优先受偿权中对劳动报酬债权的特别保护与劳动报酬债权法定担保意旨相通。

虽然法国、日本、意大利、阿尔及利亚等国家均规定了统一的工资优先权，但在瑞士、德国等国家也通过了与中国类似的非统一优先权模式对劳动报酬等与雇佣人员生活利益直接相关债权的法定保护。从制度功能角度看，两种模式对劳动报酬债权保护效果存在一定的差别。依照劳动报酬债权一般优先权的基本构成，应对中国现有劳动报酬债权法定担保规定进行调整。

1. 主体范围应依"提供劳动"的实质认定原则界定

劳动者的范畴不受是否签订"合法劳动合同"的影响，而应依是否"提供劳动"加以判定。

（1）劳动者身份应依"提供劳动"所形成的债权范围进行限定

中国 2007 年新《企业破产法》中第一百一十三条第一款规定的劳动报酬债权优先清偿顺序中，对于职工的身份未做明确界定，但《最高人民法院关于〈中华人民共和国企业破产法〉施行时尚未审结的企业破产案件适用法律若干问题的规定》（法释［2007］10 号）第十五条明确对债务人的董事、监事和高级管理人员的工资，应依《企业破产法》第一百一十三条第三款的规定予以调整。在《最高人民法院关于适用〈中华人民共和国企业破产法〉若干问题的规定（二）》（法释［2013］22号）第二十四条将以上规定进一步予以落实，限定了债务人的董事、监事和高级管理人员的非正常收入形成的债权作为普通破产债权清偿，同时将某些非正常收入形成的债权，仅依企业职工平均工资计算的部分作为拖欠职工工资清偿，高出该计算的部分，可以作为普通破产债权清偿。国外立法中也存在将高收入人群超过普通劳动者的债权作为普通债权对待的情况，如美国破产法为保障公平规定，"凡是超过两千美元的那部分工资，只能作为普通无担保债权来参与分配"。[①] 中国司法实务中对劳动者采用的限缩解释，与此同理。对非基于劳动收入的剔除，并不违背实质认定原则。

（2）劳动者范围应依对弱者保护的理念，遵循"提供劳动""增值观念"标准进行扩张

为适应现代社会劳动关系复杂化趋势，日本、法国及美国等工资优先权的主体范畴均扩展至广义的雇佣关系。[②] 中国《劳动合同法》中已明确了对事实劳动关系的法律保护，依此宗旨，享有劳动报酬债权法定担保的主体并不限于"职工"或"员工"身份，还应包括其他雇佣、劳务关系。

中国目前仅在《海商法》第二十二条第一款以船舶优先权的形式规定了船员等在编人员劳动报酬就特定船舶的优先权，以及《合同法》第二百八十六条以建设工程价款优先受偿权的形式间接规定的建筑工人劳动报酬就建设工程价款的优先受偿权。但对其他国家或地区在债务人特定财产上设立的工资优先权，如农工业产品上的劳役人工资优先权或留置

---

① 潘琪：《美国破产法》，法律出版社1999年版，第136页。
② 参见本书第四章第一节关于法定担保主体选择的相关论述。

权,① 垫偿基金上的雇员工资优先受偿权,② 不动产增值范围内工人工资不动产优先权,③ 以及基于类似劳务报酬性质的自由职业者报酬、代理人代理费等法定担保等，在中国尚属空白。对农工业产品上形成的工资优先权，由于一般债权人很少只对这些特定制品行使优先权，极少被使用，进行增设的意义不大。雇主为担保工资支付的"垫偿资金"与中国司法实践中"工资保证金"类似，可归为工资特别保障制度。对国外立法为作者、律师以及特殊职业主体因劳动产生的特定财产或占有的动产之上所设劳动报酬债权法定担保，可增设。但基于其中对特定动产依法占有的事实，以及与一般为维持基本生活需要工资报酬的费用性收入差别，也可纳入特别留置权予以规范。

2. 客体范围应依"正义"与"效率"基准予以限定

由于劳动报酬债权通常不为外部所识别，其优先清偿将使其他债权人利益遭受不可预期的损失。为调和利益平衡，保障正义，各国立法例通常对可得优先清偿的劳动报酬进行理由、期限、数额等合理的限制。

如美国2008年德拉华州公司法规定，在公司不能清偿债务时，劳工的工资优先权范围不超过两个月工资。享有工资优先权的受雇人不包括任何的公司主管人员。④ 中国台湾地区"劳动基准法"第28条第1项限定

---

① 《日本民法典》第311条第8号规定的农工业者就农工业产品上的动产优先权；《意大利民法典》第2757条第1款规定的耕种和收获劳作者债权就农业耕种和收获劳作孳息的优先权，以及《阿尔及利亚民法典》第994条如上立法相同主体对收获物的优先权。

② 中国台湾地区"基本工资审议办法"中雇主破产时劳动者工资债权就雇主按法定缴纳的垫偿基金部分享有优先受偿权。参见黄越钦：《劳动法新论》，中国政法大学出版社2003年版，第225页。

③ 《法国民法典》《日本民法典》规定了工人对于其新建、改建、增建的不动产，在该不动产产生的增加值范围内享有工资债权不动产优先权。

④ See 8 Del.C. §300 (2008).

工资优先权为"雇主歇业、清算或宣告破产未满六个月的部分","劳动基准法"实施细则第15条进一步将之限于雇主"歇业、清算或选告破产前"六个月。① 法国法限定工资优先权为一年的期限，与工资同等地位的版税优先权金额限于最后三年内，② 墨西哥法为上一年积欠的工资或津贴。中国学者在民法草案中也建议优先于其他所有债权人的工资债权应限于"最近一年内"。

对劳动债权的以上限制，一方面使其他债权人，尤其是担保债权人对此类优先受偿数额及事由有所预估，同时使国家的干预限定在尊重"自由权"的合理范畴内，另一方面，对享有优先顺位的数额的限制，有利于在有限的债务人财产范围尽可能多地使更多特种债权人获得清偿，提高其他债权人获偿几率，增强（破产）清偿的效率。中国《刑法修正案》（八）第四十一条将"拒不支付劳动报酬罪"的构成要件限定为"应付款项两个月期限届满时不予支付"的时间限制内，与民事责任承担优先的限制相关，也说明立法对劳动债权保护存在时间的限制。中国劳动报酬债权的民法保护中也应增加此类限制。鉴于中国拖欠工资现象严重，从多数行业支付报酬惯例和国人年底债务结清的习俗来看，宜将此期限限定为"最近一年内"。但就企业停产或歇业等非清算程序时劳动报酬债权特别保障问题，本书认为并无必要设立法定担保。一方面停产或歇业是企业基于多种原因做出的市场经营决策，此时贸然干预可能会影响企业的自主决定，另一方面，可通过赋予劳动者企业经营监督权与破产、解散的联合申请权，通过现有的破产清算程序解决优先受偿问题，节约立法

---

① 黄健彰：《工资优先权》，《财经法与经济法》2008年第15期。
② 法国法中的享有优先于担保物权甚至司法费用的"超级优先权"被限定为"仅适用于领薪者和学徒最后60天的酬金以及旅行推销员最后90天的酬金；其金额不能高于法令规定的按月支付的各类酬金的最高限额，但不能低于计算社会保障分摊费用的最高限额的两倍"。引自尹田：《法国物权法》，法律出版社1998年版，第473页。

成本。

除数额和期限限制外，国外立法为弥补工资优先权无公示的缺陷，对其行使方式也进行了限制。[①]这种限定源于一般优先权担保债权数额不大，但标的物广泛，不动产与债务人的生存利益相关，而强制执行程序复杂，费用通常较多，为避免耗费较多的执行成本，减少对其他债权人的影响，因此一般优先权人应先就动产或无体财产等不动产之外的财产受偿，不足的，才以不动产受偿。此外，就不动产受偿时，为保护抵押权人的受偿机会和交易安全，应先就无担保者受偿。若对动产或权利上也存在担保权的，由于动产担保，也存在占有动产或未移转所有权于债务人的情形，中国台湾地区司法界认为应承认担保权人可提起第三人异议之诉，排除强制执行。[②]由于在破产程序（依现行破产法）中劳动报酬债权的序位通常因担保权人享有别除权，仅优先于社会保险费用、税款和普通债权。因此，中国立法中劳动报酬债权法定担保的行使方式对担保物权人并无影响，暂无须考虑基于担保物权人利益的行使限制。但基于对后序位的其他债权人利益衡平考虑，可限定劳动报酬债权法定担保应先就无担保设定的动产受偿，其次为无担保设定的不动产。

3. 优先效力应基于"弱者保护"和"风险负担"予以提升

中国立法中劳动报酬债权法定担保多数存在于破产程序、清算程序中，次序位于清算费用、破产费用、共益债务以及担保物权之后，优先效力有限。通常企业限于破产或清算之时，依中国立法对破产界限及清算事由的规定，为"不能清偿到期债务且资不抵债""经营管理发生严重困难"。

---

① 如《法国民法典》第 2105 条第 5 项限定一般优先权应先就债务人的动产受偿。《日本民法典》第 335 条第 1 项限一般优先权人的行使客体分别为不动产以外动产、不动产中非特别担保标的物（包括不动产所有权及不动产物权）、特别担保的标的物（特定担保指特定优先权、质权或抵押权）。

② 具体司法判例详情参见黄健彰：《工资优先权》，《财经法与经济法》2008 年第 15 期。

此时债务人可分配的责任财产已十分有限，加之高昂的共益费用、共益债务支出，以及担保权人行使别除权减少债务人财产，可分配给劳动者报酬债权受偿的数额可能极为微小。国外采取同样程序保护的立法例中，虽都规定了担保物权人享有别除权，但通常运用了扩张破产原因①、增强雇员参与破产作用②或将部分劳动债权作为财团债权③等方式，提升其获得受偿的几率。

从风险负担来看，担保权人较劳动者对企业经营风险具有更强的负担能力和风险资讯预见和干预的可能性。若由劳动者最终承担企业经营失败的损失，不符合公平正义，也易产生社会问题。中国新《公司法》第一百八十二条赋予10%股东表决权的股东在公司经营管理发生严重困难时解散公司请求权，说明中国立法已经正视破产清算原因中的利益相关者参与问题。此外中国扣留制度仅为债务人生活必需费用（品）保留，并未包括工人工资、其他受雇人员报酬等在内，也使劳动报酬债权失去这一强有力的程序保障方式。虽然中国已经建立了社会保障制度，但并不完善，"工资保证金"尚未普及。从以上辅助制度的现状来看，无法弥补劳动债权法定担保效力不足的缺陷，根本的出路仍需提升其自身的优先效力。以上日本法中将部分劳动债权作为财团债权的方式较为可取，既不至于因大量优先债权出现影响交易安全和破坏利益平衡，又可使基于劳动者生存需求的重大利益得以优先受偿。

① 德国新破产法规定破产程序的开始原因一般为无支付能力，但法人破产原因可包括资不抵债情形。参见李飞主编：《当代外国破产法》，中国法制出版社2006年版，第7页。
② 德国新破产法虽取消了雇员工资优先权，但赋予雇员可以提出破产申请和享有就其破产债权的表决权。参见李飞主编：《当代外国破产法》，中国法制出版社2006年版，第19页。
③ 日本新破产法将破产程序开始前三个月产生的工资请求权、退职补贴请求权与退职前三个月的工资总额相当的部分作为财团债权，获得优先受偿顺位的提升。参见李飞主编：《当代外国破产法》，中国法制出版社2006年版，第11—12页。

（二）税收债权优先权的客体区分与功能替代

1. 应区分税收债权优先权的客体，分别加以规范

中国《税收征收管理法》第四十五条所规定的税收债权的优先性清偿，被学界称为"税收优先权"。但学界对于税收优先权是否为一般优先权存在争议，根本原因在于税收优先权的客体并不明确。在中国现行《保险法》第八十八条，《企业破产法》第一百一十三条第二项等特别法中明确了税款在破产程序中的清偿优先顺位。但以上规定均未区分不同的税收，而是笼统地将税收优先权设定于债务人一般财产之上。对此，国外立法例通常依税种不同区分相关优先权。如日本《国税征收法》第8条规定的国税一般优先权；韩国《国税基本法》第35条规定的国税、加算金及滞纳金处分费一般优先权。再如中国台湾地区"税法"第13条的遗产税与赠与税一般优先权等。以上税种并非对特定财产单独征收，因此多为一般优先权。但对土地增值税、地价税、房屋税等针对特定财产所征收的税种，则有立法将之规定为特别优先权。如葡萄牙民法典与中国澳门地区民法典将房屋税规定为特定不动产优先权。中国台湾地区修正后的"捐税征收法"第6条对土地增值税等针对特定财产所征税种规定了优先权，并具体限定了税收的客体，[①]以上区分客体的做法值得赞同。依不同客体能否特定来设定优先权，有利于避免因立法模糊而造成的实务困惑，明确各类税收优先权与其他权利冲突时的受偿顺位。以关税优先权为例，一般而言，关税是针对特定进出口（境）货物征收的，对于纳税人欠缴关税所涉及的特定物和特定物外其他财产应加以区分，前者认定为物权性

---

① 如地价税与房屋税优先权为"拍卖或交债权人承受之土地或房屋所欠的地价税及房屋税"，参见张良华：《浅谈税捐征收法第六条之修正》，《司法周刊》2007年第2期。2008年2月20日《税捐稽征法施行细则》第3条将原有土地增值税优先权的客体限定为土地增值税的规定，进一步明确扩张至土地增值税、地价税、房屋税的优先权均以该土地及建筑物所应课征之土地增值税、地价税、房屋税为限。

优先权，优先于除留置权外担保物权人受偿，后者认定为债权性优先权，仅优先于普通债权人受偿。①

2. 应调整特别法中的税收一般优先权，由程序法等加以分担

各国对税收优先权的规范，一般基于其公益性和风险性两个因素。由于税收反映了服务于社会的公共利益，可以作为保护私法债权的共益费用对待，而另一方面税收债权缺乏对待给付，保障手段受限制。因此，赋予税收债权优先保护合情合理。

但基于交易安全和利益平衡，各国近来对税收优先权多有调整，表现在税收优先权不具有绝对优先性②，为当事人自治及平衡利益，全部予以取消③，或取消部分税收优先权④及缩小现有税收优先权的范围⑤。从各国对税收优先权调整的趋势来看，对税收一般优先权的限缩甚至取消，反映了其中立法政策的调整。即税收一般优先权无须公示，易对其他债权人利益造成无法预期之影响，应将之限定于不过分影响交易安全和威胁交易秩序的合理范围内。

中国《税收征收管理法》所规定的税收一般优先权与现行企业破产法中的税收债权清偿顺序间存在冲突之处。依前者，税收债权可优先于无担保的普通债权人以及设立在税收债权发生后的担保物权；依后者，其仅可优先于无担保的普通债权人。因此，中国税收债权一般优先权的优先

---

① 于海涌、郭嵘：《论关税优先权的清偿顺位》，《政法学刊》2013年第2期。

② 美国破产法中，税收一般为优先权的第八位。即使经过留置登记的税收也只能位于第七位与第八位之间受偿。参见熊伟：《美国联邦税收程序》，北京大学出版社2006年版，第262—265页。

③ 德国1999年破产法中取消了所有优先清偿权，包括税收优先权在内。参见付百固：《税收优先权质疑》，《郑州大学》2006年第21期。

④ 澳大利亚新破产法取消了原先授予税收债权的优先权；英国2003年《破产法》第176A条取消了国家优先权；瑞典2004年取消了国家税收优先受偿权，将政府债权作为一般普通债权对待。转引自熊伟、王宗涛：《中国税收优先权制度的存废之辩》，《法学评论》2013年第2期。

⑤ 2004年日本破产法修正缩小了作为财团债权的租税债权范围。

效力仅在非破产程序中显现，如在民事执行程序中作为参与分配的优先债权，强制执行和税收行政强制执行中作为直接执行的对象。有学者指出，因对司法程序的不了解和所涉税款较小等原因，前两类税收一般优先权在实务中极少被使用。而税收行政强制执行对所有的在先债权根本不予考虑，导致通过程序本身即可使税收债权获得优先效力而非实体权利，从而架空了中国《税收征收管理法》第四十五条所规定的税收一般优先权。①

人们已经认识到，税收优先权的优先效力并不仅是源于公共利益的绝对性，而应基于个人利益与社会福利之间正义性平衡的考虑，② 如纳税人、其他普通债权人、担保权人以及整个社会。税收优先权的风险性也可通过税收保全、强制执行、欠税公告等措施大为降低。因此，并非任何时候都需要设立一个绝对优先效力的一般税收优先权。盲目设立税收一般优先权可能浪费立法成本，而无任何实益。

如是，可对税收一般优先权进行调整，由程序法等分担。对属于共益费用性的税收债权，即破产清算过程中的管理、变卖、拍卖财产以及继续履行合同所产生的税收等，可明确为破产费用或共益费用，从而获得更为优先的地位。其他非在破产清算程序中发生的类似费用税收债权，可分别由产生费用的各个程序法或特别法加以规范，作为优先抵扣的程序执行（税收）费用。非属于共益费用的税收债权所设立的一般优先权，已被行政强制执行等程序的强制效力所取代，目前并无存在的必要。对此，有待未来立法的政策调整，即是否会基于利益平衡和鼓励交易目的，增强对程序执行中的担保物权优先效力的保障。若未来有此调整可能，则非共益费用税收债权一般优先权仍有必要存在。

---

① 熊伟、王宗涛：《中国税收优先权制度的存废之辩》，《法学评论》2013 年第 2 期。

② 李妍：《税收优先权制度的法理学分析》，《江西社会科学》2011 年第 3 期。

（三）建设工程价款优先受偿权的法定抵押权改造

《合同法》第二百八十六条的现有规定对建设工程价款优先受偿权的主体、客体和担保范围规定存在模糊不清之处，应予澄清。若采法定抵押权类型模式，除具体内容外，还应就相应配套制度进行改造。

1.主体范围应扩张涵盖次承揽人、被拆迁人和建设工程价款受让人

承包人为建设工程价款优先受偿权的当然主体，但《合同法》并未明确承包人的范围，对此，存在学理争议。除前文所探讨的次承揽人外，中国司法实践中还存在一些其他的主体资格分歧。

司法解释中认可建设工程装饰装修合同属于建设工程，可适用《合同法》第二百八十六条。由此，建设工程装饰装修工程承包人也可成为该权利主体，但该工程发包人不是该建筑物所有权人或与该建筑物的所有权人之间不存在合同关系的除外。[①] 这种表述说明司法中对增加不动产价值事实行为中特种债权人的优先保护。但对建设工程合同应包括建设工程的勘察、设计合同，相应的主体范围应拓展至除施工承包人外的勘察人和设计人的主张，未获得司法认可。

司法实践中认可了被拆迁人特定权益的建设工程价款优先受偿权。广州市中级人民法院通过司法实践，将被拆迁人的弃产、弃租费和临迁费等安置补偿费用作为房地产开发烂尾地拍卖款第一顺位受偿费用，优先于银行债权和政府相关税费。这是基于维护社会稳定、保障被拆迁人基本生活所做出的特殊清偿顺位安排。[②] 这一做法在广州市取得了较好的效果，并

---

① 2004年12月8日，最高人民法院针对福建省高级人民法院的请示做出的《关于装修装饰工程款是否享有合同法第286条规定的优先受偿权的函复》。

② 相关司法解释：广州市中级人民法院《审理烂尾地块拆迁安置补偿案件的若干意见》《关于执行涉及"烂尾地块"案件的若干指导意见》，其中拟制出烂尾地案件中的优先权顺位方案，保障其中被拆迁人特定权益优先受偿。参见《拆迁八年终获补偿》，http://www.ycwb.com/gb/content/2005-09/02/content_975439.htm。

具有全国性示范作用。①

无效建设工程施工合同承包人能否成为建设工程价款优先受偿权主体，也存在争议。司法解释中仅明确了当建设工程竣工验收合格后，施工合同依法被确认无效的，不影响该权利的行使。② 但这并不意味着建设工程优先受偿权适用无因性原则，学界有观点认为工程价款主债权具有从属性，若主合同认定无效的，承包人的支付工程价款请求权转换为因合同无效获得的折价补偿权，属于不当得利之债，此时原债权担保的优先受偿权不复存在。③ 也有观点认为，该权利行使不受其合同当然效力的影响。若合同无效，但工程质量合格或竣工验收合格的，可行使建设工程价款优先受偿权。此见解也获得了司法实践的认可。④

---

① 2006年6月8日，广州首宗由拆迁户起诉开发商而进入司法程序的烂尾地——龙田地块，以8200万元的价格顺利拍出。该地块的196户被拆迁人作为拍卖款的第一受偿人，将先于银行债权和政府相关税费的债权，优先获得拍卖款中的4000多万元作为拆迁户的安置补偿。广州政府门户网站就此评价：此次拍卖成功开全国先河，标志着广州乃至全国在解决烂尾地块拆迁问题获得突破。之后，宝岗大道2号地块成拍，该地块是广州市拆迁信访的大要案之一，涉及拆迁户536户共1700多人，在广州目前所有烂尾地块中面积最大、涉及拆迁户最多，2.83亿元的拍卖所得是迄今广州烂尾地最高的拍卖金额，将会有1.9亿回到拆迁户手中，被这块烂尾地折磨了10年的众多拆迁户将可以拿到等待多年的补偿款。参见广州政府门户网站：http://www.gz.gov.cn/，2005年6月9日。
② 《最高人民法院关于审理建设工程施工合同纠纷案件适用法律问题的解释》（法释[2004] 14号）。
③ 陈旻、孙盈：《建设工程承包人优先权之司法实践若干问题研究》，载最高人民法院民事审判第一庭：《民事审判指导与参考》（总第37集），法律出版社2009年版，第48—49页。此观点获得了司法解释的认可，如2003年12月2日网络发布的《最高人民法院关于审理建设工程施工合同纠纷案件适用法律若干问题的解释》（征求意见稿）第二十三条；2014年1月17日广东省高级人民法院发布的《关于在审判工作中如何适用〈合同法〉第286条的指导意见》第七条；深圳市中级人民法院《关于审理建设工程合同若干问题的指导意见》第三十条。
④ 《安徽高院2009年建设工程施工合同纠纷案件指导意见》第十七条。最高人民法院[2010] 法民一终字第18号民事判决书也认为合同是无效的，工程价款性质不会变成补偿款。

建设工程价款受让人能否作为建设工程价款优先受偿权主体，存在肯定与否定的意见。对此，争议焦点在于该债权是否专属于承包人的不可转让权利。否定意见认为该权利为保障建设劳动者劳动报酬而设，具有人身专属性，受让人无权获得主体资格。① 但多数司法实践认可该权利的可转让性，并非专属施工单位的权利，只要债权转让合法有效，建设工程价款优先受偿权随之转让。②

2. 客体范围应扩展包括未竣工在建工程、装饰装修工程、委托代建工程以及新增或重大修缮建筑物等

《合同法》以及最高人民法院的司法解释并未明确建设工程价款优先受偿权的客体是否限于已竣工验收合格的建设工程。依《物权法》第一百八十一条，在建工程之上也可设定抵押权，参照该立法精神，未竣工的在建工程（即上文所述的烂尾楼）同样可以作为法定优先受偿权的客体。

依《合同法》第二百八十六条和最高人民法院司法解释，建设工程价款优先受偿权的客体仅限于建设工程，而不包括该工程所占用的土地。《物权法》第一百八十二条规定了建筑物占用范围内建设用地应在该建筑物设定抵押时，一并抵押。依目的解释，此处可形成法定的建设用地抵押权。因中国《物权法》遵守"房地一体处分"原则，法定的建设用地抵押权与建设工程价款优先受偿权需一并设立，一并行使。实务中认为，建设用地价值和建设工程价款可实际区分开来，以上两种权利的客体可予以

① 《深圳市中院 2006 年建设工程施工合同纠纷案件指导意见》第三十一条规定工程款债权转让的，建设工程价款优先受偿权不随之转让。

② 《江苏高院 2008 年建设工程施工合同纠纷案件指导意见》第二十条。最高人民法院《陕西西岳山庄有限公司与中建三局建发工程有限公司、中建三局第三建设工程有限责任公司建设工程施工合同纠纷案》[2007] 法民一终字第 10 号中表明：三公司向建发公司转让债权合法有效，建发公司基于受让债权取得此项权利（建设工程价款优先受偿权）。

明确、特定，不可混同。①

　　装饰装修工程被司法实践认可为建设工程价款优先受偿权的客体，但家庭居室的装饰装修工程不属于此处的客体范围。该工程被认为具有相对独立性，不应纳入，对此观点，值得斟酌。

　　委托代建的建设工程是否可为建设工程价款优先受偿权的客体，从司法解释对装饰装修工程中发包人和承包人的限定来看，应持否定态度。但学界认为既然该权利可优先于抵押权，而抵押权具有追及效力，若不赋予建设工程价款优先受偿权追及力，将违背立法的宗旨。② 从实践中大量存在的工程项目管理和委托代建的做法来看，发包人不属于工程所有权人或承包人与工程所有权人不存在合同关系的情况比比皆是，若不赋予委托代建建设工程权利客体地位，将使该权利目的落空，无法实现立法宗旨。此处的争议根源在于立法对建设工程价款优先受偿权的定位不明，若确定为担保物权，依担保物权的特性，该权利当然具有追及力，以上论争将无从发生。

　　新增或重大修缮建筑物能否作为建设工程价款优先受偿权的客体，并不明确。立法规定：房地产抵押合同签订后，土地上新增的房屋不属于抵押财产。需要拍卖该抵押的房地产时，可依法将土地上新增的房屋与抵押财产一同拍卖，但对拍卖新增房屋所得，抵押权人无权优先受偿。③ 这暗示着新建或为重大修缮建筑物或其他工作物的承揽人，就承揽关系产生的债权对于其工作所附之定作人的不动产的增值部分可享有优先

---

① 此见解在司法实践中被认同，参见最高人民法院民事审判第一庭：《民事审判指导与参考》（总第 44 集），法律出版社 2011 年版，第 208 页。

② 廖正江：《建设工程合同条款精析及实务风险案解》，中国法制出版社 2011 年版，第 298、299 页。

③ 《城市房地产管理法》第五十二条。

受偿权。① 因此，赋予承揽人就建筑物增值或重大修缮部分优先受偿权，符合法定担保中的增值观念。

从中国实际来看，房地一体属于常态，且房地的主体通常不属于同一人，当申请实现抵押权时，将面临不同主体间利益诉求的冲突，不利于对承包人权利的保护。有学者认为，可借鉴《德国民法典》第 648 条、中国台湾地区"民法"第 513 条中的做法，将权利标的扩张包括工程用地或采用广义的"不动产"概念，通过修法或立法解释，对《合同法》第二百八十六条规定进行修正和补充，将承包人法定抵押权之标的落实在土地使用权和土地上所附的建筑物或构筑物上。② 此种做法符合中国实际情况，扩张建设工程价款优先受偿权的客体，可通过一次权利的行使，实现在不可分割客体上并存的多个请求权，符合效率价值。

此外，为保护消费者的生存利益，最高人民法院出台的司法解释明确了商品房住宅工程也可依条件成为建设工程价款优先受偿权的客体。③

3. 担保范围应明确包括利润、垫资款在内

《合同法》中仅表明承包人行使优先受偿权的范围是"建设工程的价款"，由此引发若干争议。其建设工程价款是否可包括利润、垫资款等，学界有不同意见。就利润而言，司法解释认为工程价款保护的范围为劳

---

① "建筑工程承揽人可以对所修建的不动产优先受偿，是以建筑物和其他工作物的形成与建筑工程承揽人债权的关联性为依据的。没有建筑工程承揽人劳务和资金的投入，不动产就不会存在或增值，也就是说，不动产权利是以承揽方人力、物力的投入为前提的，是承揽债权的转化形式。"引自李建华、董彪：《中国法定抵押权制度的若干立法构想》，《当代法学》2006 年第 2 期。

② 王崇敏：《〈合同法〉第 286 条确立的法定抵押权》，《海南大学学报（人文社会科学版）》2001 年第 2 期。

③ 《最高人民法院关于建设工程价款优先受偿权问题的批复》第二条规定：消费者支付了购房款的全部或大部分后，承包人对商品房住宅建设工程价款不再享有建设工程价款优先受偿权。

动者报酬和实际支出的材料款等费用，① 因此，实务界多认为该价款不含属于商业风险的利润在内。但也有观点认为司法解释违背了合同法的规定，② 属于任意的缩小解释，其语焉不详造成了不必要的争议。对此，颇值赞同。实际上，建设工程价款优先受偿权目的并非直接为劳动者权益保障而设，更本质的是为保障承包人工程价款债权。二者之间存在着因果关系，若无对承包人的保障，人们承揽工程的积极性减弱，何来众多的工作机会？此外，中国立法采取建设工程价款优先受偿权登记生效主义，但相关工程价款难以精确估定，在实际行使时，将其中的利润、税金部分进行分割，徒增操作障碍。

就垫资款债权而言，依批复，明确包括在建筑工程价款优先受偿权范围内。依《最高人民法院关于审理建设工程施工合同纠纷案件适用法律问题的解释》（法释〔2004〕14号），垫资款为合法债权。实践中多数工程项目存在垫资现象，其数量可达建筑成本50%左右，有时甚至是被迫垫资。若否定这种债权在建筑物中的物化，忽视其中开发商与建筑商的实质不平等地位，不仅实践中难以区分具体不同价款，且与该优先受偿权对建筑施工行业支持和保护的政策倾向相左。建设工程价款在实务中包括："工程估算价、设计概算价、施工图预算价、施工预算（概算）价和竣工结算价五种。"③《合同法》中主要指的是竣工结算价和施工预算价（未竣工工程）。从实务计算和合同法的规定文义来看，并未明确排除垫资款债权，可将之作为实际支出的费用存在，认可建设工程价款优先受偿权对垫资款债权的担保。④

---

① 《最高人民法院关于建设工程价款优先受偿权问题的批复》第三条。
② 徐国良：《工程价款优先受偿实务探讨》，载中华全国律师协会民事专业委员会：《房地产建筑律师实务》，法律出版社2006年版，第822页。
③ 王永起、李玉明：《建设工程施工合同纠纷法律适用指南》，法律出版社2013年版，第440页。
④ 司法中已明确认可这种做法，如《江苏高院2008年建设工程施工合同纠纷案件指导意见》第二十一条。

4. 建设工程优先受偿权的法定抵押权改造

德国模式下的法定抵押权是比照抵押权进行的制度设计。德国法与瑞士法虽基于不同的立法理由，分别将之纳入债法和物权法加以调整，但均要求法定抵押权需经登记方可对抗他人。即便采不动产优先权类型模式的国家，也增加了公示要求。中国目前立法中尚无此类登记对抗要件规定。尽管是为保障特种债权的特殊安排，但无须登记的不动产抵押权与现行抵押权登记公示不符，对交易安全与交易预期影响甚巨，同时，其秘密性也影响了制度功能发挥，应予以修正。

《物权法》第二十条的预告登记制度并未严格限定其适用范围，可依扩张解释适用于建设工程优先受偿权及相关不动产法定抵押权，使其中特种债权获得物权排他效力，明确与其他抵押权人的权利优先顺位，公开发包人与承包人利益关系，防范可能的妨害权利实行或损害其他债权人利益风险行为。但预告登记还需与本登记衔接起来，在完成预告登记后，具备条件时完成本登记。对此，中国台湾地区的预告登记自动转化本登记做法值得借鉴。

由于法定抵押权是为保障特种债权的法定保护，可以采取不同于一般物权登记生效要件，即登记对抗要件，有利于发挥制度功能，同时也与物权公示原则相协调。这样，未经登记的法定抵押权不得对抗已登记的抵押权和其他优先权利，仅优先于普通债权受偿。

三、应斟酌的法定担保类型

从法定担保类型模式选择出发，以"正义"与"效率"为基准，学者所建议的如下法定担保类型，中国未来编纂的民法典中应否纳入，需斟酌之。

（一）最后一次生病、事故医疗费用一般优先权

最后一次生病、事故医疗费用的优先权，是为救助处于生命垂危之中的债务人，避免因囊中羞涩而错失医疗救治良机，使债权人不必因担心债务清偿困难而拒绝提供救助而设。中国医疗资源紧张，医患矛盾尖锐，"见死不救"与"恶意欠费、逃费"现象并存。见义勇为中"英雄流血又流泪"现象，大大恶化了社会风气。从人道主义救援的角度，对实施救治债权人的债权予以特别保护，可达到维护良好社会风气、防范医闹现象，维持社会稳定，保障人权等目的。但中国需慎重考虑是否需采取一般优先权的方式来保障该债权获得优先清偿。

首先，救死扶伤是医疗机构及其工作人员的基本职责，不能因病人贫弱而违背职业道德，不予施救。对此救治费用支出，若系无力负担，可由政府部门提供特别补助或社会保障制度分担，不必由债务人自身承担而特设一般优先权。

其次，若系非医疗机构或人员的事故救援费用，是基于人类的互助精神而为之，多数债权人并不考虑微小费用偿还问题，如因天灾人祸等突发事故中的救助行为。救助费用过于巨大的，由债务人自身承担有违公平，事故救援多属于政府职责，应由政府承担。若因事故救助而导致债权人自身需支付过巨费用或遭受损害的，属于无因管理之债，应获得优先赔偿。此类见义勇为行为，是社会倡导的良好风气，若债务人无力支付的，政府一般应提供救济或设立"见义勇为基金"进行分担。

再次，中国《道路交通安全法》第七十五条中规定了抢救费用和其他医疗费用的债务人并非仅为被救治者及其法定监护人，交通事故责任人、机动车车主和相应的保险公司也是债务人。① 因此，若设立此种一般优先

---

① 张宝珠、袁安、李大平：《交通事故医疗费用承担实务性诠释》，《法律与医学杂志》2006 年第 3 期。

权，将使造成事故的主体以及并非弱势的保险公司作为特种债权人，有失公允。

（二）日用品供给一般优先权

日用品供给一般优先权是为保障债务人利益，使为债务人提供生活必需品的债权人，就债务人的财产优先获得清偿的制度。日本民法、法国民法中均基于基本人权保护对此一般优先权予以承认。对此，中国立法是在执行程序中扣留、提取、查封、扣押、冻结、拍卖、变卖被执行人应履行义务部分收入前，基于人道主义考量，对被执行人及其所抚养家属生活必需费用（品）采予以保留的方式，加以保障。①

此类保留制度是为特定主体基本生活之计而制定。如在继承遗产债务清偿中，当遗产不足清偿债务时，为"缺乏劳动能力又没有生活来源的人""胎儿"特别主体特留份遗产债权保留的方式。② 瑞士《联邦债务执行与破产法》第 92 条、中国台湾地区"强制执行法"第 52 条、第 53 条和德国《民事诉讼法》第 850 条均有类似的扣押保护或禁止扣押制度。对日用品供给债权的保护，还可在程序法（如中国台湾地区"破产法"第 95 条第 2 项）或特别法中作为共益费用加以单独规范。虽然以上制度从债务人角度对日用品供给加以保护，但也可达到保护基本生活需要的目的。因此，作为一般优先权设定，仍需考虑。

（三）人身损害赔偿一般优先权

人身损害赔偿债权中包含了对受害人医治、受害人及抚养人基本生活需要等人权保障因素。因此，有人建议，基于弱者保护或利益平衡，应于

---

① 《中华人民共和国民事诉讼法》（2012 年修正）第二百四十三条、第二百四十四条。
② 《最高人民法院关于贯彻执行〈中华人民共和国继承法〉若干问题的意见》第三十七条、第四十五条和第六十一条。

侵权责任法中确立人身损害赔偿优先权。中国《海商法》中"因船舶操作直接所致人身伤亡，对船舶所有人之赔偿请求"[1] 被作为海事请求权获得优先权保护，是基于惩罚和预防船舶侵权行为目的的人身损害赔偿优先权。

对以上观点，本书并不赞同。

第一，《海商法》规定的主要理由在于缓和"船舶所有人责任"而非预防或制裁船舶侵权行为。其中所谓的海事人身损害赔偿优先权与海事财物侵权损害赔偿优先权（同条第四款）均存在船舶所有人责任数额的限制，且存在于特定动产之上，与在债务人一般财产上设立的享有优先于担保债权甚至其他优先权优先债权的人身损害赔偿优先权不同。

第二，赋予人身损害赔偿之债优先权地位有违安全和效率价值。由于人身侵权之债与合同之债不同，是非基于权利人自愿所产生的并与权利人自身及抚养人生存相关的权利。若不予以特殊救济，企业将投资风险转嫁给无辜的受害人负担有失公允，增加企业经营外部成本等不利后果。但由于侵权之债的不可预期性，若赋予其优先受偿权，其危及交易安全的程度，较之合同之债所生优先受偿权更甚之。且在市场经济中对效率与正义价值的权衡，并非总是基于正义优先，有时政策偏向可能做出相反的选择，以符合自然正义。如为鼓励交易，维护安全，使担保债权的清偿优先于普通债权人，甚至优先权人。

当企业陷入破产时，给予受害人更优先的受偿地位，可使之获得优先保护，但此举并不一定能达到促进加害人提高注意义务，防范更多的损害发生的效率目的。因为"先赔偿给受害人"或"使之与其他所有债权人平等受偿"，对加害人并无任何差别。只是给予受害人优先受偿地

---

[1] 《海商法》第二十二条第一项第二款。

位，将对后序位的其他债权人清偿几率造成减损的后果。尤其当两种债权人的优先地位均具有生存利益时，孰优孰劣难以分清。但后位受影响的特种债权将因之需寻求其他救济措施，从而增加法律或社会成本，是必然的。

第三，国外立法例多未将人身损害赔偿债权作为优先受偿权。如《美国破产法》将破产管理费用、雇员工资和福利等作为优于担保债权的特殊债权，但并无人身侵权之债，仅铁路公司重整铁路公司运营造成的人身伤害或者死亡的债权，从管理开支优先偿付，以及美国南卡罗莱纳州法规定的故意、过失或违反法令驾车造成的人身伤亡或财产损害请求权，就该车存在优先权。①

在采纳优先权制度的国家中，如日本、意大利、阿根廷、阿尔及利亚、魁北克等，以及未采纳优先权制度的德国、瑞士，均付之阙如。目前大陆法中，仅有《法国民法典》第 2101 第 6 款将之作为一般动产优先权，②以及俄罗斯《联邦执行程序法》第 78 条③和《支付能力法》第 134 条④将之以程序优先顺位加以保护。

第四，人身损害赔偿债权可通过在企业破产程序中赋予优先清偿顺位获得保护。从中国现行破产法来看，侵权债权均被列为普通债权，未获得任何保障。在"三鹿"等大规模侵权事件发生后，由于清偿顺位靠后，众多受害人根本无法获得任何赔偿。中国学界针对这一社会现象，从公平和社会稳定出发，提出应将人身损害赔偿债权列为破产优先受偿债权。但该

---

① S.C. Code Ann. § 29-15-20 (2007). 该规定中存在例外情形，且仅为特定法定担保，而非一般法定担保。

② 参见《法国民法典》，罗结珍译，法律出版社 2005 年版，第 2073 条、第 2101 条。

③ 《俄罗斯联邦民事诉讼法执行程序法》，张西安、程丽庄译，中国法制出版社 2002 年版，第 218、219 页。

④ 李飞主编：《当代外国破产法》，中国法制出版社 2006 年版，第 271 页。

优先序位 ① 以及优先范围 ② 如何，存在不同意见。

第五，社会保险、社会保障、"大规模侵权损害救济基金"以及责任保险等制度也可达到对人身损害赔偿债权救济的目的。此外，也可通过破产免责例外的规定，如《美国破产法》第 523 条中故意或恶意损害他人身体或财物的债务，以及《日本破产法》第 253 条中基于破产人恶意施加的非法行为以及故意或重大过失而造成损害他人生命健康的损害赔偿请求权，作为破产免责的例外。

《最高人民法院关于适用〈中华人民共和国企业破产法〉若干问题的规定（二）》（法释〔2013〕22 号）第十六条第二项规定明确，在企业破产程序中，债务人对人身损害赔偿金在已届破产界限六个月内的个别清偿，不得依企业破产法第三十二条的规定撤销。对人身损害赔偿金个人清偿的认可，表明中国司法中并不否认该债权的优先地位。

---

① 优先序位：在破产清偿顺位中将人身侵权债权与劳动者债权同序，或基于债权发生的非自愿以及权利主体风险负担及分散能力较弱，应后于国家税款优于一般债权，或以罗尔斯"给最少受惠者最大利益"为依据，优先于设立在后的担保债权，或从保障基本人权与预期能力角度，置于破产费用和共益债务后、劳动债权前清偿，或采取固定比例优先方式，即担保债权分出一部分作为普通债权，余出有担保份额赋予人身损害赔偿之债获得优先清偿，或在大规模人身侵权中优于职工债权之前，以固定比例方式优先清偿大规模人身侵权债权。国外学者提出基于对受害人公平起见，全部侵权损害赔偿债权优先于担保债权的地位的见解。使企业迫于压力改进经营将风险内化于企业生产成本中，减少侵权事件的发生。总之，人身损害赔偿债权在破产程序中的优先顺位如何，可由利益平衡、效率价值、社会政策等多个角度进行安排。

② 优先范围：主张应给予人身损害赔偿债权在企业破产程序中优先受偿的学者，多支持对损害赔偿范围进行限制，以符合利益平衡和效率正义目的。对精神损害赔偿以及惩罚性赔偿，通常不作为赔偿范围。而其他的医疗费（包括后续治疗费用）、护理费、误工费、住宿费、营养费和残疾辅助器具费、残疾赔偿金等与被侵权人之生命权及健康权相关的债权。参见王欣新、方菲：《破产程序中大规模人身侵权债权清偿问题探究》，《政治与法律》2013 年第 2 期。应作为担保的范围，甚至还可能包括精神损害赔偿金。

综合以上意见，中国立法中人身损害赔偿债权的保护分别可由程序法、社会保险、社会保障、"救济基金"、商业保险等制度分担，若设立为一般优先权，需慎重。

(四) 受托人费用补偿一般优先权

受托人费用补偿优先受偿权不同于留置权，其客体信托财产包括动产、不动产以及合法的财产权利，且信托财产具有物上代位性；该权利也不同于抵押权、质权，并无法定的公示方式，且依法直接发生。因此，国外通常将之作为非移转占有型优先权（优先权）加以规范。中国受托人费用补偿优先受偿权的担保的债权种类有限，仅包括信托事务支出的费用和对第三人所负债务，而不包括如租税、课捐等公法债权。但另一方面，债权范围较广，所使用的"对第三人所负债务"可包括所有因信托投资、经营产生的债务，而并不限于"不是由于自己的过失所蒙受的损失"（《日本信托法》第35条）或"无辜而遭到的损失"（《韩国信托法》第42条）。过于宽泛的担保范围有可能将违约责任[1] 也纳入其中，对交易安全造成威胁，应对之加以限制。

此外，关于受托人报酬和费用请求权的行使对象，中国存在独特之处。《美国信托法重述》第242条、第243条规定的权利行使对象为信托财产，《日本信托法》第36条、第37条规定的行使对象为信托财产及信托受益人。而中国立法则将权利行使对象扩展至信托关系终止后的信托财产权利归属人。由此，受托人费用补偿优先受偿权也可向信托财产权利归属人行使，从而使该权利所囊括的债务人扩大至其成立时尚未存在的主体。此类主体依该法第五十四条规定，"可包括受益人或者其继承人

---

① 例如受托人为争取信托财产的增值而采取"效率违约"行为时所负的违约责任。参见张悦、王舒：《信托法上受托人优先受偿权研究》，《行政与法》2002年第3期。

又可以是委托人或者其继承人，在信托行为另有规定情形下还可以是信托当事人外的其他人"。[①] 尽管这将使受托人的费用等债权获得更全面的保护，但与其担保范围过于广泛存在同样的担忧，即对于交易安全而言，影响过巨。此外，信托本是为受益人利益而设的制度，受托人的个人债权一般无权对信托财产进行追索，例外情形即本段所述的受托人费用补偿优先受偿权，鉴于信托关系的设定，宜将之限定为信托财产及信托受益人。

（五）不动产出租人、旅店主人留置权

在不动产出租、住宿或就餐等营业关系中，存在着一方先为给付的交易习惯，就未为给付一方所积欠之债务，已履行一方如何获得救济，立法上存在不同的方式。立法基于公平原则，赋予债权人得以留置债务人置于该不动产之上或携入的动产，依此迫使其履行债务，称之为不动产出租人、旅店主人留置权。鉴于该留置权的交易特征及惯例等原因，立法设定了不同于一般留置权的法律构成，如不要求严格的牵连关系等，为特别留置权。

但中国立法中是否需纳入此类特别留置权，需予以斟酌，理由如下：

1. 实践中预付租金或交付押金的行业惯例可避免债务人积欠租金或费用

不动产出租中，通常为防范积欠租金或保障其他债务不履行所产生的损害的清偿，在订立租赁合同时，出租人往往要求承租人提供担保，尤其以物的担保（押金）为主。此外，中国房屋租赁市场目前仍为卖方市场，通常采取预付租金的方式，即便有所积欠，数额也不大，可

---

① 张淳：《〈中华人民共和国信托法〉中的创造性规定及其评析（续）》，《南京大学法律评论》2002 年秋季号。

在押金内予以抵消。在旅店住宿中，也存在交付押金以及预付费用的惯例。因此，一般而言，出租人或旅店主人处于优势地位，而承租人或住店人为需要基本居住的弱势群体。似乎立法更应保护后者的权益，而非前者。

2. 一般自助方式可辅助救济债权人

当预付租金或费用及押金不足以支付积欠债务时，债权人为保护自己的权利，可采取一般自助行为，对债务人的自由或财产采取拘束或毁损行为。① 虽然目前中国立法中并无一般自助行为的立法规定，但在日常生活中，人们普遍认可这种基于自身权益保障，于情势紧迫不能及时请求国家机关救助情况下的措施。从社会公德考虑，也符合人们一般的道德观。《德国民法典》《奥地利民法典》《希腊民法典》《葡萄牙民法典》等均将民事自助行为规定于民法典总则之中，作为权利保护的方式。《瑞士债务法》在其"侵权之债"中规定了民事自助行为。中国台湾地区"民法典"、中国《澳门民法典》也将之规定于民法中。学者对民法典的建议稿中也多规定了民事自助行为，② 将之作为权利实现方式或侵权行为的抗辩事由。③ 通过在民法典中确立一般自助行为，不动产出租人等可在一定条件下为保障积欠债务对债务人的财产进行合法扣押或其他措施，然后再寻求国家机关的救助。

3. 各国立法与实践中特别留置权功效不大，呈衰落趋势

若特别债权人未设定意定担保，且所收取押金并不足以清偿其被积欠

---

① 参见梁慧星：《民法总论》，法律出版社1996年版，第79页。

② 如梁慧星教授主持起草的《中国民法典·侵权行为编》草案建议稿第十八条，王利明教授主持的《中国民法典学者建议稿及立法理由·总则编》"民事权利的行使和保护"中，徐国栋教授主持起草的《绿色民法典草案》中第一千五百三十五条等均规定了自助行为。

③ 参见沃耘：《让权利得到实现——民法典民事自助行为制度的立法设计》，《政法论丛》2011年第6期。

租金等债务时，一些国家法律对债权人留置承租人或旅客财物行为的有效性予以承认，使在某种条件下可就该财产获得满足。以不动产出租人留置权为例，美国普通法中最初的出租人对承租人财产在欠付情况下的留置扣押，被称为"right of distrain"或"right of distress"，属于以扣押方式迫使其支付积欠租金的对承租人动产的质权(possessory lien)。① 在 17 世纪，英国通过制定法授权扣押人将动产出售，以支付租金。随后该权利变为收取租金而非单纯的保全租金支付方法。② 美国法院担心此种自助行为可能造成不公平与压抑承租人，偏袒特定阶级的债权人而对其他债权人不利，对之并不太认可。美国学者也指出，留置权为由扣押债务人之物作为暂时的救济方法取代，至被废止。在程序上债务人之物在最初起诉时刻可自由扣押，抵偿支付租金的诉讼，致使留置权实际上没有利用之必要。③ 美国统一州法委员于 1972 年制定了《统一住房租赁法》(*Uniform Residential Landlord and Tenant Act*)，明确废除了出租人留置权。"自 20 世纪 70 年代以来，美国绝大多数的州都已在立法中专门规定，废除住房租赁中的出租人留置权。"④

特别留置权存在的正当性还在于其为特殊交易便利所设计特殊构成要件，这些优点也被逐渐废弃。美国普通法中"right of distress"的标的物可延展至第三人放置于不动产的标的物，而不限定于债务人所有或管理。但法律中存在许多不得扣留的例外规定，可留置的客体急

---

① 参见杨崇森：《论不动产出租人之法定担保物权——美国法、中国法及日本法之比较研究》，《法令月刊》1975 年第 7 期。

② See Casner, ed., *American Law of Property.* § 9.47, p.474.

③ See Walsh, *Commentraies on the Law of Real Property,* Vol.2, p.318&n.13.

④ Larry Weiser and Matthew W.Treu, *Adding Injury to Injury: Inadequate Protection of Tenants' Property During Eviction and the Need for Reform*, 20 Loy. Consumer L. Rev. 247, 2008. 转引自周珺：《论我国出租人留置权制度的存废》，《政治与法律》2012 年第 8 期。

剧缩小。① 随着可留置的范围减小，普通法中这种出租人自助行为色彩被逐步消除，其拍卖程序被收归公务员办理，失去了法定担保的功效。

《日本民法典》于第 306 条规定了不动产出租人优先权，但与美国法不同，其出租人对标的物无留置权能，一旦标的物被交付第三人，该权利即消灭，并无追及力。② 为此，日本法中将优先权的客体做了模糊的规范，采用了"依附"于不动产或建筑物之动产的描述。日本司法实践中对"依附"动产做出了最广义的解释，为一定期间以继续存在目的而带入该租赁不动产的所有动产，如宝石、金钱及有价证券及商品在内，③ 由于容易发生利益冲突，学界对此表示了强烈的反对。由于优先权人没有留置权能，不能阻止承租人取走留置物或将之占有，只能等待依竞卖法将标的物拍卖后，申请参加分配。可见，日本法中的此种优先权赋予债权人的仅是一种消极的优先受偿次序，并不符合实践的需要。

《德国民法典》第 562 条第 1 款也规定了出租人留置权，但是以法定质权的面目出现。原因在于其为在动产上设定的担保，属于拒绝给付权，并无优先受偿效力。因此，此类法定质权效力有限，与自力救济的效果差别不大。

特别留置权的实行最终仍需借助拍卖程序、司法确认债权等公共资源来实现，成本并不低廉。若中国未来民法典中设立了一般自助行为，加之实践中的预付费用和押金支持做法，可替代大部分此两类留置权的功能，所余留的立法空间不大。

通过以上法定担保类型的具体配置，结合中国法定担保的类型模式，

---

① 如可扣留之物不适用于因商业或业务关系交由承租人保管、承揽或出售之物，以保障交易安全。而若有其他动产足以抵偿到期租金的，出租人不得扣押承租人业务上的财产；基于寄托、动产担保及附条件买卖等法律关系所占有的第三人动产也为禁止扣留之物。

② 参见《日本民法典》第 333 条。

③ 参见日本大正三、七、四民第 578 页；日本昭和八、四、八新闻 3553 号第 7 页。

可形成多元法定担保类型体系（如图 3 所示）。

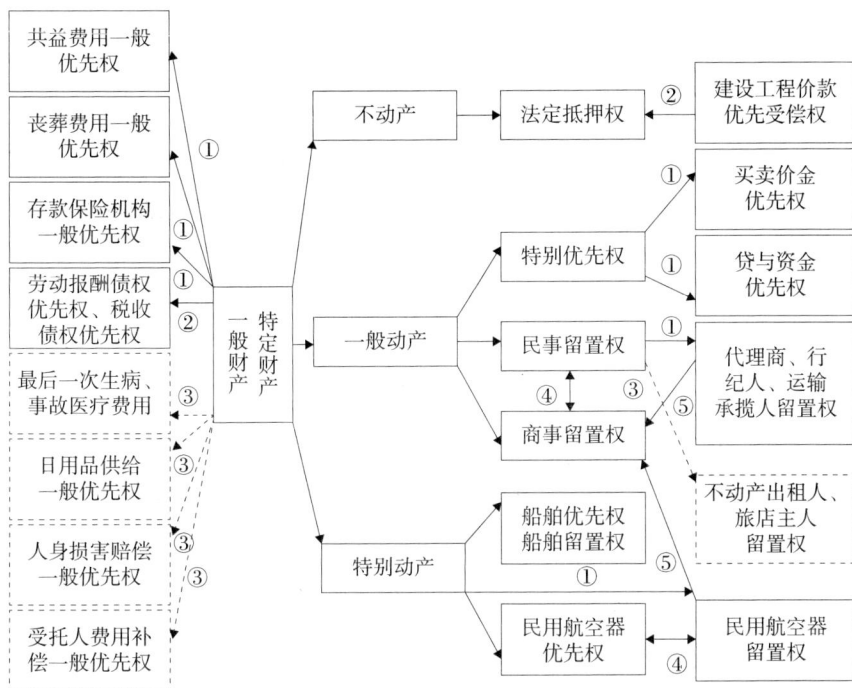

图 3 多元法定担保类型体系

①应增设的类型；②应调整的类型；③应斟酌的类型；④应并存的类型；⑤通过增设特别留置权完善商事留置权规则。

结　论

　　现代担保制度中担保的客体不仅种类繁多，而且趋向无形化。随着社会财富结构的这一变化，担保制度已从传统的保障债权实现转换为适应金融市场发展、以融通资金进而扩张信用为目的。传统担保类型的革新必将带来原有类型的扩张或限缩，或者新的担保类型的萌生。作为债的担保中特殊的一支，法定担保类型也将随之不断整合，以适应这种变动。

　　通过对现代法定担保类型变动的分析可以获知，在发展较为迅速、形式灵活多变的动产担保领域，对动产之上法定担保更多倾向于效率价值的考量。各国和地区多从市场需求出发，以一种相对包容的态度来对待动产担保类型创新的立法、司法尝试，从而充盈了相应的法定担保类型。不动产担保领域，虽因融资需求增加了流通性，但为交易安全考量，需严格遵守登记公示和客体特定等原则。因此，立法中不适用这些原则的不动产法定担保，应被加以改造、调整或限定。

　　从各国和地区对罗马法中法定担保的不同承继轨迹和现代立法改革趋向来看，近代两类迥然有异的法定担保类型配置模式的解体和重构是必然趋势。这一点，从现代担保制度和各种基于立法理由的法定担保的类型调整与整合现象，以及在立法、司法、理论多重因素促动下的两类配置模式的趋同中，可见一斑。

在法定担保类型配置中经济发展的驱动因素与立法政策的衡量因素同等重要，法政策学方法论为我们研究其中立法规则形成的过程提供了全新的视角，值得加以运用。

法定担保类型配置中可以提取的标准，并不限定于本书所探讨的由外而内的两种路径。从各国和地区法定担保类型的变迁轨迹来看，法定担保类型配置的标准难以统一，任何所谓的标准，均只能是某种限定条件下的归纳。事实上，本书所总结的配置标准，应限定于担保制度的现代化理念之下来加以评判。这也是为什么在经济发展与立法互动之下，学理研究应当做出适当的突破、抛弃过于僵化的固有理论束缚的原因。学理研究应源自于实践，又要高于实践，进行前瞻性的理论革新。因此，中国虽一直遵循德国法立法例，但在法定担保类型配置方案中也可以融入一元立法例中一般优先权等类型，以及英美法中基于功能主义路径考量的买卖价金优先权等类型。

但囿于现有立法体系中所固有的理论惯性依赖，引入新的类型时仍需考虑体系内理论的和谐性，做出适当的调整。应当在不破坏中国民事权利物债二分体系的基础上，先进行小范围的调试，或先引入那些亟须且较为成熟的类型。同时，应注重不同制度间的替代和协调，选择立法成本最低、效率较高的方式作为新的法定担保类型增设与否的法技术标准。对于各国和地区立法、司法和理论中仍在探索和实验阶段的新型非典型担保，如让与担保等，是否引入仍需慎重考虑。但与非典型担保实践中相关的法定担保现象，可借由相应的特别优先权调整的，可以尝试一二。

任何法律制度中权利的排列组合都不可能满足所有的利益需求，正如权利冲突解决所采取的顺位规则一样，在后顺位的利益总要受到在先顺位利益的影响。任何方式的法定担保类型配置都不可能尽善尽美，存在瑕疵与漏洞在所难免。本书所建议的配置方案，是在有限的立法例范本之下，在经济发展和政策调整背景下所作的不周延设计。特别是本书并未就各类法定担保的性质作充分的探讨，对与之相关的法定担保运行规则等内容探讨并不深入，研究的视域存在一定的限制，也影响了类型配置方案的全方位性。此外，由于本书所参考的文献多来自日本以及英美法学者的相关著作，对法国的材料掌握有限，对德国相关制度的内容也多来自于间接引用的材料，因此，相关结论的参照性不足，未来仍需作进一步的探讨。

参考文献

一、著作类

（一）中文著作

《日本民法典》，陈国柱译，吉林大学出版社 1993 年版。

陈安总主编：《国际海事法学》，北京大学出版社 1999 年版。

陈美龄、李太正、陈连顺：《民法入门》，元照出版公司 2008 年版。

陈显荣：《从比较法论中国船舶优先权》，联经出版事业公司 1987 年版。

陈本寒：《担保物权法比较研究》，武汉大学出版社 2003 年版。

陈祥健：《担保物权研究》，中国检察出版社 2004 年版。

曹艳芝：《优先权论》，湖南人民出版社 2005 年版。

崔建远、申卫星、王洪亮、程啸编著：《物权法》，清华大学出版社 2008 年版。

邓曾甲：《中日担保法律制度比较》，法律出版社 1999 年版。

费安玲主编：《比较担保法——以德国、法国、瑞士、意大利、英国和中国担保法为研究对象》，中国政法大学出版社 2004 年版。

郭明瑞、王轶：《合同法新论·分则》，中国政法大学出版社 1997 年版。

郭明瑞：《担保法》，法律出版社 2004 年版。

郭明瑞、仲相、司艳丽：《优先权制度研究》，北京大学出版社 2004 年版。

高圣平：《物权法担保（物权编）》，中国人民大学出版社 2007 年版。

高鹏程：《政治利益分析》，社会科学文献出版社 2009 年版。

顾明：《外国经济法（南朝鲜卷一）》，中国经济法制音像出版社 1991 年版。

黄佑昌：《罗马法与现代》，丁玫勘校，北京大学出版社 2008 年版。

黄越钦：《劳动法新论》，中国政法大学出版社 2003 年版。

何勤华、殷啸虎主编，丘汉平著：《罗马法》，中国方正出版社 2004 年版。

蒋新苗、朱方毅、蔡唱等：《留置权制度比较研究》，知识产权出版社 2007 年版。

金邦贵：《法国商法典》，中国法制出版社 2000 年版。

孔庆明、胡留元、孙季平主编：《中国民法史》，吉林人民出版社 1996 年版。

梁慧星：《中国物权法草案建议稿条文、说明、理由与参考立法例》，社会科学文献出版社 2000 年版。

梁慧星主编：《中国物权法草案建议稿》，社会科学文献出版社 2000 年版。

刘保玉、吕文江主编：《债权担保制度研究》，中国民主法制出版社 2000 年版。

刘得宽：《民法诸问题与新展望》，中国政法大学出版社 2002 年版。

刘有东：《合同法精要与依据指引》（增订本），北京大学出版社 2011 年版。

刘宗荣：《新海商法》，自版三民总经销 2007 年版。

李飞主编：《当代外国破产法》，中国法制出版社 2006 年版。

李世刚：《法国担保法改革》，法律出版社 2011 年版。

廖正江：《建设工程合同条款精析及实务风险案解》，中国法制出版社 2011 年版。

孟勤国：《物权二元结构论：中国物权制度的理论重构》，人民法院出版社 2004 年版。

马俊驹、陈本寒主编：《物权法》，复旦大学出版社 2007 年版。

潘汉典等译：《比较法总论》，贵州人民出版社 1992 年版。

潘琪著：《美国破产法》，法律出版社 1999 年版。

彭万林主编：《民法学（修订本）》，中国政法大学出版社 1998 年版。

邱汉平：《罗马法》，朱俊勘校，中国方正出版社 2004 年版。

史尚宽：《物权法论》，荣泰印书馆 1979 年版。

史尚宽：《物权法论》，中国政法大学出版社 2000 年版。

申卫星、傅穹、李建华：《物权法》，吉林大学出版社 1999 年版。

宋宗宇：《优先权制度研究》，法律出版社 2007 年版。

孙鹏、王勤劳、范雪飞：《担保物权法原理》，中国人民大学出版社 2009 年版。

沈达明编著：《法国／德国担保法》，中国法制出版社 2000 年版。

沈达明、冯大同主编：《国际资金融通的法律与实务》，对外贸易教育出版社 1985 年版。

汤维建：《新企业破产法解读与适用》，中国法制出版社 2006 年版。

王利明：《物权法研究》，中国人民大学出版社 2004 年版。

王利明：《中国物权法草案建议稿及其说明》，中国法制出版社 2001 年版。

王利明：《中国民法典学者建议稿及立法理由（物权编）》，法律出版社 2005 年版。

《日本民法典》，王书江译，中国人民公安大学出版社 1999 年版。

王伟光：《利益论》，人民出版社 2001 年版。

王永起、李玉明：《建设工程施工合同纠纷法律适用指南》，法律出版社 2013 年版。

吴学义：《民事法论丛》，法律评论社 1931 年版。

温世扬、廖焕国：《物权法通论》，人民法院出版社 2005 年版。

魏振瀛：《民法》，北京大学出版社 2000 年版。

谢在全：《民法物权论》（上），中国政法大学出版社 1999 年版。

谢在全：《民法物权论》（下），中国政法大学出版社 2011 年版。

许明月：《英美担保法要论》，重庆出版社 1998 年版。

许明月：《抵押权制度研究》，法律出版社 1998 年版。

徐国栋主编：《绿色民法典草案》，社会科学文献出版社 2004 年版。

杨日然教授纪念论文集编辑委员会：《法理学论丛——纪念杨日然教授》，台湾月旦出版社 1997 年版。

杨振山主编：《债事法典》，中华工商联合出版社 1994 年版。

杨宏辉译、苏永钦审订：《荷兰民法（德文版）》，法务部编印，2005 年版。

尹田：《法国物权法》，法律出版社 1998 年版。

尹田：《法国物权法》（第 2 版），法律出版社 2009 年版。

尹显忠：《新合同法司法实践研究》，人民法院出版社 2006 年版。

易军、宁红丽：《合同法分则制度研究》，人民法院出版社 2003 年版。

《瑞士民法典》，殷生根译，法律出版社 1987 年版。

叶孝信主编：《中国民法史》，上海人民出版社 1993 年版。

于海涌：《法国不动产担保物权研究》，法律出版社 2006 年版。

于海涌：《绝对物权行为理论与物权法律制度研究》，北京大学出版社 2006 年版。

张文显：《当代西方法哲学》，吉林大学出版社 1987 年版。

张新平：《海商法》，中国政法大学出版社 2002 年版。

张晓娟：《动产担保法律制度现代化研究》，中国政法大学出版社 2013 年版。

张忠晔：《各国与地区海商法比较研究》，人民交通出版社 1994 年版。

赵晓耕主编：《身份与契约：中国传统民事法律形态》，中国人民大学出版社 2012 年版。

郑瑞平：《船舶侵权行为法基础理论问题研究》，法律出版社 1999 年版。

周枏：《罗马法原论》，商务印书馆 2001 年版。

朱家贤：《租赁合同·融资租赁合同》，中国法制出版社 1999 年版。

（二）中文译著

［德］曼弗雷德·沃尔夫：《物权法》，吴越、李大雪译，法律出版社 2002 年版。

［德］迪特尔·梅迪库斯：《德国民法总论》，邵建东译，法律出版社 2000 年版。

［德］卡尔·拉伦茨：《法学方法论》，陈爱娥译，商务印书馆 2003 年版。

［德］伊曼努尔·康德：《纯粹理性批判》，李秋零译，中国人民大学出版社 2004 年版。

［德］伯恩·魏德士：《法理学》，丁晓春、吴越译，法律出版社 2003 年版。

［德］M.石里克：《普通认识论》，李步楼译，商务印书馆 2005 年版。

［德］马克斯·韦伯：《论经济与社会中的法律》，埃德华·希尔斯、马克斯·莱因斯坦英译，张乃根译，中国大百科全书出版社 1998 年版。

［德］亚图·考夫曼：《类推与"事物本质"——兼论类型理论》，吴从周译，台湾学林文化事业有限公司 1999 年版。

［德］鲍尔·施蒂尔纳：《德国物权法（下册）》，申卫星、王洪亮译，法律出版社 2006 年版。

［德］K.茨威格特、H.克茨：《比较法总论》，潘汉典等译，法律出版社 2003 年版。

［德］C.W.卡纳里斯：《德国商法》，杨继译，法律出版社 2006 年版。

［德］阿图尔·考夫曼：《后现代法哲学——告别演讲》，米健译，法律出版社 2003 年版。

［德］克雷斯蒂安·冯·巴尔：《欧洲比较侵权行为法（下）》，张新宝译，法律出版社 2001 年版。

《德国商法典》，杜景林、卢堪译，法律出版社 2010 年版。

《俄罗斯联邦民事诉讼法执行程序法》，张西安、程丽庄译，中国法制出版社 2002 年版。

费安玲、丁玫译：《意大利民法典》，中国政法大学出版社 2004 年版。

［法］涂尔干：《宗教生活的基本形式》，渠东、汲喆译，上海人民出版社 1999 年版。

［法］E.迪尔凯姆：《社会学方法的准则》，狄玉明译，商务印书馆 1995 年版。

［古罗马］查士丁尼：《法学总论》，张企泰译，商务印书馆 1990 年版。

［古罗马］优士丁尼：《法学阶梯》，徐国栋译，中国政法大学出版社 2005 年版。

［古希腊］亚里士多德：《政治学》，吴寿彭译，商务印书馆 2006 年版。

欧洲民法典研究组、欧盟现行私法研究组编著：《欧洲示范民法典草案：欧洲私法的原则、定义和示范规则》，中国人民大学出版社 2012 年版。

［美］E.博登海默：《法理学：法律哲学和法律方法》，中国政法大学出版社 1999 年版。

［美］大卫·G.爱泼斯坦：《美国破产法》，韩长印等译，中国政法大学出版社 2003 年版。

［美］迈克尔·D.贝勒斯:《法律的原则——一个规范的分析》,张文显等译,中国大百科全书出版社 1996 年版。

［美］斯蒂文·G.米德玛编:《科斯经济学·法与经济学和新制度经济学》,罗君丽、李井奎、茹玉骢译,上海三联书店 2007 年版。

［美］波斯纳:《法律的经济分析(上)》,蒋兆康等译,中国大百科全书出版社 1997 年版。

［美］美国法学会、美国统一州法委员会:《美国〈统一商法典〉及其正式评述》(第三卷),高圣平译,中国人民大学出版社 2006 年版。

［日］近江幸治:《担保物权法》,祝娅译,法律出版社 2000 年版。

［日］三潴信三:《物权法提要》,孙芳译,中国政法大学出版社 2005 年版。

［日］我妻荣:《新订担保物权法》,申政武等译,中国法制出版社 2008 年版。

［日］我妻荣:《债权在近代法中的优越地位》,王书江译,中国大百科全书出版社 1999 年版。

［日］星野英一:《私法中的人》,王闯译,中国法制出版社 2004 年版。

［英］P.斯坦、J.香德:《西方社会的法律价值》,王献平译,中国人民公安大学出版社 1990 年版。

［英］戴维·M.沃克:《牛津法律大辞典》,李双元译,法律出版社 2003 年版。

［英］巴里·尼古拉斯:《罗马法概论》,黄风译,法律出版社 2004 年版。

［英］弗瑞迪·萨林格:《保理法律与实务》,刘园、叶志壮译,对外经济贸易出版社 1995 年版。

［英］弗里德利希·冯·哈耶克:《法律、立法与自由》(第二、三卷),邓正来、张守东、李静冰译,中国大百科全书出版社 2000 年版。

［英］梅因:《古代法》,沈景一译,商务印书馆 1984 年版。

［意］彼德罗·彭梵得:《罗马法教科书》,黄风译,中国政法大学出版社 1992 年版。

［意］桑德罗·斯奇巴尼选编:《物与物权》,范怀俊、费安玲译,中国政法大学出版社 2009 年版。

(三)外文著作

1.日文著作

阿多博文:《労働債権の処遇について》,载福永有利ほか:《倒産実体法:改正のあり方を探る》,商事法务 2002 年版。

坂本伦城:《一般の先取特権の実行》,载加藤一郎、林良平:《担保法大系》(第2卷),金融财政事情研究会 1985 年版。

内田胜一：《债権総論》，弘文堂 2000 年版。

平井宜雄：《法政策学——法制度設計の理論と技法》，有斐阁 1995 年版。

小野憲昭ほか：《講説物権法》，加藤辉夫执笔，不磨书房 2005 年版。

山野目章夫：《物権法》，日本评论社 2005 年版。

我妻荣、有泉亨、清水誠補訂：《コンメンタール担保物権法》，日本评论社 2004 年版。

小林秀之：《新破産から民法がみえる》，日本评论社 2006 年版。

远藤浩、镰田薰：《别册法学セミナー 基本法コンメンタール No.188 物权》，平田春二执笔，新条文对照补订版，日本评论社 2005 年版。

石田文次郎：《担保物権法論》，创文社 1987 年版。

星野英一：《民法論集》(第 2 卷)，有斐阁 1970 年版。

北川善太郎：《物権》(民法の要旨 II)，有斐阁 2004 年版。

林良平：《民法を注释する (物権)》，甲斐道太郎执笔，有斐阁 1970 年版。

高桥真：《担保物権法》，成文堂 2007 年版。

新井诚：《信托法》，有斐阁 2005 年版。

能见善久：《现代信托法》，有斐阁 2004 年版。

道垣内弘人：《担保物権法》，有斐阁 2007 年版。

川井健：《民法概論 2 (物権)》，有斐阁 2005 年版。

平井宜雄：《担保物権法》，有斐阁 2005 年版。

平井宜雄：《法政策学》，有斐阁 1987 年版。

柚木馨：《担保物権法》，有斐阁 1958 年版。

田井义信、冈本昭治、松冈久、矶野英德：《新物権·担保物権法》，法律文化社 2005 年版。

2. 英文著作

Alan Schwartz and Robert E. Scott, *Introduction to the Credit Transaction*, *Commercial Transaction Principles and Policies*, New York: Brooklyn, Foundation Press,1991.

Brian A. Blum, *Bankruptcy and Debtor/Creditor: Examples and Explanations*, Illinois: Aspen Publishers, 2006.

B. Carruthers and T. Halliday, *Rescusing Businesses: The making of Corporate Bankruptcy Law in England and the United States*, Clarendon Press, 1998.

D.R.Thomas, *Maritime Liens*, London Steven&Sons, 1980.

David A. Thomas, J. Reuben, *Thompson on Real Property,* Thomas Editions, New York: Matthew Bender & Company, Inc., 2012.

Daniel Grant Gilmore & Chares L.Black, *The law of Admiralty*, The Foundation Press Inc., 1975.

Douglas J. Whalcy, *Problems and Materials on Commercial Law*, Little, Brown & Company, 2005.

F. H. Laoson, *The Law of Property*, Oxford: Oxford University Press, 1982.

G. Gilmore and C. Jr. Black, *The Law of Admiralty*, New York: Brooklyn, The Foundation Press, 1975.

Grant S. Nelson & A. Dale, *Whitman.Land Transactions and Finance*, Clarendon Press, 2004.

James Brook, *Secured Transactions-Examples and Explanations*, Illinois: Aspen Publishers, 2005.

Lord Hailsham of St. Marylebone, *Halsbury's Laws of England*, Butterworths, 1988.

Max Kaser, *Roman Private Law*, Rolf Dannenbring（transl）, University of South Africa, 1984.

Philip R. Wood, *Comparative Law of Security and Guarantees*, London: Sweet & Maxwell, 1995.

Peter F.Coogan, William E.Hogan, etc., *Secured Transactions under the Uniform Commercial Code*（*v II*）, New York: Matthew Bender & Company, 2012.

Roy Goode, *Legal problems of Credit and Security*, London: Sweet & Maxwell, 2003.

R.M.Goode, *Legal Problems of Credit and Security*, Sweet & Maxwell, 1998.

Roger A. Cunningham, William B. Stoebuck, Dale A. Whitman, *The Law of property,* Saint Paul: West Publishing Co., 1984.

Steven L. Harris & Charles W. Mooney, Jr., *Security Interests in Personal Property*, Boston: Little, Brown & Company, 2006.

二、论文类

（一）中文论文

1. 期刊论文

陈年冰：《大规模侵权与惩罚性赔偿——以风险社会为背景》，《西北大学学报（哲学社会科学版）》2010 年第 6 期。

陈永强：《物权变动三阶段论》，《法商研究》2013 年第 4 期。

陈向聪：《存款保险机构代位受偿优先权立法探究》，《国际金融研究》2006 年第 7 期。

陈华彬：《从保全抵押权翻流通抵押权——基于对德国不动产担保权发展轨迹的

研究》,《法治研究》2012 年第 9 期。

陈本寒:《优先权的立法定位》,《中国法学》2005 年第 4 期。

戴新毅:《债权平等及其突破模式选择》,《河北法学》2013 年第 6 期。

范瑞华:《日本新破产法》,《万国法律》2004 年第 137 期。

樊长春、张国炎:《英美法与大陆法的(法定)抵押权和负担比较》,《政治与法律》2001 年第 4 期。

郭明瑞、仲相:《我国未来民法典中应当设立优先权制度》,《中国法学》2004 年第 4 期。

关涛:《关于所有权保留与质押权竞存时的优先受偿问题》,《烟台大学学报(哲学社会科学版)》2013 年第 4 期。

高圣平、王思源:《论融资租赁交易的法律构造》,《法律科学》2013 年第 1 期。

胡晓薇:《试论一物一权主义的舍弃与替代》,《新疆社会科学》2003 年第 3 期。

黄健彰:《工资优先权》,《财经法与经济法》2008 年第 15 期。

郝铁川:《权利实现的差序格局》,《中国社会科学》2002 年第 5 期。

韩长印:《破产优先权的公共政策基础》,《中国法学》2002 年第 3 期。

韩长印、韩永强:《债权受偿顺位省思》,《中国社会科学》2010 年第 4 期。

金振朝:《略论债权平等原则》,《黑龙江省政法管理干部学院学报》2006 年第 6 期。

金可可:《债权物权区分说的构成要素》,《法学研究》2005 年第 1 期。

蒋翔:《债权物权化——以债权证券化为表现形式》,《时代金融》2011 年第 9 期。

姜志远、周玉文:《我国物权立法应设立优先权制度》,《法学杂志》2006 年第 4 期。

罗思荣、马利峰:《论人身损害赔偿优先权》,《河南科技大学学报(社会科学版)》2010 年第 2 期。

逯词章、桑骊:《我国合同法的法定抵销权制度》,《产业与科技论坛》2012 年第 8 期。

孟繁超、顾国平:《论特种债权的优先权》,《江南大学学报(人文社会科学版)》2004 年第 6 期。

孟繁超、顾国平:《论民用航空器优先权》,《中国民航飞行学院学报》2006 年第 4 期。

马东:《论应当赋予侵权债权在破产分配中以优先地位》,《法学杂志》2012 年第 2 期。

马西米利亚诺·文奇、李云霞:《论留置权制度的历史发展——罗马法、意大利法与中国法之比较》,《厦门大学学报(哲学社会科学版)》2013 年第 2 期。

宁红丽:《论合同类型的认定》,《法商研究》2011 年第 6 期。

曲冬梅:《企业破产中关联债权的困境与衡平居次原则的引入》,《东岳论丛》

2011 年第 7 期。

李世刚：《关于法国担保制度的改革》，《政治与法律》2007 年第 3 期。

李开国：《物权与债权的比较研究》，《甘肃社会科学》2005 年第 2 期。

李锡鹤：《对债权不可侵性和债权物权化的思考——兼论物权与债权之区别》，《华东政法学院学报》2003 年第 5 期。

李永军：《物权与债权的二元划分对民法内在与外在体系的影响》，《法学研究》2008 年第 5 期。

李建华、王国柱：《论回迁安置优先权的司法解释完善》，《山东社会科学》2012 年第 6 期。

李建华、董彪：《我国法定抵押权制度的若干立法构想》，《当代法学》2006 年第 2 期。

李雪田：《破产财产范围评析》，《长白学刊》2008 年第 3 期。

李妍：《税收优先权制度的法理学分析》，《江西社会科学》2011 年第 3 期。

刘保玉、秦伟：《物权与债权的区分及其相对性问题论纲》，《法学论坛》2002 年第 5 期。

刘作翔：《权利冲突的几个理论问题》，《中国法学》2002 年第 2 期。

刘云生、宋宗宇：《中国古代优先权论略》，《重庆大学学报（社会科学版）》2002 年第 3 期。

刘德良、许中缘：《物权债权区分理论的质疑》，《河北法学》2007 年第 1 期。

刘云生、宋宗宇：《中国古代优先权论略——概念·源流·种类》，《重庆大学学报（社会科学版）》2002 年第 3 期。

刘宗荣：《论海事优先权之法律性质及其优先顺位——兼论海商法修正刍议》，《台湾大学法学论丛》1994 年第 2 期。

林一：《侵权债权在破产程序中的优先受偿顺位建构——基于"给最少受惠者最大利益"的考量》，《法学论坛》2012 年第 2 期。

冉昊：《论"中间型权利"与财产法二元架构——兼论分类的方法论意义》，《中国法学》2005 年第 6 期。

孙新强：《大陆法对英美法上 LIEN 制度的误解及 LIEN 的本意探源》，《比较法研究》2009 年第 1 期。

孙新强、秦伟：《论"优先权"的危害性——以船舶优先权为中心》，《法学论坛》2010 年第 1 期。

孙新强：《我国法律移植中的败笔——优先权》，《中国法学》2011 年第 1 期。

孙新强：《破除债权平等原则的两种立法例之辨析——兼论优先权的性质》，《现代法学》2009 年第 6 期。

史浩明：《论建设工程承包人的法定抵押权》，《苏州大学学报（哲学社会科学版）》2001 年第 S1 期。

宋宗宇：《建设工程优先受偿权的法律性质》，《西南政法大学学报》2001 年第 2 期。

宋宗宇：《优先权制度在我国的现实与理想》，《现代法学》2007 年第 1 期。

孙毅：《论商事留置权的特性与规则》，《苏州大学学报（哲学社会科学版）》2012 年第 5 期。

申勇兵：《担保权的性质另有看法》，《西安石油大学学报（社会科学版）》2011 年第 1 期。

王欣新、方菲：《破产程序中大规模人身侵权债权清偿问题探究》，《政治与法律》2013 年第 2 期。

王崇敏：《〈合同法〉第 286 条确立的法定抵押权》，《海南大学学报（人文社会科学版）》2001 年第 2 期。

温世扬、武亦文：《物权债权区分理论的再证成》，《法学家》2010 年第 6 期。

王全弟、丁洁：《物权法应确立优先权制度》，《法学》2001 年第 4 期。

沃耘：《让权利得到实现——民法典民事自助行为制度的立法设计》，《政法论丛》2011 年第 6 期。

吴一裕：《论西方社会变迁中法律传统的转变》，《宁波大学学报（人文科学版）》2014 年第 1 期。

梅夏英：《不动产优先权与法定抵押权的立法选择》，《美中法律评论》2005 年第 2 期。

梅夏英、方春晖：《优先权制度的理论和立法基础》，《法商研究》2004 年第 3 期。

许德风：《论破产债权的顺序》，《当代法学》2013 年第 2 期。

谢晖：《诗性、修辞与法律价值预设——制度修辞研究之二》，《现代法学》2012 年第 5 期。

谢怀栻：《论民事权利体系》，《法学研究》1996 年第 2 期。

徐洁：《简评美国〈统一商法典〉第九篇担保制度》，《当代法学》2007 年第 4 期。

徐冬根、刘兆昕：《存款保险机构代位受偿优先权及其导入我国的必要性和可行性分析》，《武大国际法评论》2011 年第 2 期。

徐洁：《论担保物权——关于性质与立法的思考》，《广西社会科学》2007 年第 5 期。

熊伟、王宗涛：《我国税收优先权制度的存废之辩》，《法学评论》2013 年第 2 期。

熊丙万：《论商事留置权》，《法学家》2011 年第 4 期。

殷慧芬：《美国破产法 2005 年修正案述评》，《比较法研究》2007 年第 2 期。

于海涌：《法国工资优先权制度研究——兼论我国工资保护制度的完善》，《中山大学学报》2006 年第 1 期。

于海涌、郭嵘:《论关税优先权的清偿顺位》,《政法学刊》2013年第2期。

余能斌、王申义:《论物权法的现代化发展趋势》,《中国法学》1998年第1期。

杨崇森:《论不动产出租人之法定担保物权——美国法、中国法及日本法之比较研究》,《法令月刊》1975年第7期。

张良华:《浅谈税捐征收法第六条之修正》,《司法周刊》2007年第133期。

张旺:《〈合同法〉第286条性质及效力探析》,《经济研究导刊》2007年第10期。

张杰:《东星航空破产案法律问题研究》,《证券法苑》2011年第4期。

张悦、王舒:《信托法上受托人优先受偿权研究》,《行政与法》2002年第3期。

张新宝:《设立大规模侵权损害救济（赔偿）基金的制度构想》,《法商研究》2010年第6期。

张宝珠、袁安、李大平:《交通事故医疗费用承担实务性诠释》,《法律与医学杂志》2006年第3期。

张锡鹏、刘丽敏:《传统物权债权二分理论面临的挑战——兼论重构开放的物权、债权概念》,《河北法学》2005年第2期。

赵德起:《权利配置、契约完备、政府约束视角下的中国农村经济组织化发展研究》,《经济理论与经济管理》2013年第4期。

周珺:《论我国出租人留置权制度的存废》,《政治与法律》2012年第8期。

周琨:《优先承租权的立法定位及其法律规制》,《湖北社会科学》2012年第7期。

邹杨、荣振华:《人身侵权债权在破产清偿顺位中优先受偿之思辩》,《行政与法》2012年第8期。

左平良:《关于特种债权之物权担保的否定性思考——兼论特种债权的优先效力》,《云梦学刊》2006年第2期。

2.论文集论文

段匡:《日本近年担保法的修改对我国担保法修改的若干启示》,载渠涛:《中日民商法研究》(第六卷),北京大学出版社2007年版。

符启林:《商品房预售中与抵押权相关的权益冲突及其立法完善》,载刘保玉主编《担保法疑难问题研究与立法完善》,法律出版社2006年版。

金世鼎:《民法上优先受偿权之研究》,载郑玉波主编:《民法物权论文选辑》,五南图书出版公司1985年版。

近江幸治:《担保法理念的变迁》,载渠涛:《中日民商法研究》(第三卷),法律出版社2005年版。

韩清怀:《中国民法典应否设立优先权制度的思考》,载吴汉东主编:《私法研究》(第三卷),中国政法大学出版社2003年版。

[日] 林诚二：《论法定抵押权新旧法之适用问题》，载《黄宗乐教授六秩祝贺——财产法学篇（一）》，学林公司 2002 年版。

刘保玉：《试论优先权在中国物权法上的取舍》，载刘保玉主编：《担保法疑难问题研究与立法完善》，法律出版社 2006 年版。

刘得宽：《抵押权之附从性与特定性》，载刘得宽：《民法诸问题与新展望》，中国政法大学出版社 2002 年版。

申政武：《物权的本质论与物权法定原则——近代日本法与现代中国法的双重视点》，载渠涛：《中日民商法研究》（第六卷），北京大学出版社 2007 年版。

王东敏：《中华人民共和国企业破产法（草案）研讨会综述》，载最高人民法院民事审判第二庭《民商事审判指导》（第 5 辑），人民法院出版社 2004 年版。

王利明：《共有中的优先劝买权》，载杨立新：《民商法前沿》（第 1、2 辑），吉林人民出版社 2002 年版。

王文宇：《建构资讯时代之担保权法制》，载王文宇：《民商法理论与经济分析（二）》，中国政法大学出版社 2003 年版。

王娜：《德国法中的让与担保制度》，载米健：《中德法学学术论文集》（第一辑），北法律出版社 2003 年版。

徐国良：《工程价款优先受偿实务探讨》，载中华全国律师协会民事专业委员会《房地产建筑律师实务》，法律出版社 2006 年版。

熊伟：《税收优先权研究》，载《珞珈法学论坛》第 2 卷，武汉大学出版社 2002 年版。

杨与龄：《承揽人法定抵押权之成立与登记》，载苏永钦编：《民法物权实例问题分析》，五南出版公司 2001 年第 29 期。

仲伟珩：《建设工程价款优先受偿权若干疑难问题分析》，载最高人民法院民事审判第一庭编：《民事审判指导与参考》（总第 43 集），法律出版社 2011 年版。

3. 学位论文

陈巧玲：《国际保理中应收账款转让的优先权问题研究》，硕士学位论文，厦门大学，2006 年。

陈显荣：《从比较法论中国船舶优先权》，博士学位论文，台湾大学，1983 年。

曹楠楠：《论优先购买权》，硕士学位论文，中国政法大学，2006 年。

范海林：《对我国确立优先权制度的立法思考》，硕士学位论文，华侨大学，2003 年。

冯辉：《论船舶优先权》，博士学位论文，对外经济贸易大学，2006 年。

高晓明：《关于我国保理业发展的趋势研究》，博士学位论文，对外经贸大学，2005 年。

顾镠浏：《我国保理业务的法律机制及风险分析》，硕士学位论文，中国政法大学，2007年。

黄健彰：《法定优先权制度研究——两岸物权法修正草案刍议》，博士学位论文，国立中正大学法律学研究所，2008年。

孔琼：《论我国民事优先权制度的构建》，硕士学位论文，西南政法大学，2009年。

李永军：《民事权利体系研究》，博士学位论文，中国政法大学，2008年。

李运杨：《美国〈统一商法典〉中购买价金担保权及其对中国的启示》，硕士学位论文，山东大学，2012年。

李爽：《商事留置权成立要件研究》，硕士学位论文，中国社会科学院研究生院，2012年。

李钰：《动产抵押研究》，博士学位论文，吉林大学，2013年。

刘莉：《优先权制度研究》，硕士学位论文，上海财经大学，2010年。

宁洁：《法伦理学：学科抑或思想》，博士学位论文，湘潭大学，2011年。

彭国元：《航空器留置权法律问题研究》，博士学位论文，武汉大学，2013年。

申卫星：《期待权理论研究》，博士学位论文，中国政法大学，2001年。

宋宗宇：《优先权制度研究》，博士学位论文，西南政法大学，2006年。

孙守官：《我国优先权制度构建研究》，硕士学位论文，中国政法大学，2008年。

孙东雅：《民事优先权研究》，博士学位论文，中国政法大学，2003年。

王旭光：《建筑工程优先受偿权制度研究》，博士学位论文，中国人民大学，2008年。

王卫东：《我国融资租赁公司的融资问题研究》，博士学位论文，西南财经大学，2012年。

徐同远：《担保物权论：体系构成与范畴变迁》，博士学位论文，中国政法大学，2011年。

杨国文：《保证若干法律问题研究》，硕士学位论文，吉林大学，2004年。

于霄：《担保优先权历史研究》，硕士学位论文，山东大学，2008年。

阳雪雅：《连带责任研究》，博士学位论文，西南政法大学，2010年。

张志华：《基本权利的冲突与配置初论》，硕士学位论文，山东大学，2001年。

4.翻译论文

［德］赖纳·施罗德：《德国物权法的沿革与功能》，张双根译，《法学家》2000年第2期。

［日］加贺山茂：《担保物权法的定位》，于敏译，载梁慧星：《民商法论丛》，法律出版社2000年版。

［日］汤浅道男：《日本动产债权担保的立法动向》，李又又译，载渠涛：《中日民

商法研究》（第三卷），法律出版社 2005 年版。

［日］加藤雅信：《财产法理论的展开——物权债权区分论的基本构造》，渠涛译，载渠涛主编：《中日民商法研究》（第二卷），法律出版社 2004 年版。

［英］艾利斯·费伦：《担保债权的经济优势及担保利益之确定——以英国普通法为视角》，罗培新译，《江淮论坛》2012 年第 2 期。

［英］麦克考马克：《英美法上的担保优先权》，于宵译、佟刚校，载梁慧星主编：《民商法论丛第 36 卷》，法律出版社 2006 年版。

（二）外文论文

1. 日文论文

赤西芳文：《退職金債権と一般の先取特権》，载小野寺規夫：《現代の民事裁判課題担保》，《新日本法規》1990 年第 7 期。

青木則幸：《アメカか法における賃料譲渡制度の史的考察》（1—5），《早稲田大法研論集》2001 年。

青木則幸：《アメカかに収益型不動産担保制度》（1）（2），《比較法学》2008 年第 36、37 卷。

近江幸治：《新しい担保法制の意義と展望（担保法の最前線）——（第 1 部新しい担保·執行法制の重要論点）》，《金融·商事判例》2004 年增刊。

西口元、玉井真理子：《雇い人給料の先取特権の範囲の拡大（担保法の最前線）（第 1 部新しい担保·執行法制の重要論点）》，《金融·商事判例》2004 年通号 1186（増刊）号。

2. 英文论文

C.F. John Wigmore, "The Pledge-Idea: A Study in Comparative Ideas III", *Harvard Law Review*, 1897.

C.F. Roger J.Goebel, "Reconstructing the Roman Law of Real Security", *Tulalne Law Review*, 1961.

Donald E. Phillipson, "Development of the Roman Law of Debt Security", *Stanford Law Review,* 1968.

D. Baird, "The Importance of Priority", *Cornell Law Review*, 1997.

D. Baird and T. Jackson, "Corporate Reorganizations and the Treatment of Diverse Ownership Interests: A Comment on Adequate Protection of Secured Creditors in Bankruptcy", *The University of Chicago Law Review*, 1984.

E. Warren, "Making Policy with Imperfect Information: The Art.9 Full Priority

Debates", *Cornell Law Review*, 1997.

Elizabeth Warren & Jay Lawrence Westbrook, "Contracting out of Bankruptcy: An EmpiricalIntervention", *Harvard Law Review*, 2005.

Hudson, "The Case Against Secured Lending", *International Review law & Economy,* 1995.

Gerard Mc Cormack, "American Private Law Writ Large?", The Uncitral Secured Transactions Guide, *International and Comparative Law Quarterly*, 2011.

Gerard Mc Cormack, "Personal Property Security Law Reform in England and Canada", *Journal of Business Law,* March Issue, 2002.

Geoffrey Mac Cormack, "Status: Problems of Definition and Use", *Cambridge Law Review,* 1984.

Jens Hausmann, "The Value of Public—Notice Filing Under Uniform Commercial Code Article 9: A comparision with the German Legal Systems of Security in Personal Property", *The Georgia Journal of International and Comparative Law*, 1996.

K. Klee, "Barbarians at the Trough: Riposte in Defense of the Warren Carve-Out Proposal", *Cornell Law Review*, 1997.

Keith G. Meyer, "Kansas's Unique Treatment of Agricultural Liens", *Kansas's Law Review*, 2005.

Martijn W.Hesselink, "The Structure of the New European Private Law", *Kluwer Law Internation,* 2002.

Ronald J. Mann, "Explaining The Pattern of Secured Credit", *Harvard Law Review*, 1997.

Reinier Kraakman, "Concluding Remarks on Creditor Protection", *European Business Organization Law Review*, 2006.

S.L. Harris and C.W. Mooney," Measuring the Social Costs and Benefits and Identifying the Victims of Subordinating Security Interests in Bankruptcy", *Cornell Law Review*, 1997.

Thomas H. Keating, "A Construction Claimant's Road to Recovery Through Payment Bonds and Liens", *Michigan Bar Journal*, 1997.

V. Finch, "Security, Insolvency and Risk: Who Pays the Price?", *The Modern Law Review,* 1999.

后　记

　　本书成稿于 2014 年前后，是三年博士生涯学习、思考的凝结之作。历经毕业后四年的工作、生活，再次逐字逐句审视笔下这些文字，往事历历如昨。几十万文字的形成过程绝非一帆风顺，历经了最初的材料短缺、中途的思路受阻和论证不足等考验，直至最后完稿前还因选题过宽无法驾驭而临时大刀阔斧地砍掉了原有主题的后半部分，即"规则设计"部分。

　　在整个写作过程中，得到了师友们的殷切关怀和鼎力相助，在此想要一并致以谢意。我的导师刘保玉教授是本书写作主题最初的提议者。感谢导师一语点醒梦中人，让我在担保法的艰难学习中能够拨云见日，找到适合的研究方向。刘保玉教授治学严谨，学识渊博，平易近人，品格高尚，一直是学生心目中的明星教师、偶像导师。他授课风格独特，妙语连珠，常常在轻松气氛中为我们开启法学学习新的视野。感谢导师每次点点滴滴的教诲，让学生终身受益。

　　感谢孙新强教授对书稿内容提出的中肯建议，使书中关于法定担保类型配置的理论基础更加坚实。本书也与孙教授在博士课程中讲授的内容有着莫大的关系。孙教授对于"优先权"的研究自成一体，观点独到，对本书中关于法定担保的性质论辩、本源追踪以及功能定位等方面启发颇多。

　　此外，在北京求学期间，有幸聆听龙卫球教授、肖建华教授、付翠英教授、李昊副教授等老师的精彩课程，受益良多，让我对法学的理论与知识有了更加深入的理解。

感谢三年来身边的同学、师兄弟姐妹们对我的支持与鼓励，邸天利、周玉辉、王立争、郭栋、张冬梅、李美燕、代瑞、宋志琼、王大鹏、夏梓耀、李运杨、孔得建等，那些与他们秉烛夜谈、圆桌学习、漫步绿园的日子永远难以忘怀。

最后还要特别感谢我的父母和女儿。感谢父母抛却所有不便，无怨无悔地帮助我，一直支持着我的学业和工作，不仅分担了家务琐事，更有精神上的鼎力支持。四年前，父母顶住压力，帮我圆了博士梦；四年后，父母再次无私奉献，让我有精力完成对书稿的浩繁的编辑整理工作。没有他们对我的大力支持，很难想象如何完成这一艰巨的任务。感谢我的女儿炤廷，她每日的微笑是支持我在枯燥文字中前行的甘露。虽在身边，却没有能够悉心照料她，作为母亲感觉很内疚。祝福女儿健康成长，快乐相伴！

蔡　斌

2018 年夏于宁乡西祥

责任编辑：刘海静　江小夏
封面设计：石笑梦
责任校对：夏玉婵

图书在版编目（CIP）数据

中国法定担保的类型配置研究／蔡斌 著 . — 北京：人民出版社，2018.12

ISBN 978－7－01－020036－1

I.①中…　II.①蔡…　III.①担保法－研究－中国　IV.① D923.24

中国版本图书馆 CIP 数据核字（2018）第 262104 号

中国法定担保的类型配置研究

ZHONGGUO FADING DANBAO DE LEIXING PEIZHI YANJIU

蔡　斌　著

人 民 出 版 社 出版发行
（100706　北京市东城区隆福寺街 99 号）

环球东方（北京）印务有限公司印刷　新华书店经销

2018 年 12 月第 1 版　2018 年 12 月北京第 1 次印刷
开本：710 毫米 ×1000 毫米 1/16　印张：23
字数：325 千字

ISBN 978－7－01－020036－1　定价：85.00 元

邮购地址 100706　北京市东城区隆福寺街 99 号
人民东方图书销售中心　电话（010）65250042　65289539